Nils Melzer mit Oliver Kobold

Der Fall Julian Assange

PIPER

Mit dem »Afghan War Diary« veröffentlicht WikiLeaks 2010 das größte Leak der US-Militärgeschichte, mitsamt Beweisen für Kriegsverbrechen und Folter. Kurz danach verdächtigt Schweden den WikiLeaks-Gründer Julian Assange der Vergewaltigung, und ein geheimes US-Schwurgericht ermittelt wegen Spionage. Als ihn Ecuador nach jahrelangem Botschaftsasyl der britischen Polizei überstellt, verlangen die USA sofort seine Auslieferung und drohen mit 175 Jahren Haft.

»Wir müssen aufhören zu glauben, dass es bei Julian Assange wirklich um eine Strafuntersuchung wegen Sexualdelikten, Spionage und Hacking geht. Was WikiLeaks getan hat, bedroht die politischen und wirtschaftlichen Eliten weltweit gleichermaßen. Der Fall Assange zeigt, dass es den Regierungen heute nicht mehr um legitime Vertraulichkeit geht, sondern um die Unterdrückung der Wahrheit zum Schutz von unkontrollierter Macht, Korruption und Straflosigkeit.«

Nils Melzer, Jahrgang 1970, ist Professor für internationales Recht und lehrt in Glasgow und Genf. 2016 wurde er vom Menschenrechtsrat der Vereinten Nationen zum Sonderberichterstatter für Folter ernannt. Seit 2019 ist er überdies Vizepräsident des Internationalen Instituts für humanitäres Völkerrecht (IIHL) in Sanremo. Vorher war er als sicherheitspolitischer Berater der Schweizer Regierung tätig sowie als Rechtsberater und Abgesandter in Kriegs- und Krisengebieten für das Internationale Komitee vom Roten Kreuz (IKRK).

Nils Melzer
mit Oliver Kobold

Der Fall Julian Assange

Geschichte einer Verfolgung

PIPER

Mehr über unsere Autorinnen, Autoren und Bücher:
www.piper.de

Unser Versprechen für mehr Nachhaltigkeit
• Klimaneutrales Produkt
• FSC®-zertifiziertes Papier
• Hergestellt in Europa

FSC www.fsc.org MIX Papier | Fördert gute Waldnutzung FSC® C021394

Ungekürzte Taschenbuchausgabe
ISBN 978-3-492-31944-7
Juni 2023

Umschlaggestaltung: Büro Jorge Schmidt, München
Umschlagmotiv: ddp/intertopics/eyevine/Rich Hardcastle
Satz: psb, Berlin
Gesetzt aus der Minion Pro
Litho: Lorenz & Zeller, Inning am Ammersee
Gedruckt von ScandBook in Litauen
Printed in the EU

Allen, die unerschrocken für die Wahrheit kämpfen

»Wer in der Demokratie schläft,
wacht in der Diktatur wieder auf.«

Otto Gritschneder

Inhalt

Einleitung

Ein Buch zu schreiben gehört für gewöhnlich nicht zu den Aufgaben eines UNO-Sonderberichterstatters. Schon gar nicht eines über einen einzelnen, ganz bestimmten Fall. Eine Erklärung ist daher am Platz. Für mich ist dieses Buch ein dringender Appell. Ein Mahnruf an die Staatenwelt, weil das von ihr erstellte System zum Menschenrechtsschutz auf ganz fundamentale Weise versagt. Ein Weckruf an die Öffentlichkeit, weil dieses Systemversagen jede Bürgerin und jeden Bürger unserer demokratischen Rechtsstaaten in Alarmbereitschaft versetzen sollte. Ein Aufruf, der daher auch als persönliche Aufforderung zum Aufwachen, zum Hinsehen und zur Übernahme von persönlicher und politischer Verantwortung verstanden werden will.

Als UNO-Sonderberichterstatter bin ich vom Menschenrechtsrat der Vereinten Nationen beauftragt, die Einhaltung des Folter- und Misshandlungsverbotes weltweit zu überwachen, Hinweise auf Verletzungen zu untersuchen und den betroffenen Staaten im Hinblick auf die Aufklärung von Einzelfällen Fragen zu stellen und Empfehlungen zu unterbreiten. Ich wurde mit dieser wichtigen Aufgabe betraut, weil ich mich als sicherheitspolitischer Berater meiner Regierung, als Völkerrechtsprofessor und Fachbuchautor, aber auch als Rotkreuzdelegierter und Rechtsberater in Kriegs- und Krisengebieten seit mehr als zwanzig Jahren mit Verletzungen der Menschenrechte und des Kriegsvölkerrechts befasse. Ich habe auf vier Kontinenten Tausende von Gefangenen, Flüchtlingen und Angehörigen besucht, viele davon Opfer von Folter und Gewalt. Ich habe in Palästen, Ministerien und Kommandozentren genauso verhandelt wie mit Soldaten und Rebellen im Niemandsland zwischen den Fronten.

Wenn ich daher Hinweise auf Folter- und Misshandlungen untersuche, dann weiß ich, wovon ich spreche. Ich lasse mich nicht schnell aus der Ruhe bringen und neige weder zu Übertreibungen, noch suche ich das Rampenlicht. Meine Welt ist die des diplomatischen Dialoges und des gegenseitigen Respekts, aber immer auch der Wahrheit und der Integrität. Denn Diplomatie darf nie zum Selbstzweck werden, sondern muss immer Mittel bleiben zu einem höheren Zweck. In meinem Fall ist dieser Zweck die Einhaltung des Folter- und Misshandlungsverbotes sowie die Untersuchung, Bestrafung und Wiedergutmachung von Verletzungen. Wenn dies auf diplomatischem Wege nicht mehr zu erreichen ist, dann darf ich diesen Zweck nicht opfern, sondern muss ein anderes Mittel wählen, um die Ziele meines Mandates zu erreichen. Eines dieser Mittel, liebe Leserin, lieber Leser, ist dieses Buch, das Sie in den Händen halten. Es ist, um eine ursprünglich martialische Redewendung für meine friedlichen Zwecke umzuformulieren, gewissermaßen die Fortsetzung der Diplomatie mit anderen Mitteln.

Ich schreibe dieses Buch, weil ich bei meiner Untersuchung des Falles »Julian Assange« auf konkrete Hinweise von politischer Verfolgung, schwerer Justizwillkür und vorsätzlicher Folter und Misshandlung gestoßen bin. Die betroffenen Staaten weigern sich aber, bei der Aufklärung dieser Hinweise mit mir zu kooperieren und die völkerrechtlich verlangten Untersuchungsmaßnahmen einzuleiten. Ich habe Julian Assange mit einem Ärzteteam im Gefängnis besucht und habe mit den verantwortlichen Behörden ebenso gesprochen wie mit Anwälten, Zeugen und Experten. Ich habe allen vier direkt involvierten Staaten –

Großbritannien, Schweden, Ecuador und den USA – über die mir zur Verfügung stehenden offiziellen Kanäle mehrfach meine Bedenken kundgetan, Klarstellungen verlangt und konkrete Maßnahmen empfohlen. Keine der vier Regierungen war bereit, sich auf einen konstruktiven Dialog einzulassen. Stattdessen wurde ich mit diplomatischen Plattitüden oder rhetorischen Rundumschlägen abgefertigt. Als ich dennoch auf einer Aufklärung des Falles bestand, wurde der Dialog von den Regierungen abgebrochen. Gleichzeitig wurden die Verfolgung und Misshandlung von Julian Assange noch intensiviert, wurden die Verletzungen seiner Verfahrensrechte immer offensichtlicher und wurden selbst meine öffentlichen Aufrufe an die Behörden zur Einhaltung der Menschenrechte ignoriert. Auch innerhalb des UNO-Systems erhielt ich – abgesehen von einigen mutigen und tatkräftigen Einzelpersonen – kaum Unterstützung. Ich berichtete sowohl dem Menschenrechtsrat in Genf als auch der Generalversammlung in New York über die Verweigerungshaltung der betroffenen Staaten. Keine Reaktion. Ich bat die Hochkommissarin für Menschenrechte wiederholt um eine persönliche Besprechung in dieser Angelegenheit und wurde abgewimmelt. Ich forderte andere Staaten zur Einflussnahme auf, stieß aber fast durchweg auf eine Wand betretenen Schweigens. Ich erlebte, wie die rechtsstaatlichen Institutionen, an deren Funktionstüchtigkeit ich immer geglaubt hatte, vor meinen eigenen Augen versagten.

Sie werden sich vielleicht fragen, warum ich mich gerade in diesem Fall so vehement einsetze. Denn Julian Assange ist ja beileibe nicht das einzige Folteropfer, das keine Gerechtigkeit erfährt, und seine Misshandlung ist auch bei Weitem nicht die schwerste Form der Folter, mit der ich in meiner Arbeit konfrontiert bin. Das ist alles richtig. Doch ich setze mich in diesem Fall ganz besonders ein, weil seine Bedeutung weit über Julian Assange als Person hinausreicht und auch weit über die direkt betroffenen Staaten hinaus. Weil er ein generelles Systemversagen sichtbar macht, das die Integrität unserer demokratisch-rechtsstaatlichen Institutionen in schwerer Weise untergräbt. Ein Systemversagen, das mir aus meiner täglichen Arbeit zwar sattsam bekannt ist, das sich normalerweise aber weitgehend hinter den Kulissen abspielt und daher nur selten schlüssig nachzuweisen ist.

Der Fall Assange ist die Geschichte eines Mannes, der dafür verfolgt und misshandelt wird, dass er die schmutzigen Geheimnisse der Mächtigen an die Öffentlichkeit gebracht und damit Kriegsverbrechen, Folter und Korruption enthüllt hat. Es ist die Geschichte schwerster Justizwillkür in westlichen Demokratien, die sich im Bereich des Menschenrechtsschutzes sonst gerne als Vorzeigestaaten darstellen. Es ist die Geschichte vorsätzlicher Geheimdienst- und Behördenkollusion hinter dem Rücken der Öffentlichkeit und der nationalen Parlamente. Es ist die Geschichte manipulierter und manipulativer Berichterstattung in etablierten Medien zum Zweck der gezielten Dämonisierung, Entwürdigung und Zerstörung einer Einzelperson. Es ist die Geschichte eines Mannes, der von uns allen zum Sündenbock gemacht wurde für das Versagen unserer Gesellschaft im Umgang mit Behördenkorruption und staatlich sanktionierten Verbrechen. Es ist somit auch eine Geschichte über jede und jeden Einzelnen von uns, unsere eigene Bequemlichkeit, Selbsttäuschung und Mitverantwortung an den politischen, wirtschaftlichen und menschlichen Tragödien unserer Zeit.

Ich habe den Fall Assange zwei Jahre lang intensiv untersucht, habe zwei Jahre lang erfolglos versucht, die verantwortlichen Staaten zur Zusammenarbeit zu bewegen und habe meine Einschätzungen und Bedenken zwei Jahre lang öffentlich kommuniziert – in offiziellen Berichten und Presseinterviews, bei Veranstaltungen und auf verschiedenen Podiumsdiskussionen. Nun ist die Zeit gekommen, der Öffentlichkeit dieses Buch vorzulegen, das meine Untersuchung und meine Schlussfolgerungen in gut zugänglicher Form zusammenfasst und jeweils die relevanten Beweismittel zitiert. Ich habe mich zu diesem Schritt entschlossen, weil ich innerhalb des Systems nicht weiterkomme, weil ich mich durch Schweigen oder Nichtstun aber selbst zum Komplizen machen würde: zum Komplizen bei der Vertuschung schwerer Verbrechen, sowohl derjenigen, die Assange enthüllt hat, als auch derjenigen, die gegen ihn – und damit auch gegen uns alle – verübt wurden und immer noch werden. In der Ausübung meines Mandates fühle ich mich nicht in erster Linie den amtierenden Regierungen verantwortlich, sondern den UNO-Mitgliedstaaten selbst und ihren Bevölkerungen. Sie haben sich zur Einhaltung des Völkerrechts verpflichtet. Sie haben daher auch ein Recht darauf, darüber informiert zu werden, was ihre Regierungen mit der ihnen übertragenen Macht tun. Vor allem, wenn es dabei um Folter und Misshandlung geht, wenn unsere Presse-, Meinungs- und Informationsfreiheit unterdrückt wird und wenn die Mächtigen für sich Straffreiheit beanspruchen für Korruption und schwerste Verbrechen. In gewissem Sinne werde ich mit diesem Buch also selbst zum Whistleblower.

Ich habe meine Untersuchungen stets nach bestem Wissen und Gewissen objektiv und unparteiisch durchgeführt und alle Beweismittel berücksichtigt, welche mir zur Verfügung gestellt wurden. Dies wurde durch die fehlende Gesprächsbereitschaft der Regierungen sehr erschwert, denn keine meiner Aufforderungen, Stellung zu beziehen, Korrekturen vorzunehmen und Gegenbeweise zu erbringen, erhielt eine konstruktive Antwort. Angesichts dieser Verweigerungshaltung war es nicht leicht, zu verlässlichen Schlüssen zu gelangen. Dennoch konnte ich mit der Zeit aus einer Vielzahl von Quellen rund 10 000 Seiten verlässlicher Verfahrensakten, Korrespondenz und anderer Beweismittel zusammenstellen. Auch wenn ich mich aus Gründen des Quellen- und Persönlichkeitsschutzes dazu entschieden habe, in diesem Buch mit Namensnennungen sehr sparsam umzugehen, bin ich unzähligen Einzelpersonen für wertvolle Hinweise und Unterstützung aller Art zu tiefem Dank verpflichtet. Die Betroffenen wissen, dass sie gemeint sind.

Immer wieder werde ich meine Untersuchung des Falles Assange mit dem Zusammensetzen eines riesigen Puzzles vergleichen. Wie bei einer Detektivarbeit geht es um die Aufklärung eines Verbrechens, um die Auflösung einer Gleichung mit vielen Unbekannten. Auch wenn viele wichtige Puzzleteile heute noch fehlen, so ergibt sich inzwischen doch ein in sich schlüssiges und kohärentes Gesamtbild. Solange die Staaten ihrer Pflicht zur Transparenz nicht nachkommen, können meine Schlussfolgerungen jedoch zugegebenermaßen nicht als absolut, vollständig und abschließend betrachtet werden. Sie sind das Resultat einer zweijährigen sorgfältigen und unter widrigen Umständen durchgeführten Untersuchung. Sollten die betroffenen Regierungen ihre Verweigerungshaltung aufgeben und Gegenbeweise oder Klarstellungen vorbringen wollen, so werde ich diese selbstverständlich dankbar entgegennehmen und in meinen zukünftigen Stellungnahmen gebührend berücksichtigen. Ein wichtiger Zweck dieses Buches – die Feststellung der Wahrheit – wäre damit erreicht.

Im Grunde geht es im Fall Assange jedoch gar nicht um Assange. Es geht um die Integrität unserer rechtsstaatlichen Institutionen und damit um den Kerngehalt der »Republik« im ursprünglichen Wortsinn. Auf dem Spiel steht nicht weniger als die Zukunft unserer Demokratie. Ich möchte unseren Kindern nicht eine Welt hinterlassen, in der sich Regierungen ungestraft über Recht und Gerechtigkeit hinwegsetzen können, in der es aber zum Verbrechen geworden ist, die Wahrheit zu sagen. Ich habe mein Mandat als UNO-Sonderberichterstatter immer als Verpflichtung begriffen, meine privilegierte Stellung für den Schutz der Menschenrechte einzusetzen, auf Verstöße und Systemmängel hinzuweisen und für die Integrität unserer Institutionen zu kämpfen – *speaking truth to power*, wie man auf Englisch so treffend sagt. Das habe ich seit meiner Ernennung durch den UNO-Menschenrechtsrat getan. Ich habe über Polizeigewalt genauso gesprochen wie über die Unmenschlichkeit der vorherrschenden Migrationspolitik, über psychische Foltermethoden ebenso wie über die Grausamkeit häuslicher Gewalt, habe die weltweiten Zusammenhänge zwischen Korruption und Folter ebenso aufgezeigt wie kollektive Muster der Selbsttäuschung, ohne die Folter und Misshandlung nicht weltweit ungestraft praktiziert werden könnten.

Ich habe mir damit nicht nur Freunde gemacht, denn ich habe die Privilegien und Unantastbarkeit der Mächtigen infrage gestellt. Gerade im Fall Julian Assange wurde mir immer wieder vorgeworfen, meine Neutralität aufgegeben und einseitig für ihn Partei ergriffen zu haben. Dem ist nicht so. Wenn überhaupt, dann war ich negativ voreingenommen gegenüber Assange und wollte mich auf seinen Fall zunächst gar nicht einlassen. Während meiner Untersuchung habe ich stets großen Wert auf Objektivität, Sachlichkeit und Unparteilichkeit gelegt. Doch sobald meine Untersuchung eines Falles zu der Feststellung führt, dass tatsächlich schwere Menschenrechtsverletzungen begangen wurden, darf ich nicht neutral bleiben zwischen Täter und Opfer. Dann muss ich zwar nach wie vor sachlich und objektiv bleiben, doch gleichzeitig auch Partei ergreifen für das Folteropfer, für die Menschenrechte und für die Gerechtigkeit. Ich schreibe dieses Buch daher nicht als Anwalt für Julian Assange, sondern als Anwalt der Menschlichkeit, der Wahrheit und der rechtsstaatlichen Integrität.

Teil I

Blick hinter den Vorhang

1

Wie man einen Elefanten übersieht

Aus den Augen, aus dem Sinn!

Kurz vor Weihnachten 2018. Ich saß am Schreibtisch und arbeitete an meinem jährlichen Bericht für den UNO-Menschenrechtsrat in Genf. Von diesem Gremium war ich ernannt worden, ihm musste ich als unabhängiger Experte Bericht erstatten über die weltweite Einhaltung des Folter- und Misshandlungsverbots. Zweimal im Jahr hatte ich die Gelegenheit, vor den UNO-Mitgliedstaaten aufzutreten: im Frühjahr im Menschenrechtsrat in Genf und im Herbst in der Generalversammlung in New York. Dies waren meine Gelegenheiten, ein für das Folter- und Misshandlungsverbot relevantes Thema frei zu wählen und auf die internationale Agenda zu setzen. Die Mandate der UNO-Sonderberichterstatter sind unbezahlte Ehrenämter. Wie die meisten Kolleginnen und Kollegen verdiene ich meinen Lebensunterhalt daher als Professor für Völkerrecht an der Universität Glasgow sowie an der Genfer Akademie für Humanitäres Völkerrecht und Menschenrechte. Die entscheidende Stärke eines UNO-Sonderberichterstatters ist seine Unabhängigkeit. Einmal gewählt, sind die Mandatsinhaber ausschließlich den Menschenrechten verpflichtet und dürfen sich bei der Ausübung ihres Amtes von niemandem beeinflussen lassen. Sie genießen diplomatische Immunität und agieren außerhalb der von politischen Interessen dominierten Hierarchien, Strukturen und Entscheidungsprozesse der Organisation. Wären die Mandate auch noch mit einem ausreichenden Budget und genügend Personal ausgestattet – engagierte Sonderberichterstatter könnten dann einiges erreichen. So wäre es in einer idealen Welt. In der realen Welt fehlen den Staaten jedoch nicht nur die finanziellen Mittel, sondern vor allem auch der politische Wille zur tatsächlichen und umfassenden Umsetzung der Menschenrechte, denn das würde vielerorts das Ende überkommener Machtstrukturen, Privilegien und Ausbeutereien verlangen, welche oft bis tief in die Politik hineinreichen. Ein probates Mittel der Staaten, den Einfluss von Sonderberichterstattern zu begrenzen, ist die fortlaufende Schaffung zusätzlicher Mandate zu neuen menschenrechtlichen Themen, ohne das hierfür zur Verfügung gestellte Globalbudget zu erhöhen. Der daraus resultierende chronische Mangel an finanziellen und personellen Ressourcen der Sonderberichterstatter ist daher kaum ein Zufall.

In jenem Dezember 2018 schrieb ich also an meinem Bericht, diesmal über die Zusammenhänge zwischen Korruption und Folter, als auf dem Bildschirm vor mir plötzlich ein kleines Fenster aufging und das Eintreffen einer neuen Mail anzeigte. *Julian Assange is seeking your protection,* stand in der Betreffzeile. Julian Assange? War das nicht der Gründer von WikiLeaks, dieser zwielichtige Hacker mit Lederjacke und weißen Haaren, der sich wegen Vergewaltigungsvorwürfen irgendwo in einer Botschaft versteckte? Wie aus dem Nichts erfüllte mich ein Strom abschätziger Gedanken und erzeugte eine beinahe reflexartige Ablehnung. Assange? Nein, von dem würde ich mich sicher nicht manipulieren lassen, denn ich hatte Wichtigeres zu tun – ich musste mich um *wirkliche* Folteropfer kümmern! Ich klickte das Fenster weg – aus den Augen, aus dem Sinn! Dann widmete ich meine Aufmerksamkeit wieder ganz meinem Bericht und der Überwindung von Vorurteilen und Selbsttäuschung der breiten Öffentlichkeit im Bereich der Behördenkorruption. Die frappante Ironie dieser Situation sollte mir erst einige Monate später bewusst werden.

Was macht eigentlich ein UNO-Sonderberichterstatter?

Jede und jeder kann sich mit Hinweisen auf Verstöße gegen das Folter- und Misshandlungsverbot an den UNO-Sonderberichterstatter für Folter wenden. Oder, wie mein vollständiger Titel lautet: »Sonderberichterstatter für Folter und andere grausame, unmenschliche oder entwürdigende Behandlung oder Bestrafung«. Interventionsgesuche können jederzeit gestellt werden, per Mail oder per Briefpost, auch bevor es überhaupt zu einem Verstoß gekommen ist und unabhängig von etwaigen Strafanzeigen, Gerichtsverfahren oder sonstigen Formalitäten.

Alle Sonderberichterstatter werden in einem langwierigen Verfahren direkt von den 47 Staaten des UNO-Menschenrechtsrates ernannt und sind während ihrer Amtszeit strengster Unabhängigkeit verpflichtet. Wir haben keine Vorgesetzten und dürfen in der Ausübung unserer Mandate keinerlei Weisung entgegennehmen, weder von der UNO selbst noch von Regierungen oder anderen Akteuren. Mein Büro ist beim Hochkommissariat für Menschenrechte in Genf angesiedelt und damit demjenigen Arm der UNO, der sich mit dem Schutz der Menschenrechte befasst. Zwei Mitarbeiterinnen oder Mitarbeiter sind mir dort zugeordnet, sogenannte *Human Rights Officers*. Pro Woche erreichen uns etwa fünfzig Anfragen und Interventionsgesuche. Diese können von Folteropfern selbst gestellt werden, aber auch von Anwältinnen, NGO-Vertretern, Angehörigen, Zeugen oder sogar von anderen Behörden, Staaten oder UNO-Gremien. Es ist dann an meinem Team, die Gesuche zu sichten und allenfalls zusätzliche Recherchen anzustellen, um deren Glaubwürdigkeit einschätzen zu können. Das so konsolidierte Dossier wird mir anschließend zur Beurteilung und Entscheidung über eine etwaige Intervention vorgelegt.

Im Einklang mit meinem Mandat geht es bei meinen Interventionen in der Regel um die Verhinderung, Untersuchung, Verfolgung und Wiedergutmachung von Folter, von Körperstrafen und anderer grausamer oder entwürdigender Behandlung, von unmenschlichen Haftbedingungen sowie von Auslieferungen oder Abschiebungen an Staaten, in denen Menschen derartige Missbräuche drohen. Die Verstöße können von staatlichen Behörden selbst oder auf deren Veranlassung begangen worden sein oder auch bloß mit deren ausdrücklichem oder stillschweigendem Einverständnis. Grundsätzlich kann ich über die diplomatischen Vertretungen in Genf direkt bei den Außenministerinnen und -ministern sämtlicher UNO-Mitgliedstaaten intervenieren. Das bedeutet, dass ich dem betroffenen Staat die erhaltenen Hinweise auf Verletzungen des Folter- und Misshandlungsverbots übermittle, die Regierung zur Aufklärung und Stellungnahme auffordere und Empfehlungen über die zu ergreifenden Maßnahmen ausspreche. Diese Korrespondenz und die Antwort des Staates bleibt zunächst vertraulich, wird aber nach 60 Tagen auf der Website des Hochkommissariats veröffentlicht. In dringenden Fällen besteht zudem die Möglichkeit, über eine Pressemitteilung die Öffentlichkeit zu informieren. Als Sonderberichterstatter übe ich allerdings keinerlei richterliche Funktion aus, und meine Schlussfolgerungen und Empfehlungen sind für die Staaten nicht verbindlich.

Von den eingereichten Interventionsgesuchen können wir selbst im besten Fall nur etwa jedes zehnte behandeln. Mehr ist zu dritt einfach nicht zu schaffen, denn wir müssen ja auch noch offizielle Länderbesuche vorbereiten, Berichte schreiben und den Austausch mit anderen Mechanismen zum Schutz der Menschenrechte pflegen, allen voran mit den anderen UNO-Sonderberichterstattern, Arbeitsgruppen und Ausschüssen. Das führt dazu, dass wir tagtäglich Prioritäten setzen und bedrückende Entscheidungen treffen müssen, ohne lange darüber nachdenken zu können. Im Zweifel wählen wir stets die dringlichen Fälle aus, bei denen eine drohende Menschenrechtsverletzung möglicherweise noch verhindert werden kann. Pro Jahr führen die erhaltenen Gesuche je nach Arbeitsaufwand zu zwischen 100 und 200 offiziellen Interventionen. Davon bleibt in der Regel rund ein Drittel unbeantwortet. Beim Rest bekommen wir zwar eine Rückmeldung, doch bleibt diese mit Blick auf den bezweckten

Menschenrechtsschutz fast immer ungenügend. Oft erhalten wir von den Staaten mehrseitige Schreiben voller Floskeln und Zusicherungen, allerdings ohne dass uns die verlangten Auskünfte erteilt oder die völkerrechtlich gebotenen Untersuchungen und Maßnahmen durchgeführt werden. Im Endeffekt werden festgestellte Missstände in den allermeisten Fällen weder anerkannt noch geahndet oder korrigiert, von einer Entschädigung der Opfer ganz zu schweigen. Und das gilt leider nicht nur für Staaten, bei denen man Menschenrechtsverletzungen ohnehin erwarten würde. Gerade auch reife Demokratien, die stolz auf ihre rechtsstaatlichen Traditionen verweisen, nehmen es mit den Menschenrechten plötzlich nicht mehr so genau, wenn es darum geht, vermeintlich »essenzielle« wirtschafts- und sicherheitspolitische Interessen zu schützen.

Nur knapp zehn Prozent meiner Interventionen erhalten die vom Menschenrechtsrat verlangte »volle Kooperation« mit meinem Mandat und werden zu einem zufriedenstellenden Abschluss gebracht. Eine traurige Erfolgsquote, auch wenn man diejenigen Gesuche unberücksichtigt lässt, die aus Ressourcenmangel gar nicht erst behandelt werden können. Dass dieser Trend seit der Schaffung meines Mandates im Jahr 1985 weitgehend unverändert geblieben ist, lässt das regelmäßig gefeierte Bekenntnis aller UNO-Mitgliedstaaten zum universellen Folterverbot in einem mehr als zweifelhaften Licht erscheinen. Ein ernsthafter Dialog zu Einzelfällen, der über diplomatische Floskeln hinausgeht, wird von den Staaten kaum je gewünscht. Denn das würde ihnen eine echte Verhaltensänderung und unbequeme Entscheidungen abverlangen, zu denen sie in aller Regel nicht bereit sind.

Wegen der starken Überlastung meines Büros verweise ich Gesuchsteller, wo immer möglich, an andere Institutionen und Behörden, die über größere Ressourcen verfügen und die einzelnen Fälle besser über längere Zeit begleiten können. So ist es etwa nicht der Sinn meines Mandates, die Untersuchungsbehörden von funktionierenden Rechtsstaaten zu ersetzen, solange man sich in dem betreffenden Fall auch tatsächlich auf den

Schutz der Polizei und der Gerichte verlassen kann. Diese Abwägung muss immer mit großer Sorgfalt gemacht werden, denn auch in reifen Demokratien können die Dinge in Schieflage geraten – beispielsweise wenn Verdächtigte mit sogenannter »Beugehaft« zu einem Geständnis gezwungen werden sollen; wenn missbräuchliche Polizeigewalt nicht streng genug beurteilt und geahndet wird oder wenn sich jemand von einer Auslieferung oder Abschiebung in einen Staat bedroht sieht, in dem er einem realen Folterrisiko ausgesetzt wäre.

Anders sieht es mit Gesuchen aus Staaten aus, in denen die Polizei und die Geheimdienste regelmäßig Menschen auf offener Straße entführen und verschwinden lassen. Melden sich dann die Angehörigen bei mir, kann ich ihnen natürlich schlecht den Rat geben, sich erst einmal vertrauensvoll an die Behörden vor Ort zu wenden. Es gilt also immer, genau abzuwägen und auf der Hut zu sein. Ich darf nicht zulassen, dass mein Mandat für politische oder sonstige sachfremde Zwecke missbraucht wird. Der Verlust meiner eigenen Glaubwürdigkeit wäre dabei noch nicht einmal das Schlimmste. Das Mandat selbst könnte irreparablen Schaden nehmen.

Gefangen in meinen eigenen Vorurteilen

Und nun also ein Hilfegesuch von Julian Assanges Anwälten? Irgendwann im Laufe der nächsten Stunden überflog ich die eingegangene Mail schließlich doch. Man versuchte offenbar zu argumentieren, dass die Lebensbedingungen von Assange in der ecuadorianischen Botschaft in London, wo er sich seit Juni 2012 aufhielt, das Verbot unmenschlicher Behandlung verletzten und damit in den Bereich meines Mandats fielen. Ich las das, aber ich war von vornherein nicht überzeugt und nahm die Mail einfach nicht ernst. Die Möglichkeit, Assange könne tatsächlich misshandelt werden, kam mir gar nicht in den Sinn. Ich konnte mir schon vorstellen, dass es ihm in der Botschaft nicht mehr gefiel und dass es ihm vielleicht auch gesundheitlich nicht sehr gut ging. Sechs Jahre sind eine lange Zeit, wenn man ein Haus nicht verlassen kann. Aber gleichzeitig wirkten wohl auch die Überschriften der großen Zeitungen in mir nach, die ich in den letzten Jahren beinahe unbewusst absorbiert hatte: Assange, der feige Vergewaltiger, der sich weigert, sich den schwedischen Behörden zu stellen. Assange, der Hacker und Spion, der sich in der ecuadorianischen Botschaft Recht und Gesetz entzieht. Assange, der rücksichtslose Narzisst, Verräter und Schmierfink. Und immer so fort.

Erst später wurde mir klar, wie sehr meine Wahrnehmung von Vorurteilen verzerrt gewesen war. Durch die jahrelange, bewusst kaum wahrgenommene Berieselung durch reißerische Schlagzeilen und tendenziöse Berichterstattung hatte sich in mir eine emotional tief verankerte Meinung gebildet, von der ich überzeugt war, sie beruhe auf gesicherten Fakten. So sah ich auch nach der Lektüre der Mail keinen Grund, mich mit Julian Assange ernsthaft zu befassen. *Manufacturing consent* haben Edward Herman und Noam Chomsky bereits Ende der 1980er-Jahre das Kommunikationsmodell der amerikanischen Massenmedien genannt, das seither längst globalisiert worden ist. Sie haben gezeigt, wie Selbstzensur, vorauseilender Gehorsam und wirtschaftliche Sachzwänge viele Medienhäuser zu einer geglätteten Berichterstattung im Sinne eines allgemein akzeptierten Konsenses veranlassen. So war es auch im Fall Assange. Das offizielle Narrativ funktionierte. Auch bei mir.

Die Ironie war schlagend – da saß ich also und schrieb an meinem Bericht über den Zusammenhang zwischen Korruption und Folter und bemerkte nicht einmal, dass das Interventionsgesuch von Assanges Anwälten mir geradezu ein Paradebeispiel für mein Thema vor Augen führte. Denn im Fall von Julian Assange geht es in erster Linie um politische Korruption; hier wurden und werden rechtsstaatliche Institutionen und Verfahren für politische Zwecke missbraucht – für die Unterdrückung der Presse- und Informationsfreiheit; für die Straflosigkeit von Folter und Kriegsverbrechen; für die politische Verfolgung von Dissidenten und für die Geheimhaltung von Machenschaften der Behörden, die in jedem demokratischen Rechtsstaat ans Licht der Öffentlichkeit gehören.

Ich war nicht der Einzige bei der UNO, den Assanges Anwälte Ende 2018 kontaktierten. Auch der Sonderberichterstatter zur Lage von Menschenrechtsverteidigern und die UNO-Arbeitsgruppe für willkürliche Inhaftierungen (Working Group on Arbitrary Detention, WGAD) wurden angeschrieben. Zusammen veröffentlichten sie am 21. Dezember 2018 eine Pressemitteilung mit der Überschrift: »UNO-Experten fordern Großbritannien dazu auf, seine Rechtsverpflichtungen einzuhalten und Julian Assange zu erlauben, die ecuadorianische Botschaft in London unbehelligt zu verlassen.«

Ich gehörte nicht zu den unterzeichnenden Experten. Ich hatte das Schreiben von Assanges Anwälten mehr oder weniger achtlos *ad acta* gelegt und auch die Pressemitteilung kaum wahrgenommen. Wie für die meisten Menschen auf dieser Welt war Assange auch für mich einfach ein Vergewaltiger, Hacker, Spion und Narzisst. Wie die meisten Menschen auf dieser Welt hatte ich das sichere Gefühl, die Wahrheit über ihn zu kennen, auch wenn ich nicht wirklich wusste, woher. Es sollten noch drei Monate vergehen, bis sich meine Meinung grundlegend änderte.

2

Die gesellschaftliche Rolle von WikiLeaks

Collateral Murder – Der Krieg wird erfahrbar

Ich bin erst 2010 wirklich auf WikiLeaks aufmerksam geworden: eine Enthüllungsplattform, die ihr brisantes Material von Whistleblowern und anderen Quellen erhält und ihnen Anonymität und damit den Schutz vor Enttarnung und Verfolgung garantiert. Die Organisation legt Wert auf die Klarstellung, dass sie ihre Quellen selbst nicht identifizieren kann. WikiLeaks stellt eine verschlüsselte Datenübermittlungstechnologie zur Verfügung, welche eine Rückverfolgung unmöglich macht, ganz im Dienst des Cypherpunk-Mottos »Privatsphäre für die Schwachen, Transparenz für die Mächtigen«. So entstand ab dem Jahr 2006 ein öffentlich zugängliches Archiv vormals geheim gehaltener Dokumente, dessen wachsende Inhalte mächtige Regierungen, Unternehmen und Organisationen mehr und mehr zu fürchten lernten. Enthüllt wurden beispielsweise die Korruption der kenianischen Regierung, das Giftmüll-Dumping des Trafigura-Konzerns in der Elfenbeinküste, die Methoden von Scientology, die Richtlinien der US-Armee für die Behandlung von Guantanamo-Häftlingen und die zweifelhaften Geschäftsgebaren der Schweizer Bank Julius Bär. Erste Coups, aber noch weit entfernt von der Wucht des Kommenden.

Doch dann kam *Collateral Murder* – ein 18-minütiges Video,

welches Julian Assange am 5. April 2010 im Washingtoner National Press Club der Weltöffentlichkeit präsentierte. Es beginnt mit einem Zitat von George Orwell: »Die Sprache der Politik dient dazu, Lügen wahr klingen zu lassen und Mord respektabel, und um dem reinen Wind den Anschein von Solidität zu geben.« Danach folgen nur noch verstörende Bilder in Schwarz-Weiß. *Collateral Murder* versetzt den Zuschauer direkt in einen US-Kampfhubschrauber hinein, der im Tiefflug über dem Häusermeer von Bagdad kreist. Es ist der 12. Juli 2007, ein weiterer Tag in einem unseligen Besatzungskrieg, dessen Berichterstattung bis dahin fast ausschließlich von der westlichen Militärkoalition dominiert wird. Nun wähnt man sich plötzlich selbst vor Ort und sieht alles aus der Echtzeitperspektive des Bordkanonen-Schützen. Funksprüche gehen hin und her. Irgendwo am Boden, außerhalb des Blickfelds, sind amerikanische Truppen unterwegs, und die Umgebung wird aus der Luft nach Aufständischen und anderen potenziellen Gefahren abgesucht. Plötzlich meldet die Hubschraubercrew etwa zwanzig Männer, die in mehreren kleinen Gruppen auf der Straße zusammenstehen. Dann sieht man sie. Alle tragen zivile Kleidung, und die meisten von ihnen sind eindeutig unbewaffnet. Zwei der Männer haben etwas um die Schulter gehängt, was von der Form und Größe her mit Sicherheit keine Gewehre sein können – Journalisten mit Fotokameras, wie sich später herausstellt –, und zwei scheinen Sturmgewehre oder ähnliche Langwaffen zu tragen. Alle bewegen sich sorglos, reden miteinander, einige überqueren die offene Straße – es ist offensichtlich, dass sie nicht im Begriff sind, in Deckung zu gehen oder einen Hinterhalt vorzubereiten. Auch andere Passanten scheinen alltäglichen Geschäften nachzugehen. Niemand scheint die zwei Hubschrauber zu bemerken. Die Crew meldet über Funk: »Wir haben fünf bis sechs Individuen mit AK-47s [Anmerkung: Sturmgewehre des Typs Kalaschnikow]. Bitte um Erlaubnis, das Feuer zu eröffnen«. Wenige Sekunden später kommt die Feuererlaubnis, doch im letzten Augenblick schiebt sich – bedingt durch die Flugbahn – ein Gebäude zwischen Bordkanone und Menschengruppe. Während der Hubschrauber in der Distanz seinen Kreis zieht und sich wieder in Position bringt, wird das erhobene Teleobjektiv eines Journalisten noch mit einer schussbereiten Panzerfaust verwechselt. Kurz darauf ist die Sicht wieder frei, und der Schütze eröffnet das Feuer. Zehn Männer werden richtiggehend niedergemäht, einige versuchen noch zu entkommen, doch der Schütze fängt sie mit der nächsten Salve ab, und nach weniger als 30 Sekunden liegen alle tot oder schwer verwundet am Boden. Der Hubschrauber kreist weiter um die Einsatzstelle, und man hört die Soldaten kommentieren: »Hahaha, ich hab sie gekriegt«. – »O ja, schau dir die toten Bastarde an.« – »Hübsch.« – »Gut geschossen.« – »Danke.«

Wenig später kommt ein Schwerverletzter ins Blickfeld, der kriechend versucht, sich in Sicherheit zu bringen – vergeblich, in seiner Hilflosigkeit kommt er nicht vom Fleck. »Da unten bewegt sich einer, aber er ist verwundet«, meldet die Crew. »Roger, wir gehen hin«, antworten die Bodentruppen. »Roger, wir machen Feuerpause«, sichert die Crew darauf zu. Offenbar bestand zunächst durchaus die Absicht, den Verwundeten zu bergen, so wie es das Kriegsvölkerrecht verlangt. Kurz darauf meldet sich die Crew wieder: »Er versucht aufzustehen.« – »Hat er vielleicht eine Waffe in der Hand?« – »Nein, ich habe noch keine gesehen.« Der Verwundete schafft es allerdings nicht einmal, sich hochzustemmen, sondern bricht gleich wieder zusammen. »Komm schon, Kumpel«, kommentiert der Schütze und richtet das Fadenkreuz auf den Verletzten. »Jetzt musst du nur noch nach einer Waffe greifen.« Doch der Verwundete tut ihm den Gefallen nicht. Wie sich später herausstellt, handelt es sich um den 40-jährigen Reuters-Journalisten Saeed Chmagh. Weniger als eine Minute später fährt ein ziviler Minibus heran, der Fahrer steigt aus und versucht zusammen mit zwei anderen Männern, den Verwundeten zu bergen. Alle drei Retter tragen Zivilkleidung und sind eindeutig unbewaffnet. Aufgeregt meldet die Hubschraubercrew: »Wir haben einen Minibus, der sich nähert … möglicherweise, um Leichen und Waffen aufzulesen. Kann ich schießen?« – Einige Sekunden später kommt die für die rechtliche Beurteilung entscheidende Rückfrage: »Die Verwundeten werden aufgelesen?« – »Ja, wir versuchen, Feuererlaubnis zu erhalten.« – »Komm schon, lass uns schießen!« Man sieht, wie der Verletzte zum Minibus getragen wird. Dann kommt die Feuererlaubnis, und der Bus wird mit der 30-Millimeter-Bordkanone regelrecht in Stücke geschossen. Der Fahrer und seine Rettungshelfer sind sofort tot. Seine fünfjährige Tochter und der zehnjährige Sohn werden auf der Rückbank des Minibusses schwer verletzt. Sie waren offenbar mit ihrem Vater auf dem Schulweg gewesen. Chmagh selbst erliegt kurz darauf seinen Verletzungen, auch er vierfacher Familienvater. Die Soldaten gratulieren sich wieder gegenseitig zur vollbrachten Tat, als handle es sich um einen Mannschaftssport. Als die Bodentruppen am Einsatzort ankommen und melden, dass sich unter den Verwundeten im Minibus auch zwei Kinder befinden, kommentiert die Crew nur: »Ah verdammt – o well.« Und dann, nach einer Pause, die von bleiernen Zweifeln beschwert gewesen sein dürfte: »Selber schuld, wenn sie ihre Kinder mit zum Schlachtfeld bringen.« – »Genau.« Gemäß US-Militär werden am Einsatzort später ein Sturmgewehr des Typs AK-47 gefunden, ein RPG-Raketenwerfer mit zwei Granaten sowie die Kameras der zwei getöteten Reuters-Journalisten.

Collateral Murder – Ein Kriegsverbrechen?

Ob die im Video *Collateral Murder* gezeigten Handlungen Kriegsverbrechen darstellen und wer dafür die persönliche Verantwortung trägt, sollte eigentlich von einem Gericht entschieden werden. Da eine gerichtliche Beurteilung jedoch bis heute nicht stattgefunden hat, stellt sich zu Recht die Frage, wie diese Unterlassung der US-Behörden einzuordnen ist. Hat WikiLeaks rechtmäßige Kriegshandlungen aus dem Kontext gerissen und unfair dramatisiert? Oder haben sich die amerikanischen Behörden tatsächlich der Vertuschung eines Mordes schuldig gemacht? Wenn ich nachfolgend hierzu meine persönliche Meinung darlege, dann geht es mir nicht in erster Linie darum, die Schuld oder Unschuld individueller Soldaten zu beurteilen. Vielmehr möchte ich damit gleich von Anfang an die Frage nach dem guten Glauben der Regierung in den Raum stellen und den Blick des Lesers dafür schärfen. Denn die Frage nach der Gutgläubigkeit staatlicher Behörden zieht sich wie ein rotes Band durch den gesamten Fall Assange und bietet dem Außenstehenden auch bei komplexen Sachverhalten stets eine verlässliche, objektive Orientierungshilfe.

Wenn ich mich aus kriegsvölkerrechtlicher Sicht zum *Collateral-Murder*-Video äußere, dann bin ich natürlich nicht unfehlbar, tue das aber dennoch mit einer gewissen Expertise und Erfahrung. Als ehemaliger Rechtsberater und Delegierter des Internationalen Komitees vom Roten Kreuz (IKRK) und als Professor für Völkerrecht habe ich mich mehr als zwanzig Jahre lang intensiv mit der Praxis des Kriegsvölkerrechts befasst, insbesondere mit den Regeln über die Gewaltanwendung im Einsatz. Ich habe Hunderte von Operationen analysiert, sowohl auf dem Papier als auch vor Ort in verschiedenen Kriegsgebieten. Ich habe nicht nur Bücher und Fachartikel zum Thema geschrieben, sondern habe die Zerstörung und das Leiden des Krieges mit eigenen Augen gesehen und habe mit den verantwortlichen Einsatzkräften und Politikern ebenso gesprochen wie mit Zeugen, überlebenden Opfern und Hinterbliebenen. Und ich habe einen siebenjährigen internationalen Expertenprozess zur Klärung der Frage geleitet, unter welchen Bedingungen Zivilpersonen ihren kriegsvölkerrechtlichen Schutz verlieren und zu legitimen militärischen Zielen werden können – mithin die Schlüsselfrage, die sich bei der Analyse von *Collateral Murder* stellt.

Die für diesen Fall relevanten Grundregeln des Kriegsvölkerrechts klingen einfach: Soldaten und andere Kämpfer dürfen angegriffen werden, Zivilisten nicht. Sobald Kämpfer wegen Verwundung oder aus anderen Gründen »außer Gefecht« sind, dürfen sie nicht mehr angegriffen werden, sondern müssen unabhängig von Status und Zugehörigkeit geborgen und medizinisch versorgt werden. Zivilisten können ihren

Schutz verlieren, wenn und solange sie unmittelbar an Kampfhandlungen teilnehmen. Ebenfalls geschützt sind Sanitäter und Rettungspersonal, die selbst nicht an Kampfhandlungen teilnehmen, unabhängig davon, ob sie zu den feindlichen Truppen gehören oder Zivilisten sind. Sie dürfen zum Zweck der Selbstverteidigung und zum Schutz der Verwundeten sogar Pistolen, Sturmgewehre und andere leichte Waffen mitführen. Auch die persönlichen Waffen von evakuierten Verwundeten dürfen von Rettungsdiensten eingesammelt und mitgeführt werden, solange sie nicht für Kampfhandlungen eingesetzt werden. In all diesen Fällen muss jede Person im Zweifel als geschützt betrachtet werden, darf also nur dann angegriffen werden, wenn die rechtlichen Kriterien dafür eindeutig erfüllt sind: entweder Kombattantenstatus oder unmittelbare Teilnahme an Feindseligkeiten. Nun, da wir über das kriegsvölkerrechtliche Grundwissen verfügen, schauen wir uns *Collateral Murder* noch einmal an.

Der operationelle Kontext ist, dass zwei Apache-Kampfhubschrauber aus der Luft nach Aufständischen suchen, die ihre Bodentruppen angreifen könnten. Die Hubschrauber kreisen aber nicht – wie man von der Bildauflösung her vielleicht annehmen könnte – knapp hundert Meter über dem Einsatzort, sondern in rund eineinhalb Kilometer Distanz, sodass das Kamerabild durch ein hochsensibles und automatisch gesteuertes Teleobjektiv aufgenommen wird. Die Soldaten können also nicht einfach mit einem kurzen Blick durchs Fenster noch zusätzliche Details aufnehmen, sondern müssen sich auf das Kamerabild verlassen und dieses überdies in Echtzeit interpretieren. Anders als wir haben sie also nicht die Möglichkeit, sich die Szenen mehrmals anzusehen, sondern müssen innerhalb von Sekunden entscheiden, ob sie eine Gefahrenquelle für ihre Bodentruppen identifiziert haben, die bekämpft werden muss. Die Rechtmäßigkeit eines Angriffes muss daher immer danach beurteilt werden, was von einem korrekt handelnden Soldaten unter den vorherrschenden Umständen vernünftigerweise erwartet werden kann und muss.

Der Einsatz findet nun nicht über einem offenen Schlachtfeld statt, sondern über einem Stadtteil von Bagdad: einem dicht besiedelten Gebiet, in dem der allergrößte Teil der Bevölkerung zwangsläufig aus geschützten Zivilisten besteht. Wie man an der Schattenlänge erkennen kann, ist es helllichter Tag, und die Sicht ist klar. Es sind keine bewaffneten Konfrontationen im Gange, und es besteht offenbar keine Ausgangssperre – die Soldaten müssen in dieser Umgebung und zu dieser Tageszeit also überall mit zivilen Passanten rechnen. Seit der amerikanisch-britischen Invasion ist die öffentliche Ordnung im Irak weitgehend zusammengebrochen. Wegen der ständigen Gefahr von Plünderungen sah sich die amerikanische Besatzungsmacht im Jahr 2003 sogar gezwungen, der irakischen Zivilbevölkerung den Besitz von Sturmgewehren zu Zwecken der Verbrechensabwehr ausdrücklich zu erlauben. Im Jahr 2007 sind Kalaschnikows in irakischen Privathaushalten daher so weit verbreitet, dass sogar das öffentliche Mitführen einzelner Waffen nicht ohne Weiteres bereits als Ausdruck »feindlicher Absichten« interpretiert werden kann. Das gilt zugegebenermaßen zwar nicht für RPG-Raketenwerfer, doch wurde die Feuererlaubnis im vorliegenden Fall eindeutig bereits aufgrund des angeblichen, eher salopp berechneten Verdachts von »fünf bis sechs Personen mit AK-47s« gegeben. Einzig die nach der Feuererlaubnis erfolgte Verwechslung einer Kamera mit einem Raketenwerfer könnte allenfalls noch als gutgläubige – wenn auch irrtümliche – Feststellung einer »feindlichen Absicht« interpretiert werden. Doch auch dieser vermeintliche Raketenwerfer ist beim Eröffnen des Feuers bereits nicht mehr zu sehen und das Sturmgewehr ebenfalls nicht. Ein Angriff auf den Hubschrauber oder die Bodentruppen steht offensichtlich nicht unmittelbar bevor, und der Status dieser Männer ist bestenfalls zweifelhaft. Man kann also nicht von der für einen Angriff notwendigen *positive identification* eines legitimen Ziels oder einer unmittelbaren Bedrohung ausgehen. In dieser Situation müsste ein korrekt handelnder Schütze zumindest innehalten, um ein klareres Bild zu erhalten. Dass stattdessen eine Gruppe von zehn augenscheinlich unbewaffneten Männern massakriert wird, kann bestenfalls als ein leichtfertiger, unprofessioneller und menschenverachtender Fehler bezeichnet werden. Ganz nach dem Motto: »Zuerst schießen und dann fragen!« Schlimmstenfalls müsste man auch hier bereits von der vorsätzlichen Tötung vermutungsweise geschützter Personen ausgehen – also einem Kriegsverbrechen.

War der erste Angriff bestenfalls fahrlässig, so ist der zweite ohne jede Frage kriminell. Wie die Funksprüche zeigen, wissen die Soldaten genau, dass sie den verwundeten Chmagh nicht angreifen dürfen. Sie suchen aber geradezu nach einem Vorwand, betteln ihn fast an, er möge doch nach einer Waffe greifen, damit sie ihn erschießen dürfen. Als Soldaten im Kriegseinsatz wissen sie natürlich auch – oder müssten zumindest wissen –, dass Sanitäter und andere Lebensretter kriegsvölkerrechtlich geschützt sind, und zwar unabhängig von einer offiziellen Kennzeichnung oder Zugehörigkeit zu einem Sanitätsdienst. Im gegebenen Fall ist offensichtlich, dass es den unbewaffneten Helfern nur um lebensrettende Maßnahmen geht. Kriegsvölkerrechtlich könnte das Bergen von Verwundeten nicht einmal dann als »feindlicher Akt« betrachtet werden, wenn dabei – anders als hier – auch noch persönliche Waffen der Verwundeten eingesammelt würden. Überdies werden die amerikanischen Bodentruppen wenige Augenblicke später am Einsatzort eintreffen und könnten die Situation problemlos unter Kontrolle bringen. Vor dem Hintergrund dieser unbestrittenen Fakten muss der Angriff auf den verwundeten Chmagh und seine Retter jedoch nicht nur als fahrlässiger Irrtum, sondern als vorsätzlich begangenes Kriegsverbrechen qualifiziert werden.

Die Soldaten wussten das, ihre Kommandanten wussten das und genauso das US-Verteidigungsdepartement. Dass die Armeeführung ihre interne Untersuchung dennoch mit der Schlussfolgerung abschloss, die verantwortlichen Soldaten hätten das Kriegsvölkerrecht respektiert, und dass es weder zu einer Strafverfolgung noch zu Entschädigungszahlungen kam, lässt tief blicken. Nicht nur machten sich die Vorgesetzten dadurch wohl selbst der Komplizenschaft mit einem Kriegsverbrechen schuldig, sie verrieten damit auch die Rechtsordnung ihres eigenen Landes, den Ruf ihrer eigenen Streitkräfte sowie das Vertrauen und die Sicherheit ihrer eigenen Bevölkerung. Ginge es nach der US-Regierung, hätte die amerikanische Öffentlichkeit nie etwas von diesem Mord erfahren, denn das Video war dazu bestimmt, für immer im schwarzen Loch der Staatsgeheimnisse zu verschwinden. So wie die »Pentagon Papers«, die während des Vietnamkrieges die absichtliche Täuschung der amerikanischen Öffentlichkeit durch die Regierung enthüllten. So wie die Foltervideos, welche die spätere CIA-Direktorin Gina Haspel als Kommandantin eines thailändischen *black site* zerstören ließ. So wie die noch unveröffentlichten Fotos aus dem Gefängnis Abu Ghraib, auf denen die sadistische Folter, Vergewaltigung und Erniedrigung wehrloser Gefangener in abstoßenden Details zu sehen sein soll. So wie der Bericht des US-Senatsausschusses, der auf 7000 Seiten die persönlichen und institutionellen Verantwortlichkeiten für die systematische Folterpraxis der CIA feststellt.

All das darf Amerikas Öffentlichkeit nicht wissen, und die Weltöffentlichkeit schon gar nicht. Denn die strafrechtliche Verantwortlichkeitskette für diese Verbrechen endet nicht bei den unteren Rängen derjenigen, die die schmutzige Arbeit vollbringen, sondern führt in fein tapezierte Büros mit dicken Teppichen. Also wird die Öffentlichkeit schamlos angelogen: Es gehe um die »nationale Sicherheit« und den »Schutz anständiger Männer und Frauen in Uniform« und nicht um die Straflosigkeit von Mördern, Folterern, Vergewaltigern und – vor allem – ihrer Vorgesetzten. Die Whistleblower seien »Landesverräter« und nicht die Kriegsverbrecher und ihre Vorgesetzten. Die Enthüllungsjournalisten handelten »unverantwortlich« und nicht die verlogenen Behörden. Allfällige Missetäter seien isolierte »schwarze Schafe« und nicht Sündenböcke für systemische Missstände. Die Öffentlichkeit glaubt das alles gerne, denn die Wirklichkeit eines breiteren Systemversagens anzuerkennen wäre zu bedrohlich, zu verunsichernd, zu anstrengend. Es ist dieser Hang zur Bequemlichkeit, Konformität und Selbsttäuschung, welcher verantwortlich ist für das Scheitern des wohl wichtigsten WikiLeaks-Slogans: »Wenn Kriege durch Lügen begonnen werden können,

können sie durch die Wahrheit beendet werden.« Das Problem ist in der Regel allerdings nicht, dass wir Menschen die Wahrheit nicht kennen, sondern dass wir sie nicht kennen wollen.

Zum Unterschied zwischen Vertraulichkeit und Geheimhaltung

Collateral Murder hat die Weltöffentlichkeit aufgerüttelt. Das Video holt einen Ausschnitt aus dem alltäglichen Töten des Irakkriegs so nah heran, dass es fast nicht auszuhalten ist. Jede Sekunde des Videos schreit einen geradezu an: Schau hin, das ist das wahre Gesicht des Krieges. Von nun an kannst du nicht mehr sagen, du hättest von nichts gewusst. Von nun an bist du mit-wissend und daher auch mit-verantwortlich für das, was deine Regierung mit deinen Steuergeldern tut. Blindes Vertrauen in die an Pressekonferenzen, auf Behördenwebsites und in Sonntagsreden verbreiteten offiziellen Narrative geht nun nicht mehr.

Doch *Collateral Murder* ist nur der Auftakt zu einer wahren Flut von WikiLeaks-Enthüllungen in diesem Jahr 2010. Dabei kooperiert Assange mit renommierten Tageszeitungen und Wochenzeitschriften, allen voran mit der *New York Times,* dem *Guardian,* dem *Spiegel, Le Monde* und *El País.* Die schiere Fülle des zu bewältigenden Materials verlangt die Unterstützung durch professionelle journalistische Strukturen: 90 000 Dateien mit Feldberichten aus dem Afghanistankrieg, mehrere Hunderttausend aus dem Irakkrieg und ab November dann noch eine Viertelmillion Depeschen US-amerikanischer Botschaftsmitarbeiter aus allen Ländern der Erde. Wichtig ist, dass auf Anweisung von Assange allen diesen Publikationen ein rigoroser »Schadensminimierungsprozess« vorangeht, bei dem Namen von potenziell gefährdeten Personen einzeln zensiert werden. So hält Assange bereits bei der Veröffentlichung des *Afghan War Diary* im Juli 2010 rund 15 000 Dokumente zurück, um der US-Regierung und der internationalen Militärmission ISAF Zeit zu geben, sensible Daten zu identifizieren, die geschwärzt werden müssen. Erst die fahrlässige Veröffentlichung des Passworts zu von WikiLeaks verschlüsselten, unredigierten Originaldokumenten durch einen Journalisten des *Guardian* wird Assange ein Jahr später dazu bewegen, die betroffenen Dokumente auch selbst unredigiert zu veröffentlichen. Doch dazu später mehr.

Ich selbst nahm die WikiLeaks-Publikationen damals natürlich zur Kenntnis, war von deren Inhalt aber nicht gleichermaßen schockiert wie die breite Öffentlichkeit, denn vieles davon – und einiges mehr – wusste ich bereits. Seit über einem Jahrzehnt befasste ich mich beim IKRK tagtäglich mit der Wirklichkeit des Krieges und hatte diese im Balkan, im Nahen Osten und in Afghanistan auch schon am eigenen Leib und an der eigenen Seele erlebt. Als WikiLeaks das Schweigen brach, überwog bei mir ein Gefühl von Erleichterung. Endlich, so dachte ich, würde etwas geschehen und die Welt nicht mehr wegschauen können.

Beim Roten Kreuz mussten wir unser Wissen stets streng vertraulich behandeln. Das war eine Art Lebensversicherung – sowohl für die Kriegsopfer als auch für uns selbst. Denn in einem Kriegsgebiet gibt es nur wenig Schutz. Keine Polizei sorgt für Recht und Ordnung. Zeugen von Kriegsverbrechen sind lästig und können leicht aus dem Weg geschafft werden. Ohne die Gewissheit aller Kriegsparteien, dass das IKRK mit seinem Wissen nicht an die Öffentlichkeit geht, wäre seine Präsenz und humanitäre Arbeit tief in umstrittenen Konfliktgebieten gar nicht möglich. Daher werden IKRK-Mitarbeiter vom Internationalen Strafgerichtshof in Den Haag ausdrücklich von der Zeugenaussagepflicht befreit. Das muss so sein. Denn sobald einmal ein IKRK-Delegierter als Zeuge in einem Kriegsverbrecherprozess aufträte, würde sich jede Kriegspartei zweimal fragen, ob sie der Organisation weiterhin Zugang zu Kriegsgefangenen und zivilen Kriegsopfern gewähren kann und ob Delegierte, die bereits »zu viel wissen«, nicht besser einem »tragischen Unfall« zum Opfer fallen sollten. Gleichzeitig muss man aber auch mit allen Konfliktparteien in ständiger Kommunikation bleiben. In

Afghanistan hatten wir in den Adressbüchern unserer Telefone nicht nur die Mobilnummern der ISAF-Kommandanten gespeichert, sondern auch diejenigen der Talibanführer. Jede Ausfahrt durch die Provinz musste mit allen Parteien abgesprochen, jede Situationsänderung wahrgenommen, gemeldet und ausgewertet werden. Denn allzu viele unserer Kollegen hatten für ihr humanitäres Engagement schon das Leben gelassen – ob am Hindukusch, im Kongo oder in Tschetschenien. Für unsere Kommunikation nach außen war die goldene Regel daher immer: »Wir sagen, was wir tun, aber wir sagen nicht, was wir sehen.«

Das heißt nicht, dass wir uns in unserem vertraulichen Dialog mit den Kriegsparteien auf diplomatische Floskeln beschränkt hätten. Im Gegenteil, die Vertraulichkeit des Austausches erlaubte es uns, offen und klar zu kommunizieren und bei Bedarf auch mal mit harten Bandagen zu kämpfen. Es war immer ein delikates Gleichgewicht zwischen harter Kompromisslosigkeit und pragmatischem Realismus. Sobald wir aber merkten, dass die Behörden die von uns garantierte Vertraulichkeit als Deckmantel für ihre Untätigkeit missbrauchen wollten, wandten wir uns sehr rasch an die nächsthöhere Instanz, bis hinauf zur Staatsführung. Wenn auch das keinen Erfolg brachte, begannen wir, freundlich gesinnte Drittstaaten einzubeziehen – immer noch auf vertraulicher Basis. Das letzte Mittel, die öffentliche Pressemitteilung, kam extrem selten zum Einsatz, meist erst nach Jahren erfolgloser Arbeit hinter den Kulissen.

Was also ist der Unterschied zwischen Vertraulichkeit und Geheimhaltung? Vereinfacht gesagt, ist es so, dass Geheimhaltung gewisse Tatsachen nicht nur der Öffentlichkeit vorenthält, sondern auch einer rechtsstaatlichen Kontrolle und gegebenenfalls Sanktion entzieht. Sie schafft daher eine Art rechtsfreien Raum. Ich habe gut zwei Jahrzehnte im internationalen System verbracht, und ich bin dabei zu der Überzeugung gekommen, dass wir diese Art der Geheimhaltung, die ganze Bereiche vor den Bürgern abschirmt, weder brauchen noch zulassen dürfen. Denn eine Sphäre staatlichen Handelns, die sich komplett dem Wissen und der Kontrolle der Öffentlichkeit entzieht, darf es nicht geben. Sobald sie nämlich existiert, ist dem Missbrauch Tür und Tor geöffnet. Dann kommt es unvermeidlich zum Vertuschen von Verbrechen, zu Ausbeutung und Korruption.

Was wir hingegen brauchen, ist Vertraulichkeit, und zwar sowohl im diplomatischen wie auch im individuellen Sinne: Vertraulichkeit im *diplomatischen Sinne* schafft einen geschützten Rahmen für Verhandlungen, Inspektionen und andere vertrauensbildende Maßnahmen, welche auf Deeskalation und die Aufrechterhaltung oder Wiederherstellung einer rechtmäßigen Situation abzielen. Kann dieses Ziel innerhalb einer angemessenen Frist nicht erreicht werden, dann verliert die diplomatische Vertraulichkeit jedoch ihre Rechtfertigung und kann zu Geheimhaltung und Komplizenschaft werden. Ebenfalls brauchen wir Vertraulichkeit im *individuellen Sinne,* also Privatsphäre, Quellenschutz und Persönlichkeitsrechte – all das hat nichts mit Geheimhaltung zu tun und entzieht das von der Vertraulichkeit geschützte Individuum nicht der rechtsstaatlichen Kontrolle und Verantwortlichkeit.

Ich glaube, wir alle geben uns für gewöhnlich zu großen Illusionen hin über unsere eigene Fähigkeit, uns ohne Aufsicht über längere Zeit rechtmäßig zu verhalten. Als Menschen sind wir alle in erster Linie von unserem kurzfristigen Eigeninteresse gesteuert. Das entspricht unserer neurobiologisch und sozialpsychologisch verankerten Natur und gilt unabhängig von Status, Ausbildung und kulturellen, religiösen oder anderen weltanschaulichen Faktoren. Das ist also keine moralische Frage, sondern eine wissenschaftliche Tatsache, der wir bei der Ausgestaltung unserer rechtlichen, politischen und wirtschaftlichen Staatsordnung Rechnung tragen müssen. Verfassungsrechtliche Grundprinzipien wie die Demokratie, die Gewaltenteilung und die Rechtsstaatlichkeit beispielsweise reflektieren eine realistische Einschätzung unserer von Natur aus begrenzten Fähigkeiten, mit der uns anvertrauten Macht im Einklang mit dem öffentlichen Interesse umzugehen.

Doch die verfassungsrechtliche Kodifizierung und institutionelle Umsetzung solcher Grundprinzipien reicht nicht aus.

Denn selbst wenn wir das Glück haben, in einer Demokratie zu leben, sind die demokratischen Wahl- und Legislativprozesse durch Kampagnenfinanzierung und Lobbying bereits so stark verzerrt, dass die legitimen Interessen des eigentlichen Stimmvolkes kaum mehr wirklich vertreten werden. Die Rechtsstaatlichkeit wiederum funktioniert nur, wenn das Gesetz von der Justiz wirklich unabhängig und unparteiisch zur Kontrolle der Exekutive angewandt wird. In Wirklichkeit sind die Gräben zwischen den drei Staatsgewalten jedoch überall viel weniger tief als diejenigen zwischen den Behörden aller drei Gewalten und der Öffentlichkeit. Man kennt sich persönlich, geht zusammen essen, legt Wert auf gute Zusammenarbeit, konsultiert und orientiert informell, fällt sich nicht gegenseitig in den Rücken – so wie sich anständige Menschen eben benehmen. Doch damit ist in der Praxis die gegenseitige Unvoreingenommenheit bereits weitgehend aufgehoben. Das spielt in alltäglichen Amtshandlungen zwar kaum eine Rolle und kann durchaus sogar hilfreich sein, um bürokratische Schwerfälligkeit zu vermeiden. Sobald jedoch sicherheits- und wirtschaftspolitische Interessen einflussreicher Kreise involviert sind, führt dies fast immer zu Kollusion, Rechtsverbiegung und Systemversagen, bis hin zu den schlimmsten Verbrechen – die »Banalität des Bösen«, wie es Hannah Arendt so treffend ausgedrückt hatte.

Weil die Selbstheilungskräfte des US-Militärs versagt haben oder bewusst ausgeschaltet worden sind, ist das im *Collateral-Murder*-Video dokumentierte Kriegsverbrechen nicht verfolgt worden und ohne Wiedergutmachung geblieben. Mehrere amerikanische Irakveteranen haben selbst ausgesagt, dass die *Collateral-Murder*-Operation keine Ausnahmeerscheinung war, sondern dass solche Massaker damals an der Tagesordnung waren, ohne dass es je zu strafrechtlichen Konsequenzen gekommen wäre. Diese Straflosigkeit wiederum festigt eine Kultur der Toleranz gegenüber Gewaltverbrechen, der später kaum mehr beizukommen ist. Die erschütternde Selbstverständlichkeit, mit welcher der wehrlose Afroamerikaner George Floyd am 25. Mai 2020 in Minneapolis von drei Polizisten vor laufenden Kameras zu Tode gewürgt wurde, ist die direkte Konsequenz der jahrzehntelangen Nachsicht Amerikas mit Verbrechern in Uniform. Eine fehlgeleitete Politik, die sich auch in der rabiaten Aggressivität der USA gegenüber dem Internationalen Strafgerichtshof und seinen Angestellten widerspiegelt. Wie wenn Kriegsverbrechen je mit Einschüchterung und Unterdrückung aus der Welt geschafft werden könnten. Das einzige Mittel gegen Kollusion und Straflosigkeit ist die Beseitigung rechtsfreier Räume durch strikte Transparenz und konsequente persönliche und institutionelle Verantwortlichkeit. Genau das ist aber auch die politische Agenda von WikiLeaks.

WikiLeaks als Überdruckventil

Ich betrachte WikiLeaks als eine Art gesellschaftliches Überdruckventil. Wenn ein Mitarbeiter einer Regierung oder eines Unternehmens Zeuge von Missständen wird, schaut er zunächst vielleicht darüber hinweg. Wenn diese Missstände aber ernst genug sind, dann wird sein Schweigen irgendwann zu einem unerträglichen moralischen Dilemma führen, und er wird sich sagen: Ich halte das nicht mehr aus, ich kann mein Wissen nicht mehr für mich behalten, ich brauche eine Möglichkeit, die moralische Verantwortung abzugeben. Wenn die Behörden oder das Unternehmen nun keine internen Strukturen und Verfahren anbieten, durch die solche Missstände rechtlich und moralisch einwandfrei behoben werden können, dann wird der Druck irgendwann zu groß und löst die Alarmpfeife aus: Der Mitarbeiter wird wortwörtlich zum »Whistleblower«. WikiLeaks stellt einen Mechanismus zur Verfügung, der solchen Whistleblowern absolute Anonymität zusichert.

Über das Überdruckventil WikiLeaks finden Informationen ihren Weg an die Öffentlichkeit. Im Gegensatz zum traditionellen Journalismus geschieht das in minimal redigierter Form. Anders als oft behauptet, werden Informationen, die Personen gefährden könnten und noch nicht öffentlich zugänglich sind, von WikiLeaks geschwärzt. Alles andere wird grundsätzlich in ungefilterter Rohfassung zugänglich gemacht. Im Jahr 2010 leisten die Medienpartner, die Assange mit ins Boot geholt hat, einen wichtigen Beitrag beim Trennen des Wichtigen vom Banalen. Gleichzeitig zeigt sich aber auch, dass der traditionelle Journalismus seine Aufgabe als »vierte Macht im Staat« offenbar nicht mehr so wahrnimmt, wie es wünschenswert wäre: die *Checks and Balances* zwischen den Staatsgewalten zu kontrollieren und die Öffentlichkeit über Missstände und deren Bedeutung für den Durchschnittsbürger zu informieren, damit über den demokratischen Prozess die notwendigen Maßnahmen zur Abhilfe ergriffen werden können.

Auch eine Organisation, die sich uneingeschränkter Transparenz verschrieben hat, muss natürlich verantwortlich handeln. Es gibt jedoch bis heute keine Belege für die von der US-Regierung so oft wiederholte These, Menschen seien durch die WikiLeaks-Veröffentlichungen gefährdet worden. Im Video *Collateral Murder* hingegen werden wehrlose Menschen nicht bloß gefährdet, sondern vor laufender Kamera massakriert. Davon spricht aber niemand. Dafür wurde nie jemand bestraft.

Wie jedes Überdruckventil ist WikiLeaks nicht das Problem, sondern lediglich ein sichtbares Symptom für einen Missstand, der tiefer liegt: Das eigentliche Problem sind die Verbrechen – und nicht etwa die Tatsache, dass sie enthüllt werden. Doch genau diese im wörtlichen Sinne »verkehrte« Logik soll der Öffentlichkeit vermittelt werden. WikiLeaks stellt allein schon durch sein bloßes Vorhandensein eine ganze Ordnung der Geheimhaltung infrage, eine Arbeitsweise, die sich etabliert hat: geheime diplomatische Noten, verwischte Grenzen zwischen privaten und öffentlichen Interessen, alltägliche Korruption, Vetternwirtschaft, Machtmissbrauch.

Wären die von WikiLeaks enthüllten Verbrechen von den Staaten verfolgt und entschädigt worden, könnte man allenfalls noch von behördlicher Gutgläubigkeit ausgehen und eine ausgewogene Diskussion über die Verantwortlichkeit von Whistleblowern und Journalisten führen. Doch wenn man sieht, dass

Mörder, Folterer und Vergewaltiger straflos ausgehen, gewaltlose Menschen wie Chelsea Manning, Julian Assange und Edward Snowden aber mit Strafandrohungen verfolgt werden, die normalerweise nur bei Schwerstverbrechen zur Anwendung kommen, dann ist das ganz nüchtern und objektiv betrachtet der Gegenbeweis zur Gutgläubigkeit der involvierten Behörden.

Vor nichts fürchten sich reformunwillige Regierungen mehr als vor jener Transparenz, wie sie ihnen durch WikiLeaks droht. Daher die Heftigkeit der Reaktion und die rabiate Verfolgung von Manning, Assange, Snowden und ihresgleichen. All dies geschieht nicht, weil diese Menschen wirklich großen Schaden angerichtet hätten. Niemand wurde ernsthaft gefährdet, kein Staatsvermögen vernichtet und kein Krieg verloren. Die einzige wirkliche Gefahr, die von WikiLeaks ausgeht, ist der drohende Verlust der Straflosigkeit der Mächtigen. Um das zu verhindern, sollen potenzielle Nachahmer weltweit abgeschreckt und so ein zweites, drittes, hundertstes WikiLeaks verhindert werden. Deshalb wird in der Person Assange das System WikiLeaks verfolgt und bestraft. Nicht länger die enthüllten Verbrechen stehen im Mittelpunkt. Alle Scheinwerfer sind nur noch auf den Überbringer der schlechten Nachrichten gerichtet. Er wird zum Vergewaltiger, Hacker, Spion und Narzisst erklärt, der sich der Justiz entziehen will und auf keinen Fall den Schutz der Pressefreiheit genießt. Und die Öffentlichkeit folgt gehorsam dem Lichtkegel des Scheinwerfers und diskutiert angeregt und frei – über Julian Assange, seine Katze und sein Skateboard. Für die einen ist er ein Held, für die anderen ein Schurke. Doch für die Mächtigen ist diese Frage völlig irrelevant. Für sie zählt nur eines: dass der wirkliche Elefant im Raum, ihre eigenen schmutzigen Geheimnisse, erfolgreich ausgeblendet wurde und wieder verschwunden ist im Dunkel der kollektiven Amnesie.

3

Erste Widersprüche kommen ans Licht

Der Nebel beginnt sich aufzulösen

Als die Anwälte von Julian Assange mich im März 2019 erneut kontaktierten, war ihr Tonfall um einiges dringlicher geworden. Die Anzeichen verdichteten sich, dass eine Ausweisung Assanges aus der ecuadorianischen Botschaft und damit seine Verhaftung durch die britische Polizei möglicherweise unmittelbar bevorstanden. In den letzten Wochen hatte sich der ecuadorianische Präsident Lenín Moreno des Öfteren mit Äußerungen zitieren lassen, die keinen Zweifel daran ließen, dass der Präsident seinen Botschaftsgast lieber heute als morgen loswerden wollte. Die britische Klatschpresse hatte das Thema dankbar aufgegriffen. Immer wieder waren Geschichten über das angeblich zunehmend angespannte Verhältnis zwischen Botschaftsmitarbeitern und Assange erschienen sowie über dessen angeblich erratisches und unappetitliches Gebaren. Ein flüchtiger Blick auf die Überschriften reichte aus, um eins und eins zusammenzuzählen. Es schien, als würde sich der Machtwechsel in Ecuador – der amerikafreundliche Moreno hatte im Mai 2017 den amerikaskeptischen Rafael Correa im Präsidentenamt abgelöst – spätestens jetzt auch konkret auf das weitere Schicksal von Assange auswirken. Durch eine Ausweisung aus der Botschaft würde für Assange die Gefahr einer Auslieferung in die USA schlagartig massiv steigen und damit auch das Risiko schwerer Verletzungen seiner Menschenrechte.

Vielleicht sollte ich mich ja doch etwas näher mit dem Thema befassen? Ich öffnete die Dokumente, die man mir mitgeschickt hatte. Darunter fand ich auch eine Zusammenfassung der Ereignisse seit den großen WikiLeaks-Veröffentlichungen im Jahr 2010. Der Fall war in der Tat komplexer, als ich gedacht hatte. Allein die Hintergründe des inzwischen eingestellten schwedischen Verfahrens warfen schon viele Fragen auf. Als Nächstes las ich ein medizinisches Gutachten, das die Bostoner Ärztin und Professorin Sondra Crosby im Februar 2019, also erst vor einem Monat, an das Hochkommissariat für Menschenrechte geschickt hatte, nachdem sie Assange in der ecuadorianischen Botschaft besucht hatte. Sondra Crosby war nicht irgendwer. Als Spezialistin für die Untersuchung von Flüchtlingen und Folteropfern genoss sie einen ausgezeichneten Ruf. Beispielsweise hatte sie als eine der ersten Medizinerinnen weltweit Häftlinge in Guantanamo untersucht. Ihre Stimme hatte Gewicht. Vor allem war sie nicht verdächtig, zum Lager der Assange-Aktivisten zu gehören und einseitig Position zu beziehen.

Crosbys Schilderung von Assanges Alltag in der Botschaft zeichnete das Bild eines in die Enge getriebenen Mannes, dessen Kräfte nach sieben Jahren mehr und mehr schwanden. Die Auswirkungen eines ohnehin nicht auf einen längeren Aufenthalt eingerichteten, nun aber auch noch zunehmend feindlicher werdenden Umfelds auf Assanges Gesundheit waren nach Crosbys Einschätzung gravierend. Die beengten Räumlichkeiten und die daraus resultierenden fehlenden Bewegungsmöglichkeiten; der Mangel an Tageslicht; die soziale Isolation, zeitweilig noch verstärkt durch die Unterbrechung von Assanges Internetverbindung und die Einschränkung von Besuchsrechten – all das hatte, so Crosby, zu einem Zustand chronischen Stresses geführt. Der fehlende Zugang zu adäquater medizinischer Behandlung sowie die insgesamt sehr ungewissen Zukunftsaussichten verschärften diese Situation noch und machten weitere, noch schwerwiegendere physische und psychische Beeinträchtigungen wahrscheinlich.

Dazu kamen zahlreiche, wie Crosby es nannte, »Angriffe auf Assanges Menschenwürde«, nicht zuletzt durch die immer intensiveren Überwachungsmaßnahmen in der Botschaft. Sogar die von Crosby durchgeführte Untersuchung sei von Kameras aufgezeichnet worden, und nur ein von Assange auf große Lautstärke eingestelltes Radio habe dabei das Abgehörtwerden verhindert. Während einer kurzzeitigen Abwesenheit Crosbys aus dem Besprechungszimmer seien zudem ihre ärztlichen Aufzeichnungen entwendet worden und hätten sich, ganz offensichtlich durchgeblättert und gelesen, später im Raum des Sicherheitspersonals der Botschaft wiedergefunden – eine klare Verletzung der Vertraulichkeit zwischen Ärztin und Patient. Crosbys Fazit war unmissverständlich: Aus medizinischer Sicht verstieß Assanges Behandlung gegen das Folter- und Misshandlungsverbot der internationalen Antifolterkonvention.

Ebenfalls beigefügt hatte man mir die bereits Anfang 2016 veröffentlichten Schlussfolgerungen der UNO-Arbeitsgruppe für willkürliche Inhaftierungen (WGAD). Jener Arbeitsgruppe also, deren Pressemitteilung vor drei Monaten ohne mein Mittun erschienen war, weil ich mich nicht auf den Assange-Fall einlassen wollte. Erst jetzt machte ich mich daran, Seite um Seite des recht umfangreichen Gutachtens Nr. 54/2015 vom 4. Dezember 2015 zu lesen. Verfasst worden war es zu einer Zeit, in der das schwedische Verfahren noch offen gewesen war, sich jedoch seit über fünf Jahren noch immer im Status der Voruntersuchung befunden hatte. Offenbar war in all der Zeit nicht einmal Anklage gegen Assange erhoben worden. Die UNO-Experten sprachen deshalb zu Recht von einem mit der Unschuldsvermutung unvereinbaren Schwebezustand, dessen Dauer jedes akzeptable Maß längst überschritten hatte. Gerade diese ungeklärte Situation war es offenbar auch, die Assange in der Botschaft festhielt. Die standhafte Weigerung der Schweden und der Engländer, Assange die Garantie auszusprechen, bei einer Verhaftung nicht in die USA ausgeliefert zu werden, zementierte den Status quo ins Unabsehbare.

War daher der Aufenthalt in der Botschaft als Freiheitsentzug zu werten? Das Gutachten bejahte dies. Assanges einzige Möglichkeit, sich vor einer Auslieferung in die USA zu schützen, wo ihn ein unfairer Prozess und unmenschliche Haftbedingungen erwarteten, bestehe in seinem fortgesetzten Ausharren innerhalb des Gebäudes. Nur so könne er das ihm gewährte Asyl weiterhin in Anspruch nehmen. Wie jeder andere Mensch dürfe aber auch er nicht gezwungen werden, die Sicherheit und Unversehrtheit seiner Person aufzugeben und sich selbst dem Risiko schwerer Menschenrechtsverletzungen auszusetzen. Aus diesem Grund könne Assanges weiterer Verbleib in der Botschaft gerade nicht als freiwillig bezeichnet werden. Das Risiko einer Auslieferung an die USA hätten Schweden und Großbritannien problemlos durch entsprechende Garantien beseitigen und Assange dadurch die Beteiligung am schwedischen Verfahren ermöglichen können. Mit Blick auf die Verweigerung dieser Garantien sprach die Arbeitsgruppe daher folgerichtig von einem willkürlichen Entzug seiner Freiheit durch Schweden und Großbritannien.

Die Regierungen der beiden Länder sahen das natürlich anders. Erst verlangten sie die Wiedererwägung des Gutachtens. Als die Arbeitsgruppe bei ihren Schlussfolgerungen blieb, kündigten Schweden und Großbritannien kurzerhand an, diese zu ignorieren, weil sie mit dem Fazit nicht einverstanden seien. Dass es für einen Rechtsstaat geradezu absurd ist, sich zuerst auf ein Verfahren vor einem UNO-Gremium einzulassen, dessen Schlussfolgerungen jedoch nur dann zu akzeptieren, wenn sie zu seinen Gunsten ausfallen, schien keine der beiden Regierungen zu stören. Ironischerweise warfen sie aber gleichzeitig Assange vor, sich der Justiz zu entziehen. Sie blieben bei ihrer Argumentation, die sich in einem einzigen Satz zusammenfassen lässt: »Mr Assange steht es frei, die Botschaft jederzeit zu verlassen, und die schwedischen [bzw. britischen] Behörden haben keinerlei Kontrolle über seine Entscheidung, in der Botschaft zu verbleiben.«

Mir erschien die Einschätzung der Arbeitsgruppe jedoch durchaus plausibel. Ich konnte der Logik, mit der argumentiert wurde, nur zustimmen. Dabei half mir, dass ich mich ein

Jahr zuvor, im März 2018, für meinen damaligen Bericht an den Menschenrechtsrat in Genf ausführlich mit migrationsbedingter Folter beschäftigt hatte. Immer wieder gelangen Asyl suchende Migranten zwar bis an die Grenze ihres Ziellandes, werden dort jedoch gestoppt und in umzäunten Auffanglagern festgehalten. Auch diese Zielländer sagen jeweils: Nein, diese Migranten sind ihrer Freiheit nicht beraubt, sie werden nicht willkürlich festgehalten, denn es steht ihnen ja völlig frei, das Lager zu verlassen. Allerdings nur in eine Richtung: nämlich in die, aus der sie geflohen sind. Wenn man jemandem keine andere Wahl mehr lässt, als entweder eingesperrt zu bleiben oder sich in ernsthafte Gefahr zu begeben, dann beraubt man ihn seiner Freiheit. Alles andere ist Augenwischerei.

Willkürlicher Freiheitsentzug also. Die Klarheit, mit der die Arbeitsgruppe Assanges Situation analysierte und bewertete, war bemerkenswert. Ein einzelner Sonderberichterstatter tut sich im Normalfall leichter damit, zu einer handfesten Position zu gelangen, als ein aus fünf unabhängigen UNO-Experten bestehendes kollektives Gremium, das sich stets nur auf den kleinsten gemeinsamen Nenner einigen kann. Im Fall Assange gab es innerhalb der Arbeitsgruppe nur eine einzige abweichende Stimme, sodass die Eindeutigkeit des Gutachtens umso höher zu bewerten war.

Noch ein weiteres Dokument sah ich mir an, ein Interview mit James Goodale, dem ehemaligen Leiter der Rechtsabteilung der *New York Times*. Welche Auswirkungen würde eine strafrechtliche Verfolgung von Assange durch die US-Behörden auf die Pressefreiheit haben, die vom Ersten Zusatzartikel der amerikanischen Verfassung garantiert wird? Goodale wusste, wovon er sprach. Er war schon 1971, als seine Zeitung mit den sogenannten »Pentagon Papers« geheime Dokumente über den Vietnamkrieg publiziert hatte, ein engagierter und erfolgreicher Streiter gegen die damals versuchte Kriminalisierung journalistischer Tätigkeit durch den US-amerikanischen *Espionage Act* gewesen. Goodale stellte klar: Was auch immer Assange via WikiLeaks publiziert hatte und aus welchen Quellen das Material auch stammte – er war der Veröffentlicher, nicht die Quelle dieses Materials und hatte dieses auch nicht gestohlen, sondern von willigen Quellen erhalten. Sein Vorgehen sei daher von der Verfassung geschützt. Werde er dennoch strafrechtlich verfolgt, würde das unabsehbare Konsequenzen für die journalistische Arbeit zur Folge haben. Dann könnte jede Enthüllungsstory, die auf geleaktem Material basiere, künftig ein Fall für den Strafrichter sein. Die daraus resultierende Gefahr für Journalisten könne man gar nicht hoch genug einschätzen.

Ich hatte lange gelesen. Für einen Moment blickte ich zum Fenster hinaus auf die von der Frühjahrssonne beschienene Alpenkette. Crosbys ärztliches Gutachten, die Schlussfolgerungen der WGAD und Goodales Einschätzungen hatten mich zum Nachdenken gebracht. Ich begann mir meiner eigenen Vorurteile bewusst zu werden, die mich im Dezember dazu gebracht hatten, Assanges erstes Interventionsgesuch mehr oder weniger achselzuckend vom Tisch zu wischen. Nach all dem, was ich nun erfahren hatte, ging das nicht mehr. Plötzlich wurde mir die politische Dimension dieses Falles klar und dass ich es meiner persönlichen und beruflichen Integrität schuldig war, genauer hinzusehen und mir meine eigene Meinung zu bilden.

Vorläufige Schutzmaßnahmen

In diesem frühen Stadium galt meine Hauptsorge einer möglichen Auslieferung Assanges in die USA. Sei es direkt durch die Ecuadorianer oder, nach Ausweisung aus der Botschaft, in einem britischen Schnellverfahren. Die *extraordinary renditions* der CIA, mit welchen Menschen ohne jedes rechtsstaatliche Verfahren gekidnappt und dann in geheimen *black sites* rund um den Globus festgehalten und gefoltert wurden, lagen noch in unangenehmer Erinnerung. Die von langer Hand vorbereitete Anklage der Amerikaner war zwar noch nicht publik gemacht worden, ihre Existenz war aber ein offenes Geheimnis. Auch wenn man nur mutmaßen konnte, wie die Anklagepunkte genau lauten würden: der Gedanke, dass sie einen unfairen, politisch motivierten Prozess und eine drakonische Bestrafung Assanges bezweckten, lag schon damals nahe. Die Haftbedingungen, die Assange in einem amerikanischen Hochsicherheitsgefängnis erwarten würden, konnte man jedenfalls nur als grausam, unmenschlich oder entwürdigend bezeichnen.

Von diesen Gedanken ließ ich mich bei meinem weiteren Vorgehen leiten. Ich würde in zwei offiziellen Schreiben Ecuador und Großbritannien eindringlich an einen zwingenden Grundsatz des Völkerrechts beim Umgang mit Asylsuchenden erinnern – an das sogenannte »Refoulement«-Verbot. Es verbietet die Rückführung oder Abschiebung von Menschen in Länder, in denen sie Gefahr laufen, gefoltert oder hingerichtet oder anderen schweren Verletzungen ihrer Menschenrechte ausgesetzt zu werden. Ferner würde ich ankündigen, Assange in der ecuadorianischen Botschaft besuchen und im Anschluss daran auch mit dem ecuadorianischen Botschafter und hochrangigen britischen Regierungsvertretern zusammentreffen zu wollen. Vor allem aber würde ich an die ecuadorianische Regierung appellieren, so lange von einer Ausweisung Assanges abzusehen, bis der Schutz seiner Menschenrechte garantiert werden konnte, und in der Zwischenzeit alles dafür zu tun, einer Verschlechterung seines Gesundheitszustands entgegenzuwirken.

Je länger ich mich mit dem Fall befasste, desto stärker wurde mir bewusst, dass hier weit mehr als nur das persönliche Schicksal von Assange auf dem Spiel stand. Mit ihm drohte auch der investigative Journalismus als solcher auf der Anklagebank zu landen. Eine Frage von großer gesellschaftlicher Bedeutung. Mit diplomatischen Schreiben allein würde es dabei nicht getan sein. Um einer Überraschungsaktion der involvierten Staaten vorzubeugen, musste ich möglichst rasch auch die Öffentlichkeit informieren. Noch bevor ich Großbritannien und Ecuador über meine beabsichtigte Intervention unterrichtete, veröffentlichte ich daher als Erstes eine Pressemitteilung. Sie erschien am 5. April 2019 unter der Überschrift: »UNO-Experte für Folter alarmiert über Berichte, Assange könnte bald aus der ecuadorianischen Botschaft ausgewiesen werden«. Ich kündigte meine Absicht an, den Fall persönlich zu untersuchen, fasste meine menschenrechtlichen Bedenken zusammen und forderte die Regierungen von Ecuador und Großbritannien auf, Assanges Asyl in der Zwischenzeit keinesfalls aufzuheben und keinerlei Schritte in Richtung seiner Auslieferung an die USA zu unternehmen. Neben ihrem Hauptzweck, die überstürzte Schaffung von Tatsachen zu verhindern, sollte die Pressemitteilung noch eine weitere, unmissverständliche Botschaft senden: Der UNO-Sonderberichterstatter hat ein Auge auf euch und wird ab jetzt genau registrieren, was ihr tut. Und bald schon wird er nach London kommen und sich den Fall als solchen und insbesondere die Behandlung von Assange aus der Nähe anschauen.

Das war am Freitagabend um 18 Uhr. Bereits am Montagmorgen, am 8. April 2019, verschickte ich dann meine offiziellen Schreiben an Großbritannien und Ecuador. Ich kündigte meinen Besuch in der Botschaft für den 25. April an und bat um persönliche Gespräche mit Julian Assange und dem ecuadorianischen Botschafter in London. Daran anschließen sollten sich die Treffen mit britischen Regierungsvertretern. Insbesondere mit jenen, die im Fall einer möglichen Ausweisung Assanges aus der Botschaft und eines Auslieferungsgesuches der USA für den britischen Entscheidungsprozess verantwortlich sein würden. Als Ziel meines Besuchs nannte ich eine langfristige Lösung für Assanges Situation im Einklang mit menschenrechtlichen Vorgaben.

Assanges Verhaftung am 11. April 2019

Der britische Botschafter in Genf antwortete schon am übernächsten Tag. Ein kurzes und eher schmallippiges Schreiben. Offensichtlich hatte mein Vorgehen, zuerst die Öffentlichkeit und dann erst die Regierung selbst über meine Intervention zu informieren, kein allzu großes Wohlwollen gefunden. Dennoch wurde meinem Gesuch, Assange in der ecuadorianischen Botschaft zu besuchen, entsprochen. Die von mir verlangten Gespräche mit britischen Regierungsvertretern wurden allerdings abgelehnt. »Sie werden verstehen, dass es für die Behörden nicht angemessen wäre, Spekulationen über hypothetische Szenarien anzustellen.« Stattdessen wurde ich auf eine Regierungswebseite verwiesen, wo ich allgemeine Informationen über das britische Asylverfahren finden könne. »Spekulationen über hypothetische Szenarien«. Damit war nichts anderes gemeint als die mögliche Verhaftung und Auslieferung Assanges durch Großbritannien an die USA. Hypothetisch. Reine Spekulation. Das schrieb mir der britische UNO-Botschafter in Genf am 10. April 2019.

Keine 24 Stunden später, am Vormittag des 11. April 2019, öffnete die ecuadorianische Botschaft in London ihre Türen für Beamte der Metropolitan Police, und Julian Assange wurde verhaftet, aus der Botschaft gezerrt, in einen Polizeiwagen verfrachtet und wenige Stunden später bereits dem Strafrichter des Westminster Magistrates' Court vorgeführt. Der befand ihn bereits nach einer kaum 15-minütigen Verhandlung eines Verstoßes gegen die britischen Kautionsauflagen sieben Jahre früher für schuldig, und Assange verschwand im Hochsicherheitsgefängnis, um auf das Verkünden des Strafmaßes zu warten. Ihm drohte nun bis zu einem Jahr Haft.

Als offiziellen Grund für die Ausweisung aus der Botschaft nannte die Presseerklärung der ecuadorianischen Regierung wiederholte Verstöße Assanges gegen südamerikanische Staatsverträge zur Regelung des diplomatischen Asyls, aber auch die Nichtbeachtung einer speziell für Assange erlassenen Hausordnung der Botschaft. Beides könnte jedoch das absolute »Refoulement«-Verbot in keiner Weise in Frage stellen. Ein rechtsstaatliches Verfahren, wie es für jeden Asylaufhebungsentscheid zwingend notwendig ist, wurde Assange nicht geboten. Kein Recht auf einen Anwalt, kein Recht auf Stellungnahme, Einspruch oder Berufung, sondern eine Abschiebung per unilaterales Dekret. Doch da war noch ein Problem: Assange war 2017 der ecuadorianische Pass verliehen worden, und die ecuadorianische Verfassung verbietet ausdrücklich die Auslieferung von Staatsbürgern. Also wurde ihm eine knappe Stunde vor seiner Ausweisung kurzerhand auch noch die ecuadorianische Staatsbürgerschaft entzogen – angeblich aufgrund von »Unregelmäßigkeiten« in seinen Papieren und ebenfalls ohne jedes rechtsstaatliche Verfahren. Der Presse gegenüber bezeichnete Präsident Moreno seine Entscheidung als »souveränen Staatsakt«. Man fühlt sich sofort an die Worte von Ludwig XIV. erinnert, dem absolutistischen Sonnenkönig des 17. Jahrhunderts: »L'Etat, c'est moi« – die Antithese des Rechtsstaates. Zudem versicherte Moreno, von Großbritannien Garantien erhalten zu haben, dass Assange nicht in ein Land ausgeliefert werde, wo ihm die Todesstrafe, Folter oder Misshandlung drohen könnten. Garantien, welche zu geben sowohl Großbritannien und Schweden bisher stets als unzulässig abgelehnt hatten.

Es war also alles genau so gekommen, wie Assange es immer prophezeit hatte: In dem Moment, in dem er einen Fuß aus der Botschaft setzte, wurde er von der britischen Polizei verhaftet und stellten die USA ein Auslieferungsgesuch. Manch einer, der das als Paranoia verspottet hatte, wurde am 11. April 2019 eines Besseren belehrt. Nur eine Stunde nach seiner Ausweisung und Verhaftung durch die britischen Behörden traf denn auch tatsächlich das amerikanische Auslieferungsgesuch ein und wurde die jahrelang vorbereitete, doch bis zu diesem Tag geheim gehaltene Anklage der USA *unsealed*, also publik gemacht.

Zur Überraschung der meisten Beobachter fiel die Anklage jedoch deutlich weniger drastisch aus als angenommen. Sie enthielt nur einen einzigen Punkt. Assange wurde nicht etwa, wie von einigen erwartet, wegen Geheimnisverrats und Spionage angeklagt, sondern allein wegen versuchter Beihilfe zum Hacking, genauer gesagt: wegen einer »Verschwörung zum Angriff auf Regierungscomputer«. Gemeint war damit Assanges angeblicher Versuch, seiner Quelle Chelsea Manning – damals noch als Soldat Bradley Manning der US-Armee – bei der Entschlüsselung eines Passwortes behilflich zu sein, welches Manning erlaubt hätte, sich mit einer anderen Identität in das Computersystem des US-Verteidigungsministeriums einzuloggen. Manning selbst hatte allerdings bereits volle Zugangsberechtigung zu den geheimen Dokumenten, mit deren Veröffentlichung WikiLeaks 2010 weltweit für Aufsehen gesorgt hatte. Es ging also nicht darum, mit dem Passwort unberechtigten Zugang zu erhalten, sondern die Spuren Mannings im System zu verwischen. Ohnehin blieb der angebliche Versuch jedoch erfolglos und richtete keinen Schaden an.

Würde Assange in diesem Anklagepunkt schuldig gesprochen, drohte ihm in den USA eine unerwartet milde Haftstrafe von maximal fünf Jahren. Und das war ein Maximalstrafmaß für schwere Fälle, welches bei einem erfolglosen Versuch zur bloßen Beihilfe wohl eher auf ein paar Wochen bedingter Haft oder gar eine Geldstrafe reduziert werden müsste. Das klang aber nur vordergründig nach Entwarnung. Ich befürchtete, dass es die USA nicht bei diesem einen Anklagepunkt bewenden lassen, sondern die Liste spätestens nach der Auslieferung noch bedeutend erweitern würden. Das war mit Sicherheit erst der Anfang.

Bei den Ereignissen dieses 11. April 2019 handelte es sich ohne Zweifel um eine multilateral koordinierte Aktion Ecuadors, Großbritanniens und der Vereinigten Staaten. Sie musste einen bestimmten zeitlichen Vorlauf gehabt haben, denn anders war der reibungslose Ablauf – Ausweisung, Festnahme, Schuldspruch durch den Strafrichter, Entsiegelung der geheimen amerikanischen Anklage sowie Überreichung des offiziellen Auslieferungsgesuchs – innerhalb weniger Stunden gar nicht zu erklären. Dies aber entlarvte auch das Schreiben des britischen UNO-Botschafters in Genf vom Tag zuvor, der meine Sorge über das nun eingetretene Szenario noch als »Spekulation« über ein rein »hypothetisches Szenario« von sich gewiesen hatte, im Nachhinein als vorsätzliche Irreführung eines UNO-Mandatsträgers. Es war völlig ausgeschlossen, dass der Botschafter eigenmächtig oder aus schlichter Unwissenheit gehandelt hatte, zumal er ohne enge Konsultation mit der Londoner Regierung meinen Besuch in Großbritannien gar nicht hätte bewilligen können.

Ohne den Einfluss meines Mandates überschätzen zu wollen, so glaube ich rückblickend, dass meine Initiative den Gang der

Dinge wohl beschleunigt haben könnte. Mein öffentlichkeitswirksamer »Warnpfiff« vom Freitag, 5. April, mitsamt Ankündigung einer Untersuchung vor Ort hatte offenbar einen empfindlichen Nerv getroffen. Meine Forderungen an die Regierungen widersprachen dem sorgfältig aufgebauten Narrativ von Assange als verwöhntem Feigling und Schmierfinken, den es endlich aus seinem luxuriösen Versteck zu ziehen und seinem lang überfälligen Prozess zuzuführen galt. Im besten Fall würde meine Untersuchung eine unwillkommene Verzögerung der längst schon beschlossenen Ausweisung, Verhaftung und Auslieferung Assanges bedeuten. Im schlimmsten Fall barg sie sogar erhebliches Störpotenzial und konnte die beteiligten Behörden in ernsthafte Rechtfertigungsnot bringen.

Wie dem auch sei, nun waren Tatsachen geschaffen worden, und zwar auf eine Art und Weise, die bei mir alle Alarmglocken schrillen ließ. Warum gerade jetzt, nach fast sieben Jahren lethargischer Stagnation, plötzlich diese überstürzte Ausweisung, Verhaftung und Aburteilung in so offensichtlicher Verletzung aller rechtsstaatlichen Grundsätze? Warum diese verdächtig zahme Anklage der Amerikaner, die geradezu nach Schlimmerem schrie? Und warum hatte mich der britische Botschafter angelogen? Warum diese Geringschätzung meinem Mandat gegenüber? Ich war ja kein Feind, kein politischer Aktivist, kein Dissident, sondern war von den Regierungen selbst gewählt und mandatiert worden, um meine Funktion in konstruktiver Zusammenarbeit mit ihnen auszuüben. Was ging hier eigentlich vor? Da stimmte doch etwas nicht – so langsam begann ich, an der Gutgläubigkeit der beteiligten Staaten ernsthaft zu zweifeln.

Richterliche Befangenheit

Wie lange dauert es, bis ein Verstoß gegen Kautionsauflagen verjährt oder gegenstandslos wird? Vor allem, wenn dieser ohne kriminelle Absicht begangen wurde, nur um sich vor schweren Verletzungen der Menschenrechte zu schützen? Im Februar

2018, und damit ein gutes Jahr vor seiner Ausweisung aus der ecuadorianischen Botschaft, hatten Assanges Anwälte diese Frage aufgebracht. Sie stellten einen Antrag auf Annullierung des britischen Haftbefehls. Begründung: Das schwedische Auslieferungsgesuch, dessentwegen man Assange die fraglichen Kautionsauflagen überhaupt auferlegt hatte, war bereits im Mai 2017 zurückgezogen worden, nachdem die schwedische Staatsanwaltschaft ihre Untersuchung gegen ihn eingestellt hatte. Auch hatte die UNO-Arbeitsgruppe für willkürliche Inhaftierungen die jahrelange Belagerung Assanges in der Botschaft offiziell als willkürlichen Freiheitsentzug gewertet. Die Anwälte wollten daher nun wissen: War Assange nicht bereits genug bestraft für seinen mehr als fünf Jahre zurückliegenden, durch diplomatisches Asyl gerechtfertigten Verstoß gegen die Kautionsauflagen? Konnte seine Verfolgung und Bestrafung deswegen überhaupt noch als verhältnismäßig und im öffentlichen Interesse betrachtet werden?

Emma Arbuthnot, leitende Bezirksrichterin des Westminster Magistrates' Court, wies in ihrem Entscheid vom 13. Februar 2018 sämtliche Argumente der Anwälte ab: »Er [Assange] scheint sich über die normalen Regeln des Rechts zu stellen und will Gerechtigkeit nur dann, wenn sie zu seinen Gunsten ausfällt.« Zuvor hatte sie ein völlig verzerrtes, beinahe verniedlichendes Bild von Assanges Lebensbedingungen in der ecuadorianischen Botschaft gezeichnet und sich über deren Gleichsetzung mit willkürlichem Freiheitsentzug lustig gemacht. Ein Balkonaufenthalt im Sonnenlicht sei dort ebenso jederzeit möglich, wie der Internetzugang permanent gewährleistet sei; die Treffen von Assange mit seinen Besuchern seien unbegrenzt, und er könne sich aussuchen, was er essen wolle. Sie ließ es sich natürlich auch nicht nehmen, süffisant darauf hinzuweisen, dass Assange die Botschaft jederzeit verlassen könne und dass beispielsweise die Insassen von Wandsworth Prison seine Lebensbedingungen wohl kaum als Untersuchungshaft bezeichnen würden.

Aber vor allem hatte Richterin Arbuthnot die Beurteilung der WGAD – immerhin eines von UNO-Mitgliedstaaten mandatierten Gremiums – mit kaum verhohlener Geringschätzung als falsch und unzutreffend abgetan. Deshalb maß sie ihr auch nur »geringes Gewicht« bei. Gehorsam gab sie damit die Haltung der britischen Regierung wieder, welche sich zwar zwei Jahre lang vollumfänglich auf ein Beschwerdeverfahren vor der WGAD eingelassen und dort einen umfangreichen Schriftenwechsel geführt hatte, sich am Ende aber weigerte, die Entscheidung dieses Gremiums anzuerkennen, weil sie nicht zugunsten Großbritanniens ausgefallen war. Auch der Richterin schien die schlagende Ironie nicht aufzufallen, als sie im gleichen Atemzug Assange vorwarf, Gerechtigkeit nur dann zu akzeptieren, wenn sie zu seinen Gunsten ausfalle. Der britische Haftbefehl musste offenbar um jeden Preis aufrechterhalten werden, denn genau drei Wochen später würde die geheime Anklageerhebung der USA gegen Assange erfolgen.

Dass ausgerechnet Emma Arbuthnot diesen Entscheid traf, hatte aber einen noch viel ernsthafteren Haken. Ihr Ehemann, Lord James Arbuthnot, sitzt nämlich nicht nur für die Tories im Oberhaus. Er hat auch jahrzehntelang hohe Positionen in der britischen Rüstungsindustrie innegehabt, zudem war er Vorsitzender des »Defence Select Committee« gewesen, dessen Aufgabe es unter anderem ist, das britische Militär zu beaufsichtigen. Der springende Punkt dabei: WikiLeaks hatte zahlreiche Informationen über möglicherweise unrechtmäßige Geschäfte publik gemacht, an denen Arbuthnot beteiligt gewesen sein soll. Unter anderem ging es um Waffendeals mit Israel. Aber auch Emma Arbuthnot selbst soll von einer Sicherheitsfirma Geschenke erhalten haben, deren unsauberes Geschäftsgebaren von WikiLeaks enthüllt worden war. Diese Richterin entschied also nicht nur 2018 über die Aufrechterhaltung von Assanges Haftbefehl, sondern leitete bis zum Sommer 2019 sogar persönlich das Auslieferungsverfahren gegen Assange. Erst danach übergab sie an eine andere, ihr jedoch unterstellte Kollegin.

Ein klarer Fall von Befangenheit, und zwar unabhängig vom Wahrheitsgehalt dieser Vorwürfe. Denn in einem Rechtsstaat muss bereits der Anschein eines möglichen Interessenkonflikts immer von Amts wegen zum Ausschluss der betroffenen Richterin führen. Also stellten Assanges Anwälte am 8. April 2019 einen formellen Befangenheitsantrag. Aufgrund der Befangenheit der Richterin hätte natürlich auch der von ihr im Jahr zuvor noch aufrechterhaltene Haftbefehl erneut angefochten werden können. Mit dessen Annullierung wäre aber auch einer Verhaftung Assanges durch die britische Polizei im Falle einer Ausweisung aus der Botschaft jede rechtliche Grundlage entzogen worden. Denn das schwedische Verfahren war ja bereits zwei Jahre zuvor eingestellt worden, und seitens der Amerikaner lag an diesem 8. April offiziell weder ein Auslieferungsgesuch vor noch eine Anklage. Wäre der britische Haftbefehl aufgehoben worden, wäre Assange daher ein freier Mann gewesen und hätte nicht nur die ecuadorianische Botschaft, sondern auch Großbritannien in eine beliebige Richtung verlassen können.

Neben meiner Pressemitteilung vom 5. April und meinen beiden Schreiben an Großbritannien und Ecuador vom 8. April dürfte also auch Assanges gut dokumentierter Befangenheitsantrag den Druck auf die Behörden entscheidend erhöht haben. Plötzlich musste alles ganz schnell gehen. Assange musste ausgewiesen, verhaftet und – vor allem – verurteilt werden, wenn nötig im Schnellverfahren. Es musste schleunigst eine neue Rechtsgrundlage für seine Haft geschaffen werden, denn die alte hatte aufgrund des nun formell gerügten Interessenkonfliktes der Richterin bedenklich zu wackeln begonnen.

So kam es, dass sich die Ereignisse plötzlich überstürzten. Bereits drei Tage später, am 11. April, hatte Assange sowohl seine ecuadorianische Staatsbürgerschaft als auch sein diplomatisches Asyl verloren und wurde Bezirksrichter Michael Snow zur Aburteilung vorgeführt. Während der Gerichtsverhandlung erhob Assanges Verteidiger wegen des Interessenkonflikts von Richterin Arbuthnot Einspruch gegen die Gültigkeit des Haftbefehls. Ein legitimer Einwand, der zumindest an jenem Tag eine Verurteilung Assanges hätte unmöglich machen müssen. Richter Snow wäre in der Pflicht gewesen, die Verhandlung zu unterbrechen und dem Einwand nachzugehen. Stattdessen wurde er ungehalten und bezeichnete den gegen seine Kollegin vorgebrachten Vorwurf der Befangenheit als »lächerlich«. Dann wandte er sich an Assange und nannte ihn einen »Narzissten, der nicht über seine egoistischen Eigeninteressen hinauswachsen« könne. Dabei hatte Assange während der ganzen Anhörung kein Wort gesagt, außer: »Ich plädiere auf unschuldig.« Offensichtlich aber genug für Richter Snow, um persönlich und beleidigend zu werden. Die selbstsichere Unverfrorenheit, mit der dieser Richter Assange in einer öffentlichen Gerichtsverhandlung ohne jede Provokation als »Narzisst« beleidigte, war aufschlussreich. Warum hielt er es nicht für nötig, seine Voreingenommenheit wenigstens zu verbergen? Warum erlaubte sich schon Arbuthnot ein Jahr zuvor, sich öffentlich über Assange lustig zu machen? Sie mussten sich beide sehr sicher sein, dass sie mit ihrem unwürdigen Verhalten einen in der britischen Justiz allgemein geteilten Konsens zum Fall Assange ausdrückten.

Dabei hätte es an diesem Tag, der Assange vermutlich ohnehin schon an die Grenzen seiner psychischen Belastbarkeit gebracht hatte, von vornherein nicht zu einer Verurteilung kommen dürfen. Am Vormittag hatte man Assange nach fast sieben Jahren Asyl ohne vorherige Ankündigung gewaltsam aus der ecuadorianischen Botschaft gezerrt. Dabei musste er all seine persönlichen Habseligkeiten, Computer und Dokumente zurücklassen. Für denselben Nachmittag war bereits eine Gerichtsverhandlung angesetzt, in der immerhin über seine Schuld oder Unschuld betreffend eine Straftat fast sieben Jahre zuvor entschieden werden sollte. Dies geschah dann in einer knapp 15-minütigen Verhandlung, zu deren Vorbereitung man Assange gerade einmal eine Viertelstunde zusammen mit seinem Rechtsanwalt gestattet hatte. Der vollkommen berechtigte, bereits drei Tage zuvor schriftlich eingereichte und detailliert belegte Einwand wegen des Interessenkonflikts von Richterin Arbuthnot wurde ohne nähere Begründung vom Tisch gefegt, unmittelbar gefolgt vom Schuldspruch und der Beleidigung durch den Richter.

Am 1. Mai wurde dann von einer dritten Richterin namens Deborah Taylor das Strafmaß festgelegt: Fünfzig Wochen

Gefängnis. Sie blieb damit nur zwei Wochen unter dem Maximalstrafmaß, denn – so behauptete sie – es sei »schwierig, sich ein schwerwiegenderes Beispiel einer Kautionsverletzung vorzustellen«. Schließlich habe Assanges Überwachung während seiner Jahre in der Botschaft den britischen Steuerzahler 16 Millionen Pfund gekostet. Die Absurdität dieser Begründung liegt auf der Hand. Ein Vergehen wiegt nicht schwerer, je mehr Geld für seine Untersuchung ausgegeben wird. Eine fahrlässige Tötung wird nicht plötzlich zum Mord, nur weil zehn Jahre lang ermittelt werden muss. Und ein Diebstahl von 100 Euro bleibt auch dann ein vergleichsweise leichtes Delikt, wenn dessen Aufklärung 100 000 Euro verschlingt. Denn Assange hat die in seinem Fall entstandenen Kosten nicht etwa durch absichtliche Schädigung oder zusätzliche Delikte verursacht. Es war ganz allein der britische Staat, der entschieden hatte, das von Ecuador ausgesprochene diplomatische Asyl nicht anzuerkennen und die Botschaft sieben Jahre lang rund um die Uhr von der Polizei belagern zu lassen.

Fünfzig Wochen Gefängnis also für eine Kautionsverletzung. Eine für britische Verhältnisse völlig unverhältnismäßige Strafe. In den allermeisten Fällen werden Kautionsverletzungen in Großbritannien mit Geldbußen geahndet, selbst bei eigenmächtiger Verlängerung des Hafturlaubs. Sollte eine Kautionsverletzung dennoch einmal zu einer kurzen Gefängnisstrafe führen, würde diese ganz sicher nicht unter verschärften Bedingungen oder gar Isolationshaft stattfinden. Außer im Fall von Julian Assange. Er wurde umgehend wieder in das Londoner Hochsicherheitsgefängnis Belmarsh gebracht – das berüchtigte »Guantanamo von Großbritannien«.

Jetzt erst recht!

Aus meiner Sicht hatten sich die Umstände nun grundlegend geändert. Mein Besuch in der ecuadorianischen Botschaft war hinfällig geworden. Doch das bedeutete nicht, dass ich mein

Vorhaben, Assange zu besuchen, aufgegeben hatte. Im Gegenteil, meine Entschlossenheit, dieser Sache auf den Grund zu gehen, begann sich zu festigen. Am 18. April 2019 schrieb ich erneut an Ecuador. Ich wies die ecuadorianische Regierung unmissverständlich darauf hin, was aus menschenrechtlicher Sicht von Assanges Ausweisung und dem Entzug seiner Staatsbürgerschaft zu halten war. Diesen Schritten war nicht nur kein angemessenes Verfahren vorangegangen. Assange war auch nicht rechtzeitig über sie informiert worden, und es hatte keine Möglichkeit für ihn bestanden, dagegen ein Rechtsmittel zu ergreifen.

Darüber hinaus verlangte ich Antworten auf gleich mehrere drängende Fragen: Warum war die ecuadorianische Regierung meinem Appell, vorläufig von einer Ausweisung Assanges abzusehen, nicht nachgekommen? Wie war die Nacht-und-Nebel-Aktion des Entzugs der Staatsbürgerschaft und der Ausweisung zu vereinbaren mit den internationalen Menschenrechtsstandards? Welche rechtliche Begründung gab es für die Entscheidung, Assanges diplomatisches Asyl aufzuheben? Insbesondere nach sieben Jahren, in denen genau dieses Asyl von ecuadorianischer Seite aus stets mit dem Schutz vor einer drohenden Auslieferung in die USA begründet worden war? Mit ausgerechnet dem Szenario also, welches sich nun tatsächlich zu verwirklichen drohte? Welche Maßnahmen waren vor Assanges Ausweisung getroffen worden, um zu gewährleisten, dass seine Menschenrechte nicht verletzt wurden, weder durch Großbritannien noch durch einen anderen Staat? Ich schloss mit der Erwartung, dass die erwähnten Verstöße gegen internationales Recht untersucht und die verantwortlichen Personen zur Rechenschaft gezogen würden. Mehr konnte ich nicht tun. Durch die Ausweisung Assanges hatte sich Ecuador eines Problems entledigt, an dessen konstruktiver Lösung die Regierenden kein Interesse mehr gehabt hatten. Sie hatten sich sozusagen selbst aus dem Spiel genommen und den Ball ins Feld der anderen zurückgespielt, zunächst und vor allem in das der Briten.

Daher schickte ich, ebenfalls am 18. April 2019, auch ein weiteres Schreiben an Großbritannien. Ich ersuchte um die Erlaubnis, Assange spätestens bis zum 10. Mai im Gefängnis treffen zu können. Ich wollte ein vertrauliches Gespräch mit ihm führen, seine Haftbedingungen in Augenschein nehmen und mir mithilfe von spezialisierten Ärzten ein genaues Bild von seinem Gesundheitszustand machen. An meiner Forderung nach einem Treffen mit britischen Regierungsvertretern hielt ich dabei ebenso fest wie an dem Appell, Assange nicht an die USA oder ein anderes Land auszuliefern, solange sein Anspruch auf internationalen Schutz nicht in einem transparenten und unparteiischen Verfahren festgestellt worden sei. Im Grunde unterschieden sich meine beiden Schreiben an Großbritannien vom 8. und vom 18. April 2019 also gar nicht so sehr. Und doch war innerhalb der zehn Tage, die zwischen ihnen lagen, alles ganz anders geworden.

4

Meine Untersuchung beginnt

Besuch in HMP Belmarsh

Von Beginn an war ich mir der gewaltigen politischen Dimension dieses Falles bewusst. Es bestand die Gefahr, dass man versuchen würde, mich zu manipulieren und mein Mandat zu missbrauchen. Daher musste ich vorsichtig sein und mich vor Vereinnahmungsversuchen in Acht nehmen, egal aus welcher Ecke sie kommen würden. Der Verdacht eines Interessenkonfliktes durfte gar nicht erst entstehen. Ich musste Abstand halten, sowohl zu den involvierten Behörden wie auch zum Lager von Julian Assange. Dazu brauchte ich so viele Fakten wie möglich, musste eigene Untersuchungsergebnisse mit den Einschätzungen von Behörden, anderen Experten, Anwälten und Zeugen abgleichen.

Mein Besuch bei Assange im Londoner Hochsicherheitsgefängnis Belmarsh war vom britischen Justizministerium für den 9. Mai 2019 bewilligt worden. Ich wollte mir vor Ort ein Bild von Assanges Gesundheit, Haftbedingungen und Behandlung machen, um danach klare Schlüsse ziehen zu können: Welche Spuren hatten fast sieben Jahre Asyl in der ecuadorianischen Botschaft hinterlassen? Wie hatte Assange diese lange und gegen Ende zunehmend von Repressalien geprägte Zeit der Belagerung überstanden? Wie hatte sich zudem die stets im Hintergrund lauernde Gefahr, bei Verlassen der Botschaft verhaftet und an die USA ausgeliefert zu werden, auf seine Gesundheit ausgewirkt? Aus der Sicht meines Mandates lief letztlich alles auf die eine, entscheidende Frage hinaus: Gab es konkrete Hinweise für eine Verletzung des Folter- und Misshandlungsverbotes gegenüber Julian Assange, und zwar nicht nur in Bezug auf seine gegenwärtige Behandlung durch die Briten, sondern auch während seines Botschaftsasyls und mit Blick auf eine etwaige Auslieferung an die USA?

Was auch immer mein Befund sein würde, es war mir klar, dass zumindest eine Partei in diesem politisch aufgeladenen Fall sofort versuchen würde, meine Motive und meine Glaubwürdigkeit zu hinterfragen. Daher wollte ich mich bei der Beantwortung dieser Frage nicht nur auf meine eigene Erfahrung, sondern auch auf die Expertise medizinischer Fachleute stützen können. Ich bat also zwei unabhängige, auf die Untersuchung von Folteropfern spezialisierte Ärzte, mich zu begleiten. Mit beiden hatte ich schon mehrfach zusammengearbeitet und war mir sicher, dass ich mich auf ihre berufliche und persönliche Integrität verlassen konnte. Der eine, der Portugiese Duarte Nuno Vieira, war Facharzt und Professor für forensische Medizin an der Universität Coimbra, Vorsitzender zahlreicher Fachgesellschaften und bis vor einigen Jahren Präsident der *International Association of Forensic Sciences*. Ein Forensiker von Weltrang also, der in seiner Arbeit schon alles gesehen hatte – die Massengräber des Jugoslawienkriegs genauso wie die Leichen aus jenem Flugzeug der Malaysia Airlines, das im Sommer 2014 mit einer russischen Rakete über der Ostukraine abgeschossen worden war.

Der andere, der Spanier Pau Pérez-Sales, war Psychiater am Universitätsspital La Paz in Madrid, anerkannter Facharzt und Experte im Bereich psychische Folter und ehemaliger Leiter eines Rehabilitationszentrums für Folteropfer, des *Mental Health and Human Rights Resource Center* in Madrid. Sowohl Professor Vieira als auch Dr. Pérez-Sales waren weltbekannte Experten, wenn es darum ging, mögliche Spuren von physischer und psychischer Folter oder anderer Misshandlung zu untersuchen, zu identifizieren und zu dokumentieren, und wurden regelmäßig von internationalen Gerichtsinstanzen als Gutachter herangezogen. Ich war froh, sie an meiner Seite zu haben. Keiner von ihnen würde auf den Gedanken kommen, den Fall Assange zur eigenen Profilierung zu nutzen, und beide würden sich streng an die ärztliche Schweigepflicht halten und jede öffentliche Äußerung im Anschluss an den Gefängnisbesuch mir als dem Mandatsinhaber überlassen. Das war wichtig, denn in der Öffentlichkeit durfte es nicht um unsere medizinische Diagnose gehen, welche vertraulich bleiben musste, sondern nur um meine davon abgeleiteten Schlussfolgerungen in Bezug auf das Folter- und Misshandlungsverbot. Wie in meiner Mandatsarbeit üblich, würde das ärztliche Gutachten also auch in diesem Fall weder den Behörden noch Assange selbst ausgehändigt, sondern im UNO-Hochkommissariat für Menschenrechte unter Verschluss gehalten und ausschließlich als medizinische Grundlage für meinen offiziellen Untersuchungsbefund verwendet. Einerseits musste Julian Assange die Gewissheit haben, dass die Informationen, die er uns anvertraute, nicht gegen ihn verwendet würden. Andererseits musste die Vertraulichkeit unserer Diagnose aber auch für Assange selbst gelten, denn ich durfte im Rahmen meiner Untersuchung keine Partei bevorzugt behandeln. Bei der Erstellung unseres Gutachtens würden wir uns am sogenannten »Istanbul-Protokoll« orientieren – eine international anerkannte, rechtlich-medizinische Richtlinie für die fachgerechte Untersuchung und Dokumentation von Folter und anderen Misshandlungen.

Am Morgen des 9. Mai nahmen wir ein Taxi und fuhren von der Londoner Innenstadt hinaus in den südöstlichen Stadtteil Thamesmead, ungefähr zehn Meilen entfernt von Tower Bridge und Big Ben. Her Majesty's Prison Belmarsh – oder kurz: »Belmarsh« – ist ein nicht mehr ganz neues Hochsicherheitsgefängnis mit einer Kapazität von rund neunhundert Häftlingen. Heute wird Belmarsh in der Presse immer wieder als »Guantanamo« Großbritanniens bezeichnet. Nicht nur, weil etliche der Häftlinge unter Terrorismusverdacht stehen, sondern auch wegen der strengen Haftbedingungen. Assange wurde am 11. April 2019 nach Belmarsh gebracht, unmittelbar nach seiner Verhaftung und Aburteilung durch die britischen Behörden. Zum Zeitpunkt unseres Besuchs lag das erst knapp einen Monat zurück.

Wir stiegen aus dem Taxi. Die stattlichen Ausmaße des Gefängnisareals hatte ich mir zuvor auf Fotos verdeutlicht. Ein von hohen Mauern umzäuntes, fast quadratisches Gelände, das aus der Luft wie eine Festung wirkte. Der Empfang befand sich hinter dem aus Klinkersteinen errichteten Hauptportal. Ich meldete mich mit meinem UNO-Ausweis an und legte die vom britischen Justizministerium ausgestellte Zugangsbewilligung vor. Überall auf der Welt werde ich bei offiziellen Gefängnisbesuchen schon im Eingangsbereich vom Direktor und seinen wichtigsten Mitarbeitern persönlich empfangen. Mein Team und ich werden im Eilverfahren durch die Sicherheitsschranken eskortiert, meist ohne jede Durchsuchung, und geben auch unsere Arbeitsunterlagen und Mobiltelefone nicht ab, um körperliche Folterspuren und mangelhafte Infrastruktur fotografisch zu dokumentieren und um im Notfall mit der Außenwelt kommunizieren zu können. Vom verlotterten Provinzgefängnis in der Ukraine über den gigantischen Silivri-Komplex in der Türkei bis zur geschlossenen Psychiatrie in Argentinien: Von ein paar bedauerlichen Ausnahmen abgesehen, wurde den Vereinten Nationen stets Respekt erwiesen und ein reibungsloser Ablauf garantiert.

Nicht so in Belmarsh. Das Empfangspersonal war offensichtlich nicht informiert worden, dass ein UNO-Besuch bevorstand. Nach einer gemächlichen Prüfung unserer Papiere wurden wir zuerst ins einige Fußminuten entfernte Besucherzentrum zurückgeschickt, um dort unsere Taschen, Computer, Telefone, Schlüssel und Wertsachen in Schließfächern zu deponieren. Nach unserer Rückkehr und erneuten Anmeldung wurden wir dann in die andere Ecke des Raums gebeten. Dort warteten schon zahlreiche andere Menschen darauf, durch die erste von mehreren Sicherheitsschleusen zu gelangen. Sie wollten ihre inhaftierten Angehörigen besuchen. Wir stellten uns in die Reihe. Meine zwei Ärzte waren bereits sichtlich irritiert, doch ich mahnte zur Gelassenheit: »Lasst euch nicht provozieren. Da kommt bestimmt noch mehr.«

Die karge Begrüßung durch die Behörden war selbstverständlich kein Versehen, sondern das, was man sehr treffend mit *soft harassment* bezeichnet. Es zielte auf Zermürbung ab und sollte mich idealerweise sogar dazu bewegen, meinen Besuch wegen Verletzung des diplomatischen Protokolls und der *Standard Terms of Reference* meines Mandates abzubrechen. Vom ersten Moment an sollte mir auf mehr oder weniger subtile Weise bedeutet werden, dass ich in Großbritannien als Sonderberichterstatter keine Sonderbehandlung erwarten durfte. Niemand nahm uns persönlich in Empfang, niemand sorgte dafür, uns die aufwendigen, für ein Hochsicherheitsgefängnis üblichen Security-Checks zu ersparen. Man behandelte uns nicht als Partnerbehörde, sondern als potenzielles Sicherheitsrisiko.

Ich nahm das so auf, wie es gemeint war: als eine Form der Kommunikation und als eine Geste der Macht. Mein Besuch wurde geduldet, mehr aber auch nicht. Nicht, dass mich das aus der Fassung gebracht hätte. Gerade auch beim IKRK hatte ich im Laufe der Zeit ein dickes Fell bekommen, was das Warten an Schranken, Schleusen oder Checkpoints betraf. An so vielen und zudem deutlich gefährlicheren Ecken der Welt hatte ich stundenlang in staubiger Hitze und nasser Kälte ausgeharrt und kräftezehrende Diskussionen geführt, um endlich auf die andere Seite gelangen zu können – dorthin, wo mein Einsatz gebraucht wurde. Ob überforderte Soldaten, betrunkene Grenzwächter oder bedrohliche Rebellen, niemals erlaubte ich mir eine emotionale Reaktion, denn das vergängliche Wohlwollen meines Gegenübers war nicht nur eine Frage des guten Tons, sondern konnte sehr schnell eine Frage des eigenen Überlebens werden.

Vor diesem Hintergrund konnte mich der spröde Empfang in Belmarsh zwar nicht abschrecken, dennoch erschien mir nun meine frühere Erfahrung mit den Briten in einem etwas anderen Licht. Im Kosovokrieg und in Afghanistan hatte ich die Zusammenarbeit mit dem britischen Militär immer als sehr konstruktiv und partnerschaftlich empfunden. Nun bekam ich eine andere Seite des Vereinigten Königreichs zu spüren – eine Spur von royaler Herablassung. Auch das zeigte mir, wie politisch aufgeladen der Fall Assange war. Denn auf diplomatischer Ebene ist der direkte Ansprechpartner und Gastgeber eines UNO-Sonderberichterstatters immer der Außenminister persönlich. Wenn also staatliche Behörden auf der Ebene einer Gefängnisverwaltung meinem offiziellen Besuch mit bürokratischer Geringschätzung begegneten, war das kaum eine Frage persönlicher Inkompetenz oder Unhöflichkeit, sondern es hatte politische Gründe. Tatsächlich verfolgen Regierungen *immer* politische Interessen, und diese bestehen nicht primär in der Einhaltung der Menschenrechte, sondern in der Durchsetzung sicherheits-, wirtschafts- und parteipolitischer Interessen. Wie ich über die Jahre schmerzhaft lernen musste, können Menschenrechte zwar durchaus auf der offiziellen politischen Agenda stehen, doch dient dies fast immer als Mittel zur Erreichung anderer Zwecke: von der internationalen Reputationspflege über die Erlangung von Wirtschaftshilfe bis hin zur Rechtfertigung einer Militärintervention.

Ich war also nicht überrascht, als sich die Sicherheitskontrolle in Belmarsh in die Länge zog. Die Gefängnisbeamten gingen äußerst aufmerksam und konzentriert zu Werke, um sicherzustellen, dass der UNO-Sonderberichterstatter und sein Ärzteteam nicht etwa Drogen, Waffen oder sonstige verbotene Utensilien ins Gefängnis schmuggelten. Nur langsam rückten wir mit den anderen Besuchern zusammen vor. Von der Warteschlange beim Empfang ging es dicht gedrängt durch eine erste Schleuse und dann durch die üblichen Metalldetektoren hindurch in den inneren Bereich, wo der eigentliche Check stattfand: Ausziehen von Schuhen, Jacken und Uhren; dann auf Socken durch noch leistungsfähigere Metalldetektoren; eingehende Inspektion von Fieberthermometer, Stethoskop und Kugelschreiber aus dem Arztkoffer des Forensikers; dann wurden alle Schuhe sicherheitshalber noch ein zweites Mal durch die Röntgenmaschine geschleust – erst danach wurden wir eingelassen. Die Sicherheitsbeamten selbst hatten selbstverständlich keinerlei böse Absichten. Man hatte ihnen einfach ganz bewusst keine Sonderinstruktionen erteilt, und so taten sie nun mit der gewohnten Gründlichkeit ihren Job. Jeder Protest oder mangelnde Kooperation unsererseits hätte sofort eine rabiate Reaktion ausgelöst und wahrscheinlich das Ende meines Besuchs bedeutet. So funktioniert *soft harassment.* Wir ließen die Prozedur stoisch über uns ergehen, was meinen iberischen Kollegen sichtlich schwerer fiel als meinem helvetisch-skandinavischen Temperament.

Hinter den Schleusen wartete eine Wächterin auf uns, die uns durch den ganzen Tag begleiten sollte und deren zuvorkommende Freundlichkeit einen wohltuenden Kontrast zur offiziellen Geringschätzung der Regierung darstellte. Sie führte uns in die Krankenabteilung von Belmarsh. Das war eine meiner Bedingungen gewesen. Ich wollte Assange nicht in den üblichen Besucherräumlichkeiten treffen. Eine Unterhaltung oder gar eine ärztliche Untersuchung, bei der gleichzeitig noch andere Häftlinge und ihre Angehörigen mit anwesend waren, kam nicht infrage. Außerdem sind solche Räume fast immer kameraüberwacht und bieten daher keinerlei Vertraulichkeit.

Wir passierten mehrfach gesicherte Gittertüren, die hinter uns sofort wieder abgeriegelt wurden. Der Raum, der uns schließlich zugewiesen wurde, unterschied sich nicht wesentlich von den Untersuchungszimmern in einer gewöhnlichen Arztpraxis. Weiße Wände, ein Schreibtisch, ein Computer, einige Stühle, eine Liege und in der Tür ein Fenster aus dickem Glas mit Jalousien. Ich sah mich nach sichtbaren Kameras und Abhörinstallationen um, auch unter der Tischplatte und den Stühlen, konnte aber nichts entdecken. Angesichts der heutigen Technologie war es aber sowieso unmöglich, eine Überwachung vollkommen auszuschließen.

Über der Tür hing eine Uhr, deren Sekundenzeiger hörbar tickte. Die Minuten vergingen. Man ließ uns warten. Insgesamt vier Stunden waren für das Treffen mit Assange vereinbart worden, zwei am Vormittag und zwei am Nachmittag. Aber davon war mehr als eine halbe Stunde bereits vergangen, als endlich die Tür aufging und Assange zu uns gebracht wurde. Auf dieses Spiel wollte ich mich nicht einlassen. Ich verwies auf die getroffene Vereinbarung und verlangte die Einhaltung der ausgemachten Besuchsdauer. Die mit sinnlosem Warten vergeudete Zeit musste nachgeholt werden. Dem wurde nach umständlicher Rückfrage an vorgesetzter Stelle denn auch entsprochen. Der Sekundenzeiger tickte weiter. Als Nächstes musste ich darauf bestehen, dass die Wächterin den Raum verließ, sodass wir mit Assange ungestört sprechen konnten. Das war trotz entsprechender Ankündigung meinerseits offenbar nicht so vorgesehen gewesen, sodass auch hierfür eine Bewilligung beim Vorgesetzten eingeholt werden musste. Der Sekundenzeiger tickte immer lauter. Schließlich musste das Sonderbewilligungsprozedere gar noch ein drittes Mal wiederholt werden, weil die Wächterin angewiesen worden war, unsere Besprechung mit Assange durch das Fenster in der Tür zu überwachen. Hier war der Widerstand hartnäckiger, doch ich verwies auf die ärztliche Vertraulichkeit und setzte schließlich durch, dass die Jalousien während unseres ganzen Treffens geschlossen blieben und das Wachpersonal den Raum nur nach deutlichem Klopfen an der Tür betreten durfte. Endlich waren wir allein.

Erste Eindrücke

Schon beim Eintreten hatte Assange den Blickkontakt gesucht. Ich meinte in seinen Augen Erwartung, aber auch nervöse Unsicherheit lesen zu können. Als ob er sich fragen würde, was genau diese Besucher von ihm wollten. Doch bald merkte ich, dass ich ihm nicht zu erklären brauchte, wer ich war und in welcher Funktion ich kam. Er war über die Menschenrechtsmechanismen der UNO bestens informiert, zumindest seit die Arbeitsgruppe für willkürliche Inhaftierungen im Dezember 2015 zu dem Schluss gekommen war, dass Assanges fortdauernde Belagerung in der ecuadorianischen Botschaft einem willkürlichen Freiheitsentzug gleichkam.

Assange trug ein blaues Sweatshirt, eine graue Trainingshose und Turnschuhe. Sauber rasiert und mit kurzen, weißen Haaren hatte er keine Ähnlichkeit mehr mit dem Mann, der einige Wochen zuvor aus der ecuadorianischen Botschaft gezerrt und in einen bereits wartenden Gefängnistransporter verfrachtet worden war. Assange hatte verwahrlost und um Jahre gealtert gewirkt, mit langen, verfilzten Haaren und einem dichten, ungepflegten Vollbart. Die Bilder waren um die Welt gegangen. Was der Öffentlichkeit allerdings nicht mitgeteilt wurde, war, dass diese unwürdige Erscheinung von den ecuadorianischen Behörden offenbar ganz bewusst inszeniert worden war, um ihn in der Medienberichterstattung unsympathisch, abstoßend und lächerlich erscheinen zu lassen. Denn, so berichtete uns Assange, drei Monate vor seiner Verhaftung habe man ihm sein Rasierzeug weggenommen, eine der unzähligen kleinen Repressalien, mit denen man ihm seinen täglichen Kampf um ein menschenwürdiges Dasein in der Botschaft erschweren wollte.

Scheinbar eine Lappalie, doch es passte zu den von der ecuadorianischen Regierung eifrig gestreuten Gerüchten, Assange sei ein undankbarer, narzisstischer Schmarotzer, der in der Botschaft Skateboard fahre und Fußball spiele, seine Katze misshandle und Kot an die Wände schmiere. Die an die Öffentlichkeit gelangten Bilder und Videoaufnahmen sprachen allerdings eine andere Sprache und zeigten vor allem heimlich gefilmte ärztliche Untersuchungen, anwaltliche Besprechungen und völlig harmlose Szenen aus Assanges Privatleben. Auch die wenigen Besucher, die Assange während seiner letzten Zeit in der Botschaft noch empfangen durfte, erzählten von systematischer Überwachung, missbräuchlichen Einschränkungen und Schikanen und sogar von Manipulationen an ihren beim Sicherheitspersonal hinterlegten Mobiltelefonen. Darüber, dass Assanges Ausweisung von langer Hand geplant worden war, konnte es nach Auswertung aller verfügbaren Dokumente inzwischen kaum noch einen Zweifel geben. Und vor den Augen der Weltöffentlichkeit ließ sich dieser Schritt eben deutlich besser ohne jedes rechtsstaatliche Verfahren vollziehen, wenn der Ausgewiesene verwildert und entmenschlicht wirkte und schon rein äußerlich kaum Mitleid oder gar Sympathien wecken konnte.

Ich hatte eine Stunde für mein bilaterales Gespräch mit Assange, danach würde Professor Vieira mit der forensisch-medizinischen Untersuchung beginnen. Wie bei jedem Gespräch mit einem Gefangenen bestand der Zweck der ersten Minuten darin, Vertrauen aufzubauen und Standardfragen zu stellen zu seinem Befinden, seinem Alltag in Belmarsh, seinen wichtigsten Sorgen und Anliegen. So hoffte ich in möglichst kurzer Zeit das Wichtigste über seine Haftbedingungen zu erfahren. Wie wurde er vom Personal behandelt? Wie reagierten die anderen Häftlinge auf ihn? Wie oft und was gab es zu essen? Hatte Assange Zugang zur Bibliothek? Konnte er an der frischen Luft spazieren gehen? Konnte er Besucher empfangen, mit Familie und Freunden in Kontakt treten und, vor allem, hatte er adäquaten Zugang zu seinen Rechtsanwälten und Verfahrensunterlagen? Je nach Komplexität eines Einzelfalles nimmt das Abarbeiten eines solchen Fragenkatalogs normalerweise rund zehn bis zwanzig Minuten in Anspruch. Ungleich länger aber dauert es, wenn das Gegenüber versucht, selbst die Gesprächsleitung zu übernehmen und seinerseits ganz andere Fragen zu stellen. Assange zog einen Zettel aus der Tasche, auf den er zahlreiche Namen gekritzelt hatte. Plötzlich war ich der Befragte. Ob ich mit diesem Anwalt schon in Kontakt getreten sei? Ob ich jene UNO-Botschafterin bereits getroffen hätte? Jedes Mal, wenn ich versuchte, das Gespräch wieder in die von mir gewünschte Bahn zu lenken, war Assange mit seinen Gedanken bereits wieder woanders und stellte die nächste Frage. Es schien, als könne er das, was ich sagte, gar nicht richtig verarbeiten. Erneut unterbrach er mich, dieses Mal, um mich in eine Grundsatzdiskussion über den seiner Ansicht nach schwindenden Einfluss von Menschenrechtsmechanismen zu verwickeln. Seine Aussagen waren klar und überzeugend, wirkten gleichzeitig aber sprunghaft und beinahe gehetzt. Kaum hatte er einen Gedanken in den Raum gestellt, zog er auch schon wieder eine neue Schublade auf, und ein anderes Thema trat in den Vordergrund.

Seit zwanzig Jahren besuche ich nun schon Gefangene. Gefängnisse sind ein schwieriges Umfeld für offene Gespräche, und viele Insassen sind eingeschüchtert, misstrauisch und traumatisiert. Mit der Zeit habe ich gelernt, auch auf das zu achten, was sich jenseits der verbalen Ebene abspielt. Auf die Körpersprache, Stimmungsschwankungen und alles andere, was zwar nicht ausdrücklich formuliert wird, aber dennoch unübersehbar da ist. Im Gespräch mit Julian Assange fühlte ich mich jedenfalls sofort an Unterhaltungen mit anderen politischen Häftlingen erinnert, die bereits über eine lange Zeit isoliert gewesen waren. Sie alle hatten sich viele, sehr viele – oft sogar zu viele – Gedanken über ihre eigene Situation gemacht. Aufgrund ihrer Isolation konnten sie aber nur einen Bruchteil davon im Austausch mit anderen Menschen verarbeiten und einordnen und lebten daher in einer zunehmend überreizten Innenwelt. Ein bekanntes Phänomen der Isolationshaft. Irgendwann führt dies zu einem permanenten Zustand der Erwartung und Erregung. Der angestaute Stress kann nicht mehr abgebaut werden, und es beginnt ein Teufelskreis von Schlaflosigkeit, Angst und Depression, oft bis zum totalen Erschöpfungszustand und mit potenziell schweren neurologischen und kardiovaskulären Folgen. Das zeigt sich auch ganz deutlich in der Körperhaltung, in Mimik und Gestik. Der Betreffende wirkt überfordert und gehetzt. Seine Fähigkeit, Informationen aufzunehmen und zu verarbeiten, schwindet. Er scheint innerlich die Bodenhaftung verloren zu haben, weil ihm alle Gewissheiten nach und nach entzogen worden sind. Der psychische Destabilisierungseffekt von Isolation und Willkür wird bei der Folter ganz gezielt herbeigeführt, um die Widerstandskraft des Opfers zu brechen.

Ich erlebte Assange als einen hochintelligenten, geistig extrem widerstandsfähigen Mann, der verzweifelt darum bemüht war, die Fäden seines eigenen Schicksals festzuhalten, obwohl man sie ihm längst schon aus der Hand genommen hatte. Auch das begegnet einem immer wieder bei Menschen, die über Jahre hinweg einer ihnen feindlich gesinnten Umgebung ausgesetzt sind, in der sie sich nicht einmal mehr auf den Schutz ihrer fundamentalen Rechte verlassen können, sondern stattdessen zu jeder Zeit mit willkürlichen Entscheidungen rechnen müssen. Eigentlich sind sie längst entwaffnet, und im Grunde wissen sie das auch. Aber trotzdem versuchen sie immer weiter, den letzten Trumpf aus der Tasche zu ziehen, der das Blatt doch noch zu ihren Gunsten wenden soll.

Gleichzeitig erlebte ich während unseres Gesprächs auch etwas, was bereits viele Menschen von ihren Begegnungen mit Assange berichtet hatten, ganz gleich, ob es sich um frühere Weggefährten oder um Journalisten handelte, mit denen WikiLeaks eine Kooperation eingegangen war. Immer wieder war da von Assanges extremer Konzentrationsfähigkeit die Rede gewesen. Aber eben auch von einer gewissen Indifferenz gegenüber den unmittelbaren Anliegen des Gesprächspartners. Als würde er sie gar nicht wirklich wahrnehmen. Nicht aus Böswilligkeit oder Arroganz, sondern weil er viel zu sehr mit seinen eigenen Gedanken beschäftigt war. Denn wäre Assange ein rücksichtsloser Narzisst, dann hätte er ja nicht diesen stark ausgeprägten, in jedem Interview erkennbaren Gerechtigkeitssinn, nicht dieses unübersehbare Interesse am Schicksal anderer Menschen. Nur so lässt es sich erklären, warum sich Assange überhaupt auf ein Kräftemessen mit den mächtigsten Regierungen der Welt eingelassen hatte. Die Ungerechtigkeit ihrer Politik öffentlich zu machen, ihre Doppelmoral und die schmutzigen Geheimnisse ihrer Kriege – dies muss ihm ein solches Bedürfnis gewesen sein, dass er bereit war, dafür alles zu riskieren.

Die beiden Ärzte hatten unser Gespräch aus dem Hintergrund mitverfolgt, um sich einen ersten Eindruck machen zu können und danach nicht dieselben Fragen wiederholen zu müssen. Nach einer Stunde bedankte ich mich bei Assange, erklärte ihm den weiteren Ablauf meines Besuchs und übergab an Professor Vieira für den ersten Teil der ärztlichen Untersuchung. Zusammen mit Dr. Pérez-Sales ging ich zum Büro des leitenden Krankenpflegers, um mir mit Einwilligung von Assange eine Kopie seiner Krankengeschichte ausdrucken zu lassen und die Meinung der Gefängnisärzte zu seinem Gesundheitszustand einzuholen. Bezeichnenderweise war zur Zeit meines offiziell angekündigten Besuches in Begleitung zweier medizinischer Experten jedoch kein einziger Gefängnisarzt präsent. Und das in einem Hochsicherheitsgefängnis mit fast tausend Insassen. *Soft harassment*, wie gesagt. Nach einigen technischen Schwierigkeiten mit dem Drucker bekamen wir aber eine Kopie der Krankengeschichte. Diese bestätigte, dass die Gefängnisärzte die dringendsten zahnärztlichen und anderen medizinischen Maßnahmen bereits ergriffen hatten, um die während Assanges Botschaftsasyl aufgetretenen körperlichen Beschwerden zu behandeln. Dennoch befand er sich schon rein physisch nicht in einem guten Zustand. Er hatte seit seiner Verhaftung an Gewicht verloren, und die permanenten Angst- und Stresszustände hatten bereits messbare neurologische und kognitive Beeinträchtigungen verursacht.

Im Vorfeld meines Besuchs hatte ich angekündigt, in der Mittagspause für einen Pressetermin zur Verfügung zu stehen. Aber als ich zum bezeichneten Treffpunkt in unmittelbarer Nähe des Gefängnisses kam, wartete nur ein einziger Journalist. Er arbeitete für *Ruptly*, eine Nachrichtenagentur aus dem Umfeld des staatlichen russischen Fernsehsenders RT. Ich sprach ein kurzes Statement in seine Videokamera. Ich dankte dem britischen Justizministerium für die Zusammenarbeit und erklärte Ablauf und Zweck meines Aufenthalts in London. Er würde nicht nur den Besuch im Gefängnis umfassen, sondern am folgenden Tag auch ein Treffen mit Vertretern der britischen Behörden und anderen Gesprächspartnern. Wie mit den Briten ausdrücklich vereinbart, machte ich noch keine Aussage zu meinen vorläufigen Beobachtungen, sondern kündigte an, dass ich nach Abschluss meiner Untersuchung zunächst die britischen Behörden und danach auch die Öffentlichkeit über meine Befunde informieren würde.

Angesichts der Prominenz des Falles Assange und meines öffentlich angekündigten Besuches als UNO-Sonderberichterstatter hatte ich mit großem Interesse der britischen Mainstream-Medien gerechnet, also von bekannten Häusern wie *BBC*, *SkyNews*, *The Guardian* und *The Times*. Stattdessen war da nur der einsame Reporter von *Ruptly*. Das kam mir zwar nicht ungelegen, denn ich wollte meine Untersuchung und Vermittlungsbemühungen nicht unnötig mit reißerischen Schlagzeilen belasten. Dennoch war ich über die totale Funkstille der etablierten Medien erstaunt. Später erfuhr ich, dass die schwedische Staatsanwaltschaft am selben Tag öffentlich angekündigt hatte, dass sie vier Tage später, also am 13. Mai 2019, öffentlich ankündigen werde, ob sie die zwei Jahre zuvor eingestellte Strafuntersuchung gegen Assange wegen Vergewaltigung wieder aufnehmen werde oder nicht. Die Ankündigung einer Ankündigung also. War deren Zeitgleichheit mit meinem Besuch bei Assange ein Zufall oder ein gut geplantes Mittel, um die mediale Aufmerksamkeit zu binden? Oder gab es vielleicht ganz andere Gründe für das mangelnde Interesse der Medien? Ich war noch weit entfernt davon, die wahren Dimensionen dieses Falles zu verstehen. Für den Moment war ich vor allem erleichtert, dass mir die öffentliche Kommunikation zu diesem komplexen und hochpolitisierten Fall vorläufig noch weitgehend erspart blieb.

Einige Gehminuten von Belmarsh entfernt, in der Battery Road, fanden die beiden Ärzte und ich eine Filiale von *Domino's Pizza*. Wir gaben unsere Bestellung auf und setzten uns auf die einzigen beiden Bänke, die in dem kleinen Ladenlokal Platz fanden. Draußen gingen die Menschen unter grau verhangenem Himmel ihren Geschäften nach, für die meisten vermutlich ein ganz gewöhnlicher britischer Nieseltag. Es fühlte sich seltsam an, beim Warten auf das Essen, eine Cola in der Hand, mit halblauter Stimme und in Andeutungen das weitere Vorgehen abzusprechen. Zwischen Belmarsh und *Domino's Pizza* lag nur eine Strecke von einigen Hundert Metern, und doch trennten die Gefängnismauern zwei grundverschiedene Welten.

»Please, save my life!«

Am Nachmittag fanden wir uns frühzeitig wieder beim Empfang ein, um das gesamte Sicherheitsprozedere noch einmal über uns ergehen zu lassen. Während Dr. Pérez-Sales danach die psychiatrische Untersuchung durchführte, besuchten Professor Vieira und ich mit Einwilligung von Assange seine Zelle sowie die anderen relevanten Teile des Gefängnisses. Die Wächterin, die uns schon am Vormittag zur Seite gestellt worden war, führte uns durch die Gänge und beantwortete bereitwillig alle unsere Fragen. Auch vonseiten des übrigen Gefängnispersonals erlebten wir keinerlei Zynismus oder Feindseligkeit, weder uns gegenüber noch in Bezug auf Assange oder die anderen Häftlinge. Sie machten einfach nur gewissenhaft ihre Arbeit. Das war nicht selbstverständlich. Gerade beim Besuch politischer Häftlinge hatte ich auch schon andere Erfahrungen gemacht. Vor allem in Kriegsgebieten konnte einem das Wachpersonal recht deutlich zu verstehen geben, was es davon hielt, dass man den »Feind« oder die »Verräter« besuchte, und die Beziehung zwischen Wächtern und Insassen waren oft spürbar von Angst und Gewalt geprägt. Nicht so hier. Assange mochte für die Mächtigen vieler Länder ein rotes Tuch darstellen. Vom Wachpersonal in Belmarsh aber, das für die Sicherheit und tägliche Routine von fast tausend Häftlingen zu sorgen hatte, wurde Assange offenbar nicht als Feindbild wahrgenommen. Eher hatte ich den Eindruck, dass das Personal ihn vor »schlechten Einflüssen« anderer Häftlinge schützen wollte, die teilweise sehr schwere Gewaltverbrechen begangen hatten. Als gewaltloser politischer Häftling war Assange in Belmarsh ganz offensichtlich fehl am Platz.

Wir besuchten die Gefängnisbibliothek, den Fitnessraum, die Duschräume und den Innenhof für die Freiluftspaziergänge. Wie in den meisten Hochsicherheitsgefängnissen befinden sich auch in Belmarsh die einzelnen, auf jeweils zwei Stockwerke verteilten Zellentrakte in voneinander streng getrennten Gebäudeflügeln, die man bei einem eventuellen Aufstand leichter unter Kontrolle bringen konnte. Für den einzelnen Häftling hängt der

Gefängnisalltag maßgeblich vom Sicherheitsregime ab, dem er zugeordnet worden ist. In Großbritannien reicht das Spektrum von Typ A (strengste Sicherheitshaft) bis Typ D (offene Haftbedingungen). Zum Zeitpunkt unseres Besuchs befand sich Assange in Sicherheitsstufe B. Wie sich dort der Tagesablauf gestaltete, erfuhren wir vom Wachpersonal, das wurde aber auch von Mitgefangenen bestätigt, mit denen wir während unserer Visite sprechen konnten: Gearbeitet wurde jeden Tag für drei oder vier Stunden, jeweils eine Gruppe am Morgen und die andere Gruppe am Nachmittag. In der anderen Tageshälfte wurden die Zellentüren ebenfalls für jeweils drei bis vier Stunden *socialisation time* geöffnet, sodass man sich auf den Gängen frei bewegen und mit anderen Häftlingen austauschen konnte. Besuche in fremden Zellen waren grundsätzlich nicht erlaubt, und die Dauer des Hofausgangs hing vom Wetter ab, betrug in der Regel aber 45 bis 60 Minuten pro Tag. Für den Rest des Tages und während der Nacht blieben die Zellentüren geschlossen. Alle Mahlzeiten wurden in den Zellen eingenommen, überwiegend waren es Einzelzellen und nur wenige Doppelzellen.

Die Einzelzelle von Assange trug die Nummer 37 im Flügel II. Als die schwere Stahltür geöffnet wurde, sah ich sofort, dass die Zelle ziemlich exakt den »Nelson-Mandela-Regeln« entsprach, also den maßgebenden Mindestanforderungen der Vereinten Nationen für die Behandlung von Gefangenen. Ein Raum von ungefähr sechs Quadratmetern Bodenfläche und gut zwei Metern Höhe; ein vergittertes Fenster. Die Zelle war offensichtlich erst vor Kurzem frisch gestrichen worden, möglicherweise in Erwartung meines Besuchs. Im Internet zirkuliert sogar ein heimlich aufgenommenes Video, in dem zu sehen ist, wie Assange zusammen mit einem anderen Häftling die Zelle für den Neuanstrich vorbereitet. Eine Waschküchenfarbe, Eierschale, wasserfest. Linoleumboden. Ein Plastikstuhl, ein Waschbecken, eine Toilette, ein Schrank, eine Pritsche. Nicht gerade modern, aber sauber. Und auf dem Boden, unter dem Bett und auf jeder nur denkbaren Ablagemöglichkeit sah ich Bücher, Handnotizen und unzählige Briefe von Unterstützern aus aller

Welt, die ihm offensichtlich von der Gefängnisleitung ausgehändigt worden waren. Immerhin, dachte ich.

Von der Wächterin erfuhr ich, dass Assange noch nicht in den für die Abteilung üblichen Tagesablauf integriert war. Einen Monat nach seiner Verhaftung befand er sich immer noch in der Induktionsphase, die der schrittweisen Integration der Häftlinge in den Haftbetrieb diente. Die tägliche Zeit für Arbeit und sozialen Austausch mit anderen, aber auch der Zugang zu Bibliothek und Fitnessraum würden erst später dazukommen, sodass die Gefangenen anfänglich in der Regel rund 22 Stunden alleine in ihrer Zelle verbrachten, unterbrochen nur von Mahlzeiten, Duschen und Hofspaziergängen sowie etwaigen Besuchen, Arztterminen oder Gerichtsverhandlungen. Bei Assange sei man besonders vorsichtig, da er von Schweden jahrelang als verdächtigter Vergewaltiger dargestellt worden sei. Dieses Image habe sich auch in den Köpfen der Häftlinge festgesetzt, darunter etliche Gewaltverbrecher, die möglicherweise auf dumme Gedanken kommen könnten.

Für den Abschluss des Tages hatte ich eigentlich noch ein Gespräch mit dem Gefängnisdirektor geplant. Aber der war heute »ausnahmsweise« schon um 16 Uhr nach Hause gegangen, und so landete ich wenig überraschend beim Stellvertreter. Noch eine Gelegenheit, mir zu verstehen zu geben, welch untergeordnete Bedeutung man meinem Besuch beimaß. Der stellvertretende Direktor selbst benahm sich aber tadellos, gab mir bereitwillig Auskunft und nahm alle meine Anliegen pflichtgemäß auf. Ich mahnte, dass es nach einem vollen Monat an der Zeit sei, die Einschränkungen der Induktionsphase allmählich zu beenden und Assange den Zugang zur Bibliothek, zum Fitnessraum und zu den Arbeitsstätten zu gewähren. Vor allem aber machte ich deutlich, dass Assange dringend Zugang zu einem unabhängigen Psychiater seines Vertrauens brauchte und dass er unter dem gegenwärtigen Sicherheitsregime keine Möglichkeit hatte, sich adäquat auf die anstehenden Gerichtsverhandlungen vorzubereiten. Im Gegensatz zu den allermeisten anderen Häftlingen sei er sehr komplexen Verfahren in mehreren Ländern ausgesetzt. Dies mache nicht nur seinen Zugang zu einem Computer unabdingbar, wenn auch ohne Internetzugang, sondern vor allem den regelmäßigen und intensiven Austausch mit seinen verschiedenen Anwälten. Dies sei unter dem gegenwärtigen Haftregime in Belmarsh ganz klar nicht menschenrechtskonform gewährleistet. Der stellvertretende Direktor notierte sich alles, dann verwies er aber auf das zuständige Gericht, das Assanges Inhaftierung in Belmarsh angeordnet habe. Er selbst könne diese Entscheidung in keiner Weise beeinflussen, sagte er.

So ging dieser wichtige Tag zu Ende. Im Taxi zurück in die Londoner Innenstadt wurde nicht viel gesprochen. Ich saß im Fond des Wagens und blickte durch die Regentropfen auf der Fensterscheibe hindurch hinaus ins Leere. Der Moment meines Abschieds von Assange am Ende des Nachmittags ging mir nicht mehr aus dem Kopf. Ich hatte ihm die Hand gegeben, hatte ihm alles Gute gewünscht und wollte mich schon zum Gehen wenden, die Ärzte standen bereits an der Tür. Da verfestigte sich plötzlich sein Griff um meine Hand, und er hielt mich zurück. Was er sagen wollte, fiel ihm sichtlich schwer. »I hate to say this …«, begann er. Dann zögerte er einen ewigen Augenblick lang, bis die Worte endlich über seine Lippen kamen: »Please, save my life!« Während unseres Gesprächs hatte er mit Nachdruck klargemacht, dass er sich nicht lebend in die USA ausliefern lassen würde. Angesichts dessen, was ihn dort erwarte, sei dies eine rationale Entscheidung, hatte er gesagt. Zwei Tage vor unserem Besuch war bei einer Zellendurchsuchung sogar eine von Assange für den Fall der Fälle versteckte Rasierklinge beschlagnahmt worden. Ich wusste, dass er es ernst meinte, und er wusste natürlich, dass sein Schicksal letztlich nicht in meinen Händen lag. Wie so oft am Ende solcher Gefangenenbesuche tat ich das Einzige, was mir in einer solchen Situation übrig blieb – ich gab ihm eine feste Umarmung, von Mensch zu Mensch. Dann hörte ich mich antworten, wie von weither: »I'll do my best!«

Behörden, Anwälte und Zeugen

Am Nachmittag des folgenden Tages fand das Treffen mit den britischen Behördenvertretern statt, um das ich gebeten hatte. Dr. Pérez-Sales begleitete mich ins Innenministerium in der Marsham Street, Professor Vieira hatte wegen eines Gerichtstermins in einem anderen Fall London bereits wieder verlassen. Uns erwartete der mittlere Kader des Innen- und Justizministeriums. Ein kollektives Arbeitstreffen, alles andere als hochrangig. Normalerweise finden die protokollarischen Eröffnungstreffen stets auf Ministerebene statt, während die Besprechung technischer Teilfragen anschließend an die operative Ebene, das sogenannte *working level,* delegiert werden kann. Nicht so in London, jedenfalls nicht im Fall Assange. Hier setzte man mir von Anfang an Beamte gegenüber, die mir zwar sehr kompetent Auskunft zur lokalen Rechtslage und Behördenorganisation erteilen konnten, die aber gar nicht in der Position waren, diejenigen politischen Entscheidungen, welche für eine echte Lösung im Fall Assange notwendig gewesen wären, auch nur zu diskutieren. Wieder, wie schon im Gefängnis Belmarsh, wurde mir signalisiert, dass man meine Untersuchung in Sachen Assange zwar pro forma tolerierte, keineswegs aber bereit war, die britische Vorgehensweise ernsthaft zu hinterfragen.

Das politisch zielführende Gespräch, das ich mir erhofft hatte, war damit von vornherein unmöglich geworden. Mit Beamten diskutiert man über die Reglements, die sie anwenden; mit einem Minister über mögliche Lösungen von politischen Problemen. Einem Minister hätte ich ganz andere Fragen stellen können: Worum geht es Ihnen eigentlich in diesem Fall? Sehen Sie nicht auch das immense politische Risiko für die Glaubwürdigkeit der britischen Rechtsstaatlichkeit und Pressefreiheit, sollte Assange in die USA ausgeliefert werden? Vielleicht wäre es sogar möglich gewesen, eine politische Verhandlung zu führen und gemeinsam über eine Kompromisslösung nachzudenken, die allen Parteien erlauben würde, das Gesicht zu wahren. Doch das war seitens der britischen Regierung offensichtlich nicht erwünscht. Stattdessen diskutierte ich mit den Beamten darüber, wie man für Assange einen möglichst raschen Übergang in einen normalen Gefängnisalltag sicherstellen konnte, der ihm mehr soziale Kontakte und vor allem adäquaten Zugang zu seinen Anwälten erlauben würde. Ich unterstrich, dass ich mir ernsthafte Sorgen um Assanges Gesundheit machte und dass er dringend Zugang zu einem regierungsunabhängigen Psychiater brauchte, dem er vertrauen konnte.

Doch das Hauptthema war das von den Amerikanern eingeleitete Auslieferungsverfahren. Beinahe ein Jahrzehnt lang hatte die US-amerikanische Justiz hinter verschlossenen Türen ihre Anklage gegen Assange vorbereitet. Begonnen hatte sie damit nachweislich schon 2010, und seitdem waren immer wieder Informationen über Anhörungen der sogenannten *Grand Jury* nach außen gelangt, ein archaisches Geheimverfahren zur Anklageerhebung, welches ohne jede gerichtliche Aufsicht und unter vollständigem Ausschluss der Öffentlichkeit und des Verdächtigten selbst durchgeführt wird. Die Anklage war bereits am 6. März 2018 erhoben worden, war aber bis zum 19. April 2019 unter Verschluss gehalten worden. Neun Jahre geheime Ermittlungen wegen eines einzigen Anklagepunkts? Wegen einer »Verschwörung zum Angriff auf Regierungscomputer«? Gemäß Gesetz beträgt das Maximalstrafmaß für dieses Delikt fünf Jahre Haft. Ein solches Maximalstrafmaß kommt natürlich nur in besonders schwerwiegenden Fällen mit großer Schadensfolge zur Anwendung. Im vorliegenden Fall ging es aber lediglich um angebliche Gehilfenschaft zu einem erfolglosen Tatversuch, welcher letztlich keinerlei Schaden anrichtete. Dieser Bagatellvorwurf konnte unmöglich der wahre Grund für jahrelange Geheimermittlungen der Staatssicherheitsbehörden sein. Wenn es bei diesem Anklagepunkt blieb, hätte Assange nämlich selbst bei einer Verurteilung allerhöchstens mit einer Geldstrafe oder allenfalls wenigen Wochen Gefängnis zu rechnen. Wie also war diese verdächtig zurückhaltende Anklage der Amerikaner zu erklären? Ich war überzeugt, dass die USA es vorerst vermeiden wollten, Assange wegen Spionage anzuklagen. Denn sie wussten natürlich, dass der Artikel 4 des angloamerikanischen Auslieferungsabkommens von 2003 eine Auslieferung aufgrund politischer Delikte, zu denen Spionage ohne Zweifel zu zählen ist, ausdrücklich untersagt.

Gleichzeitig sieht das Abkommen vor, dass in beiden Ländern die Strafe für das infrage stehende Delikt mindestens ein Jahr Gefängnis betragen muss, damit es überhaupt zu einer Auslieferung kommen kann. Dem hatten die Amerikaner mit ihrer Anklage Rechnung getragen. Darüber hinaus gingen sie mit ihrer Einschränkung auf Computerdelikte fürs Erste einer Diskussion um den Schutz der Pressefreiheit aus dem Weg. Wer Passwörter knackt, diese Lesart war wohl gewünscht, kann kein Journalist sein und sich daher auch nicht auf den Ersten Zusatzartikel der amerikanischen Verfassung berufen.

Es war jedoch eine andere Bestimmung des Auslieferungsabkommens, die mir ernstlich Sorgen bereitete. Nach dem sogenannten »Spezialitätengrundsatz« kann der Zielstaat die ausgelieferte Person nur für ein Delikt bestrafen, für das die Auslieferung auch gewährt wurde. Das heißt, dieses Delikt muss im Auslieferungsgesuch ausdrücklich erwähnt worden sein. Aber es gibt ein Schlupfloch. Eine Bestrafung kann im Zielstaat nämlich auch für ein »anders bezeichnetes Delikt« erfolgen, solange sich dieses nur »auf dieselben Fakten« stützt wie das Delikt, für das die Auslieferung verlangt worden ist. Wie ich gegenüber den britischen Behörden unterstrich, war die Relevanz dieser Möglichkeit für den Fall Assange kaum zu überschätzen. Sie würde es den Amerikanern erlauben, auch nach seiner Auslieferung in die USA gestützt auf die – tatsächlich ungewöhnlich breit gefasste – Sachverhaltsdarstellung im Auslieferungsgesuch neue und andere Anklagepunkte hinzuzufügen. Unter Umständen sogar Delikte, die mit der Todesstrafe bedroht waren oder mit einer lebenslänglichen Gefängnisstrafe ohne die Möglichkeit einer vorzeitigen Haftentlassung. Beides wäre mit den menschenrechtlichen Verpflichtungen Großbritanniens unvereinbar.

Die britischen Behördenvertreter waren sichtlich überrascht. Offenbar hatten sie nicht damit gerechnet, dass ich sie mit dem

Kleingedruckten des angloamerikanischen Auslieferungsabkommens konfrontieren würde. Wie standen sie also zu dem Risiko, dass der Anklage gegen Assange auch nach seiner Auslieferung noch neue Punkte hinzugefügt werden könnten, möglicherweise mit menschenrechtlich unzulässigen Folgen? Der für Auslieferungspolitik zuständige Beamte, den ich direkt angesprochen hatte, warf der Leiterin der für internationale Rechtshilfe verantwortlichen Zentralbehörde einen vielsagenden Blick zu, ehe er sich wieder seinen Papieren zuwandte und sich eingehend räusperte. Als er schließlich antwortete, vermied er es, mich anzusehen: »Well, yes … Damit werden wir uns wohl dann befassen müssen, wenn eine solche Situation eintreffen sollte.« Noch bevor ich auf dem Punkt beharren konnte, fuhr seine Kollegin schnell dazwischen: »Ich denke, wir sollten nun die britische Justiz ihre Arbeit machen lassen!« Ihr bestimmter Ton und aufmunternder Blick machten klar, dass es sich hierbei um einen abschließenden Vorschlag für eine gemeinsame Sprachregelung handelte und dass das Gespräch hiermit beendet war.

Ich hörte mir auch die andere Seite an. In einem Büro der Doughty Street Chambers, einer der bekanntesten britischen Anwaltskanzleien für Menschenrechte, traf ich ebenfalls an diesem 10. Mai 2019 eine ganze Reihe von Gesprächspartnern, die dem Assange-Lager zuzuordnen waren. Unter den Anwältinnen, WikiLeaks-Mitarbeitern und anderen Zeugen und Zeuginnen befand sich auch Stella Moris. Ich lernte sie als juristische Mitarbeiterin im Team kennen. Zu diesem Zeitpunkt wusste die Welt noch nichts davon, dass sie und Assange seit ein paar Jahren unter schwierigsten Bedingungen eine Liebesbeziehung führten und während seines Botschaftsaufenthaltes heimlich zweimal Eltern geworden waren. Ebenfalls ins Büro kamen Fidel Narváez, der frühere ecuadorianische Generalkonsul in London, und Guillaume Long, der bis zur Abwahl von Präsident Correa Außenminister von Ecuador gewesen war.

Noch lag mir das endgültige medizinische Gutachten von Professor Vieira und Dr. Pérez-Sales nicht vor. Es würde auch noch eine Weile dauern, bis wir unsere Erkenntnisse so weit zusammengeführt und bereinigt hatten, dass ich mich mit einer konsolidierten Einschätzung an die Behörden und die Öffentlichkeit wenden konnte. Dennoch hatten wir uns natürlich bereits ausgetauscht und eine vorläufige Meinung gebildet, welche uns erlaubte, einen Fragenkatalog für unsere weiteren Nachforschungen zusammenzustellen. Alles, was wir an Assange beobachtet hatten – seine Rastlosigkeit und Sprunghaftigkeit; der verzweifelte Versuch, seiner Ohnmacht mit Aktionismus zu begegnen; die Hinweise auf schwere Depressionszustände; die alles dominierende Angst vor einer Auslieferung an die USA und ihre buchstäblich lebensgefährlichen Konsequenzen sowie die bereits messbaren neurologischen und kognitiven Beeinträchtigungen –, ließ sich als Reaktion auf eine lang anhaltende, massive Überforderung seiner Psyche erklären. Ein chronischer Stresszustand, der auf eine posttraumatische Belastungsstörung hindeutete. Erfahrungsgemäß kann in einer solchen Situation jeder zusätzliche Stressor eine rapide und dramatische Verschlechterung des physischen und psychischen Gesundheitszustandes auslösen, bis hin zum Nervenzusammenbruch, Kreislaufkollaps oder gar Suizid. Ohne Zweifel benötigte Assange die Hilfe eines von den Behörden unabhängigen Psychiaters seines Vertrauens. Mit dem Erkennen der medizinischen Symptome war es jedoch nicht getan. In meiner Funktion musste ich vor allem die Frage beantworten, ob die ärztlich festgestellten Symptome kausal auf Folter oder andere grausame, unmenschliche oder erniedrigende Behandlung zurückzuführen waren oder ob auch andere Ursachen infrage kamen, wie etwa Vorerkrankungen oder traumatische Erfahrungen, welche nicht als Menschenrechtsverletzung bezeichnet werden konnten.

Psychische Folter

Immer wieder wurde und wird meine Schlussfolgerung, Assange sei psychisch gefoltert worden, lauthals kritisiert, wenn auch bisher noch nie von besonders kompetenter Seite. Von all den eifrigen Kritikerinnen und Kritikern hat nämlich bezeichnenderweise niemand Assange persönlich besucht, niemand hat praktische Erfahrung in der Untersuchung von Folteropfern, niemand hat nennenswerte fachliche Expertise zum Thema, und niemand hat sich im Detail mit meinen offiziellen Untersuchungsergebnissen auseinandergesetzt. Dennoch fühlen sich allerlei selbst ernannte Experten – von Journalisten über Politiker und Behördenvertreter bis hin zu gestandenen Rechtsprofessoren – dazu berufen, meine Untersuchungsergebnisse öffentlich als »absurd«, »unsinnig« und »falsch« zu bezeichnen, als »Trivialisierung« des Folterbegriffs, die den Zweck meines Mandates gefährdet.

Angesichts der fehlenden Sachkompetenz sagt die Vehemenz dieser Kritik kaum etwas über die Objektivität meiner Untersuchung aus. Vielmehr ist sie damit zu erklären, dass das offizielle Narrativ über Assange in breiten Bevölkerungsschichten nach wie vor sehr stark emotional verankert ist. Ich sage dies ohne jeden persönlichen Vorwurf, denn ich selbst hatte ja im Dezember 2018 genauso unbedacht und widerwillig auf Assanges erstes Interventionsgesuch reagiert. Auch ich war anfänglich einer breit angelegten Täuschungsaktion erlegen. Auch ich hätte damals den Gedanken an eine Täuschung selbstverständlich weit von mir gewiesen – was ja gerade der Beweis dafür ist, dass die Täuschung funktioniert. Denn sobald sich der Getäuschte seiner Täuschung bewusst wird, ist es ja keine Täuschung mehr. An dieser Stelle sollen nun also die rechtlichen Grundlagen für meine Schlussfolgerung der psychischen Folter in ihren Grundzügen skizziert werden. Die dazugehörigen faktischen Grundlagen werden hier nur zusammengefasst dargestellt, in den nachfolgenden Kapiteln dann aber im Detail nachgewiesen.

Der Begriff der »Folter« im Sinne der UNO-Antifolterkonvention bezieht sich – kurz gefasst – auf die vorsätzliche Zufügung von großen körperlichen oder seelischen Schmerzen oder Leiden zur Erreichung eines bestimmten Zweckes. Dabei geht es typischerweise um die Erzwingung oder Unterdrückung von Zeugenaussagen oder Geständnissen, aber auch um andere Formen der Nötigung, um Einschüchterung, Bestrafung oder Diskriminierung, und zwar unabhängig davon, ob damit der Wille des Folteropfers selbst gebrochen werden soll oder derjenige von Angehörigen oder anderen Drittpersonen. Folter richtet sich überdies immer gegen wehrlose Menschen, welche dem Folterer schutzlos ausgeliefert sind.

Von »anderer grausamer, unmenschlicher oder entwürdigender Behandlung oder Bestrafung« – oder kurz »Misshandlung« – spricht man, wenn die Zufügung von Schmerz oder Leiden zwar unnötig, unverhältnismäßig oder anderweitig unrechtmäßig ist, jedoch zumindest eines der Merkmale der Folter fehlt, nämlich die Vorsätzlichkeit, die Zweckgerichtetheit, die Intensität des verursachten Leidens oder die Wehrlosigkeit des Opfers. Beispiele wären etwa die Verursachung von unmenschlichen Haftbedingungen durch Fahrlässigkeit oder Korruption, welche das resultierende Leiden zwar in Kauf nimmt, aber nicht gezielt instrumentalisiert; der unverhältnismäßige Einsatz von Tränengas oder physischer Gewalt gegen friedliche Menschenansammlungen oder herabwürdigende, einschüchternde oder diskriminierende Äußerungen oder Handlungen, welche zwar ungerechtfertigt sind, aber in den gegebenen Umständen von vornherein nicht Schmerz oder Leiden von genügender Intensität bewirken können, um für die Zwecke der Folter instrumentalisiert zu werden.

Aus völkerrechtlicher Sicht unterliegen sowohl die Folter wie auch Misshandlungen einem universellen, absoluten Verbot und können daher unter keinen Umständen gerechtfertigt werden. Für die Folter besteht darüber hinaus eine weltweite Kriminalisierungs- und Verfolgungspflicht, welche mit dem besonderen Stigma der kaltblütigen Instrumentalisierung von Schmerz und Leiden zusammenhängt.

Psychische Folter unterscheidet sich von physischer Folter nicht in ihren Zielen, sondern in ihren Methoden. Während die physische Folter ihre Zwecke in erster Linie durch körperliche Schmerzen zu erreichen sucht, beabsichtigt die psychische Folter die direkte Verursachung von seelischem Leiden, also ohne »Umweg« über den körperlichen Schmerz. In beiden Fällen ist jedoch das Ziel letztlich nicht der Körper der betroffenen Person, sondern immer die mentale und emotionale Ebene. Denn in beiden Fällen soll der Wille des Opfers oder der eingeschüchterten Drittpersonen gebrochen und dem Folterer unterworfen werden. Gleichzeitig hinterlässt auch die psychische Folter auf die Dauer körperliche Schäden, wenn auch indirekt, über die gezielte, massive Überlastung und Destabilisierung des psycho-emotionalen Gleichgewichts. In diesem Sinne gibt es eigentlich keine rein physische oder rein psychische Folter, und in den meisten Fällen werden beide Formen der Folter auch ganz bewusst kombiniert. Dennoch ist diese Unterscheidung in der Praxis sinnvoll, weil physische und psychische Foltermethoden unterschiedliche Primärsymptome verursachen, deren Nachweis wiederum verschiedene forensische Untersuchungsmethoden verlangt.

Bei der psychischen Folter steht das koordinierte Zusammenwirken von vier Elementen im Vordergrund: Einschüchterung, Isolation, Willkür und Demütigung. Zuerst wird das Folteropfer einem anhaltenden Bedrohungsszenario ausgesetzt, um sein Bedürfnis nach Sicherheit und Schutz zu untergraben. In einem zweiten Schritt werden die resultierenden Angstzustände dadurch intensiviert, dass das Folteropfer von seiner normalen Umwelt und seinen sozialen Kontakten isoliert und vollkommen von seinen Folterern abhängig gemacht wird. Drittens gilt im neuen Umfeld das vertraute soziale Regelwerk nicht mehr, sondern dieses wird ganz bewusst willkürlich gestaltet, um das Folteropfer zusätzlich zu destabilisieren. Entscheidungen werden nicht länger auf der Basis nachvollziehbarer und transparenter Kriterien getroffen, sondern nehmen erratischen Charakter an. Verlässlichkeit schwindet, Gefühle von Unsicherheit und Hilflosigkeit nehmen überhand. In dieser Situation absoluter Ohnmacht kommt dann als viertes Element die gezielte Entwertung der Person durch Demütigung, Herabsetzung und Verleumdung hinzu, um das Selbstwertgefühl und die Menschenwürde des Folteropfers zu untergraben. Insbesondere bei politischen Dissidenten geht es zusätzlich auch darum, den öffentlichen Ruf des Folteropfers zu zerstören, dessen Behandlung als gerechtfertigt erscheinen zu lassen und seine Rückkehr in die Gemeinschaft zu erschweren oder gar zu verunmöglichen.

Assange wies während unseres Besuchs in Belmarsh die für Opfer psychischer Folter typischen Symptome auf, darüber gab es keinen Zweifel. Mehrere andere Ärzte waren bereits früher zum selben Schluss gekommen, als Assange noch in der ecuadorianischen Botschaft blockiert war. Eine psychische Vorerkrankung Assanges konnte als Ursache für diese Symptome ausgeschlossen werden. Sie mussten daher das Resultat seiner Lebensbedingungen in den vergangenen Jahren sein, und die konnte man in diesem Fall sehr genau rekonstruieren.

Wie aufzuzeigen sein wird, wurde Assange bereits kurz nach den ersten spektakulären WikiLeaks-Enthüllungen im Jahr 2010 ganz gezielt dämonisiert, gedemütigt und sozial isoliert. Dies wurde vor allem durch die medienwirksame Verbreitung und Perpetuierung des Vergewaltigungsverdachts durch die schwedische Staatsanwaltschaft erreicht. Im Hintergrund bauten unterdessen die USA die Drohkulisse eines politischen Spionageprozesses mit drakonischer Bestrafung auf – deutlich genug, dass sich Assange konstant bedroht fühlen musste, und doch diskret genug, dass seine Befürchtungen von der Öffentlichkeit als Paranoia belächelt werden konnten. So wurde Assange vom Helden der Pressefreiheit zunehmend zum tragikomischen Aussätzigen, für dessen Menschenwürde die breite Öffentlichkeit weitgehend desensibilisiert wurde. Wann auch immer sich Assange zum Schutz seiner legitimen Interessen auf Recht und Gesetz berufen wollte, konnten seine Rechte daher ungestraft und in aller Offenheit mit Füßen getreten werden, ohne dass es zu einem öffentlichen Aufschrei kam. Mit jeder neuen Verfahrensentscheidung wurde Assange unmissverständlich klargemacht, dass er von den staatlichen Behörden nichts als Willkür zu erwarten hatte. Damit lagen die wichtigsten Grundelemente der psychischen Folter bereits vor: Einschüchterung, Isolation, Willkür und Demütigung. Doch noch war Assange nicht vollkommen wehrlos. Er hatte immer noch einen – wenn auch schwindenden – Kreis von Freunden und Unterstützern, er konnte noch einigermaßen frei seiner Arbeit nachgehen, und vor allem bekam er im entscheidenden Augenblick noch den Rückhalt der ecuadorianischen Regierung.

Dennoch wurde Assanges Situation mit seiner Flucht in die ecuadorianische Botschaft im Juni 2012 deutlich prekärer. Er war zwar vorläufig noch vor einer Auslieferung an die USA geschützt, doch der ihm verbleibende Bewegungsfreiraum war nun auf wenige Quadratmeter begrenzt. Nach dem Regierungswechsel in Ecuador im Mai 2017 wurde das anfängliche Refugium dann endgültig zur Falle. Die ecuadorianische Gastfreundschaft verkehrte sich in einen zunehmend feindlichen, willkürlich reglementierten Alltag unter Dauerüberwachung durch Kameras und versteckte Wanzen. Der Zugang wohlgesinnter Besucher wurde immer schwieriger und umständlicher gestaltet, und seine Kommunikationsmöglichkeiten wurden zunehmend eingeschränkt, bis hin zur vollständigen Unterbindung seines Internetzugangs nach der geheimen Anklageerhebung der amerikanischen Grand Jury im März 2018. Wie zu zeigen sein wird, geschah die Isolation Assanges vorsätzlich, zweckgerichtet und koordiniert. Seine Welt wurde immer enger, bis ihm praktisch kein Rückzugsraum mehr blieb und er seiner fortgesetzten Misshandlung vollkommen wehrlos ausgeliefert war. Durch den Sinneswandel in Quito wurde natürlich auch das Bedrohungsszenario einer Auslieferung an die USA plötzlich wieder sehr real und unmittelbar, was den psychischen Druck auf Assange stark erhöhte und zu einem konstanten Angst- und Stresszustand führte, dem er sich nicht mehr widersetzen konnte.

Wie wenn das nicht genug wäre, intensivierte sich in dieser Phase auch noch die öffentliche Demütigung von Assange. Heute muss sich niemand mehr die Hände schmutzig machen, um einen anderen Menschen zu diffamieren und unmöglich zu machen. Teeren und Federn ist überflüssig geworden. Das Ziel jedoch ist immer noch dasselbe wie in unvordenklichen Zeiten. Das Opfer soll seiner Menschenwürde beraubt und aus der

Gruppe ausgeschlossen werden, dauerhaft, am besten für immer. Nie mehr soll er in sein altes Leben zurückkehren können. Das Ausgrenzen und Dämonisieren wird per Interview erledigt, mit dem Online-Stellen eines Blog-Eintrags, mit Wörtern in großer Schrift auf den Titelseiten. So wurde Assange über die Jahre einer beispiellosen Kampagne der Verunglimpfung, Verwünschung, Einschüchterung, Vorverurteilung und letztlich Entmenschlichung ausgesetzt. An ihr beteiligten sich nicht nur Journalisten, sondern auch aktuelle und ehemalige Politiker, ja sogar mit dem Fall direkt befasste Behördenvertreter. Das Spektrum ihrer öffentlich getätigten Aussagen reichte von Spott und übler Nachrede über das Verdrehen und Verzerren von Fakten bis hin zu offenen Drohungen und Aufrufen zu seiner Ermordung. Am Tag der Gutheißung von Assanges Botschaftsasyl durch Ecuador, dem 16. August 2012, empfahl BBC-Reporter Tom Phipps der britischen Polizei etwa via Twitter, sie solle Assange aus der Botschaft schleppen und ihm mitten auf dem Trafalgar-Square eine Kugel in den Hinterkopf schießen. Und Hillary Clinton, damals US-Außenministerin, soll anlässlich einer Teamsitzung sogar gefragt haben: »Können wir den Typen nicht einfach mit einer Drohne erledigen?« Bezeichnenderweise hat Clinton diese Aussage später auf einer Pressekonferenz nicht mit der gebotenen Klarheit bestritten, sondern lediglich behauptet, sie könne sich nicht daran erinnern, einen solchen »Witz« gemacht zu haben. Solche Abscheulichkeiten sowie die Selbstverständlichkeit, mit der sie trivialisiert wurden, waren keine Seltenheit. Wir werden später detaillierter darauf zurückkommen. Jedenfalls dachte keine Behörde oder Medienorganisation daran, dieser Hetze Einhalt zu gebieten. Assange war »vogelfrei« geworden.

Damit Einschüchterung, Isolation, Willkür und Demütigung sich rechtlich unter den Begriff der psychischen Folter subsumieren lassen, muss dies sowohl vorsätzlich als auch zweckgerichtet geschehen. Dass es sich bei der Misshandlung Assanges nicht einfach um die unbeabsichtigten oder unvermeidlichen Nebenwirkungen von rechtsstaatlich einwandfreien Verfahren und Maßnahmen handelte, ist offensichtlich. Denn wenn die Grundrechte einer Person über einen Zeitraum von zehn Jahren in allen Verfahren aller involvierten Behörden in jedem Stadium systematisch verletzt werden, wenn jedes dagegen ergriffene Rechtsmittel jedes Mal versagt, und wenn die übergeordneten Behörden trotz zahlreicher Hinweise und Beschwerden in keinem Fall korrigierend eingreifen, dann kann beim besten Willen nicht mehr von normalen Unregelmäßigkeiten ausgegangen werden, wie sie auch in funktionierenden Rechtsstaaten hin und wieder vorkommen können. Dann ist die Frage nicht mehr, ob diese gravierenden Verfahrensmängel absichtlich verursacht oder geduldet werden, sondern nur noch, zu welchem Zweck?

Im Fall Assange geht es natürlich nicht darum, ein Geständnis zu erpressen oder ihn auf andere Weise zur Kooperation zu zwingen. Stattdessen hat die Misshandlung von Julian Assange vor allem den Zweck der Abschreckung anderer. Sicher soll Assange auch persönlich für seine Veröffentlichungen von Geheiminformationen bestraft werden. Aber dazu bedürfte es nicht jahrelanger Demütigung und Diffamierung, Behördenwillkür und Drohkulissen. Dieses offen zelebrierte Mobbing einer wehrlosen Einzelperson durch das Kollektiv ist eine der primitivsten sozialen Kommunikationsformen, welche seit unvordenklicher Zeit tief im menschlichen Unterbewusstsein verankert ist. Es ist eine Machtdemonstration, die keiner Erklärung bedarf und die bei den allermeisten Menschen unbewusste Verhaltensmuster von Selbstschutz, Anpassung und Konformität auslöst. Von der biblischen Volksverurteilung von Jesus Christus über die europäischen Hexenprozesse des 16. und 17. Jahrhunderts bis hin zu den politischen Schauprozessen aller Diktaturen und Scheindemokratien der Menschheitsgeschichte – das staatlich sanktionierte Mobbing ist eine der effizientesten Methoden, die öffentliche Meinung zu kontrollieren und unbequeme Dissidenten zum Schweigen zu bringen. Im vorliegenden Fall geht es vor allem darum, an Assange ein Exempel zu statuieren, um andere Publizisten, Journalisten und Whistleblower einzuschüchtern, die vielleicht mit dem Gedanken spielen, seinem Beispiel zu folgen und in großem Stil die schmutzigen Geheimnisse der Mächtigen ans Licht der Öffentlichkeit zu ziehen.

In meinem Gespräch mit Assanges Anwaltsteam legte ich meine vorläufigen Schlussfolgerungen dar und deutete an, dass ich in meinen offiziellen Stellungnahmen nicht nur von grausamer, unmenschlicher und entwürdigender Behandlung sprechen würde, sondern wahrscheinlich sogar von psychischer Folter. Bezeichnenderweise reagierten die Anwälte zunächst perplex. Das hatten sie nicht erwartet. Nicht, dass sie mit meiner Schlussfolgerung nicht einverstanden gewesen wären – im Gegenteil. Doch waren sie sichtlich überrascht darüber, dass ich trotz der erdrückenden Feindseligkeit praktisch der gesamten Weltöffentlichkeit gegenüber Assange bereit war, mich mit einer derart unpopulären Meinung zu exponieren. Sie erinnerten mich besorgt daran, dass bisher noch niemand unversehrt geblieben sei, der sich in einer einflussreichen Position für Assange eingesetzt und dabei Klartext gesprochen habe. Diese Sorge war durchaus pragmatischer Natur, denn würde ich außer Gefecht gesetzt, würde ein möglicherweise wichtiger Unterstützer im Kampf gegen die Auslieferung Assanges an die USA wegfallen. Daher empfahlen sie mir, im Fall Assange nur von grausamer, unmenschlicher und entwürdigender Behandlung zu sprechen und nicht von Folter. Weil sie aus jahrelanger Erfahrung fürchteten, der Folter-Vorwurf würde ohnehin nicht ernst genommen, erschien ihnen eine Art Kompromisslösung sinnvoller, als die Dinge beim Namen zu nennen. Und so wurde mir zum ersten Mal klar, wie der jahrelange Kampf für Assange auch seine Anwälte bereits zermürbt hatte; die systematische Willkür und Zurückweisung seitens der zuständigen Behörden, aber auch die ständigen Anfeindungen aus der Öffentlichkeit, der Presse und sogar aus dem privaten Freundeskreis – *vicarious trauma,* wie man im englischen Fachjargon sagt.

Ich machte mir allerdings keine Illusionen. Nach zehnjähriger Willkür würden sich die Behörden der involvierten Staaten mit Sicherheit nicht durch sprachliche Kompromisse dazu bewegen lassen, ihre menschenrechtlichen Pflichten einzuhalten und die Misshandlung und Verfolgung von Assange zu beenden. Wenn ich meine Integrität und Glaubwürdigkeit erhalten wollte, musste meine Argumentation begründbar, nachvollziehbar und belastbar sein. Sollte ich aufgrund meiner Untersuchung zu dem Schluss kommen, dass der Umgang der Staaten mit Assange die Tatbestandsmerkmale der psychischen Folter erfüllte, dann war es meine Pflicht, das auch öffentlich auszusprechen.

Wiederaufnahme des schwedischen Verfahrens

Wiederum drei Tage später, am 13. Mai 2019, verkündete die schwedische Staatsanwaltschaft – wie bereits während meines Belmarsh-Besuchs hastig angekündigt – die Wiederaufnahme ihres Verfahrens gegen Assange. Zum insgesamt dritten Mal seit 2010. Das offizielle Narrativ war dasselbe geblieben, Assange wurde angeblich der Vergewaltigung verdächtigt. In all den Jahren hatten die schwedischen Behörden jedoch weder konkrete Beweise für das behauptete Delikt präsentieren können, noch war jemals formell Anklage erhoben worden. Jetzt sollte offenbar ein neuer Versuch unternommen werden, endlich über das Anfangsstadium einer »Voruntersuchung« hinauszukommen. Es war auch ein Wettlauf mit der Zeit – im August 2020 würde die Assange vorgeworfene Vergewaltigung nach schwedischem Recht endgültig verjähren. So wie 2015 bereits der Verdacht der sexuellen Belästigung sang- und klanglos verjährt war, ebenfalls ohne Tatbeweis oder Anklage. Nun sollte diese Voruntersuchung also einmal mehr wieder aufgenommen werden. Weil Assange nach seiner Verhaftung in London für die schwedischen Behörden nun wieder greifbar sei, hieß es zur Begründung in der Pressekonferenz der Staatsanwaltschaft. Weil eine erneute Befragung für eine Anklageerhebung unabdingbar sei. Nach Abbüßen seiner Haftstrafe für den Verstoß gegen die britischen Kautionsbestimmungen solle Assange deshalb schnellstmöglich nach Schweden ausgeliefert werden. Ein neuer europäischer Haftbefehl werde daher beantragt.

Während meines Besuchs im Gefängnis hatte ich mit Assange kaum über den schwedischen Fall gesprochen. Erst die Wiederaufnahme des Verfahrens veranlasste mich dazu, den Fall auch meinerseits neu aufzurollen. Getrieben war ich dabei von einer ganz gegenwärtigen Sorge. Ich befürchtete, dass das Narrativ des Vergewaltigungsverdachts von Neuem dazu benutzt werden könnte, seine Auslieferung in die USA zu erleichtern, indem er zunächst an Schweden überstellt, dann in einem dort für Sexualdelikte üblichen Geheimprozess ohne wirklichen Tatbeweis schuldig gesprochen und schließlich ohne jedes Auslieferungsverfahren an die Amerikaner weitergereicht würde.

Dieses Szenario war keineswegs übertrieben. Denn die scheinbare Leichtfertigkeit, mit der die schwedische Justiz trotz Beweisnotstand und staatsanwaltlicher Verfahrensverschleppung jahrelang den »dringenden Tatverdacht« und damit auch den Haftbefehl gegen Assange bestätigt hatte, ließ keinen fairen Strafprozess erwarten. Und das hernach benötigte Schlupfloch im schwedisch-amerikanischen Auslieferungsabkommen heißt *temporary surrender.* Die betreffende Person wird demnach nicht formell an die USA ausgeliefert, sondern zum Zweck des sie dort erwartenden Strafverfahrens lediglich vorübergehend »ausgeliehen«. Wie lange diese Ausleihe dauert, soll gemäß Abkommen zwischen den beiden Staaten jeweils separat geregelt werden – Spielraum genug also für ein maßgeschneidertes Arrangement, welches Assange für immer in der hermetischen Funkstille eines amerikanischen »Supermax«-Gefängnisses verschwinden lassen würde. Die Briten würden erleichtert ihr Einverständnis geben, Menschenrechte hin oder her. Für einen verurteilten Vergewaltiger würde es auch keinen öffentlichen Aufschrei geben. Nicht in Großbritannien, in Schweden schon gar nicht, und auch die großen Menschenrechtsorganisationen würden sich hüten, von ihren Geldgebern auf der falschen Seite der politischen Korrektheit wahrgenommen zu werden. Nicht umsonst hatte sich etwa Amnesty International zehn Jahre lang nicht dazu durchringen können, Assange als politischen Häftling – »prisoner of conscience« – anzuerkennen. So erklärt sich Assanges langjährige

Angst vor einer Auslieferung nach Schweden. Er fürchtete nicht die schwedischen Vorwürfe, sondern eine summarische Weiter-Auslieferung durch Schweden an die USA.

Dass diese Gefahr trotz aller Beteuerungen der schwedischen Behörden durchaus real war, zeigt der Fall zweier in Schweden offiziell registrierter ägyptischer Asylbewerber. Am 18. Dezember 2001 wurden Ahmed Agiza und Muhammed Al Zery in Stockholm von der schwedischen Sicherheitspolizei festgenommen und auf dem Bromma-Flughafen an CIA-Agenten übergeben. Von dort wurden sie ohne jedes rechtsstaatliche Verfahren nach Ägypten verschleppt und dort im berüchtigten Tora-Gefängnis als Terrorverdächtigte gefoltert. Das Vorgehen der schwedischen Behörden wurde später vom Menschenrechtsausschuss und vom Antifolterausschuss der Vereinten Nationen als klare Verletzung des vom Folterverbot abgeleiteten »Non-Refoulement«-Grundsatzes verurteilt und Schweden zu einer Schadenersatzzahlung von je 500 000 Dollar verpflichtet. Bereits damals wurde die schwedische Regierung zudem ausdrücklich wegen ihrer mangelnden Kooperation mit der UNO-Untersuchung gerügt. Der Justiz-Ombudsmann des schwedischen Parlaments kritisierte die verantwortlichen Behörden in der Folge zwar »äußerst ernsthaft«, doch es wurden – in erneuter Verletzung der Antifolterkonvention – keinerlei strafrechtliche oder disziplinarische Verfahren eingeleitet.

Wie behördeninterne Korrespondenz und rechtliche Analysen aus dem Jahre 2011 zeigen, machten sich selbst der damalige australische Außenminister und andere hochrangige Mitglieder der australischen Regierung ernsthafte Sorgen, dass ihr Landsmann Assange von den schwedischen Behörden ohne reguläres Auslieferungsverfahren an die Amerikaner ausgehändigt werden könnte. Das von Assange befürchtete Szenario war daher alles andere als paranoid; es entsprach auch in diplomatischen Kreisen – zumindest hinter vorgehaltener Hand – bereits damals einer durchaus realistischen Einschätzung.

Spionageanklage der USA

Doch im Jahr 2019 schienen die Amerikaner einen anderen Plan zu haben und eine direkte Auslieferung Assanges anzustreben. Seit der Wahl Präsident Trumps wehte ein anderer Wind über den Atlantik. Vorbei war die diplomatische Scheinheiligkeit seines Vorgängers, vorbei die zumindest vordergründig zelebrierte multilaterale Kooperation. Die amerikanische Außenpolitik war unberechenbar, grobschlächtig und schnörkellos geworden, und die britische Regierung übte sich zunehmend in kritikloser Dienstfertigkeit – ihr Anteil an der traditionsreichen *special relationship*. Durch die Wiederaufnahme des Verfahrens setzten die Schweden die Amerikaner nun unter Zugzwang. Plötzlich könnte es zwei miteinander konkurrierende Auslieferungsgesuche geben. Welches hatte Vorrang? Für die Entscheidung der Briten, so sieht es das Auslieferungsabkommen mit den Amerikanern vor, würde unter anderem die Schwere des zur Last gelegten Delikts sowie der Zeitpunkt, zu dem das Gesuch gestellt worden war, ausschlaggebend sein. In beiden Punkten müsste den Schweden Priorität eingeräumt werden. Sie hatten bereits neun Jahre zuvor, im November 2010, für den gleichen Tatverdacht die Auslieferung Assanges gefordert und ihr Gesuch erfolgreich bis zum britischen Supreme Court durchprozessiert. Zudem beträgt das maximale Strafmaß für die Assange vorgeworfene Form der Vergewaltigung in Schweden vier Jahre Haft. Damit lag es zwar geringfügig unter der Maximalstrafe von fünf Jahren für das amerikanische Computerdelikt, doch wurde dort nur ein erfolgsloser Versuch ohne Schadenfolge behauptet.

Nur zehn Tage vergingen, bis die Amerikaner nachlegten. Am 23. Mai 2019, noch innerhalb der Frist von sechzig Tagen für die Vervollständigung ihres Auslieferungsgesuchs, verlängerten sie in einem ersten *Superseding Indictment* ihre Anklageliste um siebzehn weitere Punkte, allesamt Verstöße gegen den *Espionage Act* von 1917. Von nun an ging es nicht mehr nur um den erfolglosen Versuch, ein Passwort zu knacken, sondern ganz unverhohlen um Spionage – das klassische Lehrbuchbeispiel eines politischen Deliktes. Zudem berührte die Anklage als Ganze jetzt auch ganz eindeutig Fragen der verfassungsrechtlich garantierten Pressefreiheit: Assange wurde nämlich vorwiegend des Empfangs und der Veröffentlichung geheimer Dokumente beschuldigt. Pro Anklagepunkt drohten nun zusätzlich jeweils bis zu zehn Jahre Haft. Insgesamt ergab das eine mögliche Gefängnisstrafe von 175 Jahren Dauer. Sie garantierte, dass das amerikanische Auslieferungsgesuch im Vergleich zum schwedischen immer Priorität haben würde – ältere Rechte hin oder her. 175 Jahre. Eine vollkommen absurde Zahl. Zum Vergleich: Der UNO-Strafgerichtshof für das ehemalige Jugoslawien befand im Juni 2010 zwei ehemalige serbische Offiziere für schuldig, maßgeblich am Völkermord von 7000 bosnischen Muslimen in Srebrenica beteiligt gewesen zu sein. Die Strafe lautete auf lebenslänglich. Bei guter Führung würden jedoch beide nach 30 Jahren aus der Haft entlassen werden. Darauf würde Assange in einem amerikanischen Hochsicherheitsgefängnis nicht hoffen können.

Überdies war mit den achtzehn Anklagepunkten das Ende der Fahnenstange möglicherweise noch gar nicht erreicht. Die verlängerte Anklageliste und die Ausweitung der geschilderten Sachverhalte konnten durchaus die Basis bilden für noch weitere, noch schwerwiegendere Anklagen. Dazu mussten dieselben Sachverhalte vom zuständigen amerikanischen Gericht – dem berüchtigten »Spionage-Gericht« in Alexandria, Virginia – lediglich anders gewürdigt werden als im Auslieferungsgesuch der Regierung. Je nach Delikt wäre dann theoretisch sogar die Todesstrafe denkbar, auch wenn diese aufgrund einschlägiger Einschränkungen im angloamerikanischen Auslieferungsabkommen letztlich nur ausgesprochen, nicht aber ausgeführt werden dürfte. Schlimmstenfalls müsste Assange dann den Rest seines Lebens in der Todeszelle verbringen, umgeben von anderen Todeskandidaten und ohne jede Hoffnung auf Entlassung. Vor diesem Hintergrund wird auch nachvollziehbar, warum das *Superseding Indictment* vom 23. Mai 2019 eine auffallend breite, für die achtzehn Anklagepunkte jedoch nur teilweise relevante Sachverhaltsbeschreibung enthält und warum diese ein gutes Jahr später, in einem zweiten *Superseding Indictment* vom 24. Juni 2020, noch einmal deutlich erweitert wurde. Es sollte wahrscheinlich eben nicht bei diesen achtzehn Anklagepunkten bleiben, die sich stark auf die Kriminalisierung der WikiLeaks-Veröffentlichungen konzentrieren. Dazu bietet nämlich die verfassungsmäßige Pressefreiheit ein starkes Gegenargument, welches bei einer Berufung Assanges an den US Supreme Court durchaus obsiegen könnte. Es wäre also im Interesse der Regierung, der erstinstanzlichen Richterin in der Sachverhaltsbeschreibung reichlich Material zur Identifikation anderer Delikte zu bieten, insbesondere Hinweise auf Computerhacking und Gefährdungsdelikte – was auch immer man heranziehen konnte, um Assange für den Rest seines Lebens hinter Gitter zu bringen.

Bemerkenswert ist auch, dass sich sämtliche Anklagepunkte der Amerikaner stets ausschließlich auf Assanges WikiLeaks-Aktivitäten von 2010 bezogen. Als ob davor und danach gar keine Enthüllungen erfolgt wären. Doch Assange hat ja immer weitergearbeitet, auch noch von der ecuadorianischen Botschaft aus. Zumindest bis zum Regierungswechsel in Ecuador und dem damit einsetzenden, zunehmend feindlichen Klima in der Botschaft. Berührten die Enthüllungen nach 2010 die nationalen Sicherheitsinteressen der Amerikaner nicht mehr? War das Modell WikiLeaks auf einmal nicht mehr gefährlich für die Mächtigen? Doch, natürlich. Aber nur 2010 fand eben ein nachweisbarer Austausch zwischen Assange und einer Quelle statt – mit Chelsea Manning, die unbestreitbar ihre eigene Geheimhaltungspflicht verletzt und sich damit nach amerikanischem Recht strafbar gemacht hatte. Nur dieser Austausch erlaubt es seither der US-Justiz, Assange »Anstiftung« und »Verschwörung« zu einer Straftat – derjenigen Mannings – vorzuwerfen. In allen anderen Fällen lässt sich ein direkter Kontakt zur Quelle nicht nachweisen. Assange selbst hat sehr häufig betont, dass WikiLeaks seine Informanten nicht kenne und die Dokumente anonym übermittelt würden. Eine strafrechtliche Verfolgung wird dadurch so gut wie unmöglich, denn die Tätigkeit des reinen Publizierens ist von der Pressefreiheit umfassend geschützt.

Der Vorwurf gegen Assange lautet also, Manning bei der Verletzung ihrer Geheimhaltungspflicht behilflich gewesen zu sein und sie zur Lieferung weiterer Geheimdokumente angestiftet zu haben. Das liest sich zunächst einmal wie das Jobprofil eines jeden halbwegs engagierten Journalisten. Zu dessen Aufgaben gehört es ja gerade, genau abzuklären, was eine Quelle an Informationen zu bieten hat; nachzubohren und sich nicht zu früh zufriedenzugeben. Andererseits gehört es zugegebenermaßen nicht zu den Aufgaben eines Journalisten, seiner Quelle beim Knacken eines Passwortes behilflich zu sein, wie dies Assange vorgeworfen wird. Aber selbst wenn dieser Vorwurf zutrifft, dann blieb es unbestrittenermaßen beim erfolglosen Versuch. Nun werden bekanntlich jeden Tag überall auf der Welt Tausende Versuche unternommen, sensible Passwörter von Behördencomputern zu knacken. In den allermeisten Fällen bleibt es auch hier beim gescheiterten Versuch. Nur gibt man anschließend keine Millionen aus, um diese Menschen zu überwachen, und führt mit Sicherheit keine Auslieferungsverfahren, die sich über zehn und mehr Jahre erstrecken. Aus einem ganz einfachen Grund: Solange isolierte Hacking-Versuche nicht erfolgreich sind, werden sie als Bagatelldelikte betrachtet, deren Verfolgung sich nicht lohnt. Das wäre natürlich auch bei Assange so gewesen, hätten die USA nicht verzweifelt nach einem Vorwand gesucht, um ihn strafrechtlich verfolgen zu können. Für die US-Regierung war das Problem, dass Assange Kriegsverbrechen und andere schmutzige Geheimnisse aufgedeckt und so an den Stellen Transparenz hergestellt hatte, wo von den Verantwortlichen nichts als Dunkelheit gewünscht war. Wegen der Pressefreiheit konnte man den Publizisten Assange, im Gegensatz zum Whistleblower Manning, aber strafrechtlich nicht verfolgen, zumindest war die Regierung Obama hiervon überzeugt.

Erst im *Superseding Indictment* vom 23. Mai 2019 machte die Trump-Regierung eine Kehrtwende und versuchte erstmals seit dem »Pentagon Papers«-Skandal der 70er-Jahre wieder, den

Espionage Act für die Unterdrückung journalistischer Veröffentlichungen einzusetzen. Damals verbot die Regierung Nixon der *New York Times* die Publikation geheimer Militärdokumente, welche die vorsätzliche Täuschung der Öffentlichkeit und andere Machenschaften der Regierung während des Vietnamkrieges belegten, scheiterte damit aber letztlich vor dem Supreme Court. Am 30. Juni 1971 – symbolträchtigerweise drei Tage vor der Geburt Assanges – fällte das Gericht einen Grundsatzentscheid mit folgenden Worten: »Nur eine freie, unbehinderte Presse kann Täuschungen durch die Regierung wirksam aufdecken. Und über allen Verantwortlichkeiten einer freien Presse steht die Pflicht, die Regierungsbehörden daran zu hindern, die Bevölkerung zu täuschen und in ferne Länder zu schicken, um an fremden Krankheiten und fremden Kugeln und Granaten zu sterben.« Die von der Regierung erlassenen Publikationsverbote seien daher verfassungswidrig, beschied das höchste Gericht und schenkte der freien Presse damit ein halbes Jahrhundert Jagdschutz vor einer machthungrigen Exekutive – bis heute. Jetzt war der US-Regierung wieder jeder Vorwand recht, um Assange mit der geballten Macht ihrer Strafjustiz zum Schweigen zu bringen. Mit dem *Superseding Indictment* waren von den Amerikanern nun zusätzlich auch klare Tatsachen geschaffen in Bezug auf den Vorrang ihres Auslieferungsgesuches gegenüber einem etwaigen schwedischen Begehren.

Ärztlich verordnete Isolationshaft

Bereits während meines Besuchs im Gefängnis bereitete mir Assanges Gesundheit ernsthafte Sorgen, und ich warnte die Behörden vor der Gefahr einer rapiden Verschlechterung seines Zustandes. Dennoch konnte ich zu diesem Zeitpunkt noch nicht wissen, wie schnell unsere Prognose wahr werden sollte. Bereits neun Tage nach meinem Besuch, am 18. Mai 2019, wurde Assange dauerhaft in die Krankenabteilung von Belmarsh überführt. Neben einem starken Gewichtsverlust hatte sich offenbar vor allem sein psychischer Gesundheitszustand deutlich verschlechtert. Er konnte nicht mehr an Gerichtsverhandlungen teilnehmen und musste medikamentös stabilisiert werden. Ein weiteres Indiz, das auf jahrelange psychische Traumatisierung hindeutete. In der Krankenabteilung wurde Assange offenbar zunächst in eine Gemeinschaftszelle gebracht, wo außer ihm noch drei weitere Häftlinge untergebracht waren. Doch ziemlich schnell sollte eine erneute Verlegung folgen, dieses Mal in eine Einzelzelle. Die Monate zwischen Juli 2019 und Januar 2020 würde Assange in nahezu totaler Isolation in der Krankenabteilung verbringen. 23 Stunden pro Tag in seiner Zelle, wegen angeblicher Suizidgefahr permanent videoüberwacht und ohne jeden Kontakt zu anderen Insassen.

Die UNO-Minimalstandards für die Behandlung von Gefangenen, besser bekannt als *Mandela Rules,* sprechen von Isolationshaft, sobald ein Mensch 22 Stunden und mehr am Tag allein eingesperrt ist. Diese Maßnahme darf nur in begründeten Einzelfällen angewendet werden, keinesfalls jedoch länger als über einen Zeitraum von 15 Tagen. Alles, was darüber hinausgeht, wird grundsätzlich als grausam, unmenschlich oder entwürdigend betrachtet, im schlimmsten Fall sogar als Folter. Für Assange wurde diese Form der Misshandlung sehr schnell zum Normalzustand. Dafür gibt es bei jemandem, der weder gewalttätig noch sonst auf eine Art gefährlich ist, keine Rechtfertigung. Die Vermutung liegt nahe, dass die notwendigen medizinischen Schritte auch als willkommener Vorwand genutzt wurden, um Assange zu isolieren. Die Argumentation der Gefängnisverwaltung wusste sich dabei immer schon am Ziel: Wenn Assange gesundheitliche Fortschritte machte, wurde die Verlängerung seiner Isolation und Überwachung mit deren medizinischer Wirksamkeit begründet; verschlechterte sich sein Zustand, machte das ihre Fortsetzung aus Sicherheitsgründen umso notwendiger. Ein Missbrauch, der sich somit ganz von selbst perpetuierte.

Darüber hinaus wurde Assange der Zugang zu seinen Prozessakten verweigert, die Besprechungsmöglichkeiten mit seinen Anwälten wurden stark eingeschränkt und externe Besuche auf ein Minimum reduziert – alles unter dem bequemen Vorwand bürokratischer Sachzwänge. Eine adäquate Vorbereitung auf die anstehenden Verfahren, allen voran auf das komplexe Verfahren der Auslieferung an die USA, wurde auf diese Weise systematisch verunmöglicht. Die verfahrensleitende Richterin nahm diese Schwierigkeiten auch auf wiederholte Beschwerde hin jeweils nur achselzuckend zur Kenntnis und verwies auf die Gefängnisverwaltung, welche für Assanges Haftbedingungen allein zuständig sei. Dass sie als Richterin für die Einhaltung grundlegender Verfahrensgarantien direkt verantwortlich war, insbesondere für die Ermöglichung einer rechtsgenügenden Prozessvorbereitung des Angeklagten, übersah sie dabei geflissentlich.

5

Die Überquerung des Rubikon

Erste Schlussfolgerungen

Ende Mai 2019 wurde es Zeit für meine offizielle Stellungnahme zu dem Fall. Ursprünglich wollte ich mein Schreiben lediglich an die britische Regierung richten, in deren Verfügungsgewalt sich Assange befand. Meine Nachforschungen hatten jedoch ergeben, dass mindestens vier Staaten bei Assanges Verfolgung aktiv zusammengewirkt hatten und daher für seine heutige Situation kausal mitverantwortlich waren: Großbritannien, Schweden, Ecuador und die USA. Deshalb beschloss ich, alle vier Staaten gleichzeitig mit den Ergebnissen meiner Untersuchung zu konfrontieren, Erklärungen einzufordern und Empfehlungen zu unterbreiten. Erste Entwürfe hatte ich bereits Mitte des Monats fertiggestellt, aber immer wieder erhielt ich neue Hinweise, musste einzelne Punkte nachprüfen. Außerdem kamen Übersetzungsfehler sowie widersprüchliche Informationen zum Vorschein, die Korrekturen oder Ergänzungen notwendig machten. Auch das medizinische Gutachten, das die beiden Ärzte gemeinsam verfasst hatten, musste so integriert werden, dass einerseits die Vertraulichkeit der ärztlichen Diagnose erhalten blieb, diese aber dennoch als objektive medizinische Grundlage für meine rechtlichen Schlussfolgerungen dienen konnte. Überdies meldete sich auch das Sekretariat des Hochkommissariats immer wieder mit formellen und protokollarischen Fragen und verlangte Nachbesserungen.

Nach einem Jahrzehnt mehrfacher Justizverfahren, medizinischer und rechtlicher Gutachten, geleakter Behördenkorrespondenz und Untersuchungsakten hatte sich ein wahrer Berg an Materialien angesammelt, welche im begrenzten Rahmen eines diplomatischen Schreibens unmöglich umfassend dargestellt werden konnten. Aber meine Rolle war ja nicht die eines Untersuchungsrichters, sondern die eines Sonderberichterstatters. Ich sollte die Staaten, gestützt auf glaubwürdige Hinweise, auf mögliche Verletzungen des Folter- und Misshandlungsverbotes aufmerksam machen und sie an ihre völkerrechtliche Pflicht zur Untersuchung, Bestrafung und Wiedergutmachung solcher Verbrechen erinnern. Die entsprechenden Maßnahmen mussten von den Regierungen dann von Amts wegen eingeleitet werden. Es reichte daher aus, dass ich ihnen, gestützt auf die mir zur Verfügung stehenden Hinweise, eine Zusammenfassung meiner vorläufigen Schlussfolgerungen zukommen ließ. Es ging mir darum, den involvierten Staaten ein übersichtliches, leicht verständliches Gesamtbild davon zu vermitteln, wie ihr jeweiliges Verhalten im Zusammenspiel zur psychischen Folter von Assange beigetragen hatte oder noch immer dazu beitrug und warum seine Auslieferung an die USA nicht mit der UNO-Antifolterkonvention zu vereinbaren wäre.

Ich bemühte mich, auf zwölf Seiten alle wichtigen Aspekte in einer stringenten Argumentation miteinander zu verknüpfen. Den medizinischen Einschätzungen folgte die Auflistung jener Faktoren, die ich aufgrund meiner Untersuchung für Assanges gegenwärtigen Gesundheitszustand verantwortlich machte: seine jahrelange, willkürliche Belagerung, Überwachung und Drangsalierung in der ecuadorianischen Botschaft; der gezielte Missbrauch der schwedischen Justizverfahren zum Zweck der politischen Verfolgung; schließlich das hemmungslose öffentliche Herabwürdigen und Diffamieren seiner Person durch Behörden, Politiker und Presse, das man nur als *public mobbing* beschreiben konnte. Wie stets in meinen offiziellen Interventionen verband ich meine vorläufigen Schlussfolgerungen mit der Aufforderung an die betroffenen Staaten, die zur Erstellung des Sachverhaltes notwendigen Untersuchungen einzuleiten, fehlbare Behördenmitglieder gegebenenfalls zur Verantwortung zu ziehen und den Assange ungerechtfertigt zugefügten Schaden wiedergutzumachen – ganz so, wie es die von ihnen ratifizierte UNO-Antifolterkonvention unmissverständlich verlangt.

Doch mit der Aufarbeitung vergangenen Fehlverhaltens allein war es nicht getan. Assanges weiteres Schicksal entschied sich in nicht allzu ferner Zukunft. Die Auslieferung an die USA, wo ihm ein unfairer Geheimprozess und grausame, unmenschliche und entwürdigende Haftbedingungen drohten, musste verhindert werden. Auch dies war eine zwingende Schranke der UNO-Antifolterkonvention, von der keine Ausnahme möglich war. Doch ohne faires Auslieferungsverfahren kann selbst das eindeutigste Auslieferungsverbot nutzlos sein. Die Vorkommnisse seit Assanges Verhaftung hatten auf geradezu erschütternde Weise gezeigt, dass man sich diesbezüglich auf Großbritannien nicht mehr verlassen konnte.

Ich formulierte mit großer Bestimmtheit und mit einer für vorläufige Schlussfolgerungen ungewohnten Schärfe. Doch der Fall hatte auch bereits eine neunjährige Vorgeschichte, welche die Gutgläubigkeit der betroffenen Regierungen deutlich widerlegte. Die Reaktion der Schweden und der Briten auf die Schlussfolgerungen der WGAD, dass die Belagerung Assanges in der ecuadorianischen Botschaft völkerrechtswidrig sei, stand mir dabei klar vor Augen. Auch alle anderen Indizien, die ich gesammelt hatte, deuteten nicht etwa auf eine unbeabsichtigte Verkettung unglücklicher Umstände hin, sondern auf gezielte Kollusion zur systematischen Verfolgung, Knebelung und Zerstörung eines unbequemen politischen Dissidenten.

Es war mir daher bewusst, dass ich auf Widerstand treffen würde, wenn ich als Antwort mehr als nur ein paar ausweichende Plattitüden erwartete, wenn ich wollte, dass man meine Vorwürfe ernst nahm und sich mit ihnen auseinandersetzte. Ein einfaches Gesprächsangebot war daher zu wenig. Ich musste die

Alarmglocke betätigten, die Öffentlichkeit aufrütteln und den verantwortlichen Staaten eine unmissverständliche Botschaft vermitteln: *Get your act together!* Ihr mögt gegenüber Assange und WikiLeaks ja legitime Interessen haben, und wenn ihr ihm wirklich Straftaten vorzuwerfen habt, könnt ihr ihn dafür auch zur Verantwortung ziehen. Aber all das muss zwingend in einem fairen und transparenten Verfahren geschehen und darf nicht für politische Zwecke missbraucht werden. Euer bisheriges Verhalten gegenüber Assange ist jedenfalls jenseits dessen, was in einem demokratischen Rechtsstaat toleriert werden kann. Dieser Missbrauch muss hier und jetzt ein Ende finden!

Ich schrieb in der Hoffnung, tatsächlich etwas erreichen zu können. Die schwedische Voruntersuchung war gerade erst wieder aufgenommen worden, und das britische Verfahren, in dem über Assanges Auslieferung in die USA entschieden werden sollte, war noch gar nicht eröffnet. Vielleicht war es noch nicht zu spät, eine Wende herbeizuführen. Daher beschloss ich, das ganze politische Gewicht meines Mandates und meine ganze persönliche und professionelle Glaubwürdigkeit in die Waagschale zu werfen, um Gehör zu finden – in den Medien, aber vor allem bei den betreffenden Regierungen selbst. Möglicherweise hatten die Regierungen ja kein Interesse daran, dass zu viel Staub aufgewirbelt wurde, und würden daher anfangen, sich nach einer gesichtswahrenden Lösung umzusehen. Denkbare Alternativen, auf die sich die involvierten Staaten hinter den Kulissen einigen konnten, gab es genug. Ein Entscheid der britischen Justiz etwa, der die Auslieferung Assanges aus medizinischen Gründen ablehnen würde, ohne sich jedoch zur grundsätzlichen Zulässigkeit der amerikanischen Spionageanklage zu äußern. Dies könnte allenfalls mit einer humanitären Repatriierung in sein Heimatland Australien verbunden werden – wie Großbritannien ein verlässlicher Verbündeter der USA. London könnte offiziell auf die Unabhängigkeit der Justiz verweisen, und Washington würde zähneknirschend akzeptieren, gleichzeitig aber auch klarstellen, dass jede Rückkehr Assanges zu WikiLeaks ein neues Auslieferungsgesuch nach sich ziehen würde.

Mein erstes Schreiben ging am 27. Mai 2019 an Großbritannien, gegenwärtig mein Hauptansprechpartner im Fall Julian Assange. Am nächsten Tag folgten die Briefe an Ecuador, Schweden und die USA. Sie unterschieden sich nur in Nuancen voneinander. Allen gemeinsam war auch die Standardschlussformel, wonach sowohl das Schreiben selbst als auch eine etwaige Antwort der Staaten innerhalb von sechzig Tagen online veröffentlicht würden. Auch der vielleicht wichtigste Satz stand in allen vier Briefen gleichermaßen und fasste meine Schlussfolgerungen wie folgt zusammen: »Ich bin zutiefst besorgt darüber, dass Mr Assange ab August 2010 durch verschiedene Formen grausamer, unmenschlicher oder erniedrigender Behandlung oder Bestrafung in zunehmendem Maße Schmerzen und Leiden ausgesetzt wurde und immer noch wird, welche insgesamt als psychische Folter zu betrachten sind.«

Der Schritt an die Öffentlichkeit

Assange und Folter? Kann man das wirklich sagen? Soll sich der UNO-Sonderberichterstatter für Folter wirklich ausgerechnet mit Julian Assange befassen? Es gibt doch so viel schlimmere Fälle! Wie oft bin ich seither mit derlei Anzweiflungen konfrontiert worden, die oft auch die Legitimität meiner ganzen Untersuchung des Falles Assange infrage stellten. Meine Antwort fiel immer gleich aus. Ja, es gibt schlimmere Fälle. Es gibt immer schlimmere Fälle. Aber wenn etwas Folter ist, dann verbietet sich jede Relativierung, denn Folter ist in jedem Fall eine unentschuldbare Menschenrechtsverletzung und ein schweres Verbrechen.

Warum Assanges Behandlung völkerrechtlich als Folter zu betrachten ist, haben wir bereits im Detail besprochen. Der Fall Assange berührt mein Mandat aber in dreifacher Hinsicht. Erstens haben die involvierten Staaten Assange, wie gesagt, jahrelang systematisch Misshandlungen ausgesetzt, welche nur als psychische Folter bezeichnet werden können. Zweitens besteht ein großes Risiko, dass er an die USA ausgeliefert und dort unter Bedingungen inhaftiert wird, die nicht nur meine Mandatsvorgänger und ich, sondern auch Amnesty International und viele andere Menschrechtsorganisationen immer wieder als grausam, unmenschlich und entwürdigend bezeichnet haben. Und drittens hat Assange über WikiLeaks Beweise für staatlich sanktionierte Kriegsverbrechen, darunter auch Folter, publiziert. Doch nicht die Folterer und anderen Kriegsverbrecher und deren Vorgesetzte werden verfolgt, sondern Assange. Rechtlich gesehen verletzt die bewusste Durchsetzung von Straffreiheit für Folterer durch die US-Regierung nicht nur die UNO-Antifolterkonvention und das Kriegsvölkerrecht, sondern stellt nach den Nürnberger Prinzipien sogar ein eigenständiges Kriegsverbrechen seitens der verantwortlichen Regierungsmitglieder dar. Von großer Wichtigkeit für mein Mandat ist auch die emblematische Bedeutung dieses Falles, die weit über das Einzelschicksal hinausreicht, weil hier in sogenannten reifen Demokratien des Westens die Rechtsstaatlichkeit in schwerwiegender Weise missachtet und fundamentale, staatspolitisch unverzichtbare Rechte frontal angegriffen werden: das Folterverbot, die Pressefreiheit, die Unschuldsvermutung und das Recht auf einen fairen Prozess. Diejenigen, die ihre Gleichgültigkeit damit rechtfertigen, dass es »schlimmere Fälle« gibt, begehen einen fatalen Fehler, der uns alle noch teuer zu stehen kommen wird. Bestenfalls lassen sie sich von Details ablenken und verpassen dabei, worum es wirklich geht – den sprichwörtlichen »Elefanten im Raum«. Schlimmstenfalls stecken sie aber sogar ganz bewusst den Kopf in den Sand, während der investigative Journalismus rücksichtslos kriminalisiert wird. Wenn sie dann eines Tages den Kopf wieder aus dem Sand ziehen, nämlich weil sie plötzlich selbst willkürlich verhaftet werden, dann wird keiner mehr da sein, um sie zu verteidigen und die Öffentlichkeit darüber zu informieren.

Mein Vorhaben, das Schreiben an die Staaten durch eine Pressekonferenz zu flankieren, stieß beim UNO-Management zunächst auf wenig Gegenliebe. Normalerweise werden zu Einzelfällen keine Pressekonferenzen abgehalten, denn dazu fehlt der Organisation schlicht die logistische Kapazität. Doch angesichts der emblematischen Bedeutung des Falles bestand ich auf einer Pressemitteilung mit anschließenden Einzelinterviews – ein akzeptabler Kompromiss. Der Gesundheitszustand von Assange war besorgniserregend, und die Drohkulisse der schwedischen und amerikanischen Verfahren eskalierte fast täglich. Gleichzeitig übertrafen sich die britischen Behörden und die Mainstream-Presse gegenseitig in Häme und demonstrativer Gleichgültigkeit. Es wäre daher unverantwortlich gewesen, volle sechzig Tage zu warten, bis die Öffentlichkeit etwas von meinen dramatischen Schlussfolgerungen erfuhr.

Die betroffenen Regierungen wussten, was ich plante. In meinem Schreiben hatte ich angekündigt, mich »in naher Zukunft« öffentlich äußern zu wollen, und der Text meiner Pressemitteilung wurde ihnen vorschriftsgemäß vorab zur Information übermittelt. Am 31. Mai 2019 erschien dann die große Schlagzeile: »UNO-Experte fordert: Die ›kollektive Verfolgung von Julian Assange muss jetzt ein Ende haben‹.« Auf knapp zwei Seiten fasste ich meine Schlussfolgerungen zusammen, verurteilte schwere Menschenrechtsverletzungen und nahm dabei ganz bewusst kein Blatt vor den Mund. Hier ging es nicht mehr um Diplomatie – ich wollte die Öffentlichkeit wachrütteln, sie auf der Ebene derselben tief sitzenden Vorurteile erreichen, welche bis vor Kurzem auch meine eigene Wahrnehmung getrübt hatten. Ich verurteilte das anhaltende Versagen der Regierungen, Assanges Menschenrechte zu schützen, aufs Schärfste und sprach von einem bewusst erzeugten Klima der Straflosigkeit, in dem sich die ungehemmte Verleumdung und Misshandlung seiner Person vollziehe. Sollte es noch Zweifel gegeben haben an meiner Haltung – mit dem Schlusssatz zerstreute ich sie endgültig: »In den zwanzig Jahren meiner Arbeit mit Opfern von Krieg, Gewalt und politischer Verfolgung habe ich noch nie erlebt, dass sich eine Gruppe demokratischer Staaten zusammenrottet, um eine Einzelperson über so lange Zeit und mit so wenig Rücksicht auf Menschenwürde und Rechtsstaatlichkeit zu isolieren, zu dämonisieren und zu misshandeln.«

Mir war bewusst, dass ich mit meiner öffentlichen Stellungnahme gewissermaßen den Rubikon überschritten hatte und dass es nun kein Zurück mehr gab. Ich wusste, dass ich mit meiner klaren Haltung nicht nur meine Glaubwürdigkeit riskierte, sondern auch meine Karriere und schlimmstenfalls sogar meine persönliche Sicherheit. In der Staatenwelt würde ich mir damit jedenfalls keine Freunde machen, so viel stand fest. Aber was wäre die Alternative gewesen? Hätte ich den Justizbehörden der involvierten Staaten wider besseres Wissen mein Vertrauen aussprechen sollen? Hätte ich mich allenfalls etwas besorgt zeigen sollen über den »selbst verschuldeten« Gesundheitszustand Assanges, nur um den ganzen Schmutz mit ein paar halbherzigen Empfehlungen unter den Teppich zu kehren? Es war mir bewusst, dass sowohl mein Schweigen als auch die Wahrheit einen Preis haben würden. Doch ich wusste auch, dass ich eher zu Unrecht vor der ganzen Welt als Lügner, Nestbeschmutzer und Verräter dastehen wollte als zu Recht vor mir selbst. Der Preis für mein Schweigen wäre meine Integrität gewesen – ein Preis, den zu bezahlen ich nicht bereit war.

Ich war bisher kein Mann des Rampenlichts gewesen. Mich derart zu exponieren brauchte viel Überwindung und löste auch eine persönliche Krise aus. Denn damit brach ich öffentlich, aber auch gegenüber mir selbst mit meinem bisherigen Systemvertrauen. Mit meinem Vertrauen in die westlichen Demokratien als funktionierende Rechtsstaaten, die zwar durchaus Menschenrechtsverletzungen und sogar Kriegsverbrechen begehen konnten, mit deren Behörden man diese aber offen ansprechen und Lösungen finden konnte, zumindest wenn die Beweislage eindeutig war. In meinem Einsatz gegen Folter und Misshandlungen hatte ich diese Regierungen stets als Verbündete betrachtet. Dass ich nun grundlegende Werte wie Rechtsstaatlichkeit und Menschenrechte plötzlich mit dem Rücken zur Wand genau gegenüber diesen reifen Demokratien verteidigen musste, stellte mein bisheriges Weltbild ernsthaft infrage und zwang mich zum Umdenken.

Nur eine halbe Stunde nach der Veröffentlichung meiner Pressemitteilung meldete sich der damalige britische Außenminister Jeremy Hunt auf Twitter zu Wort: »Dies ist nicht in Ordnung. Assange entschied sich selbst dafür, in der Botschaft unterzutauchen. Es stand ihm immer frei, zu gehen und sich der Justiz zu stellen. Der UNO-Sonderberichterstatter sollte die britischen Gerichte ihre Urteile fällen lassen, ohne sich einzumischen oder aufpeitschende Anschuldigungen zu erheben.« Die vordergründige Aggressivität des Tweets übertünchte nur notdürftig, wie sehr meine Stellungnahme die britische Regierung in die Defensive gedrängt hatte. Es fiel dem Außenminister nicht einmal auf, wie absurd es war, mich der »Einmischung« zu bezichtigen, nachdem mich seine Regierung offiziell eingeladen hatte, den Assange-Fall auf eine mögliche Verletzung des Folter- und Misshandlungsverbotes hin zu untersuchen. Jedenfalls hatte Hunt die Waffen gewählt und mich damit auch des diplomatischen Protokolls entbunden, meine offizielle Korrespondenz mit Regierungsmitgliedern nicht auf Twitter zu führen. Mein Antwort-Tweet folgte auf dem Fuß: »Bei allem Respekt, Sir: Mr Assange war etwa so ›frei, zu gehen‹ wie jemand, der in einem Gummiboot mitten in einem Haifischbecken sitzt. Wie in meinem offiziellen Schreiben an Sie ausführlich dargelegt, haben die britischen Gerichte bisher nicht die rechtsstaatlich geforderte Unparteilichkeit und Objektivität gezeigt.«

Teil II

Anatomie einer Verfolgung

6

Schwedische Justizwillkür

Wendepunkt vom Erfolg zur Verfolgung

Im August 2010 ist Assange auf dem Höhepunkt seiner Popularität angekommen. Alles scheint zu gelingen in diesem Jahr. Im April hatte er im Washingtoner National Press Club das *Collateral-Murder*-Video präsentiert, und Ende Juli folgte das *Afghan War Diary* mit 90 000 Feldberichten aus den Jahren 2004 bis 2010. Als Gründer und Gesicht von WikiLeaks ist Assange zu einer Art Rockstar geworden. Einer, der die Mächtigen in Politik und Wirtschaft in Bedrängnis bringt und nebenbei auch noch die Funktionsweise der Medien neu aushandelt. Im August 2010 reist er nach Stockholm, um auf Einladung schwedischer Sozialdemokraten einen Vortrag zu halten. Aber auch, um für sich die Chancen einer Aufenthaltsgenehmigung und für WikiLeaks die Möglichkeit einer sogenannten Herausgeberlizenz auszuloten. Die nächsten Veröffentlichungen aus dem Manning-Material sind bereits für den Herbst und den Winter geplant, und eine offizielle Anerkennung als gesetzlich geschützte Presseorganisation durch schwedische Behörden könnte WikiLeaks formelle Legitimität und Schutz verleihen.

Dies ist der Hintergrund der Tage, die Assange im August und September 2010 in Schweden verbringt. Sie markieren den entscheidenden Wendepunkt in der öffentlichen Wahrnehmung der

Person Julian Assange. Denn mit der Einleitung der schwedischen Ermittlungen wegen Verdachts auf Vergewaltigung und sexuelle Belästigung zweier Frauen verwandelte sich Assanges Erfolgsgeschichte in eine Verfolgungsgeschichte. Dieses Verfahren, das bis zu seiner endgültigen Einstellung zehn Jahre später nie über den Status einer Voruntersuchung hinausgelangte, setzte eine Dynamik in Gang, die bis heute anhält. Nachgewiesenermaßen waren es nämlich nicht die Vorwürfe der schwedischen Behörden, sondern deren Weigerung, Assange eine Garantie gegen seine Weiter-Auslieferung an die Amerikaner zu geben, welche ihn im Juni 2012 zur Flucht in die ecuadorianische Botschaft bewog. Diese Flucht wiederum verletzte die britischen Kautionsauflagen im Zusammenhang mit dem schwedischen Auslieferungsverfahren. Dafür wurde Assange sieben Jahre später, nach seiner Ausweisung aus der Botschaft, von einem britischen Gericht zu einem knappen Jahr Gefängnis verurteilt – bis dahin die einzige Straftat, die ihm im Zusammenhang mit WikiLeaks nachgewiesen werden konnte. Während der Verbüßung dieser Strafe schließlich begann der alles entscheidende Prozess um seine Auslieferung an die USA für einen Spionageprozess unter Androhung lebenslanger Isolationshaft.

Die Vergewaltigungsvorwürfe der schwedischen Behörden sind der Ausgangspunkt für die Justizwillkür, mit welcher Assange bis heute systematisch in die Enge getrieben und entmenschlicht wird, durch offensichtliche Voreingenommenheit, handfeste Interessenkonflikte und routinemäßige Verfahrensverletzungen. Dass selbst ich als Menschenrechtsexperte Assanges Interventionsgesuch zunächst achtlos vom Bildschirm gewischt hatte, war nicht zuletzt Ausdruck des von mir unbewusst verinnerlichten Narrativs von Assange, dem Vergewaltiger, der sich Recht und Gerechtigkeit zu entziehen versucht. Nach einer über neunjährigen Voruntersuchung hat der schwedische Staat das Verfahren gegen Assange im November 2019 schließlich aus Mangel an Beweisen eingestellt, und im August 2020 trat überdies die endgültige Verjährung sämtlicher Vorwürfe ein. Damit ist Assange heute zwar von Gesetzes wegen als unschuldig zu betrachten. Doch die Aura des Vergewaltigers blieb an ihm haften und verhindert auch heute noch, dass sein Fall als das gesehen wird, was er ist: die Geschichte einer politischen Verfolgung.

Meine Untersuchung der Vergewaltigungsvorwürfe

In mindestens einer Hinsicht unterscheidet sich meine Untersuchung der schwedischen Vergewaltigungsvorwürfe stark von den anderen – britischen, amerikanischen und ecuadorianischen – Dimensionen dieses Falles. Denn meine Recherchen und Schlussfolgerungen betreffen hier nicht nur Assange und die verantwortlichen staatlichen Behörden, sondern auch die Privatsphäre und Menschenwürde der zwei involvierten Frauen. Bei meiner Untersuchung der Vergewaltigungsvorwürfe kam mir daher gegenüber allen Beteiligten eine ganz besondere Verantwortung und Sorgfaltspflicht zu. Ich möchte daher unmissverständlich klarstellen, dass ich alle drei Beteiligten – Assange, A. und S. – grundsätzlich als gleichermaßen glaubwürdig betrachte. Aus meiner Sicht liegen die strafrechtlich wesentlichen Widersprüche zwischen ihren Aussagen im Normalbereich unterschiedlicher Sachverhaltswahrnehmungen, vor allem, wenn man die starke Beeinflussung der Betroffenen durch Drittinteressen und andere Stressfaktoren berücksichtigt. Die umfassende Kriminalisierung und systematische Verfolgung von Sexualdelikten jeder Art ist von großer Wichtigkeit und erträgt keine Kompromisse – und zwar unabhängig von Identität, Status oder Herkunft des Täters und ohne Rücksicht auf seine politischen, journalistischen, humanitären oder sonstigen Verdienste. Genauso wichtig bleibt jedoch die zweifelsfreie Feststellung von Schuld und Täterschaft und die hierzu unerlässlichen Errungenschaften des Rechtsstaates: die Unschuldsvermutung, das Recht auf ein faires Verfahren, und der Grundsatz: »Im Zweifel für den Angeklagten«. Denn ohne Rechtsstaatlichkeit gibt es keine Gerechtigkeit.

Als Sonderberichterstatter bin ich mit der Überwachung der Einhaltung des Folter- und Misshandlungsverbotes durch die UNO-Mitgliedstaaten betraut. In der Ausübung meines Mandates kann es also nicht darum gehen zu untersuchen, was sich zwischen Assange und den beiden schwedischen Frauen wirklich ereignet hat, über individuelle Schuld oder Unschuld zu spekulieren oder meine Meinung zu Charaktereigenschaften oder ethischem Fehlverhalten von Privatpersonen zu äußern. Dennoch ist die Rekonstruktion des Verhaltens aller Beteiligten für mein Mandat insoweit relevant, als der Umgang der Behörden mit diesen Fakten Rückschlüsse auf deren Gutgläubigkeit und die Rechtsstaatlichkeit des Verfahrens zulässt. Wenn beispielsweise aktenkundige Tatsachen, Aussagen oder Handlungen, welche dem offiziellen Narrativ widersprechen und Assange entlasten könnten, in offensichtlicher Weise unterdrückt werden oder unberücksichtigt bleiben, dann beweist das zwar nicht Assanges Unschuld, ist aber ein starkes Indiz für ein willkürliches, zweckentfremdetes Verfahren. Dies aufzuzeigen ist meine Aufgabe, weil Behördenwillkür praktisch immer ein zentrales Element politischer Verfolgung und Misshandlung darstellt. Alles nachfolgend zitierte Beweismaterial sowie meine Schlussfolgerungen sind ausschließlich in diesem Licht zu verstehen und zu bewerten. Materialien rein persönlicher Natur, welche für das Ergebnis meiner Untersuchung nicht relevant sind oder bei denen der Schutz der Privatsphäre Vorrang haben muss, wurden selbst dann weggelassen, wenn sie unbestritten und problemlos öffentlich zugänglich sind.

Seit ich begonnen habe, mich mit dem Fall Assange zu befassen, habe ich unzählige Puzzleteile gesammelt: rund 10 000 Seiten Gerichtsakten, Zeugenaussagen, Prozesseinschätzungen, Analysen, Protokolle, E-Mail-Korrespondenzen, SMS-Abschriften und Handnotizen, aber auch Foto- und Videoaufnahmen. Trotz wiederholter Aufforderung wurden mir von den involvierten Regierungen weder zielführende Beweismittel zur Verfügung gestellt noch überzeugende Erklärungen geliefert. Vieles habe ich aktiv recherchiert, anderes wurde mir von verschiedenen, voneinander unabhängigen Quellen zugetragen, meist doppelt und dreifach und in unterschiedlicher Qualität und Vollständigkeit. Wenn man weiß, wonach man sucht, und über die entsprechenden Sprachkenntnisse verfügt, sind die meisten Schlüsseldokumente irgendwo im Elefantengedächtnis des Internets auffindbar. Sehr umfangreiche Materialien wurden natürlich von WikiLeaks selbst veröffentlicht. Tausende von Seiten, welche von staatlichen Behörden im Rahmen von Informationsfreiheitsanfragen an Journalisten und Menschenrechtsaktivisten ausgehändigt wurden, sind hingegen nicht oder nicht vollständig im Internet verfügbar. Diese Materialien wurden von den Behörden meist derart exzessiv zensiert, dass von Informationsfreiheit kaum mehr die Rede sein kann. Wenn beispielsweise bei wichtigen Korrespondenzen, Zeugenvernehmungen, Gutachten oder Aktennotizen außer dem Datum und der Uhrzeit jeweils alles andere abgedeckt wird und man nur am Titelblatt erkennen kann, dass es sich bei diesen komplett geschwärzten Seiten – bestenfalls – wirklich um eine Fotokopie des angeforderten Dokuments handelt, dann wäre es ehrlicher gewesen, die Herausgabe des Dokuments zu verweigern. Da dies unter den geltenden Informationsfreiheitsgesetzen aber nur in besonders begründeten Ausnahmefällen möglich ist, übergibt man dem Gesuchsteller lieber Hunderte komplett geschwärzter Dokumente, oft mit einer Kostenrechnung pro ausgehändigter Seite und mit der nicht überprüfbaren Behauptung, es sei nur das zensiert worden, was aus gesetzlichen Gründen geheim gehalten werden müsse. Das Verrückte ist, dass diese weit verbreitete, offensichtlich missbräuchliche Praxis von der Öffentlichkeit und den etablierten Medien in Ländern wie Schweden, Großbritannien, Deutschland und den USA in der Regel widerspruchslos toleriert wird. Und dies, obwohl die mit der Informationsfreiheit bezweckte Transparenz und Aufsicht über die Behörden auf diese Weise unmöglich gemacht wird.

Im Resultat fand ich mich bei der Untersuchung dieses Falles mit unzähligen Puzzlestücken konfrontiert, von denen mir einige mehrfach vorlagen, während andere bis heute fehlen.

Daher weiß ich noch heute nicht mit Sicherheit, wie viele Teile das ganze Puzzle überhaupt umfasst. Denn die involvierten Staaten verweigern nicht nur die in den einschlägigen UNO-Resolutionen geforderte »volle Kooperation« mit meinem Mandat, sondern verstoßen auch ganz offen gegen völkerrechtliche Pflichten, welche sie sich in der Antifolterkonvention und anderen Menschenrechtsverträgen selbst auferlegt haben. So sind die Staaten nicht nur gehalten, sämtliche Fragen eines UNO-Sonderberichterstatters vollständig zu beantworten, sondern sie haben sich auch verpflichtet, jeden hinreichend begründeten Folter- und Misshandlungsvorwurf umgehend unparteiisch zu untersuchen, Verstöße strafrechtlich zu verfolgen und Folgeschäden wiedergutzumachen. Mit ihrer ungeschminkten Sabotage meiner Untersuchung ihres Verhaltens untergraben diese Staaten ganz bewusst den Zweck meines UNO-Mandates und demonstrieren damit gleichzeitig natürlich auch die mangelnde Glaubwürdigkeit ihrer eigenen Menschenrechtspolitik.

Im Ergebnis mag meine Rekonstruktion des Falles Assange also noch den einen oder anderen weißen Fleck aufweisen oder in Einzelfragen auch andere Interpretationen zulassen. Wie auch immer man die gesammelten Puzzleteile jedoch zusammensetzt, sie ergeben stets dasselbe schlüssige Bild. Immer wird dabei deutlich, dass es in diesem Fall nicht um Recht und Gerechtigkeit geht, sondern allein um politische Verfolgung und dass rechtsstaatliche Institutionen bewusst zu diesem Zweck missbraucht werden. Opfer dieses Missbrauchs ist nicht nur Assange, sondern sind auch die beiden schwedischen Frauen. Ganz unabhängig davon, was zwischen ihnen und Assange tatsächlich geschehen ist, wurden nämlich auch ihre legitimen Interessen von Anfang an systematisch missachtet. Sie wurden rücksichtslos für eine politische Verfolgung instrumentalisiert und gegen ihren Willen in die demütigende Rolle von angezweifelten Vergewaltigungsopfern gezwungen. Ihr öffentliches Leben ist heute weitgehend zerstört; sie müssen um ihre Sicherheit fürchten, werden als Geheimdienstagentinnen, *Honeytraps* und Lügnerinnen verunglimpft und haben für den Schaden, der ihnen von den Behörden mutwillig zugefügt wurde, keinerlei Wiedergutmachung erhalten – zwei Bauernopfer schwedischer Staatsräson.

Der Fall von A.

Assange trifft am 11. August 2010 in Stockholm ein. Wohnen wird er, wie fast immer auf seinen Reisen, nicht im Hotel, sondern bei privaten Gastgebern. Diesmal ist es A., eine Politaktivistin, in deren Studio im Stadtteil Södermalm er unterkommt. A. selbst wird nicht da sein, sie verbringt einige Tage außerhalb von Stockholm, hat aber angekündigt, rechtzeitig zu dem von ihr mit organisierten Vortrag Assanges am 14. August zurückzukehren. Vor ihrer Abreise übergibt sie den Schlüssel dem Journalisten Donald Boström, der Assange in Empfang nimmt und ihn zu A.s Wohnung bringt. Einen Tag früher als erwartet, nämlich schon am Freitag, dem 13. August, kehrt A. zurück und trifft sich in ihrer Wohnung mit Assange. Die beiden gehen zusammen in der Stadt essen und kehren danach in ihre Wohnung zurück, wo ihm A. von sich aus anbietet, die Nacht mit ihr zu verbringen.

In ihrer Vernehmung durch die Polizei eine Woche später wird A. ihre Version der Ereignisse zu Protokoll geben. Dass Assange zunächst in eher ungeschickter, schließlich aber mehr und mehr bedrängender Weise versucht habe, sie zum Sex zu bewegen. Dass sie ihm schließlich erlaubt habe, sie auszuziehen, ihn jedoch davon abhalten wollte, ohne Kondom mit ihr zu schlafen. Dass Assange sie zunächst daran gehindert habe, nach einem Kondom zu greifen, indem er ihre Arme festgehalten und ihre Beine nach unten gedrückt habe. Schließlich habe er sie dann aber doch gefragt, warum sie sich wehre, und auf ihr Insistieren hin ein Kondom übergestreift. Doch glaubte A., bei ihm einen unausgesprochenen Widerwillen gegen das Kondom bemerkt zu haben. Darum sei sie sofort misstrauisch geworden, als Assange im Verlauf des nachfolgenden Sexualverkehrs mit dem Kondom »etwas gemacht« habe. Aber da sie den unteren

Rand des Kondoms mit ihren Fingern habe spüren können, sei sie bereit gewesen, den Sex bis zu seiner Ejakulation über sich ergehen zu lassen. Erst hinterher, als sich Assange zurückzog und das Kondom abstreifte, habe sie bemerkt, dass dieses keine Samenflüssigkeit enthielt und dass etwas aus ihrem Körper »herausrann«. Sie sei überzeugt, dass Assange während des Akts das Kondom an der Spitze absichtlich zerrissen habe. Assange selbst wird gegenüber der Polizei bestätigen, dass er einvernehmlichen Sex mit A. hatte, aber vehement bestreiten, das Kondom zerrissen zu haben. Er wird auch zu Protokoll geben, es sei ihm nicht bewusst, dass das Kondom überhaupt kaputt gewesen sei. A. habe ihn erst eine Woche später erstmals mit diesem Vorwurf konfrontiert.

Am nächsten Morgen steht der Vortrag auf dem Programm. Assange spricht über WikiLeaks unter dem Motto: »Das erste Opfer des Krieges ist die Wahrheit«. Auf dem Podium hat auch A. Platz genommen. Sie wird bei der anschließenden Diskussionsrunde als Assanges Pressesekretärin fungieren. Ganz vorne im Publikum sitzt S., eine junge Frau in einem auffälligen rosaroten Kaschmirpullover, die in einem Museum der Stadt arbeitet, großer Assange-Fan ist und der Veranstaltung entgegenfiebert hat. Alle wundern sich, woher diese Frau kommt, die niemand kennt und die von ihrer Erscheinung und ihrem Verhalten her nicht richtig ins Bild des übrigen Publikums passt. Als Assange während des Seminars ein Ladekabel für seinen Laptop braucht, zeigt sie sich hilfsbereit, besorgt es in einem Elektronikgeschäft und übergibt es ihm persönlich. So schafft sie es, am anschließenden Mittagessen in großer Runde teilzunehmen und dabei Assanges Aufmerksamkeit auf sich zu ziehen. Den Nachmittag verbringen sie zu zweit. Er endet im Kino, wo es zu Berührungen kommt.

Am Abend veranstaltet A. in ihrem Garten eine traditionelle schwedische Flusskrebs-Party zu Ehren Assanges. Eine Freundin gibt später zu Protokoll, A. habe sie an diesem Abend darüber informiert, dass sie mit Assange geschlafen habe und dass das Kondom kaputtgegangen sei, jedoch ohne ihm böse Absichten zu unterstellen. Mitten in der Nacht, die Party ist noch im Gang, setzt A. einen hochgestimmten Tweet ab. Sie sitze, schreibt sie, gerade mit den »coolsten, intelligentesten Menschen der Welt« zusammen. Gegenüber Donald Boström, der ebenfalls auf der Party war, soll sie ein paar Tage später gesagt haben, sie sei »scheiß-stolz« darauf gewesen, »den coolsten Mann der Welt« ins Bett zu bekommen und in ihrer Wohnung zu beherbergen. Auch diese Nacht wird Assange wieder mit ihr in einem Bett schlafen, obwohl gleich mehrere Bekannte angesichts der beengten Verhältnisse in A.s Wohnung angeboten haben, ihn bei sich zu beherbergen. A. soll dankend abgelehnt haben – Assange dürfe gerne weiterhin bei ihr wohnen. Gegenüber Johannes Wahlström, einer von Assanges wichtigsten Kontaktpersonen in Schweden, habe sie sich zwar belustigt über die nächtlichen Laptopsitzungen ihres »Adoptivkindes« im Badezimmer und seine nachlässige Hygiene beschwert, aber offenbar auch auf Wahlströms tägliche Nachfrage hin immer bestätigt, alles sei in Ordnung, Assange könne bleiben. Einen Rockstar bei sich zu beherbergen verpflichtet natürlich. Jedenfalls wirft man ihn nicht gerne aus seiner Wohnung und wird Unannehmlichkeiten oder Unstimmigkeiten tendenziell wohl eher länger übersehen, als für beide Seiten gut ist.

Der Fall von S.

Am 16. August, es ist der darauffolgende Montag, meldet sich S. wieder bei Assange, mit der er zwei Tage zuvor den Nachmittag verbracht hatte. Sie treffen sich am späten Abend und beschließen, mit dem Zug nach Enköping zu fahren, wo S. wohnt. Am nächsten Morgen um 09:40 Uhr erhält A. eine Nachricht auf dem Mobiltelefon. Johannes Wahlström bittet, sie möge Assange doch bitte an ein Treffen mit dem Journalistenverband erinnern, das für die Mittagszeit vorgesehen sei. Er wird die SMS-Korrespondenz später bei seiner Vernehmung der Polizei direkt von seinem Mobiltelefon vorlesen. Assange sei nicht da, antwortet A. Er habe sich bereits seit einigen Tagen vorgenommen, mit dem »Kaschmir-Girl« Sex zu haben, sei bisher aber nicht dazu gekommen. Vielleicht habe sich ihm ja gestern eine Gelegenheit geboten? Ob A. die Telefonnummer von S. habe, möchte Wahlström wissen. Nein, leider nicht, antwortet A. und gibt ihm stattdessen deren E-Mail-Adresse. S. arbeite im naturhistorischen Museum, mehr wisse sie nicht. Offensichtlich hatte Assange gegenüber A. kein Geheimnis daraus gemacht, dass er mit S. ein sexuelles Abenteuer suchte, und A. schien trotz der eigenen Erlebnisse mit Assange nicht um die Sicherheit von S. besorgt zu sein.

Es ist schon Mitternacht, als S. und Assange in ihrer Wohnung eintreffen. Dem Vernehmungsprotokoll von S. und ihren irritierten SMS-Nachrichten zwischen 01:14 und 01:43 Uhr kann man entnehmen, dass Assange zunächst offenbar ungeschützten Sex will, was S. ablehnt, und dass er dann nach langem Vorspiel unverrichteter Dinge einschläft. Danach schläft S. selbst ein. Später in der Nacht, irgendwann vor der nächsten SMS um 05:15 Uhr, kommt es dann doch zum Geschlechtsverkehr. S. besteht auf der Benutzung eines Kondoms, Assange akzeptiert, wenn auch, nach der Aussage von S., eher widerwillig. Am Morgen des 17. August zwischen 07:22 und 07:46 Uhr erfolgt erneut ein SMS-Chat, in dem sich S. darüber aufregt, dass Assange neben ihr schnarcht. Innerhalb der darauffolgenden Stunde verlässt S. die Wohnung, um Frühstück zu kaufen, serviert Assange danach Grütze, Milch und Orangensaft und kehrt mit ihm ins Bett zurück, wo sie abermals geschützten Sex haben. In einem SMS-Chat zwischen 08:42 und 08:59 Uhr schreibt S. dann noch sichtlich genervt, Assange habe kein Kondom benutzen wollen, habe sich von ihr sogar mit Orangensaft bedienen lassen und schnarche schon wieder. Ihre nächste SMS-Nachricht erfolgt genau 90 Minuten später, um 10:29 Uhr. In der Zwischenzeit soll das geschehen sein, was die Behörden später als Vergewaltigung qualifizieren werden.

Gemäß Vernehmungsprotokoll von S. soll sich der als »Übergriff« bezeichnete Vorfall so abgespielt haben, dass Assange und S. nach ihrem morgendlichen – geschützten – Sex wieder eingeschlafen waren (also nach 08:59 Uhr). Nach einiger Zeit soll Assange dann erneut versucht haben, in S. einzudringen, diesmal allerdings ohne Kondom. Und zwar sei S. »davon aufgewacht, dass sie spürte, wie er in sie eindrang«. Sofort habe sie ihn gefragt: »Hast du etwas an?« (*»Are you wearing anything?«*), »Dich« (*»You«*), habe er geantwortet, worauf sie erwidert habe: »Hoffentlich hast du kein HIV!« (*»You better not have HIV!«*), und er: »Natürlich nicht!« (*»Of course not!«*) Dann habe sie ihn »weitermachen lassen« (*»lät honom fortsätta«*), denn sie sei es nach der Quengelei der vorangegangenen Nacht leid gewesen, noch einmal auf Kondomgebrauch zu bestehen.

Um den Fall von S. rechtlich einordnen zu können, muss man wissen, dass gemäß der in Schweden im Jahr 2010 anwendbaren Gesetzgebung und Gerichtspraxis bereits die bloße Berührung der Geschlechtsorgane zweier Menschen als Geschlechtsverkehr gilt, also auch ohne Penetration, dass der Schlafzustand einer Person als eine Situation der Hilflosigkeit gewertet wird und dass die Ausnützung eines solchen Zustandes zur Einleitung des Geschlechtsverkehrs selbst durch das nachträgliche Einverständnis des Opfers nicht geheilt werden kann, sondern eine von Amts wegen zu verfolgende, vollendete Vergewaltigung darstellt, mit einer Strafandrohung von mindestens zwei Jahren Gefängnis. Die heute geltende, umfassendere Definition von »Vergewaltigung« als Geschlechtsverkehr ohne vollständigen Konsens der Beteiligten wurde in Schweden hingegen erst mit der Strafrechtsrevision von 2018 eingeführt. Dasselbe gilt für den neuen Straftatbestand der »fahrlässigen Vergewaltigung«.

Die nächtlichen SMS-Nachrichten von S., in der sie sich wiederholt über Assanges Wunsch nach Sex ohne Kondom ärgert, stellen klar, dass er nicht ohne Weiteres von ihrem Einverständnis mit ungeschütztem Verkehr ausgehen durfte. Die im Vernehmungsprotokoll wiedergegebene Konversation zwischen Assange und S., die damit endet, dass sie ihn ohne Kondom »weitermachen lässt«, gibt jedoch keinerlei Hinweise auf Gewalt, Drohung oder Machtausübung, welche die Handlungs-

oder Entscheidungsfreiheit von S. hätten aufheben können. Der entscheidende Punkt für die Strafbarkeit von Assange nach dem damals geltenden schwedischen Recht ist also, ob S. im Moment der ungeschützten Penetration schlief und sich daher in einem hilflosen Zustand befand, oder nicht.

Den einzigen noch einigermaßen verlässlichen Hinweis erhalten wir einen Tag später, am 18. August um 06:59 Uhr, als S. in einer SMS an eine Freundin schreibt, sie sei noch im »Halbschlaf« gewesen, als Assange ungeschützten Verkehr mit ihr gehabt habe. Diese Wortwahl ist schwierig zu deuten, schließt aber nicht aus, dass S. Assanges Penetrationsversuch zumindest so weit bewusst wahrgenommen hat, dass ihre Handlungs- und Entscheidungsfreiheit nicht vollständig aufgehoben war. Assange selbst wird später wenig überraschend sagen, er sei sich sicher, dass S. nicht geschlafen habe, sondern mit dem ungeschützten Verkehr einverstanden gewesen sei, bevor dieser begonnen habe. Als Unschuldsbeteuerung eines Verdächtigten kommt dieser Aussage insofern eine gewisse rechtliche Bedeutung zu, als sie ein Geständnis ausschließt und Assange somit bis zum Beweis des Gegenteils als unschuldig zu gelten hat. Als verlässliches Beweismittel zum eigentlichen Handlungsablauf kann sie hingegen nicht gelten.

Das Vernehmungsprotokoll von S. wiederum wurde nicht im Originalwortlaut registriert, sondern mit den Worten der vernehmenden Polizeibeamtin zusammengefasst. Wie zu zeigen sein wird, wurde das Protokoll von S. überdies erst am 2. September in einer inzwischen abgeänderten Version gegengelesen und bestätigt, als die Behörden die Kontrolle über das Narrativ schon längst übernommen und mit der Verbreitung des Vergewaltigungsverdachts über die Massenmedien gegen den Willen von S. vollendete Tatsachen geschaffen hatten. Angesichts der extrem aggressiven Vorgehensweise der Behörden stand S. zu diesem Zeitpunkt also bereits unter massivem Druck, sich dem offiziellen Vergewaltigungsnarrativ anzupassen. Damit muss aber auch dem Vernehmungsprotokoll von S. in diesem Punkt eine verlässliche Beweiskraft abgesprochen werden. Zu der entscheidenden Frage, ob S. zum relevanten Zeitpunkt schlief, bestanden also von Anfang an zumindest berechtigte Zweifel.

Ohne ein Geständnis von Assange oder eine einschlägige Vorbestrafung musste seine erfolgreiche Verurteilung für die Vergewaltigung von S. somit von vornherein als aussichtslos beurteilt werden. Was auch immer also in Wirklichkeit zwischen Assange und S. geschehen ist, unter den gegebenen Umständen war der einzige objektiv mögliche Ausgang eines Strafverfahrens ein Freispruch im Zweifel für den Angeklagten. Man kann das beklagen oder begrüßen, doch aufgrund der Unschuldsvermutung ist aus rechtlicher Sicht ein anderer Ausgang gar nicht denkbar. Der schwedischen Polizei war dies natürlich genauso bewusst wie der Staatsanwaltschaft, denn die Beurteilung der objektiven Wahrscheinlichkeit einer erfolgreichen Verurteilung ist fester Bestandteil jeder professionell durchgeführten Strafuntersuchung. Sobald die Untersuchungsbehörden zum Schluss kommen, dass ein rechtsgenügender Tatbeweis nicht erbracht werden kann, muss das Verfahren unabhängig von persönlichen Präferenzen eingestellt werden. Dass die schwedischen Behörden trotz des für jede Fachperson sofort erkennbaren Beweisnotstandes an einer Strafuntersuchung festhielten, ist ein starkes Indiz dafür, dass mit diesem Verfahren ganz andere Zwecke verfolgt wurden als Recht und Gerechtigkeit.

Zwei Frauen bestehen auf einem HIV-Test

Gemäß übereinstimmenden Aussagen von S. und Assange kommt es nach dem ungeschützten Verkehr nicht zu einer Auseinandersetzung, sondern sie machen faule Witze über die Konsequenzen einer möglichen Schwangerschaft: S. warnt, dass Assange in diesem Fall ihre Studiengebühren zahlen müsste, und er schlägt vor, das Kind solle »Afghanistan« heißen. Doch nachdem sie sich getrennt haben, ist es S. nicht mehr lustig zumute. Sie verspürt Angst. Sie fürchtet sich nicht nur vor einer ungewollten Schwangerschaft, sondern auch davor, von Assange mit einer Geschlechtskrankheit infiziert worden zu sein, insbesondere mit HIV. Die Textnachrichten zwischen S. und ihren engsten Freundinnen zeugen davon, wie ihre Angst wächst und sich ihre Hilflosigkeit zunehmend in Zorn verwandelt: Zorn auf Julian Assange, Zorn auf WikiLeaks, Zorn auf die Männer – und immer wieder die Angst vor HIV. Noch am gleichen Dienstag, dem 17. August, beschließt S., sich die »Pille danach« verschreiben zu lassen, und am Mittwoch, dem 18. August, holt sie sich zudem in einer Klinik Rat. Schwedische Krankenhäuser bieten Opfern von Sexualdelikten eine sofortige und kostenlose Untersuchung auf Geschlechtskrankheiten an. Womöglich auch deshalb spricht S. in der Klinik davon, Opfer eines solchen Delikts geworden zu sein. Die Klinik kontaktiert jedenfalls die Polizei in Uppsala, welche sich den Fall von S. telefonisch schildern lässt und ihr dann mitteilt, es handle sich nicht um eine Vergewaltigung. Dies offenbar mit der – eindeutig falschen – Begründung, S. hätte sich physisch wehren müssen. Anders als von ihr erhofft, wird auch das Ergebnis ihres HIV-Tests erst in drei Monaten vorliegen. In der Nacht auf Donnerstag, den 19. August, werden die Textnachrichten von S. immer verzweifelter: Soll sie sich einer vierwöchigen präventiven HIV-Antivirustherapie unterziehen? Sie will ihre Testresultate – jetzt!

Als S. am Freitagmorgen, dem 20. August, aufwacht, ist ihr klar: Der einzige schnelle Weg zur Gewissheit ist, dass sich Assange selbst testen lässt. Deshalb schickt sie an diesem Morgen eine Mail an A. und fragt, wie sie Assange kontaktieren könne. So kommen die Frauen, deren Kontakt bislang nur oberflächlich gewesen ist, ins Gespräch, zunächst per Telefon. Beide erfahren von den Erlebnissen der jeweils anderen und wollen Assange dazu bringen, sich auf HIV testen zu lassen. S. gibt am 2. September zu Protokoll, A. habe ihr vorgeschlagen, zusammen zur Polizei zu gehen und eine Strafanzeige einzureichen. Sie würden die Anzeige aber nicht unterschreiben, sondern nur als Druckmittel gegen Assange einsetzen. Falls er sich dann auf HIV testen lasse, würden sie die Anzeige einfach wieder fallen lassen.

Gemäß Aussage von S. sei Assange zur Zeit dieses Telefongesprächs noch immer mit A. zusammen in ihrer kleinen Wohnung gewesen, doch er verstehe ja kein Schwedisch. Kurz danach habe S. einen erbosten Anruf von Assange erhalten. A. habe ihn aufgefordert, sie anzurufen, und gesagt sie – S. – wolle wegen des HIV-Tests zur Polizei gehen. Da habe S. gebettelt, er möge doch einfach diesen Test machen und sie damit innerhalb einer halben Stunde von einer dreimonatigen Wartezeit auf ihre eigenen Testresultate erlösen. Assange habe aber erwidert, er müsse sich um Guantanamo kümmern, um Menschenleben, und habe daher absolut keine Zeit für solche Kleinigkeiten. Es folgt ein Telefonkarussell zwischen allen Beteiligten, mit Donald Boström als Vermittler, der Assange dazu bringen will, die Sorgen der Frauen ernst zu nehmen. Als sich Assange schließlich zum Test bereit erklärt, ist es schon zu spät, denn S. glaubt ihm nicht mehr, dass er es wirklich ernst meint. Sie steht bereits zusammen mit ihrem Vater auf der Rolltreppe, die zur Polizeistation Klara, am Hauptbahnhof von Stockholm, führt.

Die Polizei forciert ein Vergewaltigungs-Narrativ

Gegen 14 Uhr meldet sich S. auf der Polizeistation, wo sie ihr Anliegen kurz erklärt und dann mit einer im Bereich Sexualdelikte erfahrenen Polizistin einen Besprechungstermin für 16 Uhr vereinbart, denn A. ist noch bei der Arbeit und kann nicht früher dort sein. Obwohl die Verfahrensakten die Ankunftszeit der Frauen auf der Polizeistation mit »gegen 14 Uhr« angeben, beginnen die Gespräche gemäß Aussage von S. erst um 16 Uhr, Zeit genug für die Polizei, sich ein paar Gedanken zu machen. Die erste Reaktion der Inspektorin hatte bei S. jedenfalls schon einen ominösen Eindruck hinterlassen. Bereits um 14:26 Uhr, noch während sie auf die Ankunft von A. wartet, schickt sie nämlich folgende SMS an eine Freundin: »Ich bin auf der Polizei. Die Sozi [Anm. ›Sozialdemokratin‹, gemeint ist A.] und ich machen über seinen Assistenten Druck auf Julian, sich testen zu lassen. Der Polizei scheint die Vorstellung zu gefallen, ihn in die Finger zu bekommen.« (»… *att få tag på honom*«).

S. selbst wird bei Vernehmungen und in Textnachrichten immer wieder unterstreichen, sie habe die Polizeistation nicht aufgesucht, um Strafanzeige zu erstatten, sondern um Rat für das weitere Vorgehen für den HIV-Test einzuholen. Sie habe sich telefonisch nach einem auf solche Anliegen spezialisierten Dienst erkundigt, doch man habe ihr erklärt, dass ein solcher nicht existiere, sodass sie nach ihrem Besuch im Stockholmer Krankenhaus »Södersjukhuset« einfach in die nächstgelegene Polizeistation gegangen sei. Einerseits war die Polizeistation Klara für S. wohl eine natürliche Wahl, liegt sie doch am Abfahrtsbahnhof der Züge zurück nach Enköping, ihrem Wohnort. Andererseits arbeitet dort auch die Polizistin Irmeli Krans, mit welcher A. auf Facebook befreundet ist und seit spätestens dem Vorjahr auch in direktem Kontakt steht.

Immerhin wird das vereinbarte Gespräch mit S. und A. zunächst noch von einer anderen Polizistin geführt, Inspektorin Linda Wassgren. Ihr erzählt S., was sie erlebt hat. Als A. den Bericht von S. hört, hakt sie sofort ein. Sie habe etwas Ähnliches erlebt, sagt sie und berichtet nun ihrerseits von einem ungeschützten Geschlechtsakt mit Assange; dieser habe das benutzte Kondom absichtlich zerrissen. So bekommt die Geschichte bereits nach wenigen Minuten eine andere Wendung, zumindest in der Wahrnehmung der Polizei. S. berichtet, Wassgren sei sehr schnell zu dem Schluss gekommen, dass es sich hier um Vergewaltigung handle und dass sie – Wassgren – deshalb zu einer Strafanzeige verpflichtet sei, und zwar unabhängig davon, was sie – S. und A. – wünschten. Das große Anliegen von S., Assange zu einem HIV-Test zu bewegen, hat für Inspektorin Wassgren offensichtlich keinerlei Priorität. Ihre spätere Aktennotiz wird sich jedenfalls ausschließlich darauf konzentrieren, die Einleitung einer Untersuchung wegen Vergewaltigung zu rechtfertigen. Der HIV-Test ist kein Thema. Es sei »von Anfang an« (»*inledelsevis*«) die Rede von Vergewaltigung gewesen, wird sie schreiben, und dass beide Frauen Opfer dieses Verbrechens geworden seien. Deshalb habe sie, Wassgren, »selbstverständlich« entschieden, sich mit beiden Frauen separat zu unterhalten und sie je um eine detaillierte Beschreibung ihrer Erlebnisse zu bitten. Der Reflex ist natürlich richtig, der Zeitpunkt jedoch bereits viel zu spät. Denn die Verlässlichkeit von sich gegenseitig beeinflussenden Opfer- und Zeugenaussagen hat eine notorisch kurze Halbwertszeit, vor allem in politisch exponierten Fällen, welche von starken Drittinteressen beeinflusst werden. A. und S. haben sich bereits gegenseitig zugehört und die ersten Reaktionen der Polizeibeamtin mitbekommen, deren Suggestivwirkung angesichts der Verunsicherung der beiden Frauen kaum hoch genug eingeschätzt werden kann. Sie wissen natürlich, dass sie es mit einem Prominenten zu tun haben, sind zornig, ratlos und verletzlich und haben auch sehr schnell verstanden, was die Polizei von ihnen hören will. Aus der Sicht von S. geht es natürlich immer noch um den HIV-Test. Doch die Polizei hat eine andere Agenda.

Inspektorin Wassgren fackelt nicht lange. Alles wirkt wie eine hastig vorbereitete Choreografie, welche zwar nach Drehbuch durchgespielt wird, jedoch viel zu überstürzt, um den Eindruck eines natürlichen Handlungsablaufes zu hinterlassen. So wird bereits um 16:11 Uhr eine erste Strafanzeige wegen Vergewaltigung registriert, mit dem – nachweislich unwahren – Hinweis, S. selbst habe Assange der Vergewaltigung beschuldigt. Auch die Zeitangabe macht stutzig, nicht nur weil die Strafanzeige nur elf Minuten nach Gesprächsbeginn erfolgt, sondern auch weil sie im Namen der Polizistin Irmeli Krans erfasst ist, deren Vernehmung von S. gemäß Protokoll jedoch erst zehn Minuten später beginnt, nämlich um 16:21 Uhr. Das wirkliche Anliegen von S. – der HIV-Test – wird in der Anzeige nicht einmal erwähnt. Eine zweite Strafanzeige wird um 16:31 Uhr im Namen von Wassgren selbst erfasst, mit wiederum dem – aktenkundig unwahren – Hinweis, A. sei in der Absicht zur Polizeistation gekommen, gegen Assange eine Strafanzeige wegen sexueller Belästigung zu erheben. Danach wird A. ohne protokollierte Vernehmung entlassen und kehrt zur Arbeit zurück. Offensichtlich hat die Polizei bereits alles, was sie braucht. Die Formalitäten kann man auch später noch erledigen.

In beiden Fällen wurde also die Strafanzeige bereits erfasst, bevor die Aussagen der Frauen überhaupt ordnungsgemäß zu Protokoll genommen worden waren, und in beiden Fällen wurde eine Anzeigeerhebung durch die Frauen selbst behauptet, obwohl dies nachweislich nicht deren Absicht gewesen war. Wie um sich abzusichern, beschreibt Wassgren in ihrer Aktennotiz, allerdings ohne Namen zu nennen, wie sie sich mit verschiedenen Dienststellen beraten habe und dass »alle«, mit denen sie gesprochen habe, »einhellig« der Meinung waren, dass es sich um Vergewaltigung handelte. Denn wie Wassgren den Frauen erklärt hatte, ist Vergewaltigung ein Offizialdelikt, das von Amts wegen verfolgt werden muss, also unabhängig vom Willen der Opfer. Ein erster, ganz gezielter Schritt, A. und S. die Kontrolle über ihre Geschichte zu entreißen. Den Behörden ging es offensichtlich nicht um die Frauen, sondern sie wollten möglichst schnell und ohne deren Einmischung vollendete Tatsachen schaffen. Kaum hat A. die Polizeistation verlassen und noch während S. ihre Version der Ereignisse im Büro von Krans zu Protokoll gibt, greift Wassgren auch schon zum Telefon und bringt die beiden Strafanzeigen der diensthabenden Staatsanwältin, Maria Häljebo Kjellstrand, mündlich zur Kenntnis. Auch diese schlägt sofort zu und erlässt um 17:00 Uhr ohne schriftliche Grundlage und ohne jede weitere Abklärung einen Haftbefehl gegen Assange – wegen Verdachts auf doppelte Vergewaltigung. Nach vollbrachter Tat betritt Wassgren nun das Büro von Krans, wo die Vernehmung von S. noch in vollem Gange ist, um die Neuigkeiten kundzutun.

Man muss das einen Moment auf sich einwirken lassen: Dieser Haftbefehl, immerhin gegen eine prominente Persönlichkeit, wurde von der Staatsanwältin allein aufgrund von mündlichen Einschätzungen einer Polizeiinspektorin erlassen, welche mit zwei Frauen gesprochen hatte, die selbst gar keine Anzeige erstatten wollten, sondern ein ganz anderes Anliegen hatten. Ohne protokollierte Vernehmung der Frauen, ohne andere Beweismittel und ohne jeden Versuch, eine Stellungnahme des Verdächtigten einzuholen. Eines Verdächtigten, von dem keinerlei Gefahr ausgeht, der nicht gewalttätig ist und niemanden bedroht. Warum also dieser überstürzte Haftbefehl? Weil Assange kein schwedischer Staatsbürger sei und angeblich Fluchtgefahr bestehe und weil damit verhindert werden solle, dass er die Untersuchung beeinflusse, verteidigte sich die Staatsanwaltschaft am folgenden Montag, dem 23. August, in einer Pressemitteilung. Aber Assange wurde ja eben gerade nicht verhaftet. Vielmehr erfuhr er von den Vorwürfen bereits am nächsten Morgen aus der Presse, verschob daraufhin aus eigenem Antrieb seine eigentlich für Mittwoch, den 25. August, geplante Abreise aus Schweden um einen vollen Monat und stellte sich der Staatsanwaltschaft freiwillig zur Verfügung.

S. wirkt von dem Haftbefehl vollkommen überrumpelt. Noch aus dem Büro von Inspektorin Krans heraus schickt sie um 17:06 Uhr eine SMS an A., um sie über die Neuigkeiten zu informieren. Sie sei schockiert, dass man Assange verhaften wolle, schreibt S., wenn doch alles, was sie von ihm wolle, ein HIV-Test sei. In späteren Vernehmungen wird sich S. an den »unglaublichen Schock« dieses Augenblicks erinnern und ihre damalige Verwirrung damit erklären, dass sie nie die Absicht gehabt hatte, gegen Assange Strafanzeige zu erstatten, dass der Haftbefehl weit jenseits von dem war, was sie sich je hätte vorstellen können, und das Gegenteil dessen, was ihr Inspektorin Wassgren zuvor zugesichert habe. Nämlich, dass nun lange Zeit gar nichts geschehen werde, dass sie sich entspannen und sich keine Sorgen machen solle. Um 18:30 Uhr dann eine weitere Nachricht, diesmal an eine Freundin: »Habe ich das Richtige getan, als ich zur Polizei ging? Er wurde verhaftet wegen Vergewaltigung mir gegenüber und sexuellem Übergriff (glaube ich) gegen das Sozi-Mädchen.« Diese Freundin wird später aussagen, S. habe das Gefühl gehabt »von der Polizei und anderen Personen um sie herum überfahren zu werden«. Gemäß Schlussbemerkung von Inspektorin Krans im Protokoll kann sich S. kaum noch konzentrieren, nachdem sie vom Haftbefehl gegen Assange erfahren hat. Deshalb wird die Vernehmung um 18:40 Uhr abgebrochen, also immerhin eineinhalb Stunden später. Jedenfalls geht S. nach Hause, ohne das Protokoll gegenzulesen und zu unterschreiben. Wie wenn sie sich immer noch verzweifelt an den ursprünglichen, von A. vorgeschlagenen Plan geklammert hätte, mit der Verweigerung ihrer Unterschrift die Gültigkeit der Strafanzeige verhindern.

Unterdrückung von Entlastungsbeweisen

Ein besonders entlarvender Aspekt des schwedischen Verfahrens ist die Art und Weise, wie die Behörden mit den SMS-Kurznachrichten der betroffenen Frauen umgingen, deren Inhalt dem behördlich forcierten Narrativ oft diametral widerspricht. Zwar ist aktenkundig, dass die in die relevante Zeitspanne fallende SMS-Korrespondenz der beiden Frauen von der Polizei sichergestellt wurde, für S. am 10. September 2010 und für A. am 27. Januar 2011. Allerdings wurde diese Korrespondenz von der leitenden Staatsanwältin anschließend als geheim klassifiziert und nicht einmal Assanges Strafverteidigern ausgehändigt. Die Herausgabe der SMS würde die Untersuchung gefährden, lautete die Standardantwort der Staatsanwältin. Es würde mehr als ein Jahr dauern, bis die Anwälte Thomas Olsson und Per Samuelson endlich Zugang zu den Nachrichten bekamen, jedoch unter derart prohibitiven Bedingungen, dass die effektive Verwendung der Nachrichten als entlastendes Beweismaterial praktisch unmöglich gemacht wurde.

So durften die beiden Anwälte zwar am 8. Dezember 2011 im Dienstbüro des Chefermittlers Mats Gehlin eine von ihm vorgenommene Auswahl von mehreren Hundert ausgedruckten Nachrichten in Augenschein nehmen. Alle stammten aus dem Mobiltelefon von S. Doch es war ihnen ausdrücklich verboten, die Nachrichten zu kopieren, handschriftlich abzuschreiben oder Notizen zum Inhalt anzufertigen. Angeblich aus Gründen des Datenschutzes und des Schutzes der Privatsphäre – Rechte also, auf welche die schwedischen Behörden gegenüber Assange deutlich weniger Wert legten. Lediglich Datum und Uhrzeit von als relevant erachteten SMS durften schriftlich dokumentiert werden. Ansonsten mussten sich die Anwälte auf ihre Erinnerung verlassen. Direkt im Anschluss fertigten sie ein Gedächtnisprotokoll besonders aussagekräftiger Nachrichten an, ohne dass sie dabei natürlich in jedem Fall noch den genauen Wortlaut wiedergeben konnten. Angesichts dieser Schwierigkeiten ist die inhaltliche Präzision der Abschriften, welche ich mit Originalquellen vergleichen konnte, beeindruckend.

Selbst vier Jahre später, als Assanges Anwälte dem schwedischen Bezirksgericht anlässlich einer haftrichterlichen Verhandlung am 16. Juli 2014 eine Kopie der SMS-Nachrichten als Beweismittel unterbreiten wollten, wurde ihnen dies mit der Begründung verweigert, diese seien von der Staatsanwaltschaft mit Geheimhaltung belegt worden. Dasselbe galt für das Berufungsgericht, sodass sogar die schwedischen Richter, welche jeweils über die Verlängerung des Haftbefehls gegen Assange befinden mussten, keinen Zugang zu den SMS-Nachrichten der Frauen bekamen und sich in der Urteilsfindung wohl oder übel auf die Behauptungen der Staatsanwaltschaft verlassen mussten. Man braucht natürlich nicht Rechtsprofessor zu sein, um zu verstehen, dass die rechtsstaatlichen Schutzmechanismen und Verfahrensgarantien mit diesem Vorgehen vollkommen ausgehebelt werden. Mit der bewussten Unterdrückung entlastender Beweismittel haben die schwedischen Behörden aber nicht nur die Verfahrensrechte von Assange verletzt, sondern möglicherweise sogar den Straftatbestand der falschen Anschuldigung erfüllt.

Schlagzeile: »WikiLeaks-Gründer gejagt wegen Vergewaltigung«

Doch der 20. August 2010 ist noch nicht vorbei. Am Abend erfährt ein Journalist vom Haftbefehl gegen Assange und dem Verdacht auf zweifache Vergewaltigung. Von wem? Wer hat ihm den entscheidenden Tipp gegeben? Wo war die undichte Stelle?

Niemand weiß es mit Sicherheit. Der Journalist reicht die Information sofort an einen Kollegen der Boulevardzeitung *Expressen* weiter, und die *Expressen*-Redaktion macht das, was jedes Regenbogenblatt tun würde: Sie ruft noch am Freitagabend die Staatsanwältin Maria Häljebo Kjellstrand an. Ob es denn wahr sei, dass sie gegen Julian Assange einen Haftbefehl erlassen habe? Das Unfassbare geschieht: Die Staatsanwältin bestätigt gegenüber der Zeitung den Haftbefehl und präzisiert, Assange werde der Vergewaltigung verdächtigt – und zwar unter dringendem Tatverdacht (»*sannolika käl*«). Ob es wahr sei, dass es sich um zwei Frauen handle, und ob sie mit den Frauen gesprochen habe? Nein, das habe sie nicht. Nein, sie wisse nicht, wann die Vergewaltigungsanzeige gemacht worden sei – sie selbst habe diese erst vor einer Stunde von der Polizei bekommen und daher den Haftbefehl erlassen. Nein, sie habe keine Ahnung, wo sich Assange befinde und ob nach ihm gefahndet werde, auch wenn sie natürlich hoffe, dass dies der Fall sei. Und zum Schluss dann noch, wie um sich ein notdürftiges Feigenblatt umzuhängen: Mit Rücksicht auf alle Betroffenen könne sie gegenwärtig aber »rein gar nichts« (»*inte nånting*«) zu dem Fall sagen.

Auch die Polizei gibt *Expressen* offenbar freimütig Auskunft: Die Frauen hätten zunächst keine Anzeige erstatten wollen. Sie fürchteten um ihr Leben (»*livrädda*«) und wagten es daher nicht, zu kooperieren. Die Polizei vermute, der Grund für ihre Angst sei die Machtposition des »Täters« (»*gärningsmannen*«), schrieb das Blatt. Keine Rede von bloßem Verdacht, keine Andeutung der gesetzlichen Unschuldsvermutung und, vor allem, keinerlei Bezug zur Realität dessen, was die Frauen erlebt hatten. Stutzig macht, dass *Expressen* offenbar eine »Quelle« mit sehr viel Detailwissen hat, nämlich dass es sich um zwei Opfer zwischen 20 und 30 Jahren handeln soll, dass eine der Vergewaltigungen in Enköping und die andere in einer Wohnung in Södermalm verübt worden sein soll und dass sich die beiden Frauen kennen. Die Veröffentlichung all dieser Informationen macht es A. und S. unmöglich, anonym zu bleiben, und schon bald ist ihre Identität allgemein bekannt.

Die Behörden wissen natürlich, dass sie damit sowohl Assange als auch die beiden Frauen ohne Not einer medialen Hetze aussetzen. Doch weder der Schutz der Betroffenen noch die Objektivität der Untersuchung scheinen Priorität zu haben. Sven-Erik Alhem, selbst ehemaliger leitender Staatsanwalt in Stockholm und Malmö, sieht im Vorgehen seiner Kollegin einen klaren Verstoß gegen die gesetzliche Regelung, wonach bei Strafuntersuchungen die Identität der Betroffenen bis zur Anklageerhebung vertraulich behandelt werden muss. Gleicher Meinung ist auch Brita Sundberg-Weitman, ehemalige Gerichtspräsidentin und Rechtsprofessorin, die wie Alhem ein Expertengutachten zu den zahlreichen Verfahrensmissbräuchen der schwedischen Staatsanwaltschaft verfasst hat.

Tatsächlich ist die Rechtslage klar: Staatsanwältin Kjellstrand hat ihre Geheimhaltungspflicht verletzt und die Voruntersuchung gegen Assange damit von Beginn an in ein zweifelhaftes Licht gerückt. Sie hat Assanges Identität enthüllt, und zwar ohne jeden Beweis für seine Schuld, ohne Gefahr oder Zeitdruck, ohne Vernehmung der betroffenen Frauen oder des Verdächtigten – und ohne jede Rücksicht auf den damit angerichteten Schaden für alle Beteiligten. Mit ihrem Verhalten hat Kjellstrand auch ihre angebliche Rechtfertigung für den überstürzten Haftbefehl, nämlich eine mögliche Fluchtgefahr Assanges, gleich selbst widerlegt. Denn keine vernünftige Staatsanwältin wäre auf den Gedanken gekommen, einem ausländischen Verdächtigten mit der öffentlichen Verkündung des Haftbefehls in der Weltpresse eine Vorwarnung zu geben, die er unmöglich übersehen konnte. Es sei denn, man wollte seine Flucht geradezu provozieren, um damit ein publikumswirksames Indiz gegen ihn zu erhalten. Für diese Pflichtverletzung wurde die Staatsanwältin nie zur Verantwortung gezogen. Auch disziplinarische Maßnahmen wurden nicht ergriffen. Es soll zwar eine Beschwerde beim schwedischen Justizombudsmann eingereicht worden sein, doch wollte dieser angeblich nicht in ein laufendes Verfahren eingreifen – die übliche Ausrede von Behörden, welche ihrer Überwachungspflicht nicht nachkommen wollen.

Ganz früh am Samstagmorgen, gegen 5 Uhr am 21. August 2010, steht es dann auf der *Expressen*-Homepage: »WikiLeaks Gründer gejagt wegen Vergewaltigung«. Ungefähr zur selben Zeit haben es auch die ersten Zeitungskäufer schwarz auf weiß und in Großbuchstaben vor Augen, und nur unwesentlich später weiß es die ganze Welt. Assange selbst erfährt es aus der Presse und reagiert um 09:15 Uhr auf dem Twitter-Kanal von WikiLeaks: »Wir wurden gewarnt, dass wir mit ›schmutzigen Tricks‹ rechnen müssen. Nun sehen wir den ersten.«

Spätestens jetzt wussten auch die beiden Frauen, dass ihnen die Kontrolle über ihre eigene Geschichte entrissen worden war. Der von ihnen sicherlich in gutem Glauben unternommene Versuch, Assange via Polizei zu einem HIV-Test zu bewegen, hatte sich mit diesen Schlagzeilen in eine Lawine verwandelt, die sich nicht mehr aufhalten ließ. Die Textnachrichten der beiden Frauen illustrieren den gewaltigen Druck, unter dem sie sich plötzlich befanden. Bereits um 07:09 Uhr am Samstagmorgen schreibt S. einer Freundin: »Ich fühle mich furchtbar. Es ist bereits in der Presse, obwohl es eigentlich vertraulich sein sollte. Ich muss einen Anwalt wählen, ›einen seriösen Namen, einen Strafverteidiger, vorzugsweise einen Mann‹, hat die Polizei gesagt. Hilfe!« und dann, auf die Rückfrage, was denn in der Presse stehe: »Dass eine der Straftaten in Enköping begangen wurde. Verdammte Polizei! Es sollte vertraulich sein, und wir sagten, wir wollten keine Anzeige erstatten!« Fast zeitgleich kommt eine SMS, deren Absender fehlt, die aber nur A. geschrieben haben konnte: »Es ist in der Presse. Schau bei *Expressen*. Verdammt noch mal. Ich weiß nicht, was ich tun soll, außer stillhalten und mein Telefon ausschalten.« S. antwortet um 07:33 Uhr: »Ich weiß, ich bin total in Panik. Verdammt, ich will damit nichts zu tun haben. Ich wünschte, ich könnte das Land verlassen.« A. erwidert um 07:36 Uhr: »Nimm's locker, meine Liebe, niemand weiß, dass Du involviert bist, oder?«

Nach dem ersten Schock sehen sich die beiden Frauen offenbar bald gezwungen, sich mit der neuen Realität zu arrangieren. Am Samstagabend, dem 21. August, um 22:25 Uhr beklagt sich

S. noch, dass es die Polizei gewesen sei, die sich die Anschuldigungen ausgedacht habe. Doch bereits am Montagmorgen, dem 23. August, klingt es anders. Gemäß Gedächtnisprotokoll der Anwälte schreibt A. um 06:43 Uhr an S., es sei wichtig, dass sie – S. – mit ihrer Geschichte an die Öffentlichkeit gelange, um die öffentliche Meinung für ihren Fall zu mobilisieren. Am Donnerstag, dem 26. August, um 13:38 Uhr habe A. dann an S. geschrieben, dass sie versuchen sollten, ihre Geschichten für Geld an eine Zeitung zu verkaufen, und am 28. August um 12:53 Uhr, dass sie eine Kontaktperson beim größten schwedischen Boulevardblatt hatten. S. soll am selben Tag um 15:59 Uhr geantwortet haben, ihr gemeinsamer Rechtsanwalt verhandle mit der Boulevardpresse. Bei der Interpretation dieser Korrespondenz ist Zurückhaltung geboten. In den gegebenen Umständen glaube ich nicht, dass dieser Austausch zwischen den beiden Frauen aus Geldgier stattgefunden hat, sondern vielmehr, dass er einen verzweifelten Versuch darstellt, durch eine »Flucht nach vorne« noch irgendwie die Fäden in der Hand zu behalten. Eine typische Reaktion von Menschen, die zu Unrecht in die Enge getrieben werden.

Eine differenzierte Darstellung der Ereignisse war den Frauen nun nicht mehr möglich. Entweder sie sprangen auf das vom Staat forcierte Vergewaltigungsnarrativ auf und konnten sich im Gegenzug auf die Rückendeckung der Behörden verlassen, oder sie stritten die Vorwürfe an Assange ab. Letzteres würde sie jedoch in ernsthafte Erklärungsnot bringen, waren sie es doch gewesen, die am Vortag die Polizei aufgesucht hatten. Es könnte sogar zu Strafanzeigen wegen falscher Anschuldigung oder Verleumdung und zu finanziellen Forderungen kommen. Jedenfalls wüssten die beiden Frauen dann nicht nur Assange und seine ganze Entourage gegen sich, zu der sie soeben selbst noch gehört hatten, sondern zusätzlich auch noch die schwedischen Behörden, die Presse und wahrscheinlich die gesamte Weltöffentlichkeit. Bei der Bewertung des Verhaltens und der Aussagen von A. und S. ist daher stets zu berücksichtigen, dass sie sofort nach dem Erscheinen der ersten Schlagzeilen und bis zum heutigen Tag unverschuldet unter enormem Druck stehen, sich dem offiziellen Narrativ der Behörden anzupassen. So ist es nicht erstaunlich, dass ab diesem Zeitpunkt das eigentliche Anliegen der Frauen – der HIV-Test – auch in ihren Textnachrichten kaum mehr auftaucht.

Ihr primäres Trauma scheint jetzt nicht mehr eine mögliche HIV-Ansteckung zu sein, sondern die Medienhetze und die Drohungen, denen sie wegen der Indiskretion der Behörden ausgesetzt werden. Hätten diese die Identität der Beteiligten – wie gesetzlich vorgeschrieben – bis zum Vorliegen genügender Beweise für eine Anklageerhebung vertraulich behandelt, wäre der Fall schon nach wenigen Tagen sang- und klanglos im Archiv der schwedischen Staatsanwaltschaft verschwunden. Doch das war offensichtlich eben gerade nicht die Absicht der Behörden.

Die Vernehmung von A.

Vor diesem Hintergrund findet wenige Stunden nach dem *Expressen*-Schock am Samstagmorgen, den 21. August, um 11:31 Uhr die erste protokollierte Vernehmung von A. statt – telefonisch. Das ist bemerkenswert, denn die Erstbefragung eines möglichen Vergewaltigungsopfers sollte nie am Telefon erfolgen. Zu vieles bleibt dabei auf der Strecke: nicht nur die zuverlässige Identifikation der einvernommenen Person, sondern auch deren Körpersprache, Mimik und Gestik. Der Polizei musste klar sein, dass eine adäquate Vernehmung von A. unter diesen Umständen nicht möglich war. Man kann sich ausmalen, unter welchem Druck A. bei der Befragung stand. Zu diesem Zeitpunkt hatten die Behörden der Weltöffentlichkeit bereits unmissverständlich mitgeteilt, wie ihr Erlebnis mit Assange rechtlich qualifiziert werden musste: »Vergewaltigung, evtl. sexuelle Belästigung« wird das von Inspektorin Sara Wennersblom verfasste Protokoll betitelt.

Entgegen jeder seriösen Berufspraxis wird die Erstvernehmung von A. – wie schon diejenige von S. – auch nicht auf Tonband aufgenommen, sondern von der vernehmenden Inspektorin mit ihren eigenen Worten zusammengefasst. Dies verunmöglicht eine verlässliche Überprüfung, ob die gegen den Beschuldigten verwendeten Zeugenaussagen durch Suggestivfragen und implizite Erwartungshaltungen beeinflusst worden waren. Ein Zufall? Kaum. Denn genau so wird die Polizei bei der Ersteinvernahme sämtlicher sieben Zeuginnen und Zeugen vorgehen, welche zum Freundes- und Familienkreis der beiden Frauen gehören und diese tendenziell unterstützen wollen. Keine dieser Aussagen wird in der Gegenwart einer Drittperson gemacht, auf Tonband aufgenommen oder wenigstens im Originalwortlaut wiedergegeben, sondern sie werden mit den Worten des einvernehmenden Polizeibeamten zusammengefasst. Von diesen Zeugen ist auch bei freien Umformulierungen durch die Polizei kaum Widerrede zu erwarten, denn sie nehmen die Behörden als »Freund und Helfer« wahr, der im vermeintlichen Interesse der Frauen handelt. Umgekehrt findet Assanges eigenes Verhör später in Gegenwart einer zweiten Polizeibeamtin statt, wird ordnungsgemäß auf Tonband aufgenommen und im Originalwortlaut wiedergegeben. Denn Assange wird von seinem Rechtsanwalt begleitet, der den Behörden keinen Spielraum lässt. Ebenfalls in Gegenwart einer zweiten Polizeibeamtin durchgeführt, auf Tonband aufgenommen und im Originalwortlaut wiedergegeben werden die Vernehmungen von Donald Boström und Johannes Wahlström, beides erfahrene Journalisten, die den involvierten Parteien neutral gegenüberstehen, ihre Stellungnahmen mit Bedacht formulieren und auf deren wortgetreuer Erfassung bestehen.

A. widerspricht der polizeilichen Zusammenfassung ihrer Aussage nicht. Wie bereits eingangs dieses Kapitels gezeigt, ist sie überzeugt, dass Assange das beim Sex benutzte Kondom absichtlich zerrissen hat. Sie gibt aber zu, dass es sich dabei nur um ihre eigene Vermutung handelt, da sie die Tat selbst nicht gesehen habe und auch nicht nachgeschaut habe, ob das Kondom, das sie immer noch bei sich zu Hause habe, überhaupt beschädigt worden sei. A. bekräftigt weiter, Assange habe – vor dem Geschlechtsverkehr – zunächst ihre Arme festgehalten und ihre Beine niedergedrückt, um sie daran zu hindern, nach einem

Kondom zu greifen. Die telefonische Vernehmung von A. endet um 12:20 Uhr.

Bereits zweieinhalb Stunden später, um 15:55 Uhr, erscheint in der anderen großen schwedischen Zeitung, dem *Aftonbladet*, ein Interview mit A., in welchem sie den *Expressen*-Artikel teilweise korrigiert: »Es ist absolut falsch zu behaupten, dass wir aus Angst vor ihm keine Anzeige erstatten wollten. Er ist nicht gewalttätig, ich fühle mich nicht bedroht durch ihn.« A. unterstreicht, dass sie sich selbst nicht als Opfer einer Vergewaltigung sehe, sondern allenfalls eines sexuellen Übergriffs oder einer Belästigung. Entgegen der Aussage von S. selbst behauptet A. – und wird dies danach auch gegenüber mehreren Zeugen wiederholen –, es sei S. gewesen, die Strafanzeige wegen Vergewaltigung einreichen wollte, während A. lediglich beabsichtigt habe, S. mit ihrer Zeugenaussage zu unterstützen. Die Vorwürfe an Assange seien selbstverständlich nicht vom Pentagon inszeniert, sondern seien von einem Mann mit einem »verzerrten Frauenbild« zu verantworten, der ein Problem damit habe, »ein ›Nein‹ als Antwort zu akzeptieren«. Allerdings hatte sie – zumindest gemäß Polizeiprotokoll – am selben Vormittag noch gesagt, dass Assange ihr gegenüber auch nach der ersten gemeinsamen Nacht bis zu seinem Auszug am 20. August jeden Tag sexuelle Annäherungsversuche unternommen habe, dass sie diese aber jedes Mal zurückgewiesen habe und dass Assange dies – also das »Nein« von A. – jeweils akzeptiert habe. Insgesamt ergibt sich das Bild einer von der Situation überforderten Frau, die verzweifelt zu erklären und zu nuancieren versucht, die jedoch die Kontrolle über ihre eigene Geschichte längst an die Behörden verloren hat.

Erste Einstellung des Verfahrens

Kaum eine halbe Stunde später nimmt der Fall bereits wieder eine dramatische Wendung. Angesichts des weltweiten Medienrummels war nämlich der schwedische Generalstaatsanwalt zu dem Schluss gekommen, dass die Brisanz des Falles kein Abwarten erlaubt. Er lässt die Vernehmungsprotokolle zur Überprüfung an die leitende Staatsanwältin Eva Finné schicken. Finné bildet sich ihr Urteil rasch. Bereits gegen 16:30 Uhr annulliert sie Kjellstrands Haftbefehl: »Ich denke nicht, dass Grund besteht, ihn der Vergewaltigung zu verdächtigen.« In keinem der beiden Fälle. Zur Erinnerung: Im Jahr 2010 stellte das schwedische Sexualstrafrecht für das Verbrechen der Vergewaltigung noch nicht – wie heute – auf das fehlende Einverständnis des Opfers mit dem Geschlechtsverkehr ab, sondern auf dessen Erzwingung durch Gewalt, Drohung oder Ausnutzung eines Zustandes der Hilflosigkeit. Aufgrund der Finné vorliegenden Vernehmungsprotokolle konnte dies offenbar in beiden Fällen ausgeschlossen werden.

Vorläufig nicht ausschließen will Finné hingegen in beiden Fällen den Tatbestand der sexuellen Belästigung. Damit stehen als mögliche Minimalstrafe allerdings nicht mehr zwei Jahre Haft im Raum, sondern eine Geldstrafe. Das rechtfertigt jedoch keinen Haftbefehl, der ein Mindeststrafmaß von einem Jahr Haft voraussetzt. Im Fall von S. stellt Finné das Verfahren nur wenige Tage darauf, am 25. August 2010, sogar vollständig ein, sodass nur noch der Fall von A. zu untersuchen ist. Die Sachverhaltsdarstellung von S. sei zwar glaubwürdig, doch sie lasse keinen Hinweis auf eine strafbare Handlung erkennen, lautet die Begründung.

Finnés Einstellungsverfügung im Fall von S. hatte sich bereits mit der Aufhebung des Haftbefehls am Wochenende abgezeichnet. Bereits am Montag, dem 23. August 2010, zeigt sich S. in ihren SMS-Nachrichten besorgt. Man erinnert sich, dass ihr die Polizei schon nahegelegt hat, sie brauche einen Anwalt, »einen seriösen Namen, einen Strafverteidiger, vorzugsweise einen Mann«. Am Montag wird ihr und A. denn auch ein genau auf diese Beschreibung passender Rechtsvertreter an die Seite gestellt. Claes Borgström ist ein politisch ambitionierter Rechtsanwalt, der sich als Gleichstellungsbeauftragter der schwedischen Regierung einen Namen gemacht hat und im September 2010 für die sozialdemokratische Partei in den

Parlamentswahlen antritt. Erst im Frühjahr desselben Jahres hatte er sich allerdings katastrophale Schlagzeilen und ein Disziplinarverfahren des Anwaltsverbandes eingehandelt, und zwar durch seine kontroverse Rolle als Strafverteidiger im wohl größten Justizskandal der schwedischen Geschichte. Sein Klient, Thomas Quick alias Sture Bergwall, ein drogenabhängiger Psychiatriepatient, hatte aus eigenem Antrieb nicht weniger als dreiunddreißig ungeklärte Morde gestanden, von denen er offenbar jeweils in der Zeitung gelesen hatte. Immerhin in acht Fällen wurde er in der Folge sogar rechtskräftig verurteilt und galt damit als der größte Serienmörder Schwedens. Obwohl jegliche Beweise und Tatmotive fehlten, wurde seine Glaubwürdigkeit weder von der Polizei noch von der Staatsanwaltschaft oder den Gerichten hinterfragt, ganz zu schweigen von Borgström, seinem eigenen Strafverteidiger. Es brauchte den nüchternen Blick einer erfahrenen Staatsanwältin – Eva Finné –, um diesem grotesken Justizversagen in der neunten Mordanklage endlich ein Ende zu setzen. In der Folge zog Quick alias Bergwall seine fantasierten Schuldgeständnisse allesamt zurück, wechselte seinen Anwalt, wurde in sämtlichen Fällen freigesprochen und nach zwanzig Jahren Freiheitsentzug als Unschuldiger entlassen. Keine gute Presse für seinen vormaligen Strafverteidiger Borgström. Im August 2010 brauchte er daher dringend einen öffentlichkeitswirksamen Fall, mit dem er im Hinblick auf die anstehenden Parlamentswahlen seinen Namen aufpolieren konnte.

Und so schreibt S. am Montagnachmittag, dem 23. August 2010, um 16:31 Uhr folgende SMS: »Claes Borgström ist jetzt mein Anwalt. Ich hoffe, er kann mir helfen, aus dieser Scheiße rauszukommen«. Man mag sich fragen, warum S. überhaupt einen Rechtsvertreter braucht, denn ihr wird ja gar nichts vorgeworfen. Staatsanwältin Finné schreibt dazu nur: »Ich habe keine Einwände gegen die Anordnung eines Geschädigtenbeistandes. Das ist berechtigt mit Blick auf die Aufmerksamkeit der Massenmedien.« Die Presseaufmerksamkeit lässt sich tatsächlich nicht mehr rückgängig machen, doch dagegen kann auch ein Rechtsvertreter nicht viel ausrichten. Hingegen muss bei S.

zu großer Verunsicherung geführt haben, dass Finné sowohl den Haftbefehl als auch den Vergewaltigungsverdacht ihrer Kollegin Kjellstrand zurückgezogen hat. Aus welcher »Scheiße« soll ihr Claes Borgström also heraushelfen? Sie schreibt ja nicht: »Borgström soll mir helfen, Gerechtigkeit zu bekommen.« Hat sie Angst vor einer Verleumdungsklage? Jedenfalls erstellt Polizeiinspektor Mats Gehlin, dem der Fall soeben zugeteilt worden ist, an diesem 23. August eine Aktennotiz, wonach im Fall von S. die Tatbestandsmerkmale der Vergewaltigung erfüllt seien, im Fall von A. jedoch unklar sei, ob es sich überhaupt um ein Delikt handle. Es liege hier eventuell eine »Irreführung« (*vilseledande*) vor, schreibt Gehlin. Die Begründung für diese Annahme ist geschwärzt. Finné wird ihrerseits eine Woche später, am 30. August 2010, eine der Voruntersuchung gegen Assange zugeordnete Verfügung erlassen, wonach auf eine Strafanzeige wegen falscher Anschuldigung vom Sonntag, dem 22. August, mangels genügender Tathinweise nicht eingetreten werde. Wer die Anzeige eingereicht hat und gegen wen, geben die Behörden nicht bekannt.

Am Montagnachmittag, dem 23. August, entspinnt sich dann folgender SMS-Dialog zwischen S. und einer unbekannten Person. S. schreibt: »Mein Anwalt kümmert sich nun um alles, daher kann ich dazu nichts sagen.« Wozu kann S. nichts sagen? Die andere Person schreibt zurück: »Oh, du hast ihn verklagt. Das ist großartig. Ich hoffe, das Schwein bekommt, was es verdient.« Worauf S. schreibt: »Nein, es war die Polizei, die das alles angefangen hat. Ich wollte nicht Teil davon sein, aber jetzt habe ich keine Wahl mehr.« Deutlicher als in diesen verzweifelten Worten von S. kann man die behördliche Nötigung der beiden Frauen zur Anpassung ihrer Aussagen an das offiziell forcierte Vergewaltigungsnarrativ wirklich nicht beschreiben.

»Erforderliche Änderungen« am Vernehmungsprotokoll von S.

Am gleichen Montag, dem 23. August, möchte Inspektorin Irmeli Krans das Protokoll der Vernehmung von S. redigieren. Krans hatte das Protokoll mithilfe des Texterstellungsprogramms im polizeieigenen DurTvå-System unmittelbar nach der – recht abrupt beendeten – Befragung von S. noch am Freitagabend geschrieben. Doch als sie nach dem Wochenende ins Büro zurückkehrt, wird ihr vom System der Zugriff auf das von ihr verfasste Protokoll verweigert. Die Erklärung liefert Gehlin noch am gleichen Vormittag um 10:26 Uhr in einer E-Mail an Staatsanwältin Eva Finné: »Hallo Eva, ich habe die Ehre bekommen, diesen Fall zu behandeln. (...) Journalisten rufen aus allen Ecken der Welt an!!! Ich habe den Zugangsschutz im DurTvå ausgedehnt. Brauche einen Geheimhaltungsstempel auf dem Fall.« Offensichtlich hatte er als erste Amtshandlung die Zugangsberechtigung im System eingeschränkt und dabei seltsamerweise auch Krans ausgeschlossen. Am Nachmittag desselben Tages wird um 16:28 Uhr eine Kopie des unveränderten Protokolls an eine externe, nicht mehr zu verifizierende Nummer gefaxt. Diese Faxkopie des Originalprotokolls liegt mir nur noch in einer in den entscheidenden Abschnitten geschwärzten Fassung vor, und die offiziell deklarierten Verfahrensakten enthalten das Original überhaupt nicht mehr. Am Folgetag, dem 24. August, wird Gehlin in einer Aktennotiz festhalten: »Mit Eva Finné gesprochen. Sie glaubt nicht, dass es Vergewaltigung ist. Teile ihr mit, dass ich damit nicht einverstanden bin, aber dass es ihr Fall ist. Sie sagte, ich solle nichts unternehmen, bis sie sich eingelesen hat. Geschädigtenverhör an Claes Borgström.« Beim Empfänger des Faxes vom Vortag muss es sich wohl um Claes Borgström gehandelt haben.

Spätestens am 24. August nimmt Borgström also Einsicht in die Akten – was Assanges Anwalt noch monatelang verwehrt bleiben wird – und trifft sich auch persönlich mit den beiden Frauen. Sein Bestreben ist klar, er möchte die sich abzeichnende

Einstellung der Voruntersuchung im Fall S. nicht hinnehmen und will mit einer Beschwerde gegen Finnés Entscheid an die nächsthöhere Instanz gelangen. Doch hierzu bedarf es starker Argumente. Denn nachdem zunächst bereits ein Haftbefehl wegen Vergewaltigung ergangen war, der ein weltweites Medienspektakel ausgelöst hatte, muss man davon ausgehen, dass Chefanklägerin Finné den Fall besonders sorgfältig geprüft hat, bevor sie den Haftbefehl wieder annullierte und dann das gesamte Verfahren mangels Hinweise auf strafbares Verhalten einstellte. Hätte Finné auch nur die geringsten Zweifel gehegt, hätte sie die Voruntersuchung mit Sicherheit wenigstens für einen weniger schwerwiegenden Tatbestand weiterführen lassen. Kjellstrand selbst erklärt in einem Interview mit *Expressen* vom 22. August, dass staatsanwaltliche Entscheide nur aufgrund neuer Tatsachen überprüft werden.

Borgström hat also das Originalprotokoll von S. erhalten und weiß, dass es von S. noch nicht gegengelesen und unterschrieben worden ist, sodass es noch korrigiert werden kann. Irmeli Krans, die das Protokoll fertigstellen soll, empört sich derweil auf Facebook, die von Eva Finné beschlossene Verfahrenseinstellung sei ein »SKANDAAAAAAAAL!!!!!«, und freut sich offen darüber, dass nun »unser lieber, hervorragender und äußerst kompetenter Claes Borgström hoffentlich ein wenig Ordnung in die Sache bringen« werde. Auch Inspektor Mats Gehlin, ihr Vorgesetzter, hat bereits aktenkundig klargestellt, dass er mit Finnés Entscheidung nicht einverstanden ist. Borgströms Beschwerde gegen Finnés Einstellungsverfügung geht an die zuständige übergeordnete Behörde: Oberstaatsanwältin Marianne Ny in Göteborg.

Vor diesem Hintergrund findet nun vom 23. bis 26. August folgende ominöse E-Mail-Korrespondenz zwischen Kommandant Gehlin und Inspektorin Krans statt, welche sich die Behörden bis heute zu erklären geweigert haben. Am 23. August, bereits um 08:27 Uhr schreibt Krans: »Hallo, ich hoffe, ich habe es jetzt richtig gemacht und das Dokument erreicht Dich so, wie es sollte. Schick mir bitte eine Bestätigung. Was die mündliche Meldung an die Staatsanwältin betrifft, so weiß ich nur, dass diese von Linda Wassgren irgendwann während des Verhörs telefonisch gemacht wurde [Anm. gemeint ist die ursprüngliche Meldung der Polizei an Kjellstrand am Nachmittag des 20. August]. Was gemeldet wurde, ist mir unbekannt, da Wassgren nicht mit mir kommunizieren wollte. Es gab auch keine Gelegenheit, die strafrechtliche Einstufung mit der Staatsanwältin zu besprechen, sondern es wurde mir mitgeteilt, dass es auf Anweisung der Staatsanwältin als Vergewaltigung eingestuft würde.« Warum wollte Wassgren nicht mit Krans kommunizieren? Warum wurde Krans von der Untersuchung dieses Falles ausgeschlossen, obwohl sie die einzige Beamtin war, die wirklich im Detail mit S. gesprochen hatte und den Originalwortlaut ihrer Aussage kannte? Oder vielleicht gerade deshalb? Erst einen Tag später um 09:33 Uhr antwortet ihr Gehlin: »Guten Morgen Irmeli! Geh wie folgt vor. Kopiere dies in ein Verhör, und unterschreibe das Verhör. Es würde seltsam aussehen, wenn ich unterschreiben würde. Anbei das alte Verhör.« Krans, immerhin eine erfahrene Polizistin, ist ratlos. Um 13:38 Uhr erwidert sie: »Ich bin vielleicht etwas schwer von Begriff, aber ich verstehe nicht richtig, was du meinst.« Gehlin antwortet nur sechs Minuten später: »Erstelle ein neues Verhör. Füge den Text ein und ordne das Verhör den Akten zu. Signiere das Verhör auch.« Krans' Verwirrung hält an: »Ja doch, aber dann gibt es zwei Verhöre. Aber es ist nur ein formelles Verhör durchgeführt worden, von mir jedenfalls. Wohin dann mit dem anderen? Wenn alles mit rechten Dingen zugehen soll, nehme ich an, dass ich die Änderungen im Originalverhör vornehmen und dieses dann signieren muss. Auf das Risiko hin, als schwierig zu erscheinen, will ich nicht, dass ein unsigniertes Dokument mit meinem Namen in DurTvå zirkuliert. Besonders jetzt nicht, da sich die Angelegenheit auf diese Weise entwickelt hat.« Erst zwei Tage später, am Donnerstag, 26. August um 12:30 Uhr, nach einem E-Mail-Wechsel mit Claes Borgström, schließt Gehlin seine Korrespondenz mit Krans mit der Zusicherung ab: »Ja, aber ich schreibe dann ein Memo dazu.« Zwei Stunden später generiert Krans im DurTvå System das neue Vernehmungsprotokoll von

S., welches das ursprüngliche Protokoll ersetzt. Gestützt auf dieses Dokument, wird Borgström einen Tag später, am 27. August, eine Beschwerde an Oberstaatsanwältin Ny abschicken, um die Wiederaufnahme des Falles S. zu erreichen sowie eine Verschärfung der Vorwürfe im Fall A.

Der Dialog zwischen Gehlin und Krans bleibt für Außenstehende zwar kryptisch, macht aber deutlich, dass der Vorgesetzte von seiner Untergebenen etwas sehr Ungewöhnliches, wenn nicht gar Zweifelhaftes verlangte. Krans, deren Zugangsberechtigung auf das von ihr verfasste Originalprotokoll von Gehlin unterbunden worden war, fühlt sich überfordert und scheint auch das Gefühl zu haben, nicht korrekt zu handeln. Als am 1. September klar wird, dass das Verfahren im Fall von S. wieder aufgenommen wird und dessen Akten deshalb einer gerichtlichen Prüfung unterzogen werden könnten, fügt Krans dem Protokoll um 16:45 Uhr sicherheitshalber eine Aktennotiz bei, welche festhält, die »erforderlichen Änderungen« seien auf Anweisung von Gehlin am 26. August 2010 vorgenommen worden, und zwar um 14:43 Uhr, der Zeit, welche im revidierten Protokoll vom System nun automatisch als Beginn der Verhörs angegeben wird.

Worin diese Änderungen genau bestehen und warum diese »erforderlich« waren, lässt sich nicht mit Sicherheit feststellen, da das allein noch als Faxkopie existente Originalprotokoll in seinen wesentlichsten Passagen geschwärzt wurde. Um reine Rechtschreibekorrekturen kann es sich jedenfalls nicht gehandelt haben, denn deswegen wäre es mit Sicherheit nicht zu einer so umfangreichen Korrespondenz und so viel Unbehagen gekommen. Vergleicht man jedoch das zensierte Originalprotokoll mit der unzensierten, »korrigierten« Version, welche in der gleichen Formatierung gedruckt wurden, fällt auf, dass sich der Textumfang geändert hat. Je nachdem, ob die Zensurbalken über die darunter gedruckten Zeilen hinausgehen oder ob sie deren exakte Länge wiedergeben, scheinen allein in dem Absatz, in welchem der angebliche Übergriff beschrieben wird, insgesamt zwischen einer und drei Textzeilen eingefügt worden zu sein – ohne Konsultation mit S. und ohne Tonbandaufnahme.

Woher kamen diese »erforderlichen Änderungen«? Für verlässliche Korrekturen, gestützt auf die persönliche Erinnerung von Inspektorin Krans, war sechs Tage nach der Vernehmung bereits zu viel Zeit vergangen. Warum macht dieser Vorgang Krans so nervös? Hatte hier vielleicht jemand mit Formulierungsvorschlägen etwas nachgeholfen, welche die Chancen auf eine Wiederaufnahme des Verfahrens erhöhen würden? Dabei muss jedes Wort auf die Goldwaage gelegt werden. Denn, wie bereits aufgezeigt, kann das Assange vorgeworfene Verhalten gemäß dem damals geltenden schwedischen Recht nur dann eine Vergewaltigung darstellen, wenn sich S. zumindest zu Beginn des Sexualaktes in einem Schlafzustand befand, sodass sie als handlungs- und entscheidungsunfähig betrachtet werden musste. Ob der Zustand von S. im Protokoll als »schlafend«, »im Halbschlaf«, »schläfrig« oder »müde« bezeichnet wurde und ob Assange im Moment ihres Erwachens den Geschlechtsverkehr »initiiert«, »versucht« oder S. bereits »penetriert« haben soll, sind daher keine semantischen Haarspaltereien, sondern konnten das Zünglein an der Waage sein, welches die Wiederbelebung des Vergewaltigungsverdachts gegen Assange erlaubte oder eben nicht. Da der ursprüngliche Text der Vernehmung von S. nicht aus dem wortwörtlichen Protokoll einer Tonbandaufnahme bestand, sondern mit den Worten von Krans zusammengefasst worden war, kann eine nachträgliche Manipulation tatsächlich nicht ausgeschlossen werden. Solange sich schwedische Behörden bequem hinter ihrer pauschalen Geheimhaltung verstecken können, wird die Wahrheit zu dieser rechtsstaatlich zweifelhaften Episode wohl nie ans Tageslicht kommen.

Schattenboxerei um Kondome und DNA-Analysen

Parallel dazu entwickelt sich ein beinahe bizarrer Seitenschauplatz um die von Assange mit den beiden Frauen benutzten Kondome, welche offensichtlich zur Untermauerung der

Vergewaltigungsvorwürfe gegen Assange benutzt werden sollen. Während ihrer telefonischen Vernehmung am 21. August sagt A. auf Anfrage von Inspektorin Sara Wennersblom, sie glaube, dass sie das von Assange acht Tage zuvor benutzte Kondom noch bei sich zu Hause habe, dass sie es sich nicht genau angesehen habe, ob es wirklich wie vermutet beschädigt sei, dass sie aber nachsehen werde. Sie habe vermutlich auch noch das ungewaschene Laken, auf dem das Sperma von Assange zu finden sein müsste. Noch am selben Tag, um 18:21 Uhr, steht Wennersblom dann persönlich bei A. vor der Haustür und übernimmt folgende Gegenstände in Polizeigewahrsam: »ein Laken, Baumwolle, blau, dem Wäschekorb entnommen« (Beweisstück: 2010-0210-BG20840-1) sowie ein Kondom, zerrissen, »im Papierkorb gefunden und in eine Schachtel gelegt« (Beweisstück: 2010-0201-BG20840-2).

S. hat es noch weniger eilig. Sie wartet sogar ganze 16 Tage, bis sie Inspektor Gehlin nach der Wiederaufnahme ihres Falles am 2. September einen Teil eines Kondoms übergibt, den sie unter ihrem Bett gefunden haben will. Gemäß einer Aktennotiz von Gehlin vom 20. Oktober 2010 soll S. in der Dunkelheit nichts davon gemerkt haben, dass ein Kondom zerrissen worden sei, doch habe sie einen Laut wie von einem »lang gezogenen Ballon« gehört, als er sich das Kondom überzog. Es fällt auf, wie sich die Geschichten von A. und S. mit der Zeit anzugleichen beginnen. Hatte in der ursprünglichen Vernehmung nur A. von einem zerrissenen Kondom und seltsamen Lauten von schnappendem Latex gesprochen, kamen nun dieselben Elemente plötzlich auch bei S. vor. Versuchte man hier, mit der »Harmonisierung« der Zeugenaussagen deren Beweiskraft zu stärken?

Bereits am 24. August gibt Staatsanwältin Finné Anweisung, forensisch untersuchen zu lassen, wie der Riss in dem von A. eingereichten Kondom zustande gekommen ist. Inspektor Gehlin übergibt das Kondom dem technischen Dienst der Polizei. Dieser kann die Frage nicht beantworten und reicht den Auftrag an das Staatliche Kriminaltechnische Laboratorium SKL weiter. Auch das von S. eingereichte Kondomteil wird später dem Labor übergeben. In beiden Fällen soll untersucht werden, auf welche Weise das Kondom bzw. das Kondomteil beschädigt wurde. In seinem Bericht vom 25. Oktober 2010 eröffnet das Labor die ersten Ergebnisse seiner Untersuchung, stellt aber klar, dass ihm für die eigentliche Fragestellung, nämlich die Untersuchung der Schadensursache bei beiden Kondomen, die gemäß dem ISO-Industriestandard (ISO/IEC17025) erforderliche Akkreditierung fehlt. Kurz: Wie das SKL am 20. Juni 2012 in einem mehrseitigen Schreiben an die Polizei bestätigen wird, untersuchte es eine Fragestellung, für die es gar keine Standardverfahren oder spezialisierte Expertise hatte. Konkret wurde das von A. eingereichte Kondom zu Vergleichszwecken mit einem Messer und einer Schere beschädigt und der untere Teil davon sogar ganz abgerissen. Vom Erscheinungsbild her sei von den drei durch das Labor verursachten Schädigungen unter dem Mikroskop der Testriss der vorbestehenden Schädigung am ähnlichsten gewesen. Dasselbe Erscheinungsbild sei auch bei dem von S. eingereichten Kondomteil festgestellt worden. Offizielles Fazit: Bei beiden Kondomen seien die beobachteten Schädigungen mit einem Wahrscheinlichkeitsgrad von »+2« durch einen Riss zustande gekommen. Das heißt, es besteht eine »kleine« Wahrscheinlichkeit, dass diese Schlussfolgerung falsch ist. Von der forensischen Beweiskraft her liegt dies im mittleren Bereich: eine Stufe über einem bloßen Indiz (+1), und zwei Stufen unter einem Beweis, der andere Hypothesen auszuschließen vermag (+4). Wer die Risse verursacht haben soll und zu welchem Zeitpunkt, bleibt jedoch unklar.

Weiter hat das Labor auf dem von S. präsentierten Kondomteil wenig überraschend die DNA von S. sowie diejenige eines Mannes festgestellt. Auch wenn die Behörden die Identität dieses Mannes bis heute geheim halten, muss wohl davon ausgegangen werden, dass es sich dabei um Assange handelt. Denn dass geschützter Sex zwischen Assange und S. mehrfach stattgefunden hat, war unbestritten. Aber der Vergewaltigungsvorwurf gegen Assange entzündete sich ja nicht an einem mit, sondern an einem ohne Kondom vollzogenen Geschlechtsakt. Im Fall von S.

konnte es also ausschließlich darum gehen, ob der ungeschützte Verkehr für Assange erkennbar gegen den Willen von S. stattfand – ein Umstand also, über den auch der beste forensische Experte keine Auskunft erteilen kann. Dass Assange während der vorherigen, geschützten Sexualkontakte mit ihr ein Kondom zerstört haben soll, wurde von S. jedenfalls nicht behauptet.

Mit der DNA-Bestimmung auf dem Kondom von A. hat das Labor mehr Mühe. Zunächst wird gemäß Aktennotiz von Inspektor Gehlin vom 20. Oktober 2010 offenbar keinerlei DNA gefunden. Acht Tage später, am 28. Oktober, korrigiert sich Gehlin dann ausgiebig in einer weiteren Aktennotiz: Er habe sich die DNA-Schlussfolgerungen nun vom SKL erläutern lassen. Der Forensiker habe präzisiert, es sei nicht richtig, dass man auf A.s Kondom keine DNA gefunden habe, sondern man sehe zwar »etwas«, doch es sei nicht möglich, das zu deuten. Der Forensiker habe auch eine Reihe möglicher Gründe für diese Deutungsschwierigkeiten angegeben, welche Gehlin dann pflichtbewusst aufzählt: Störung der Analyse durch Verunreinigung usw.; kleine Menge von DNA; Menschen gäben verschiedene Mengen DNA ab; das untersuchte Material könne nach seiner Anwendung gewaschen, abgetrocknet oder sonst wie beeinflusst worden sein. Dies seien nur einige Beispiele, aber es gebe darüber hinaus noch mehr Faktoren, die das Resultat beeinflussen könnten. Angesichts dessen, wovon hier die Rede ist – immerhin von einem gebrauchten, angeblich im Verlauf des Geschlechtsverkehrs zerrissenen Kondom –, wirken diese Erklärungen an den Haaren herbeigezogen und offenbaren Präferenzen, welche mit objektivem Fact-Finding nicht mehr viel zu tun haben. Jedenfalls habe sich das Labor aufgrund dieser Schwierigkeiten für eine weitere Analyse nach dem speziellen Verfahren entschieden, welches zwei Wochen dauern werde. Dabei handelte es sich um das sehr aufwendige »Low Copy Number«-Verfahren (LCN), welches bei extrem kleinen Spurenelementen und unvollständigen DNA-Fragmenten angewandt werden kann, jedoch oft deutlich weniger verlässliche Resultate produziert und deshalb von den meisten Staaten nicht als gerichtliches Beweismittel zugelassen wird. Aus den angekündigten zwei Wochen werden mehr als acht Monate, bis das Labor in seinem Schlussbericht vom 15. Juli 2011 endlich konstatiert, man habe nun auf der einen Seite des Kondoms doch noch DNA gefunden, welche man mit einer Person abgleichen könne. Die erläuternden nächsten drei Zeilen sind mit dickem Zensurstift durchgestrichen, und danach sieht man noch den angegebenen Wahrscheinlichkeitsgrad von »+2«: besser zwar als ein Indiz, aber eben doch deutlich schwächer als eine Standard-DNA-Analyse, wo Wahrscheinlichkeitsgrade von 99,999 % und mehr durchaus üblich sind.

Es lohnt sich auch hier, einen Moment innezuhalten und nachzudenken. Denn nicht nur im Fall von S., sondern auch in demjenigen von A. stellt sich doch die Frage, was mit einer DNA-Analyse überhaupt bewiesen werden soll. Auch hier bestreitet Assange ja weder den Sex noch das Kondom, sondern nur die Behauptung, er habe dieses absichtlich zerrissen. Selbst ein hundertprozentig zuverlässiger DNA-Match aufgrund eines – bei einem gebrauchten Kondom eigentlich zu erwartenden – reichlichen DNA-Substrates würde also nur beweisen, dass A. tatsächlich das von Assange benutzte Kondom eingereicht hat. Ob der Riss absichtlich oder versehentlich verursacht wurde, von wem und zu welchem Zeitpunkt, kann natürlich auch der beste Forensiker nicht feststellen. Es steht somit Aussage gegen Aussage. Assange behauptet, es sei ihm nicht bewusst, dass das Kondom überhaupt beschädigt worden sei. A. hingegen ist zwar überzeugt, dass Assange das Kondom absichtlich zerrissen hat, will die Tat selbst aber nicht gesehen haben und weiß auch während ihrer Vernehmung eine Woche später immer noch nicht, ob das Kondom überhaupt wie von ihr behauptet beschädigt ist, obwohl sie es noch immer in ihrem Besitz hat. Bis zu ihrer Vernehmung durch die Polizei scheinen sich jedenfalls weder Assange noch A. überhaupt mit dieser Frage befasst zu haben.

Auch der Fleck auf dem von A. eingereichten Laken wird auf DNA und Sperma untersucht, wobei auch hier das beweistechnische Ziel nicht klar ist. Sowohl A. als auch Assange haben bestätigt, diesen Fleck kurz nach dem Geschlechtsverkehr wahrgenommen und kommentiert zu haben, der Sache aber nicht nachgegangen zu sein. Ob der Riss im Kondom vorsätzlich oder versehentlich verursacht wurde, kann auch diese Analyse nicht klären. Das weiß natürlich auch die Polizei. Bezeichnenderweise erteilt Gehlin dem Labor diesen Auftrag auch erst ein gutes halbes Jahr später, am 1. März 2011, eine Woche nachdem das schwedische Auslieferungsgesuch vom Westminster Magistrates' Court erstinstanzlich gutgeheißen worden war. Offenbar will Staatsanwältin Ny für die nach der Auslieferung notwendige Anklageerhebung gegen Assange Indizien akkumulieren, welche die prekäre Beweislage übertünchen sollten.

Die beweistechnische Irrelevanz all dieser Laboruntersuchungen kann der schwedischen Staatsanwaltschaft selbst jedoch unmöglich entgangen sein. Dass dieser sinnlose Aufwand dennoch betrieben wird, weist vielmehr darauf hin, dass diese forensische Hyperaktivität als eine Art Nebelwand benutzt werden soll, um der Öffentlichkeit eine ernst gemeinte Strafuntersuchung vorzugaukeln, obwohl in Wirklichkeit von vornherein kein Potenzial für eine erfolgreiche Verurteilung besteht. Denn unabhängig davon, was zwischen Assange und den beiden Frauen wirklich geschehen ist, sind beide Fälle so gelagert, dass die Strafbarkeit von Assange ausschließlich von Faktoren abhängt, die im Nachhinein unmöglich mit rechtsgenügender Sicherheit bewiesen werden können. In einem Fall geht es nur um die Frage, ob S. im ersten Moment eines Sexualkontakts wirklich schlief oder bereits wach war, und im anderen Fall ausschließlich darum, ob das Kondom tatsächlich während des Geschlechtsverkehrs zerrissen worden war und, wenn ja, ob absichtlich oder versehentlich. Sobald Assange mit seinem ersten Tweet in Reaktion auf die *Expressen*-Schlagzeilen klargemacht hatte, dass er die Vorwürfe bestritt, muss Finné erkannt haben, dass eine Strafuntersuchung nicht gerechtfertigt werden konnte, weil sich die rechtlich entscheidenden Faktoren sowieso nicht genügend erhärten ließen. Mangels eines Geständnisses von Assange, der trotz seiner kolportierten Promiskuität keinerlei Vorgeschichte von Sexualdelikten hatte, würde es letztlich zwangsläufig auf einen Freispruch »im Zweifel für den Angeklagten« hinauslaufen, höchstwahrscheinlich sogar gefolgt von Schadenersatzforderungen wegen Rufschädigung oder gar Vorwürfen von Verleumdung. Eine Anzeige wegen falscher Anschuldigung war ja am 22. August bereits eingegangen. In der gegebenen Ausgangslage, das musste jedem einigermaßen erfahrenen Staatsanwalt bewusst sein, konnten die von der Polizei angezeigten Delikte also gar nicht erfolgreich verfolgt werden.

Dass in diesem Fall dennoch kostspielige, aber beweistechnisch wertlose Laboruntersuchungen durchgeführt werden, ist ein weiteres starkes Indiz dafür, dass die schwedische Strafuntersuchung gegen Assange von Anfang an eine juristische Totgeburt war, welche durch sinnlose Untersuchungshandlungen und endlose Verzögerungen künstlich am Leben erhalten wurde, um damit eine ganz andere, rein politische Agenda verfolgen zu können. So wird Schweden die Notwendigkeit, von Assange eine DNA-Probe zu nehmen, jahrelang als einen der wichtigsten Gründe angeben, weshalb er nicht von London aus per Telefon oder Videolink vernommen werden kann, sondern unbedingt nach Schweden ausgeliefert werden muss. Dies, obwohl Assange bereits am 7. Dezember 2010 der britischen Polizei freiwillig eine DNA-Probe abgegeben hat, welche in die Nationale DNA-Datenbank aufgenommen wird und von den schwedischen Behörden jederzeit per Rechtshilfegesuch angefordert werden könnte. Doch der britische Crown Prosecution Service rät Marianne Ny mit E-Mail vom 25. Januar 2011 ausdrücklich von einer DNA-Probe ab, weil »die Erlangung solcher Beweise mehr Potenzial für die Verursachung von Schaden oder Unfug durch die Verteidigung bietet, als dass dies der Staatsanwaltschaft zugutekommen würde«. Die Wahrheitsfindung scheint kein Anliegen zu sein.

Erst sechs Jahre später wird sich Marianne Ny zu diesem Schritt durchringen, nämlich als das schwedische höchste Gericht seine Bereitschaft andeutet, den Haftbefehl gegen Assange mangels Fortschritten in der Untersuchung aus Verhältnismäßigkeitsgründen aufzuheben. Am 15. Dezember 2016 ergeht das schwedische Rechtshilfegesuch an die britische Central Authority, vier schwedische DNA-Profile mit dem im britischen Register gespeicherten DNA-Profil von Assange zu vergleichen: die erste kommt von A.s zerrissenem Kondom, die zweite von dem Flecken auf A.s Laken, das dritte von S.s Kondomteil und das vierte von S.s Vaginalabstrich. Die Briten lesen sich den »Letter of Request« mitsamt der Beschreibung von Assanges angeblichen Delikten sorgfältig durch, scheinen aber den ermittlungstechnischen Zweck des schwedischen Gesuches ebenfalls nicht zu verstehen. Innerhalb von Stunden melden sie sich zurück und bitten die Schweden mit englischer Höflichkeit: »Es wäre sehr hilfreich, wenn Sie uns bitte eine Zeile senden könnten, in der die Relevanz dieser Maßnahme für die Untersuchung dargelegt wird.« Marianne Ny gibt die einzige Antwort, welche aus ermittlungstechnischer Sicht zu überzeugen vermag: Es gehe um die Abklärung der Glaubwürdigkeit der beiden Frauen als Zeuginnen. Dass diese in Zweifel stehen könnte, hatte Ny in der Öffentlichkeit allerdings nie auch nur angedeutet, denn das hätte möglicherweise das offizielle Narrativ von Assange dem Vergewaltiger infrage gestellt. Am 30. Januar 2017 kommen die Testresultate per E-Mail aus Großbritannien: Man könne bestätigen, dass das auf dem Laken von A. gefundene DNA-Profil dem in der britischen nationalen DNA-Datenbank gespeicherten Profil von Assange entspreche. Die zwei auf den beiden zerstörten Kondomen und im Vaginalabstrich gefundenen DNA-Profile werden allerdings nicht erwähnt, was den Schluss nahelegt, dass der Abgleich mit Assanges abgespeichertem DNA-Profil dort nicht gelungen ist. Die Nachricht ist eindeutig abschließend formuliert, das heißt, es werden keine weiteren Resultate erwartet. Der dazugehörige offizielle Bericht der britischen Behörden vom 2. Februar ist zwar fast vollständig zensiert, doch es ist ersichtlich, dass – entsprechend den vier verlangten Profil-Vergleichen – vier verschiedene Punkte bzw. Unterpunkte diskutiert werden, wobei nur einer anhand von Tabellen und Zahlenmaterial im Detail illustriert wird. Auch das angehängte Formular mit den

Suchresultaten ist zwar zensiert, scheint sich aber nur auf eines der zu prüfenden Profile zu beziehen.

Dass in einem Flecken auf einem Laken, welches Assange und A. eine Woche lang gemeinsam benutzt hatten, sechs Jahre später das DNA-Profil von Assange bestätigt wurde, kann wahrlich nicht als überraschend bezeichnet werden, zumal dieser Fleck auch von beiden gegenüber der Polizei als Resultat ihres Geschlechtsverkehrs erwähnt worden war. Dasselbe müsste man sagen, wenn auch die den Kondomen und dem Vaginalabstrich entnommenen Profile mit demjenigen von Assange übereinstimmen würden. Unter dem Strich entpuppt sich die jahrelange Schattenboxerei um DNA-Profile und Kondome somit als bewusstes Ablenkungsmanöver, um trotz des offensichtlichen Beweismangels eine seriöse Untersuchung vorzutäuschen.

Schlagzeile: »Das Verhör von Assange – Wort für Wort«

Doch vorerst ist Assange noch immer in Stockholm. Er hat seine für den 25. August geplante Abreise abgesagt und stellt sich den schwedischen Behörden freiwillig zur Verfügung. Am 26. August wird ihm ein Pflichtverteidiger seiner Wahl zugesprochen – Leif Silbersky – sowie ein Verhörtermin für den kommenden Montag, den 30. August, vereinbart. Für die Erstbefragung eines prominenten Verdächtigten erstaunlich spät, schließlich stehen die gegen ihn erhobenen Vorwürfe schon seit Tagen in der Presse und haben eine weltweite Gerüchteküche losgetreten. Zu diesem Zeitpunkt hat Finné das Verfahren im Fall S. bereits offiziell eingestellt, sodass Assange nur zum Fall A. befragt wird, und zwar von Mats Gehlin und in Gegenwart seines Anwalts. Gleich zu Beginn der Vernehmung gibt Assange seiner Sorge über die Vertraulichkeit seiner Aussagen Ausdruck. »Muss ich davon ausgehen, dass alles gleich wieder an *Expressen* geht?«, fragt er. Mats Gehlin verneint: »Von uns? Ich werde nichts herausgeben. Und nur wir drei und der Stenograf sind hier. Falls es im *Expressen* rauskommt, können Sie also mit mir rumstreiten.« Bereits am 2. September wird die Schlagzeile von *Expressen* stolz verkünden: »Das Verhör von Assange – Wort für Wort«.

Während der Vernehmung wird Assange der an ihn gerichtete Vorwurf erstmals formell eröffnet: »In der Zeit vom 13. bis 14. August 2010 in der Wohnung von A. in der XX-gatan in Stockholm belästigte Assange A. während eines Kopulationsakts – der unter der ausdrücklichen Bedingung begonnen und durchgeführt wurde, dass ein Kondom verwendet werden sollte –, indem er das Kondom vorsätzlich beschädigte und die Kopulation fortsetzte, bis er in ihrer Vagina ejakulierte.« Assange weist diesen Vorwurf zurück. Er bestätigt zwar, er habe an besagtem Abend mehrmals Geschlechtsverkehr mit A. gehabt, immer mit demselben Kondom, streitet aber ab, dieses beschädigt zu haben – es sei ihm nicht einmal bewusst, dass das Kondom überhaupt kaputtgegangen sei. Nach dieser ersten Nacht habe er noch eine Woche lang zusammen mit A. in ihrem Bett geschlafen, wobei es mehrmals zu gegenseitigen sexuellen Handlungen gekommen sei, allerdings ohne Geschlechtsverkehr. Erst am Freitag, dem 20. August, sei er von A. mit dem Vorwurf konfrontiert worden, er habe während des Geschlechtsverkehrs in der ersten Nacht das Kondom abgestreift. Dass er es beschädigt haben soll, habe sie aber nicht behauptet. Das höre er nun zum ersten Mal. Allerdings erinnere er sich daran, dass A. ihn nach dem Geschlechtsverkehr auf einen feuchten Fleck auf dem Bett aufmerksam gemacht habe und gefragt habe: »Ist das von dir?« Darauf habe er geantwortet: »Nein, das muss von dir sein.« Er habe sich dazu keine weiteren Gedanken gemacht, zumal es auch von A. nicht mehr angesprochen wurde, bis zu dem Tag, an dem die Frauen zur Polizei gingen. Zum Schluss der Vernehmung beginnt Assange von sich aus, auch zum Fall von S. Stellung zu nehmen, doch Gehlin möchte ihm dazu offensichtlich keine Fragen stellen und beendet die Vernehmung. Assange erkennt an, dass diese zweite Geschichte vielleicht nicht mehr relevant sei, gibt aber zu Protokoll, dass er den Behörden auch diesbezüglich jederzeit zur Verfügung stehe: »Wenn nötig, können wir das Gespräch jederzeit weiterführen«, lässt er Gehlin wissen. Nachdem Assange die gegen ihn erhobenen Vorwürfe bestritten hat und keine weiteren Untersuchungshandlungen ersichtlich sind, welche die Behauptung einer absichtlichen Zerstörung des Kondoms rechtsgenügend beweisen könnten, ist für die Staatsanwaltschaft nun der Zeitpunkt gekommen, auch das Verfahren im Fall von A. endgültig einzustellen – aus Mangel an Beweisen und gestützt auf die Unschuldsvermutung. Doch es kommt anders.

Wiederaufnahme und Ausdehnung des Verfahrens

Nach Eingang von Borgströms Beschwerde am Freitag, dem 27. August, braucht Oberstaatsanwältin Marianne Ny nur gerade zwei volle Arbeitstage, um Staatsanwältin Finné die Gelegenheit zur Wiedererwägung ihrer eigenen Einstellungsverfügung zu geben – was diese ablehnt –, die Akten selbst zu prüfen und zum entgegengesetzten Schluss zu kommen. Am 1. September 2010 nimmt sie das Verfahren im Fall von S. wieder auf und weitet den Verdacht im Fall von A. auf schwerere Delikte aus. In ihrer Begründung stellt sie lediglich fest, dass aufgrund der Aktenlage im Fall von S. gegenwärtig von Vergewaltigung auszugehen sei und im Fall von A. von sexueller Belästigung und sexueller Nötigung. Die vorliegenden Beschlussunterlagen seien ungenügend, weshalb sämtliche relevanten Untersuchungshandlungen durchzuführen seien. Gleichzeitig erklärt Ny den Fall Assange zur Chefsache: Sie entzieht Finné in beiden Fällen die Zuständigkeit und beauftragt eine andere Staatsanwältin mit der Verfahrensführung, und zwar unter der persönlichen Aufsicht von Ny selbst. Alle wichtigen Entscheidungen behält sich die Oberstaatsanwältin ausdrücklich selbst vor.

Doch etwas ganz Wesentliches fehlt in dem Entscheid. Ny erlässt nämlich keinen Haftbefehl gegen Assange. Obwohl ein solcher von der schwedischen Strafprozessordnung grundsätzlich sogar gefordert wird, sobald – wie hier mit dem dringenden Vergewaltigungsverdacht – eine Strafandrohung von mindestens zwei Jahren Gefängnis besteht. Erst am 24. November 2010 wird dieser Verdacht vom Svea Berufungsgericht auf Vergewaltigung »verminderten Schweregrades« reduziert, für die der Haftbefehl nicht mehr obligatorisch ist. Am 1. September haben Erstvernehmungen aller Beteiligten bereits stattgefunden, sodass im Gegensatz zum ersten Haftbefehl keine Voreiligkeit besteht. Auch die zur Notwendigkeit des ersten Haftbefehls vom 20. August vorgebrachten Umstände, nämlich Assanges ausländische Staatsbürgerschaft, der fehlende Wohnsitz in Schweden, das Fluchtrisiko und die angebliche Kollusionsgefahr, bestehen zumindest theoretisch im gleichen Maß wie 10 Tage zuvor. Doch die Staatsanwaltschaft scheint auch diesmal mehr an den Schlagzeilen interessiert zu sein als an der Verhaftung, Vernehmung und Anklage von Assange. Denn dies würde die Behörden in Zugzwang bringen, würde sie zu einer zügigen Gerichtsverhandlung zwingen und höchstwahrscheinlich zu einem raschen Freispruch aus Mangel an Beweisen führen. Und das passt offenbar nicht in die Agenda. Lieber würde man abwarten, dass Assange das Land verlässt, und ihm dann Justizvermeidung vorwerfen.

Am 1. September 2010 übernimmt also Oberstaatsanwältin Marianne Ny das Ruder, nimmt die Voruntersuchung wegen Vergewaltigung von S. wieder auf und weitet diejenige im Fall A. auf sexuelle Nötigung aus. Verfahrenstechnisch bedeutet dies, dass geprüft werden muss, ob genügend Verdachtsmomente existieren, um Anklage erheben zu können. Dafür ist, zumindest für die neuen Verdachtselemente, nicht zuletzt die neuerliche Vernehmung der Beteiligten notwendig. Das geschieht auch – zumindest, was die beiden Frauen betrifft. Ihre Befragungen finden am 2. und 7. September statt und damit innerhalb der ersten Woche nach der Wiederaufnahme und Ausdehnung des Verfahrens. Assange selbst wird jedoch weder verhaftet noch befragt, seine Version der Geschichte scheint niemanden zu interessieren. Für den ehemaligen schwedischen Staatsanwalt Sven-Erik

Alhem eine klare Verletzung der staatsanwaltlichen Sorgfaltspflicht: »Nach den Regeln des schwedischen Rechtsverfahrens ist es zwingend erforderlich, dass der Angeklagte die Möglichkeit bekommt, zum frühestmöglichen Zeitpunkt auf die Anschuldigungen zu reagieren, eben wenn er auch noch in der Lage ist, sich an intime Details zu erinnern.«

Verweigerung des rechtlichen Gehörs

Nachdem Assange eine ganze Woche nach der offiziellen Wiederaufnahme des Falles von S. durch Marianne Ny nichts von den Behörden gehört hat, wendet sich sein neuer Anwalt, Björn Hurtig, am 8. September telefonisch an die Oberstaatsanwältin und bittet sie im Namen und Auftrag seines Klienten um dessen Vernehmung. »Nicht gerade jetzt«, soll ihm Ny erwidert haben. Obwohl es sich bei Assange um keinen schwedischen Staatsbürger handelt, obwohl er keine Wohnung in Schweden besitzt und obwohl jederzeit mit seiner Ausreise zu rechnen ist – die Konferenz, auf der er einen Vortrag gehalten hat, ist vorüber; die erhoffte Aufenthaltsbewilligung wurde nicht erteilt; er hätte eigentlich bereits vor zwei Wochen abreisen wollen –, wird seine Vernehmung vorerst demonstrativ abgelehnt. Ein höchst ungewöhnlicher Vorgang, der jedoch nahtlos in das stetig wachsende Puzzle passt.

Sechs weitere Tage vergehen, ohne dass Assange von den Behörden vorgeladen wird. Am 14. September meldet sich Hurtig wieder bei Marianne Ny, diesmal per Mail, und bittet, gestützt auf die geltende Strafprozessordnung, um Einsicht in sämtliche Verfahrensakten, einschließlich Strafanzeigen, Vernehmungsprotokollen, Zeugenaussagen und etwaiger Unterlagen der Sicherheitspolizei usw. Hurtig betont, Assange habe dringende Angelegenheiten im Ausland, und erkundigt sich, ob sein Klient Schweden verlassen dürfe. Wie Ny am 24. November 2010 gegenüber dem Svea Berufungsgericht schriftlich bestätigen wird, antwortet sie ihm, dass einer Ausreise Assanges formell nichts entgegenstehe und dass zu diesem Zeitpunkt zuerst mehrere andere Untersuchungshandlungen ergriffen werden müssten, ehe eine Befragung von Assange erforderlich sein würde. Zudem sei Polizeiinspektor Mats Gehlin erkrankt, und nach seiner Rückkehr müssten als Erstes zwei Zeugenvernehmungen durchgeführt werden.

In seinem Gutachten sagt Alhem das Offensichtliche: »Dies [die Erkrankung von Mats Gehlin] kann nicht entschuldigen, dass die Staatsanwaltschaft Julian Assange nicht befragt hat.« In der Tat wirken Nys Begründungen nicht glaubwürdig. Wie aus den Verfahrensakten klar hervorgeht, war Gehlin nicht der einzige Polizeibeamte, der mit dem Fall befasst war. Jedenfalls hätten sich andere problemlos einlesen oder die zu stellenden Fragen direkt von der Staatsanwaltschaft anfordern können. Eine objektive, unvoreingenommene Untersuchung verlangt auch, dass nach Möglichkeit nicht nur die Geschädigten, sondern auch der Verdächtigte gehört wird, bevor Zeugen vernommen werden. Nur so kann man die Zeugen gezielt zu etwaigen Abweichungen zwischen den Sachverhaltsdarstellungen der Geschädigten und des Verdächtigten befragen. Dass Ny die Vernehmung von Assange entgegen aller Gepflogenheiten ganz bewusst hinauszögerte, ist ein starkes Indiz dafür, dass sie weniger an objektiver Wahrheitsfindung interessiert war als daran, die Geschädigten und Zeugen zur Konsolidierung ihrer vorgefassten Meinung zu instrumentalisieren.

Vor diesem Hintergrund wird auch immer deutlicher, warum die große Mehrheit dieser Vernehmungen telefonisch durchgeführt wurden, ohne Drittzeugen, Tonbandaufnahmen oder wortgetreue Protokolle. Suggestivfragen, Umformulierungen und Auslassungen bleiben auf diese Weise unbemerkt, und bei späteren, ergänzenden Vernehmungen werden die Befragten erfahrungsgemäß dazu tendieren, die polizeiliche Zusammenfassung ihrer ersten Aussage zu bestätigen und allenfalls zu ergänzen. Sie werden davon in der Regel nicht mehr abweichen, da sie den Behörden gegenüber nicht als widersprüchlich erscheinen wollen. Wie unzählige Studien bewiesen haben, werden die Realitätswahrnehmung und das Erinnerungsvermögen aller Beteiligten von einer Vielzahl von Faktoren beeinflusst, einschließlich unbewusster Bedürfnisse nach Konformität, Akzeptanz und Glaubwürdigkeit.

Nach eigenen Angaben gegenüber der britischen Justiz beginnt Marianne Ny frühestens am 21. September, sich um einen Termin für Assanges Vernehmung zu bemühen, also einen vollen Monat nach der *Expressen*-Schlagzeile und immerhin drei Wochen nach der Wiederaufnahme des Falles von S. durch die Staatsanwaltschaft. Der erste aktenkundige Nachweis datiert allerdings erst einen Tag später. Und zwar schreibt Ny am 22. September um 16:06 Uhr eine SMS an Hurtig und fragt: »Hallo! Ist ein Verhör am Dienstag um 17 Uhr in Ordnung?« Gemeint war Dienstag, der 28. September. Hurtig antwortet um 16:48 Uhr: »Nein, ich hatte seit unserem letzten Gespräch keinen Kontakt mit meinem Klienten. Ich werde versuchen, ihn aufzuspüren, und melde mich, sobald ich ihn erreicht habe. Ich selbst bin am Dienstag jedenfalls verfügbar.« Vier Minuten später schreibt Ny: »Danke für den Bescheid. Bis auf Weiteres gehen wir also davon aus, dass Dienstag 17 Uhr klappt. Dankbar für baldmöglichste definitive Antwort.« Am folgenden Nachmittag, dem 23. September, fragt Ny nochmals nach: »Hallo! Hatten Sie mit Ihrem Klienten Kontakt?« Doch Hurtig antwortet erst am Montag, dem 27. September, um 09:01 Uhr: »Hallo, will nur mitteilen, dass ich keinen Kontakt mit meinem Klienten etablieren konnte.« Ny bedankt sich für den Bescheid: »Ich melde mich im Verlauf des Tages bei Ihnen zum weiteren Vorgehen.« Obwohl Assanges Verhör erst für den nächsten Tag vorgesehen ist, erlässt Ny noch am selben Nachmittag um 14:15 Uhr einen Haftbefehl. Begründung: Flucht- und Kollusionsgefahr. Keine zwei Stunden zuvor hat Assange am Flughafen Stockholm Arlanda seinen Flug mit Scandinavian Airlines SK2679 gebucht, mit dem er die schwedische Hauptstadt um 17:25 Uhr in Richtung Berlin Tegel verlassen wird.

Als Zeuge im britischen Auslieferungsverfahren am City of Westminster Magistrates' Court wird Hurtig später diese

SMS-Korrespondenz mit Ny unterschlagen und behaupten, diese habe sich bis zur Abreise von Assange nie um einen Termin für seine Vernehmung bemüht. Eine schwer nachvollziehbare Verfehlung, die Hurtig nicht nur den Tadel des Anwaltsverbands und jede Menge schlechte Presse einbringt, sondern vom britischen Richter im späteren Auslieferungsverfahren auch ausgiebig ausgeschlachtet wird, um die Glaubwürdigkeit Hurtigs und der von ihm instruierten Gutachter zu untergraben und die – im objektiven Vergleich viel gravierenderen – Versäumnisse der schwedischen Staatsanwaltschaft zu übertünchen. Denn Hurtigs Falschangabe ändert nichts an der Tatsache, dass die schwedische Staatsanwaltschaft die Erstvernehmung Assanges zum Fall von S. trotz mehrfacher Nachfrage seinerseits erst auf den 28. September angesetzt hat. Das waren sechs lange Wochen nach der ihm vorgeworfenen Tat und immerhin ganze vier Wochen nach der Wiederaufnahme des Verfahrens – eine objektiv unentschuldbar lange Zeit.

Aufgrund des verfügbaren Beweismaterials ist somit zweifelsfrei nachgewiesen, dass Assange nach dem Aufkommen des Vergewaltigungsverdachts seinen Aufenthalt in Schweden aus eigenem Antrieb um mehr als einen Monat verlängerte; dass er sich der Polizei von Anfang an freiwillig für ein Verhör zum Fall von A. zur Verfügung stellte; dass er wiederholt selbst die Initiative ergriff, um auch zum Fall von S. verhört zu werden; und dass er sich seine Abreise aus Schweden knapp zwei Wochen im Voraus von der Staatsanwaltschaft bewilligen ließ. Dass Assange während seines Aufenthaltes schwierig zu erreichen war, hat ebenfalls einen aktenkundigen Grund, der nichts mit Verfahrensvermeidung zu tun hat. Zwei Tage nach seiner Ankunft wurden ihm auf Druck der USA nämlich sämtliche Kreditkarten gesperrt, sodass er kein Hotel buchen und keine Nahrungsmittel kaufen konnte, sondern von der Gastfreundschaft von Bekannten abhängig war, in deren Privatwohnungen oder Büroräumlichkeiten übernachten und ständig seinen Aufenthaltsort wechseln musste. Aus dem gleichen Grund hatte er häufig auch nicht genügend Kreditguthaben auf seinem Mobiltelefon, um Anrufe zu erhalten. Im Lichte aller dieser unstrittigen Tatsachen ist die weit verbreitete Behauptung, Assange habe sich der schwedischen Justiz entziehen wollen, aktenkundig widerlegt.

Schweden als »verlässlicher Partner« der USA

Ist es ein Zufall, dass der angekündigte Verhörtermin genau auf den ersten Tag nach Assanges Abreise aus Schweden fällt? Kaum. Hätte ihn die Staatsanwaltschaft an diesem Tag wirklich verhören wollen, dann wäre es nicht bei einem hemdsärmeligen SMS-Austausch geblieben, sondern man hätte Assanges Anwalt eine formelle Vorladung zukommen lassen. Schließlich handelte es sich ja nicht um die Vernehmung irgendeines Taschendiebes durch den Dorfsheriff, sondern um einen politisch kontroversen Fall, der ein weltweites Medienecho ausgelöst hatte. Ny hätte ihren Haftbefehl mit Sicherheit auch nicht schon am Tag zuvor erlassen, sondern abgewartet, ob Assange den Termin wahrnehmen würde – es sei denn, sie wusste bereits von seiner geplanten Abreise.

Tatsächlich wäre es naiv zu glauben, dass der schwedische Geheimdienst SÄPO einen Besucher vom Format Assanges, der soeben das größte Leak der westlichen Militärgeschichte veröffentlicht hat und von den Behörden als Bedrohung für die nationale Sicherheit wahrgenommen wird, während seines Aufenthaltes nicht ständig auf dem Radar behalten hätte. Bereits am 18. August zeigte sich das staatsnahe Außenpolitische Institut im schwedischen Fernsehen besorgt, dass die Präsenz von WikiLeaks die schwedischen Beziehungen zu den USA belasten könnte, und erst am 8. September hatte der Chef des schwedischen militärischen Sicherheitsdienstes, John Daniels, WikiLeaks sogar öffentlich als »Bedrohung für unsere Soldaten« bezeichnet. Dass das amerikanische Justizministerium unter Attorney-General Eric Holder eine Strafverfolgung von Assange prüfte, war schon damals ein offenes Geheimnis. Überdies belegten von WikiLeaks veröffentlichte, als »geheim« klassifizierte diplomatische Depeschen aus den Jahren 2007 und 2008 zweifelsfrei, dass die schwedische Regierung hinter dem Rücken von Volk und Parlament »informelle Kanäle zum Informationsaustausch« mit den US-Geheimdiensten pflegte, welche sie selbst als stark, zufriedenstellend, aber verfassungswidrig einschätzte und deren öffentliche Aufdeckung sie daher vermeiden wollte. »Schwedische militärische und zivile Geheimdienstorganisationen sind starke und verlässliche Partner in einer Reihe von Schlüsselfragen«, notierte die US-Botschaft in Stockholm. »Aus innenpolitischen Erwägungen ist das Ausmaß dieser Zusammenarbeit in der schwedischen Regierung nicht allgemein bekannt, und es wäre nützlich, diese Kooperation nur vertraulich zu erwähnen, da die öffentliche Anerkennung der Zusammenarbeit die Regierung innenpolitischer Kritik aussetzen würde.« (07STOCKHOLM506_a) Und ein Jahr später: »Das Team des Justizministeriums (...) zeigte sich sehr zufrieden mit den derzeitigen informellen Kanälen zum Informationsaustausch mit den USA, welche ein breites Spektrum von Polizeikooperation und Terrorismusbekämpfung abdecken«, und befürchtete, dass diese »informellen Arrangements« im Falle erhöhter öffentlicher Aufmerksamkeit oder einer parlamentarischen Prüfung »gefährdet sein könnten« (08STOCKHOLM748_a). Offenbar hatte sogar der Skandal um die völkerrechtswidrige Überstellung der beiden Ägypter Agiza und Alzery durch die schwedische Sicherheitspolizei in die Folterkeller der CIA nichts dazu beigetragen, die Sensibilität der schwedischen Regierung gegenüber ihren rechtsstaatlich-demokratischen Pflichten zu schärfen.

Aber auch ohne diese Depeschen wäre es weltfremd anzunehmen, der schwedische Geheimdienst hätte das Flugbuchungssystem ab dem Stockholmer Flughafen nicht ständig auf den Passagiernamen »Assange« hin überwacht und hätte der Staatsanwaltschaft den geplanten Abflug ihres prominentesten Verdächtigten nicht sofort gemeldet – durch »informelle Kanäle« selbstverständlich, ganz so wie beim großen transatlantischen Partner. Assange macht sich keine Illusionen. Für ihn ist das

Überwachungsrisiko längst zur Routine geworden. Um den Geheimdiensten nicht allzu viel Spielraum zu lassen, kauft er sein Flugticket wie immer erst kurz vor Abflug und bezahlt mit Bargeld, direkt am Flughafen. Am 27. September kommt Assange kurz nach Mittag am Flughafen Arlanda an. Sein bevorzugter Flug nach Berlin ist jedoch bereits ausgebucht, sodass er auf eine spätere Maschine ausweichen muss und ein paar Stunden am Flughafen verbringt. Länger, als ihm lieb ist, und lang genug, um im Datenüberwachungssystem der Behörden aufzutauchen. Dass Assange an der Abreise dennoch nicht gehindert wird, ist keineswegs ein Zeichen von Inkompetenz, sondern ein weiteres Indiz für die wirkliche Agenda der Behörden. Es geht ihnen gar nicht darum, Assange zu verhaften und zu verhören, sondern darum, das Narrativ eines flüchtigen Sexualverbrechers zu perpetuieren, ohne ihm die Gelegenheit zu geben, sich dagegen zu verteidigen. Also erlässt man kurz vor seinem Abflug noch schnell einen Haftbefehl und lässt ihn danach ausreisen – denn damit hat er die behauptete Fluchtgefahr gleich selbst bestätigt.

Falls trotz dieser Hinweise noch Zweifel daran bestehen sollten, dass Assanges Abreise von den schwedischen Behörden ganz bewusst nicht verhindert, sondern sogar in Echtzeit »begleitet« wurde, dann werden diese spätestens mit dem Verschwinden von Assanges Reisegepäck endgültig ausgeräumt. Und zwar reist Assange am 27. September nach Berlin, um sich mit verschiedenen Journalisten zu treffen, insbesondere mit Holger Stark und Marcel Rosenbach vom *Spiegel* sowie mit Stefania Maurizi von *L'Espresso*. Maurizi wird später mit einer Informationsfreiheitsklage die Herausgabe wichtiger Beweise für die schwedisch-britische Behördenkollusion erstreiten. Vorerst geht es aber um den Abschluss neuer Publikationspartnerschaften für die im Jahr 2010 noch bevorstehenden großen Leaks: *Iraq War Logs* und *Cablegate*. Zweck, Ort und Datum dieser Treffen waren bereits zwischen dem 26. Juli und dem 25. August über unverschlüsselte E-Mail-Korrespondenz festgelegt worden und waren den Geheimdiensten also mit Sicherheit bereits bekannt.

Die schwedischen Behörden wussten also, wie lange sie die Vernehmung von Assange verzögern mussten, um seine »Flucht« zu provozieren, und die Geheimdienste hatten natürlich jedes Interesse, die Datensätze abzufangen, welche in Berlin der Presse übergeben werden sollten. Es ist daher kein Zufall, dass man Assange trotz Haftbefehl ausreisen lässt und dass sein Gepäck auf der Reise verschwindet. Nur ein kurzer Direktflug verbindet die beiden Hauptstädte, aber nach der Landung in Berlin wartet Assange als einziger Passagier vergeblich auf sein Gepäck. Darunter befinden sich seinen Angaben zufolge auch drei verschlüsselte Laptops und diverse Festplatten mit sensiblen Datensätzen, einschließlich Beweisen für ein Kriegsverbrechen.

Auf der aktenkundigen Kopie von Assanges Bordkarte kann man erkennen, dass er in Stockholm tatsächlich ein Gepäckstück von 13 Kilogramm aufgegeben hat. Ein Abriss des Gepäckbelegs mit Strichcode und Registernummer »0117 SK 847249 SK 2679/27SEP« ist auf der Bordkarte aufgeklebt. In Berlin kommt dieses Gepäck jedoch nie an. Die Akten enthalten auch eine Gepäckverlustmeldung des Flughafens Berlin Tegel vom 27. September um 19:45 Uhr sowie die unterschriebenen Aussagen zahlreicher Zeugen, die allesamt übereinstimmend den Verlust des Gepäcks bestätigen. Die Acciona Airport Services, welche in Berlin den Gepäckdienst der SAS übernehmen, setzen sich mit der Fluggesellschaft in Verbindung, erhalten jedoch keine Auskunft. Auf Bitte von Assange fragt der Journalist Johannes Wahlström in Stockholm bei der schwedischen Airline SAS nach, ohne Erfolg. Auch von Berlin aus finden Telefonate mit der SAS statt. Die Auskunft bleibt dieselbe: Man könne im Computer zwar sehen, dass Gepäck von Assange aufgegeben worden sei, aber eben auch, dass dieses Gepäck Stockholm nicht verlassen habe. Wo es geblieben sei, könne man allerdings nicht sagen. Schließlich ruft Wahlström den Polizeikommandanten Mats Gehlin an und konfrontiert ihn mit dem naheliegenden Verdacht, die schwedische Sicherheitspolizei SÄPO habe etwas mit dem Verschwinden des Gepäcks zu tun. Wenn es der Geheimdienst gewesen wäre, sagt Gehlin, dann wüsste er das. Doch er würde der Sache nachgehen und sich wieder melden. Nicht überraschend bleibt die Rückmeldung von Gehlin aus, und das Gepäck bleibt bis heute unauffindbar. Keine Beschlagnahmungsverfügung, kein Rechtsmittel, keine Antwort – ein gewichtiges Puzzleteil.

Selbstverständlich wird Marianne Ny am 15. November in einer Mail an Anwalt Björn Hurtig jede Beteiligung des Geheimdienstes im Fall Assange kategorisch zurückweisen – es gehe hier schließlich um Sexualdelikte, nicht um Delikte gegen die Staatssicherheit. So will es das offizielle Narrativ. Voraussehbar ist auch die Reaktion der SÄPO selbst, welche auf Anfrage des Schwedischen Radios am 11. Dezember sagen wird, sie verfolge die Entwicklungen, könne ihre Arbeit in individuellen Fällen aber nicht kommentieren. »Wie üblich«, meint das Radio lakonisch, doch nachgehakt wird nicht. Die schwedische Presse ist offenbar zufrieden und die Öffentlichkeit auch. Die Strategie funktioniert, und wo kein Kläger ist, da ist auch kein Richter.

Mit Assanges Abreise aus Schweden ist nun der Boden bereitet für die perfekte Inszenierung eines Drehbuches, welches am Tag von Assanges erster Verhaftung in London am 7. Dezember 2010 in einer internen Mailkorrespondenz der US Global Intelligence Beratungsfirma Stratfor wie folgt zusammengefasst wurde: »Legt nach. Treibt ihn von Land zu Land, bedrängt von allerlei Anklagen für die nächsten 25 Jahre. Nehmt alles, was er, seine Familie und alle Personen aus dem WikiLeaks-Umfeld besitzen.« Wie die nächsten Monate immer deutlicher zeigen sollten, war damit aus Julian Assanges Erfolgsgeschichte tatsächlich die Geschichte einer politischen Verfolgung geworden. Die Staaten hatten den von WikiLeaks auf sie gerichteten Scheinwerfer erfolgreich herumgerissen und auf Assange fokussiert – nicht auf seine Organisation natürlich, denn das wäre zu offensichtlich gewesen, sondern auf Assange persönlich. Von nun an und bis heute werden Medien und Öffentlichkeit ihre Aufmerksamkeit ganz der Person und den vermeintlichen Missetaten und Charakterschwächen Assanges widmen. Vergessen sind die Kriegsverbrechen und Korruption der Mächtigen. *Mission accomplished!*

7

Britisch-schwedischer Auslieferungsprozess

Schweden verweigert die »Non-Refoulement«-Garantie

Von Berlin reist Assange weiter nach London. Unterdessen beginnt die nun plötzlich dringende Suche nach einem geeigneten Termin für seine Befragung in Schweden. Bereits wenige Tage nach seiner Abreise zeigt sich Assange bereit, für die Vernehmung auf eigene Kosten nach Stockholm zurückzukehren. Am 30. September schlägt Anwalt Björn Hurtig der stellvertretenden Staatsanwältin Erika Lejnefors dafür den 10. Oktober 2010 vor – einen Sonntag – oder einen Tag ihrer Wahl in der folgenden Woche. Lejnefors lehnt den ersten Termin ab, weil man die schwedische Polizei offenbar nicht an einem Wochenende zur Arbeit aufbieten kann. Die Woche ab dem 11. Oktober wiederum ist für ihre Chefin, Marianne Ny, zeitlich in zu weiter Ferne. Assanges Verhör hatte für sie wochenlang keinerlei Priorität, solange er noch im Land war, doch nun, da er aus dem Ausland anreisen musste, konnte sie sich plötzlich keine zehn Tage mehr gedulden. Wie später bekannt wird, wollte die schwedische Polizei bereits einen ursprünglich für den 4. Oktober anberaumten Vortrag Assanges in Stockholm nutzen, um ihn zu verhaften. Sogar die Presse war offenbar schon aufgeboten worden. Man hatte sich wohl spektakuläre Bilder von Assanges Festnahme versprochen. Daraus wurde nichts. Der Vortrag fand nicht statt, Assange kam am 4. Oktober nicht nach Schweden.

Am 8. Oktober schlägt Hurtig der schwedischen Staatsanwaltschaft erstmals vor, Assange stattdessen per Telefon oder Videokonferenz zu vernehmen. Der Grund dafür sind nicht nur die Schwierigkeiten, sich auf einen Termin für ein persönliches Verhör in Schweden zu einigen. Denn ungefähr zur selben Zeit beginnen sich Berichte über eine in den USA etablierte geheime Grand Jury gegen Assange zu konsolidieren – eine Anklage wegen Spionage wird damit immer wahrscheinlicher. Angesichts der sich akkumulierenden Unregelmäßigkeiten im schwedischen Verfahren und der sicherheitspolitischen Nähe des skandinavischen Landes zu den USA wird Assange immer misstrauischer und wittert die Gefahr, bei einer Rückkehr nach Schweden im Rahmen einer *temporary surrender* gleich an die USA weitergereicht zu werden.

Assange will daher eine Garantie: Die schwedischen Behörden sollen ihm schriftlich zusichern, dass er im Anschluss an seine Vernehmung in Schweden nicht an die USA ausgeliefert wird. Er erhält die Standardantwort eines Staats, der sich nicht verbindlich äußern will: Man könne keine Nicht-Auslieferungsgarantie geben, solange kein amerikanisches Auslieferungsgesuch bestehe. Außerdem sei die Entscheidung über eine Auslieferung ohnehin eine Sache der Gerichte, in welche sich die Regierung nicht einmischen dürfe. Denn Schweden sei schließlich ein demokratischer Rechtsstaat.

Auf den ersten Blick mögen diese Argumente durchaus überzeugend wirken. Nur entsprechen sie weder der Rechtslage noch der internationalen Praxis. In Wahrheit sind solche »diplomatischen Zusicherungen« ein weltweit verbreitetes Standardinstrument internationaler Beziehungen, welches gerade im Zusammenhang mit Auslieferungen und der Abschiebung von Migranten tagtäglich zum Einsatz kommt. Der ausliefernde Staat lässt sich vom Zielstaat schriftlich zusichern, dass die auszuliefernde Person keinesfalls hingerichtet, gefoltert oder anderweitig misshandelt wird, dass ihre Verfahrensrechte garantiert sind und dass sie – nach dem universellen Grundsatz des »Non-Refoulement« – auch nicht an einen Drittstaat ausgeliefert wird, in welchem der Menschenrechtsschutz nicht gewährleistet ist.

Auch das bei westlichen Demokratien beliebte Argument, die Regierung könne nicht in Auslieferungsentscheidungen der Justiz »eingreifen«, entpuppt sich bei näherer Betrachtung als reine Augenwischerei. Wie in vielen anderen Ländern, so hat auch in Schweden die Regierung das Prärogativ, eine Auslieferung aus politischen Gründen zu verweigern, selbst wenn diese von der Justiz gutgeheißen worden ist. Wenn sich Schweden also ein Jahrzehnt lang konsequent weigerte, für Assange eine solche »Non-Refoulement«-Garantie auszustellen, dann waren die Gründe dafür nicht rechtsstaatlicher, sondern rein politischer Natur – und Assange hatte aufgrund der bereits erwiesenen langjährigen Kollusion zwischen Stockholm und Washington in geheimdienstlichen Angelegenheiten allen Grund, sich Sorgen zu machen.

Schweden verweigert ein Verhör in London

Am 18. November 2010 beschließt Oberstaatsanwältin Marianne Ny, einen Europäischen Haftbefehl gegen Assange auszustellen. Für sie nichts als ein logischer Schritt. Aufgrund der nun erwiesenen »Fluchtgefahr«, die von ihm ausgehe, könne in keiner Weise von einer »unangemessenen Überreaktion« gesprochen werden. Assange soll in London festgenommen und anschließend nach Schweden ausgeliefert werden. Interpol schreibt ihn mit einer sogenannten »Red Notice« zur Fahndung aus – eine Alarmstufe, die sonst nur für angeklagte oder verurteilte Straftäter benutzt wird. Assange ist nun offiziell ein weltweit gesuchter Mann. Aber eben gerade nicht, weil er eines Verbrechens angeklagt oder dafür verurteilt worden wäre. Sondern allein deshalb, weil es Marianne Ny nun plötzlich ganz besonders eilig hat, mit ihm im Rahmen ihrer Voruntersuchung ein persönliches Verhör in Schweden durchzuführen.

Der Haftbefehl wird ausgestellt, obwohl Assange während seines Aufenthalts in Schweden wochenlang nicht angehört worden ist. Obwohl ihm von der Staatsanwaltschaft die Erlaubnis zur Ausreise ausdrücklich gewährt wurde. Obwohl er auch nach Verlassen des Landes Termine zu seiner Vernehmung in Schweden vorgeschlagen hat. Obwohl ein publik gemachter Europäischer Haftbefehl wegen des Verdachts auf Vergewaltigung und sexuelle Belästigung aller Erwartung nach seine Reputation noch weiter schädigen und seine öffentliche Vorverurteilung, die am 20. August mit dem *Expressen*-Artikel eingesetzt hat, neu befeuern würde. Und obwohl Assange mehrfach angeboten hat, in London oder telefonisch oder per Videokonferenz befragt zu werden.

Experten wie die frühere schwedische Richterin Britta Sundberg-Weitman erkennen darin einen klaren Bruch mit dem im europäischen Recht verankerten Grundsatz der Verhältnismäßigkeit. Er sieht vor, dass eine Behörde nur so weit in die Freiheit einer Person eingreifen darf, wie es zum Erreichen eines legitimen Zwecks erforderlich und gerechtfertigt ist. Nicht nur für Sundberg-Weitman bleibt es ein Rätsel, warum sich Marianne Ny geweigert hat, Assange in London per Telefon oder Videokonferenz zu befragen, wenn gestützt auf bestehende schwedisch-britische Rechtshilfevereinbarungen doch beides problemlos möglich gewesen wäre. Der ehemalige schwedische Staatsanwalt Sven-Erik Alhem geht noch einen Schritt weiter: »Meiner Ansicht nach hätte erst dann ein Europäischer Haftbefehl ausgestellt werden dürfen, wenn die Unmöglichkeit, Assange in Großbritannien einzuvernehmen, klar erwiesen gewesen wäre. Da Assange aber dazu bereit gewesen ist, betrachte ich die Weigerung der Staatsanwaltschaft, diese Art der Befragung auch nur in Erwägung zu ziehen, nicht nur als unangemessen und unprofessionell, sondern auch als ungerecht und unverhältnismäßig.«

Alhelm verdeutlicht seine Auffassung anhand eines Gedankenspiels: »Eine Auslieferung von Assange, die allein zum Zweck seiner Befragung und der Fortsetzung einer Voruntersuchung erfolgen soll, kann als Verstoß gegen alle Prinzipien der Verhältnismäßigkeit betrachtet werden. Man stelle sich für einen Augenblick vor, Assange würde in Schweden befragt, jedoch unmittelbar nach der Vernehmung wieder auf freien Fuß gesetzt werden, weil es aufgrund der Beweislage keinen Grund mehr gibt, die polizeiliche Untersuchung fortzusetzen. Spätestens dann dürfte auch dem Letzten die Unverhältnismäßigkeit des schwedischen Vorgehens klar vor Augen stehen.« Der Schluss liegt daher nahe, dass für die schwedischen Behörden die Unschuld und Freilassung von Assange nie eine realistische Option war.

Anfang 2011 wird Assanges Anwalt Björn Hurtig versuchen, Marianne Ny doch noch dazu zu bewegen, seinen Mandanten gestützt auf ein Rechtshilfegesuch in London zu vernehmen. Nys Antwort, die sie am 11. Januar um 10:58 Uhr per SMS-Textnachricht an Hurtig verschickt, umfasst nur zwei Zeilen. Aus »ermittlungstechnischen Gründen« sei dies derzeit nicht aktuell. Der Presse gegenüber beruft sie sich am 5. Dezember 2010 sogar auf schwedische Gesetze, die eine solche Befragung angeblich nicht erlaubten. Britta Sundberg-Weitman kommentiert: »Das ist eindeutig falsch.« Und Sven-Erik Alhem schreibt: »Im schwedischen Recht gibt es meines Wissens nichts, was einen Staatsanwalt daran hindern könnte, um Rechtshilfe zu ersuchen, damit eine verdächtigte Person befragt werden kann.«

Hurtig will die Sache nicht auf sich beruhen lassen. Er legt Beschwerde ein und stellt am 9. Februar 2011 bei der übergeordneten Instanz – in Schweden ist das der Reichsankläger – einen Antrag auf Überprüfung von Marianne Nys Weigerung, Assange außerhalb Schwedens zu befragen. Doch anstatt die Sache selbst zu beurteilen, delegiert der Reichsankläger die Angelegenheit umgehend zurück an Ny. Sie darf den Beschwerdeentscheid im Sinne einer Wiedererwägung gleich selbst fällen. In eigener Sache sozusagen. Am 14. Februar kommt Ny dann »nach reiflicher Überlegung«, doch wenig überraschend zu dem Schluss, dass es für sie keinen Grund gibt, ihre eigene Entscheidung zu revidieren: »Die mit Assange geplanten Verhöre müssen aus ermittlungstechnischen Gründen in Schweden stattfinden. Dazu gehört unter anderem, dass die Verhöre mit Assange in der gleichen Form durchgeführt werden müssen wie die Vernehmungen anderer Personen in dieser Untersuchung und dass diese Verhöre voraussichtlich zu weiteren Ermittlungsmaßnahmen führen werden.« Diese Begründung wirkt nicht glaubwürdig, waren doch die meisten Zeugen, und zunächst sogar eine der betroffenen Frauen, lediglich per Telefon vernommen worden, während sich Assange am 30. August immerhin bereits persönlich zum Verhör auf der Polizeistation eingefunden hatte.

Assanges erste Verhaftung und Entlassung auf Kaution

Unterdessen arbeitet Assange weiter. Von London aus bereitet er im Spätherbst 2010 die beiden bislang größten WikiLeaks-Veröffentlichungen vor, wieder im Verbund mit einigen der namhaftesten Zeitungen und Nachrichtenmagazine der Welt. Am Abend des 22. Oktober stellt WikiLeaks mit den *Iraq War Logs* insgesamt fast 400 000 Dokumente online: Amerikanische Protokolle aus dem Irakkrieg der Jahre 2004 bis 2009, die sich zu einer ungeschönten Chronik eines menschenverachtenden Besatzungskrieges addieren. Auf einmal tritt alles offen zutage: Seite um Seite, Protokoll um Protokoll kann die Welt nachlesen, was sich sechs Jahre lang wirklich im Rahmen der Operation *Iraqi Freedom* abgespielt hat. WikiLeaks liefert die Innenansicht eines Kriegs, dessen tatsächliche Schrecken die offiziellen amerikanischen Verlautbarungen stets verschwiegen haben. Das dokumentierte Grauen verdichtet sich, wie so oft, in einer Zahl: 109 032 Todesopfer hat der Irakkrieg allein bis Ende 2009 gefordert, darunter mehr als 66 000 irakische Zivilisten. Gleichzeitig wird bekannt, dass die USA Gefangene – ihre Zahl geht in die Tausende – wissentlich Folter und Misshandlung aussetzten, indem sie sie den irakischen Sicherheitskräften überließen und den eigenen Truppen Befehl erteilten, solche Verbrechen nicht zu untersuchen.

Mit diesen Veröffentlichungen hat WikiLeaks allen eventuell noch existierenden humanitären Verbrämungen des Irakkriegs den Boden entzogen. Am 26. Oktober verlangt die UNO-Hochkommissarin für Menschenrechte, Navi Pillay, eine Untersuchung und Bestrafung der dokumentierten Menschenrechtsverletzungen, und selbst von der US-Regierung wird der Wahrheitsgehalt des geleakten Materials nicht bestritten. Bemerkenswerterweise hat WikiLeaks bis heute offenbar kein einziges gefälschtes oder in seiner Echtheit auch nur zweifelhaftes Dokument veröffentlicht. Was nicht viele Medienorganisationen von sich behaupten können.

Vier Wochen später beginnt mit *Cablegate* der dritte und letzte Teil der publizistischen Aufbereitung des von Chelsea Manning zugänglich gemachten Materials. Dieses Mal rückt die US-Diplomatie in den Fokus. In den letzten 48 Stunden vor Beginn der Veröffentlichung erfolgt noch eine Korrespondenz zwischen Assange, US-Botschafter Susman in London und dem amerikanischen Außenministerium in Washington. Am 26. November bittet Assange die US-Regierung, WikiLeaks auf Informationen aufmerksam zu machen, deren Veröffentlichung Einzelpersonen signifikant gefährden könnte, damit dies im Veröffentlichungsprozess berücksichtigt werden kann. In seiner Antwort vom 27. November lehnt der Rechtsberater des Außenministeriums, Harold Koh, jedoch jede Verhandlung über die Veröffentlichung von illegal erhaltenen Geheimdokumenten ab. Ab dem nächsten Tag, dem 28. November, beginnt die kontinuierliche Veröffentlichung von *Cablegate* – insgesamt über 250 000 vertrauliche Dokumente und Depeschen des Außenministeriums. Trotz der Weigerung der US-Regierung, bei der Überarbeitung dieser Dokumente mitzuwirken, findet in Zusammenarbeit mit den großen Publikationspartnern – *El País, Der Spiegel, Le Monde, The Guardian* und *The New York Times* – jedoch ein rigoroser Redaktionsprozess statt, bei welchem jedes einzelne Dokument geprüft und alle Angaben geschwärzt werden, deren Veröffentlichung Menschen hätten in Gefahr bringen können.

Cablegate umfasst vor allem diplomatischen Schriftverkehr, ursprünglich gedacht einzig für den internen Austausch zwischen dem Außenministerium und den amerikanischen Botschaften in den verschiedenen Ländern – und daher im Tonfall oft gerade alles andere als diplomatisch. Es gibt alles: Klatsch und Tratsch; mit Lust an der Häme gezeichnete Porträts von ausländischem Regierungspersonal; nüchterne Einschätzungen internationaler Konflikte, aber auch ganz handfeste Beweise für eine amerikanische Machtpolitik, die selbst auf höchster Ebene vor fragwürdigen Methoden nicht zurückscheut. Genannt sei nur das Ausspionieren hochrangiger Mitarbeiter der Vereinten Nationen, darunter sogar des UNO-Generalsekretärs Ban Ki-Moon. Aber eben auch die umfassende zivile und militärische Geheimdienstkooperation Schwedens mit den USA, unter bewusster Irreführung des Parlaments und der eigenen Bevölkerung.

Niemals zuvor hat eine Regierung ein derartiges Sichtbarwerden ihrer diplomatischen Gepflogenheiten erlebt. Der Imageschaden, den die Amerikaner durch die WikiLeaks-Veröffentlichungen und die sie flankierenden und zuspitzenden Medienberichte davontragen, ist immens. Wie groß die Bedrohung von amerikanischer Seite selbst eingeschätzt wird, lassen die prompt einsetzenden öffentlichen Reaktionen erahnen. Sie richten sich vor allem gegen Assange als Person, und sowohl Politiker als auch Journalisten überbieten sich gegenseitig darin, Assange der Spionage oder gar des Terrorismus zu beschuldigen.

Auch der Druck auf WikiLeaks als Organisation nimmt zu. Die Website wird Ziel von Cyberangriffen, Amazon streicht wichtige, von WikiLeaks angemietete Serverkapazitäten, WikiLeaks-Konten werden gesperrt, und Kreditunternehmen sowie Finanzdienstleister beenden, politischen Direktiven gehorchend, die Zusammenarbeit. Doch das primäre Ziel bleibt Assange. Er ist der sichtbare Kopf von WikiLeaks, ihn kann man persönlich attackieren, ohne den Angriff auf die Presse- und Informationsfreiheit allzu offensichtlich werden zu lassen. Man kann sich vorstellen, wie hinter den Kulissen der Weltöffentlichkeit mit jeder spektakulären Veröffentlichung der Druck der USA auf ihre Verbündeten wächst, diesen Mann, der die Schattenseiten Amerikas so schonungslos ans Tageslicht zerrte, endlich von der Straße zu nehmen.

Assange ist zu dieser Zeit Gast von Vaughan Smith und wohnt auf dessen Landsitz Ellingham Hall in der Nähe von London. Smith, ehemaliger Hauptmann der britischen Armee, Kriegsreporter, Gründer des Frontline Presseclubs in London und WikiLeaks-Sympathisant, erkennt in Assange einen Gleichgesinnten in Sachen Meinungsäußerungs- und Pressefreiheit. Von Ellingham Hall aus koordiniert Assange die weltweite Veröffentlichung der Botschaftsdepeschen; dort erreicht ihn, nur wenige Tage später, auch die Nachricht, dass der internationale Haftbefehl, den die schwedische Staatsanwaltschaft gegen ihn erlassen hat, von den britischen Behörden formell bestätigt worden ist.

Am folgenden Tag, am 7. Dezember, meldet sich Assange freiwillig auf dem Londoner Polizeirevier Kentish Town und lässt sich festnehmen. Dort wird er auch erstmals seit der Wiederaufnahme und Ausweitung der schwedischen Strafuntersuchung am 1. September über die ihm gemachten Vorwürfe informiert. Assanges Anwalt Hurtig hatte Oberstaatsanwältin Ny mehr als drei Monate lang vergeblich dazu aufgefordert – eine weitere der unzähligen Verfahrensverletzungen, die das schwedische Vorgehen charakterisieren. Assange kommt in Einzelhaft und verbringt insgesamt neun Tage in Wandsworth Prison, bis er am 16. Dezember auf Kaution freigelassen wird und nach Ellingham Hall zurückkehren kann. Zahlreiche prominente Unterstützer haben für ihn gebürgt und die geforderte Kautionssumme von insgesamt 200 000 Pfund aufgebracht. Die nächsten 550 Tage wird Assange als Teil seiner Kautionsbedingungen im Hausarrest leben, eine elektronische Fußfessel tragen und sich täglich bei der Polizei melden müssen. Vor allem aber wartet auf ihn die für Anfang Februar 2011 anberaumte Anhörung am Westminster Magistrates' Court, in der über seine Auslieferung nach Schweden verhandelt werden soll.

Britisch-schwedische Kollusion

Nach dem Jahreswechsel 2010/11 scheinen bei der schwedischen Staatsanwaltschaft erste Anzeichen von Verunsicherung aufzukommen. Am 11. Januar 2011 hat Assanges Verteidigung im Hinblick auf die bevorstehende Auslieferungsverhandlung ihre wichtigsten Argumente und Beweismittel dargelegt und auch namhafte schwedische Experten als Zeugen benannt. Dies dürfte den schwedischen Behörden vor Augen geführt haben, wie offensichtlich sie sich im Fall Julian Assange bereits von Recht und Gerechtigkeit abgewandt hatten. Es scheint fast, als würde Marianne Ny nun zumindest vorübergehend erwägen, Assange doch noch in London zu vernehmen. Aber dann geschieht etwas Bemerkenswertes. Der britische Crown Prosecution Service, der die schwedischen Interessen im Auslieferungsverfahren vertritt, rät von genau diesem Schritt ab. »Meine frühere Empfehlung bleibt gleich. Es wäre von den schwedischen Behörden nicht klug, den Verdächtigten in Großbritannien zu befragen«, schreibt Paul Close am 25. Januar nach Göteborg. Er behauptet nicht, dass eine Befragung von Assange unmöglich sei, denn das ist sie ja nicht. Das Abkommen, das sie explizit erlaubt, existiert, und es kommt in anderen Fällen auch ständig zur Anwendung. Er sagt vielmehr, eine solche Befragung sei »nicht klug«, und zwar deshalb, weil die Verteidigung dies sicherlich zu ihrem Vorteil verwenden würde. Diese würde zweifellos behaupten, die schwedischen Behörden befänden sich gegenüber Assange nachweislich in einem Beweisnotstand und hätten die Befragung daher in der Hoffnung auf ein Geständnis durchgeführt. Die Erfahrung zeige auch, dass Verdächtigte nach Befragungen durch ausländische Behörden oft Vorwürfe von Drohungen und Beeinflussungen erheben. »Ich empfehle Ihnen daher, ihn nur nach seiner Auslieferung in Schweden und nach schwedischem Recht zu befragen.« Und dann, wie um sich selbst zu überzeugen: »Wie besprochen, stellt das verfügbare Beweismaterial eine solide Grundlage für Ihre Strafuntersuchung dar und genügt für eine Anklage«, was ja auch die Absicht der Staatsanwaltschaft sei. Danach ist ein – offenbar wesentlicher – Absatz geschwärzt, gefolgt von der Feststellung: »Sie haben die Aussagen der Geschädigten.« Der Brite schließt seinen Motivationstext, indem er den Schweden noch einmal ausdrücklich seine tatkräftige Unterstützung bei der Analyse und Beantwortung der Verteidigungsargumente zusichert und dabei eine rein formelle Linie empfiehlt: Nämlich dass Marianne Ny einen Europäischen Haftbefehl erlassen kann und dass die schwedische Staatsanwaltschaft den Verdächtigten immer noch strafrechtlich verfolgen will. Auf die inhaltlichen Argumente und die schweren schwedischen Verfahrensverletzungen soll also gar nicht erst geantwortet werden, denn das soll von den britischen Gerichten nicht beurteilt werden.

Doch warum, fragte ich mich, legten sich die Briten eigentlich so sehr ins Zeug? Weder Assange noch die schwedischen Frauen waren britische Staatsbürger, die angeblichen Delikte hatten sich nicht in Großbritannien zugetragen, und das Verfahren befand sich erst im Anfangsstadium einer Voruntersuchung. »Wo Rauch ist, da ist auch Feuer« – dieses Sprichwort hat sich bei meinen Untersuchungen von Menschenrechtsverletzungen und Kriegsverbrechen ausnahmslos bestätigt. Und wo viel Rauch ist, da ist auch ein großes Feuer. Jedenfalls machten die britischen Behörden hier etwas sehr viel Rauch für das kleine Feuer, um das es angeblich ging. Man wird den Eindruck nicht los, dass es den britischen Behörden um etwas ganz anderes ging als ein gewöhnliches Auslieferungsverfahren – ein Eindruck, der am 13. Januar 2011 in einer anderen Mail von Paul Close an Marianne Ny wortwörtlich bestätigt wird: »Bitte denken Sie nicht, dass der Fall wie ein gewöhnliches Auslieferungsgesuch behandelt wird.« Wie die folgenden Monate zeigen, wird Paul Close recht behalten, die Briten haben alles, was Assange betrifft, fest im Griff – vorerst zumindest.

Die definitive Entscheidung über Assanges Auslieferung nach Schweden fällt weder in der ersten noch in der zweiten Instanz, sondern erst am 30. Mai 2012, als das höchste britische Gericht, der Supreme Court, den von der schwedischen Staatsanwaltschaft ausgestellten europäischen Haftbefehl für rechtmäßig erachtet. Dazu muss man wissen, dass zwischen EU-Staaten (und Großbritannien gehört 2012 noch zur EU) ein gültiger, standardisierter europäischer Haftbefehl genügt, um die Auslieferung einer Person zu erwirken. Ob tatsächlich ein Anfangsverdacht gegen diese Person besteht und ob überhaupt genügend Verdachtsmomente vorhanden sind, die eine Anklage wahrscheinlich erscheinen lassen, muss vom ausliefernden Land gar nicht erst geprüft werden. Das ganze Verfahren vollzieht sich auf einer rein formellen Basis. Fragen nach Schuld oder Unschuld, Glaubwürdigkeit und Beweiskraft werden dabei nicht gestellt und können von Assanges Anwälten deshalb auch nicht wirkungsvoll geltend gemacht werden.

Für eine Auslieferung innerhalb der EU müssen nur zwei Voraussetzungen erfüllt sein: Zum einen müssen die einer Person zur Last gelegten Delikte auch in dem Land, in dem sie sich gerade befindet, strafbar sein. Assange wird in Schweden der Vergewaltigung und der sexuellen Nötigung verdächtigt, beides ist auch in Großbritannien eine Straftat – die erste Voraussetzung ist also erfüllt. Und zweitens muss die formelle Gültigkeit des europäischen Haftbefehls erwiesen sein. Dabei kommt es auf die Beantwortung vor allem einer Frage an: Wurde er von der dafür zuständigen Behörde erlassen? Sowohl der relevante EU-Rahmenbeschluss von 2002 und das im Assange-Fall konkret zu beurteilende britische Ausführungsgesetz, der Extradition Act von 2003, bestehen auf einer sogenannten *judicial authority,* einer richterlichen Behörde. Denn ein wichtiges Ziel des Rahmenbeschlusses war es, den Auslieferungsprozess gesamteuropäisch zu entpolitisieren, indem er der Exekutivgewalt entzogen und den jeweiligen Justizbehörden unterstellt wurde. Exakt an diesem Punkt haken Assanges Anwälte ein. Der europäische Haftbefehl gegen Assange ist von Marianne Ny ausgestellt worden und damit von einer Staatsanwältin. Nicht von einem Gericht. Deshalb sei er, so argumentieren die Anwälte, nicht rechtsgültig, und Assange dürfe nicht nach Schweden ausgeliefert werden. Das scheint auch die britische Rechtslage zu sein. Wie die höchsten Richter bestätigten, wurde während der parlamentarischen Debatten zur Einführung des britischen Extradition Act offenbar wiederholt klargestellt, dass mit *judicial authority* auch weiterhin zwingend eine richterliche Behörde gemeint war (und eben gerade nicht die Polizei oder die Staatsanwaltschaft) und dass die Umsetzung des EU-Rahmenbeschlusses daran nichts ändern würde. Dass Schweden und andere EU-Staaten diese Terminologie umfassender auslegten, konnte für die britische Justiz nicht entscheidend sein, da sie streng genommen ja nicht den Wortlaut des – nicht direkt anwendbaren – EU-Rahmenbeschlusses zu beurteilen hatte, sondern denjenigen des britischen Ausführungsgesetzes zu diesem Beschluss. Mit Mail vom 8. Februar 2012 an Marianne Ny schreibt der Kollege vom britischen Crown Prosecution Service denn auch sichtlich besorgt: »Das Gericht wirkt ziemlich irritiert über die weite Interpretation von *judicial authority* in anderen Ländern, und insbesondere über dessen Ausdehnung auf Staatsanwälte und Vertreter von Justizministerien.«

Gemäß traditioneller britischer Rechtsauffassung und den parlamentarischen Klarstellungen zum britischen Auslieferungsgesetz handelt es sich bei Marianne Ny eindeutig nicht um eine *judicial authority*. Um den europäischen Haftbefehl dennoch gelten lassen und Assange an Schweden ausliefern zu können, muss der Supreme Court nun ein Kunststück juristischer Akrobatik vollbringen. In seiner Entscheidung stellt das Gericht fest, dass die ausdrücklich enge Gesetzesauslegung des britischen Parlamentes »sicherlich beunruhigend« sei, dass es verfassungsrechtlich aber zu weit ginge, dies als entscheidend zu betrachten. Vielmehr findet die Mehrheit der Richter, man müsse davon ausgehen, dass das britische Parlament sein eigenes Auslieferungsgesetz eigentlich doch lieber in Konformität mit dem Wortlaut des EU-Rahmenbeschlusses auslegen wollte. Dies, obwohl die Auslegung dieses Wortlauts 2003 anerkanntermaßen noch völlig ungesichert war und deshalb ja gerade die klärende Debatte im britischen Parlament notwendig machte. Doch seither, so das Gericht, habe sich in der EU eine uneinheitliche Praxis entwickelt, wonach rund die Hälfte der Staaten den

Begriff *judicial authority* auf richterliche Behörden beschränkten, während ihn die anderen umfassender auslegten und teilweise auch auf die Staatsanwaltschaft ausdehnten.

Angesichts dieser Umstände müsse man zwingend auf die Genese des – rechtlich nicht direkt anwendbaren – Rahmenbeschlusses eingehen und, da der ursprüngliche Entwurf dieses Instrumentes zuerst auf Französisch verfasst worden war, eben auch dem französischen Wortlaut zwingend den Vorrang geben. Der dort benutzte Ausdruck – *autorité judiciaire* – sei zwar wiederum gar nicht definiert und auch nicht durch eine einheitliche Praxis geklärt. Er könne daher entweder eng interpretiert werden, so wie es der britische Gesetzgeber wollte. Oder eben umfassender, so wie es die britische und die schwedische Regierung wollten. Und das fanden auch fünf von sieben Richtern aus mehrschichtigen und nicht ganz unkomplizierten Beweggründen persönlich sinnvoller. Diese umfassende Interpretation des französischen Ausdrucks *autorité judiciaire,* welche auch die Staatsanwaltschaft einschließe, sei dann logischerweise auch für die Auslegung des englischen Ausdrucks *judicial authority* verbindlich, und zwar nicht nur im EU-Rahmenbeschluss, sondern auch im britischen Ausführungsgesetz, auch wenn es der britische Gesetzgeber ausdrücklich anders gewollt hatte. Voilà – ein gültiger Haftbefehl, Assange kann ausgeliefert werden!

Manche Dinge kann man sich in seinen kühnsten Träumen nicht vorstellen: Der ehrwürdige Supreme Court Großbritanniens schafft es tatsächlich, in einem Auslieferungsverfahren zwischen Schweden und Großbritannien nicht den verbindlichen englischen Gesetzestext anzuwenden, sondern auf den französischen Text eines nicht direkt anwendbaren EU-Rahmenbeschlusses auszuweichen, um dem Fall die von der Regierung gewünschte Wendung aufzuzwingen.

Nachdem die Richter ihre Entscheidung in trockenen Tüchern hatten, zeigten sie gleichwohl ein gewisses Missfallen an der Tatsache, dass das britische Auslieferungsgesetz – entgegen der ausdrücklichen Empfehlung des EU-Rates – keine Verhältnismäßigkeitsprüfung verlange, welche in jedem Einzelfall die Rechtfertigung einer so drakonischen Zwangsmaßnahme wie eine Auslieferung in ein anders Land sicherstelle. Im Fall Assange stellte sich diese Frage vor allem deshalb, weil die Auslieferung nicht für die Durchführung eines Strafprozesses gegen einen Angeklagten oder die Inhaftierung eines Verurteilten verlangt wurde, sondern für die bloße Vernehmung eines Verdächtigten, der sogar bereit war, sich vor Ort in London oder per Telefon oder Videokonferenz befragen zu lassen, und der sich auch sonst immer kooperativ gezeigt hatte. Das Gericht befand zwar, dass es mangels einer entsprechenden Gesetzesvorschrift die Verhältnismäßigkeit von Assanges Auslieferung nicht prüfen könne, machte aber keinen Hehl daraus, dass dies aus rechtlicher Sicht einen Mangel darstellte – ein Wink mit dem Zaunpfahl, der vom britischen Parlament umgehend aufgenommen wurde. Zwei Jahre später traten Gesetzesbestimmungen in Kraft, welche festlegten, dass in Zukunft jede Auslieferung einer Verhältnismäßigkeitsprüfung unterzogen werden müsse und dass keine Person ausgeliefert werden könne, bevor sie formell angeklagt worden sei. Beides hätte die Auslieferung Assanges verhindert. Also wurden die neuen Gesetzesbestimmungen zusätzlich noch mit einer Nicht-Rückwirkungsklausel ergänzt, sodass sie nicht auf bereits entschiedene Auslieferungsverfahren anwendbar sein würden. Für Assange – und nur für Assange – bleibt es also bei der Ausnahme von der Regel. Eine *Lex Assange* sozusagen, maßgeschneidert von den britischen Behörden für die Verfolgung eines Mannes, dem stets vorgeworfen wird, er wolle sich Recht und Gerechtigkeit entziehen – dem jedoch von denselben Behörden auf Schritt und Tritt Recht und Gerechtigkeit entzogen werden. Assanges Anwälte ergreifen noch ein letztes Rechtsmittel, um eine Wiedererwägung zu erreichen, was vom höchsten Gericht jedoch am 14. Juni abgelehnt wird. Damit ist für ihn der Instanzenzug in Großbritannien definitiv ausgeschöpft.

Wie bereits zwei Wochen zuvor in einer Mailkorrespondenz mit dem Crown Prosecution Service vorbesprochen, beantragt Marianne Ny am folgenden Tag, dass der Supreme Court einer etwaigen Beschwerde von Assange an den Europäischen Menschenrechtsgerichtshof die aufschiebende Wirkung entziehen solle, sodass er sofort nach Schweden transferiert und dort in Untersuchungshaft genommen werden könne. Das Gericht entspricht dem zwar nicht und verordnet stattdessen eine Galgenfrist von 14 Tagen, doch für Assange wird es nun trotzdem eng. Seine Auslieferung nach Schweden und – wie er fürchtet – seine anschließende »Ausleihe« an die USA stehen unmittelbar bevor.

8

Ecuadorianisches Botschaftsasyl

Australische »Declaration of Abandonment«

Am 19. Juni 2012 gegen 13 Uhr betritt Julian Assange die ecuadorianische Botschaft in London – nach der Veröffentlichung der schwedischen Vergewaltigungsvorwürfe der nächste Wendepunkt in der Geschichte seiner Verfolgung. Er wird das im Westen der Stadt gelegene, in unmittelbarer Nähe zum Luxuskaufhaus Harrods befindliche Gebäude mit den rotbraunen Backsteinen und den weißen Fensterrahmen in den nächsten knapp sieben Jahren nicht mehr verlassen. Assange sucht Schutz vor dem langen Arm Amerikas und beantragt daher politisches Asyl. Ein entsprechendes Gesuch trägt er bei sich. Darin heißt es unter anderem: »Es ist meine Überzeugung, dass das Land, dessen Staatsbürger ich bin, Australien, mich nicht beschützen wird.«

Während des ganzen schwedischen Auslieferungsverfahrens von Januar 2011 bis Mai 2012 hatten seine Londoner Anwälte mehrfach schriftlich und persönlich an die australische Regierung appelliert und um diplomatische Intervention zum Schutz von Assange gebeten – über die australische Botschaft in Stockholm und die Australian High Commission in London, aber auch direkt an Außenminister Kevin Rudd und Justizministerin Nicola Roxon. In Schweden drohen Assange nicht nur monatelange Isolationshaft und ein rechtsstaatlich zweifelhaftes Geheimverfahren wegen angeblicher Sexualdelikte, sondern auch die formlose Abschiebung in die USA. Letztere Gefahr bestehe auch in Bezug auf Großbritannien, falls Assanges Auslieferung an Schweden gerichtlich verhindert werden könne. Das Hauptanliegen der Anwälte war daher immer dasselbe: Die australische Regierung solle sowohl von Schweden als auch von Großbritannien dringend die Zusicherung erwirken, dass Assange keinesfalls an die USA ausgeliefert würde. Dort sei er mehrfach Todesdrohungen durch prominente Figuren ausgesetzt gewesen, und es drohe ihm ein politisch motivierter Spionageprozess für Tätigkeiten, welche gar keine Straftaten seien. Besonders besorgniserregend sei nicht nur der »exzessive Einsatz extremer Isolationshaft« durch die amerikanischen Behörden, sondern auch die in den USA vorherrschende Praxis, Schuldeingeständnisse und unterstützende Zeugenaussagen zu erpressen, mit enormen Strafandrohungen für den Fall mangelnder Kooperation. Aus den gleichen Gründen baten die Anwälte die australische Regierung auch um eine Zusicherung, dass Assange im Falle einer Rückkehr nach Australien nicht von dort in die USA ausgeliefert würde.

Diese Schreiben lösten in Canberra eine intensive interne Diskussion zwischen Ministerien aus, insbesondere was Assanges mögliche Überstellung nach Schweden und Weiterauslieferung an die USA betraf. Interne Gutachten wurden erstellt, Mails gingen hin und her, und sie unterschieden sich deutlich von den offiziellen Regierungsverlautbarungen. Diese Korrespondenz macht deutlich, dass sich die australischen Behörden der Gefahr eines *temporary surrender*, also einer formlosen schwedischen Abschiebung Assanges in die USA für ein dortiges Strafverfahren, sehr wohl bewusst waren. Den gegensätzlichen Beteuerungen der Schweden maßen sie offensichtlich keine Bedeutung bei. Der Umstand, dass Stockholm eine »Non-Refoulement«-Garantie verweigerte, sprach eine deutliche Sprache, die in der Diplomatenwelt keine Missverständnisse aufkommen ließ.

Dennoch hielt sich die Bereitschaft Australiens, sich für seinen politisch verfolgten Staatsbürger einzusetzen, in geradezu beschämenden Grenzen. Die offiziellen Antworten wirken formalistisch, selbstzufrieden und belehrend, inhaltlich jedoch vollkommen distanziert und unverbindlich. Auslieferungsverfahren seien stets eine bilaterale, durch Gesetz und Praxis der involvierten Staaten geregelte Angelegenheit, in die sich Australien nicht einmischen könne, wird da behauptet. Dennoch habe man sowohl gegenüber der schwedischen als auch gegenüber der britischen Regierung mehrfach die »Erwartung« ausgedrückt, dass Assange ein faires Verfahren zugestanden werde. Falls Assange nach Australien zurückkehren sollte, liege es zwar im Ermessen der Regierung, ihn als Staatsbürger nicht an die USA auszuliefern, doch müsse dies jeweils von Fall zu Fall beurteilt werden, sodass keine Zusicherung möglich sei. Assanges Anwälte sprachen zu Recht von einer australischen »Declaration of Abandonment« – er war von seiner eigenen Regierung im Stich gelassen worden.

Britische Pläne zur Stürmung der Botschaft

Als letzte Zuflucht bleibt Assange jetzt also nur noch Ecuador, dessen Staatspräsident Rafael Correa sich schon in der Vergangenheit als Unterstützer von WikiLeaks erwiesen hat. Assange weiß, dass er diplomatisches Asyl allein wegen politischer Verfolgung bekommen kann und nicht, um sich dadurch den schwedischen Vergewaltigungsvorwürfen zu entziehen. Er sucht Schutz vor einer möglichen Auslieferung in die USA, wo ihm aufgrund seiner Arbeit für WikiLeaks lebenslange Isolationshaft und eventuell sogar die Todesstrafe droht. Darum geht es in seinem Asylgesuch, und für Ecuador wird genau das schließlich auch der Grund sein, ihm nach eingehender Prüfung des Antrags zwei Monate später definitiv diplomatisches Asyl zu gewähren.

Assange ist an diesem Junitag gekommen, um zu bleiben. Die ecuadorianische Regierung in der Hauptstadt Quito gibt grünes

Licht und gewährt vorläufigen Schutz. Das diplomatische Personal, allen voran die Botschafterin Ana Alban, steht in den nächsten Tagen vor großen logistischen Herausforderungen. Die Botschaft umfasst insgesamt nur zehn Räume, allesamt liegen sie im ersten Stock. Auf einen ständigen Gast ist niemand vorbereitet. Für Assange muss ein Schlafzimmer eingerichtet, müssen die sanitären Anlagen erweitert werden. Er bekommt einen Computer und erhält einen Internetzugang. Die kleine, bereits vorhandene Küchenzeile kann er mitbenutzen. Nach und nach wird aus dem Provisorium eine Dauerlösung. Assange ist erst einmal in Sicherheit – oder er sitzt in der Falle, je nachdem, von welcher Seite aus man es betrachtet. Vor der Botschaft beziehen britische Polizisten Position und versperren demonstrativ den Weg nach draußen. Auch daran wird sich bis 2019 nichts mehr ändern.

Die britische Regierung reagiert mit nur mühsam zurückgehaltener Wut auf diese Demütigung. Am 15. August 2012, einen Tag bevor Ecuador endgültig über den Asylstatus von Assange entscheidet, übergibt ein britischer Botschaftsvertreter in Quito der ecuadorianischen Regierung eine »Aide-mémoire« für den Fall, dass Assange diplomatisches Asyl erhalten sollte: »Sie müssen sich darüber im Klaren sein, dass es in Großbritannien eine Rechtsgrundlage gibt – nämlich den Diplomatic and Consular Premises Act von 1987 –, die es uns ermöglichen würde, Maßnahmen zu ergreifen, um Herrn Assange in den Räumlichkeiten der Botschaft zu verhaften.«

Eine im Diplomatenjargon abgefasste, aber dennoch unmissverständliche Warnung, dass Großbritannien bereit war, die Botschaft zu stürmen. Sie schließt mit den Worten: »Wir hoffen sehr, dass es dazu nicht kommen wird.« Später stellt sich heraus, dass Außenminister William Hague diese Formulierungen selbst durchgesetzt hat, obwohl seine Rechtsberater starke Vorbehalte gegen eine solche, fast beispiellose Drohung anmeldeten. Sie führt, wie vorauszusehen war, zu starken diplomatischen Verwerfungen. Hagues ecuadorianischer Amtskollege Ricardo Patiño findet deutliche Worte: »Eine Umsetzung der von Großbritannien offiziell angekündigten Maßnahmen würde von Ecuador nicht nur als feindliche und inakzeptable Handlung, sondern auch als Angriff auf unsere Souveränität interpretiert werden, der eine entsprechende diplomatische Reaktion nach sich ziehen würde.« Patiño erkennt im möglichen Botschaftssturm völlig zu Recht einen klaren Bruch des Wiener Übereinkommens über diplomatische Beziehungen. Er fürchtet einen gefährlichen Präzedenzfall, der der Verletzung souveräner Räume einer Nation, zu denen Botschaftsgebäude zählen, Tür und Tor öffnen würde. Zum gleichen Schluss kommt am 24. August die von Ecuador eilig zu einer außerordentlichen Sitzung zusammengerufene Organisation Amerikanischer Staaten (OAS). In ihrer abschließenden Resolution erklären sich die Staaten solidarisch mit Ecuador und weisen jeden Versuch, »der die Unverletzlichkeit diplomatischer Räumlichkeiten gefährden könnte«, energisch zurück.

William Hague hat einen Fehler gemacht, und er weiß es. Er rudert zurück. Das britische Außenministerium versichert nun, eine Drohung, die Botschaft zu stürmen, habe es nie gegeben. Ein einziges großes Missverständnis. Doch die Belagerung des Botschaftsgebäudes bleibt auch ohne Stürmung real. Einer der vor der Botschaft diensthabenden Offiziere der Metropolitan Police trägt ein verräterisches Dokument mit handschriftlichen Notizen unter dem Arm, das von einem Pressefotografen mit einer hochempfindlichen Kamera eingefangen wird. Zumindest Teile des Dokuments lassen sich entziffern und enthüllen Anweisungen, Assange sei bei Verlassen der Botschaft »unter allen Umständen« zu verhaften – selbst wenn er sich dabei in einem für das Gastland unverletzlichen Diplomatenfahrzeug befinden sollte oder gar, wie in einem Agententhriller, versteckt im sogenannten Diplomatengepäck. Auch diese Möglichkeit wird explizit einkalkuliert. In beiden Fällen wäre eine solche Verhaftung jedoch eine klare Verletzung völkerrechtlicher Regelungen zur diplomatischen Immunität.

Um diese Vorgänge politisch richtig einzuordnen, muss man sich klarmachen, dass kein Staat es wagen würde, das internationale Diplomatenrecht derart eklatant zu missachten, nur um einem anderen Land die Befragung eines Mannes zu ermöglichen, der seine Kooperationsbereitschaft zu routinemäßig praktizierten Bedingungen klargestellt hat, der nicht gewalttätig ist und dessen Verfahren sich seit bereits zwei Jahren im Stadium einer Voruntersuchung befindet, ohne dass es zu einer Anklage gekommen ist. Die Planspiele, Assange gewaltsam aus der ecuadorianischen Botschaft zu holen, verdeutlichen nicht nur die Wut der Briten über die unvorhergesehene Wendung der Geschehnisse. Sie verdeutlichen vor allem die immense politische Dimension dieses Falles. Es geht den Briten natürlich nicht um das schwedische Verfahren und schon gar nicht um das Bagatelldelikt der Kautionsverletzung, dessen sich Assange durch seine Flucht in die Botschaft schuldig gemacht hat. Die Stürmung einer ausländischen Botschaft zieht eine Regierung nur in Extremfällen in Betracht, etwa bei terroristischen Anschlägen, Geiselnahmen oder anderen schweren und unmittelbaren Bedrohungen der öffentlichen Sicherheit. Offenbar wurde Assange von der Weltmacht Großbritannien tatsächlich als eine Bedrohung in dieser Größenordnung wahrgenommen.

Assange ist sich dessen bewusst. In einer kurzen Ansprache, die er am 19. August 2012 vom Balkon des Botschaftsgebäudes aus hält, folgt auf den Dank an die ecuadorianische Regierung, die Mitarbeiter der Botschaft und alle sonstigen Unterstützer ein Appell an den US-Präsidenten: »Ich bitte Präsident Obama, das Richtige zu tun. Die Vereinigten Staaten müssen ihre Hexenjagd gegen WikiLeaks beenden. Sie müssen sich vor der Welt dazu verpflichten, nicht länger Journalisten zu verfolgen, die die geheimen Verbrechen der Mächtigen ans Licht holen.« Gleiches gelte für Whistleblower wie Chelsea Manning, die sich, Assange erinnert daran, zu diesem Zeitpunkt bereits seit mehr als achthundert Tagen ohne Prozess in amerikanischer Haft befindet.

Ende August 2012 tauchen Gerüchte in den Medien auf, wonach die schwedischen Behörden die Einstellung der Voruntersuchung gegen Assange in Betracht zögen. Aus Gründen der Verhältnismäßigkeit könne der bereits 2010 erlassene Haftbefehl nicht ewig aufrechterhalten werden. Der britische Crown

Prosecution Service ist nicht amüsiert. Schnell werden die schwedischen Kollegen per Mail zur Ordnung gerufen: »Wagt es ja nicht, kalte Füße zu bekommen!« Eineinhalb Jahre zuvor haben die Briten den Schweden eindringlich davon abgeraten, Assange in London zu vernehmen, nun warnen sie davor, das Verfahren einzustellen. Wieder kann man fragen: Warum tun sie das? Warum hängen sie so sehr an einem Verfahren, in das gar kein britischer Staatsbürger involviert ist? Eigentlich könnten sie doch sogar erleichtert sein, wenn die Schweden den Fall nicht mehr weiterverfolgen wollen – keine teure Überwachung des Botschaftsflüchtlings mehr, keine öffentlichen Protestaktionen gegen seine Verfolgung. Um glaubwürdig zu bleiben, ließe sich Assanges Verstoß gegen die Kautionsauflagen mit einer Geldbuße ahnden, dann wäre der Fall erledigt. Doch das geschieht eben nicht. Und wieder lautet die Antwort: Wo Rauch ist, da ist auch Feuer. Ganz offensichtlich hat die britische Regierung aus Gründen, die mit dem schwedischen Verfahren rein gar nichts zu tun haben, ein starkes Interesse daran, das Verfahren weiterzuführen und die Drohkulisse gegenüber Assange aufrechtzuerhalten.

Nur so lassen sich auch die Sätze erklären, die ein gutes Jahr später, am Freitag, dem 18. Oktober 2013, von der schwedischen Staatsanwaltschaft an den britischen Crown Prosecution Service geschickt werden. Marianne Ny schreibt, mit Blick auf das Erfordernis der Verhältnismäßigkeit von Zwangsmaßnahmen und die wachsenden Kosten müsse mittlerweile die Aufhebung des Haftbefehls gegen Assange in Betracht gezogen werden: »Dies würde nicht nur uns, sondern auch Sie in erheblichem Maße betreffen.« Und dann, am darauffolgenden Montag, legt sie nach: »Es tut mir leid, für Sie muss das eine (böse) Überraschung gewesen sein. Es ist daher vollkommen in Ordnung, wenn Sie sich die Zeit nehmen, darüber nachzudenken. […] Ich hoffe, ich habe Ihnen damit nicht das Wochenende ruiniert.« In der darauffolgenden Korrespondenz insistiert der Crown Prosecution Service, dass für die britische Regierung die Kosten für Assanges Polizeiüberwachung kein »relevanter Faktor« seien. Wie wir heute wissen, wurden allein dafür mehr als 16 Millionen Pfund ausgegeben – eindeutig zu viel Rauch für ein kleines Feuer und daher wiederum ein klares Indiz für die politische Dimension dieses Falles.

Zweite Einstellung des schwedischen Verfahrens

Vorerst wird das schwedische Verfahren noch nicht eingestellt, und der Haftbefehl bleibt bestehen. Die schwedischen Behörden lehnen es weiterhin kategorisch ab, Assange mit einer »Non-Refoulement«-Garantie eine Befragung in Schweden zu ermöglichen, verweigern ihm gleichzeitig aber auch weiterhin die im Rechtshilfeabkommen mit Großbritannien vorgesehenen Alternativen einer Befragung per Videokonferenz oder vor Ort in London.

Erst im März 2015, als das höchste schwedische Gericht mit dem staatsanwaltschaftlichen Müßiggang langsam die Geduld verliert und seine Bereitschaft andeutet, den Haftbefehl gegen Assange aus Gründen der Verhältnismäßigkeit aufzuheben, kommt endlich Bewegung in den Fall. Nachdem Marianne Ny beinahe fünf Jahre darauf bestanden hat, Assange müsse zwingend in Schweden verhört werden, weil seine Vernehmung in Großbritannien illegal sei, weil man ihm eine DNA-Probe abnehmen müsse sowie aus nicht näher erläuterten »ermittlungstechnischen« Gründen, lösen sich all diese unüberwindbaren Hindernisse nun plötzlich in Luft auf. Unter dem Druck des höchsten Gerichtes erklärt sich die schwedische Staatsanwaltschaft bereit, Assange nun doch in der ecuadorianischen Botschaft in London einzuvernehmen. Trotzdem vergehen noch einmal rund zwanzig Monate, bis es wirklich dazu kommt. Inzwischen sind die gegen Assange erhobenen Vorwürfe der sexuellen Belästigung und der sexuellen Nötigung im Fall von A. bereits verjährt. Dasselbe gilt auch für die im August 2010 deponierte, von Finné jedoch nicht weiterverfolgte Anzeige wegen falscher Anschuldigung. Ende August 2015 ist die fünfjährige Verjährungsfrist für beide Anzeigen endgültig abgelaufen.

Im Zusammenhang mit der Verjährung des Falles von A. wird oft vergessen, dass Assange zum Hauptvorwurf der vorsätzlichen Zerstörung eines Kondoms während des Geschlechtsverkehrs bereits am 30. August 2010 von der schwedischen Polizei verhört worden ist, dass ihm dieser Tatverdacht damals formell eröffnet worden ist und dass auch sein DNA-Profil den schwedischen Behörden seit dem 7. Dezember 2010 über britische Rechtshilfe jederzeit zur Verfügung steht. Seither wäre es also an der Staatsanwaltschaft gewesen, in einem nächsten Schritt zu diesem Vorwurf entweder Anklage zu erheben oder das Verfahren aus Mangel an Beweisen einzustellen. Dass Marianne Ny diesen Entscheid stattdessen fünf Jahre lang hinauszögert und zum Schluss den gesamten Fall von A. verjähren lässt, ist ein starker Hinweis darauf, dass ihr die Aussichtslosigkeit von Assanges Strafverfolgung vollkommen bewusst ist. Tatsächlich ist die Verjährung für die schwedische Staatsanwaltschaft die eleganteste und bequemste aller Lösungen, weil sie damit den Verdacht gegen Assange ohne jeden Tatbeweis stehen lassen und ihm erst noch die moralische Verantwortung dafür in die Schuhe schieben kann, dass wegen seiner angeblichen »Justizflucht« nun sowohl A. als auch die Öffentlichkeit um ihr Recht auf Wahrheit und Gerechtigkeit geprellt werden. Dass Assange damit für den Rest seines Lebens das Stigma des flüchtigen Sexualstraftäters aufgedrückt bekommt, wird allerdings geflissentlich unterschlagen – denn genau das ist natürlich das eigentliche Ziel des schwedischen Verfahrens.

Im Jahr 2016 besteht der Vergewaltigungsvorwurf im Fall von S. dagegen weiterhin. Für ihn läuft eine zehnjährige Verjährungsfrist bis August 2020. Hierzu soll Assange nun in London verhört werden. Die Befragung durch die schwedische Staatsanwaltschaft findet im November 2016 in der Botschaft statt. Ein ecuadorianischer Staatsanwalt nimmt daran teil. Hingegen wird Assanges schwedischer Anwalt nicht zugelassen. Anschließend fordern Assanges Anwälte die schwedische Staatsanwaltschaft dazu auf, nun endlich entweder Anklage zu erheben oder das Verfahren zu den Akten zu legen. Diese tut – wie bisher – weder das eine noch das andere, bis schließlich Assanges Anwälte am 3. Mai 2017 beim Bezirksgericht Stockholm erneut die Aufhebung des Haftbefehls beantragen. Bereits am nächsten Tag verlangt das Gericht von der Staatsanwaltschaft eine Stellungnahme und setzt ihr dazu eine Frist bis zum 17. Mai. Nun muss Marianne Ny endlich Farbe bekennen. Da das höchste Gericht schon vor zwei Jahren unmissverständlich die Verhältnismäßigkeit in dieser Sache angemahnt hat, eine Aufhebung des Haftbefehls also abzusehen ist, ringt sie sich letztlich dazu durch, das Verfahren gegen Assange am 19. Mai 2017 zum zweiten Mal einzustellen. Zur Begründung führt Ny an, dass sich Assange nach wie vor in der Botschaft verstecke und deshalb der ordnungsgemäße Abschluss der Voruntersuchung unmöglich sei. Damit unterdrückt die Staatsanwaltschaft wider besseres Wissen die Tatsache, dass sie für die von ihr forcierten Vorwürfe gegen Assange weiterhin nicht einmal genügend Beweise hat, um Anklage erheben zu können. Stattdessen wird einmal mehr ganz gezielt der Eindruck perpetuiert, es sei Assange, der sich Recht und Gerechtigkeit für seine Sexualdelikte entziehen wolle – denn nur durch seine fortlaufende Stigmatisierung kann die von ihm ausgehende Gefahr für die schmutzigen Geheimnisse der Mächtigen abgewendet bleiben.

Die letzten Tage vor der Einstellung des Verfahrens sind gezeichnet von einer finalen, bitteren Pointe. Assanges heimliche Geliebte und Partnerin Stella Moris ist schwanger. Die Geburt des gemeinsamen Sohnes Gabriel steht im April 2017 unmittelbar bevor. Sein schwedischer Anwalt Per Samuelson übermittelt ein von Assange verfasstes, persönliches Schreiben an Marianne Ny, in dem er darum bittet, der Geburt seines Sohnes in einem Londoner Krankenhaus beiwohnen zu können: »Ihre schriftliche Zustimmung zu dieser Anfrage würde die Wirkung des Europäischen Haftbefehls vorübergehend aussetzen. So könnte ich unbemerkt von der Öffentlichkeit zur Entbindungsstation gebracht werden. Dort würde ich bis zur Entlassung meiner Partnerin und meines Kindes aus dem Krankenhaus bleiben und anschließend zur ecuadorianischen Botschaft zurückkehren.

Mein Transport würde jeweils mithilfe eines Diplomatenfahrzeugs erfolgen.«

Doch die Antwort von Marianne Ny fällt eindeutig aus: »Anfrage abgelehnt. Es fehlen die notwendigen rechtlichen Voraussetzungen, um den Europäischen Haftbefehl vorübergehend auszusetzen.« Keine Ausnahme möglich. Am 26. April schickt Marianne Ny diesen Bescheid in schwedischer Sprache an Assanges Anwalt, und am 16. Mai folgt noch die englische Version. Natürlich weiß Ny zu diesem Zeitpunkt schon längst, dass sie das schwedische Verfahren gegen Assange keine drei Tage später offiziell einstellen wird. Dennoch erlaubt sie ihm nicht, die Geburt seines Sohnes mitzuerleben. Assange verlangt noch eine Überprüfung der Entscheidung, doch dazu kommt es nicht mehr. Mit diesem letzten Verbot verabschiedet sich Marianne Ny aus dem Verfahren. Am 19. Mai 2017 wird es eingestellt. Assange bleibt dennoch weiterhin in der Botschaft gefangen. Die Briten legen plötzlich besonders viel Wert auf ihren eigenen Haftbefehl wegen Verletzung der Kautionsauflagen – das einzige Delikt, das man Assange noch vorwerfen konnte –, und im Hintergrund arbeiten die Amerikaner bereits seit geraumer Zeit darauf hin, ihn unter dem *Espionage Act* von 1917 anzuklagen.

NSA-Skandal und DNC-Leaks

Auch während Assanges Botschaftsasyl arbeitet WikiLeaks weiter und veröffentlicht eine breite Palette von geheimen oder vertraulichen Dokumenten nicht nur von westlichen Regierungen, Geheimdiensten und Firmen, sondern auch aus Ländern wie Russland, Syrien, Angola, Saudi-Arabien und der Türkei. In dieser Zeit platzt auch der NSA-Skandal. Im Jahr 2013 sorgt Edward Snowden, ein Mitarbeiter der National Security Agency (NSA), mit seinen Enthüllungen über die Überwachungsmethoden amerikanischer und britischer Geheimdienste weltweit für Schlagzeilen. Zum ersten Mal erfährt die Öffentlichkeit, mit welcher Selbstverständlichkeit und in welchem Ausmaß Internet- und Mobilfunkdaten zu geheimdienstlichen Zwecken ausspioniert werden. Snowden beglaubigt die Echtheit des Materials mit seinem Namen, er vollzieht den Schritt aus der Anonymität des Whistleblowers. Das macht ihn zur Zielscheibe. Die USA werfen ihm Spionage vor. Snowden wird gejagt, und Assange kommt ihm mit WikiLeaks zu Hilfe, unterstützt seine Flucht über Hongkong nach Moskau und hilft dabei, die Möglichkeiten für politisches Asyl in verschiedenen Ländern auszuloten. Bolivien, Ecuador, Venezuela und Island sollen im Gespräch gewesen sein, doch Snowden bleibt in Moskau. Dort wird ihm schließlich am 1. August 2013 Asyl gewährt.

In dem von der ARD im Jahr 2020 ausgestrahlten Film *WikiLeaks – Die USA gegen Julian Assange* zieht Edward Snowden Parallelen zwischen seiner Situation und derjenigen von Julian Assange, unterstreicht aber gleichzeitig einen wichtigen Unterschied: »Ich war derjenige, der wirklich diese Daten gesammelt hat. Ich bin Amerikaner, ich hatte einen Vertrag mit der Regierung, aber Assange hat sich kein einziges Dokument selbst angeeignet, er hat es entgegengenommen und dann veröffentlicht. [...] Gegen ihn hat die Regierung viel weniger in der Hand. Sein Fall ist viel schwächer als meiner. Und trotzdem bekommt er weniger Unterstützung bei der Bekämpfung der gegen ihn erhobenen Vorwürfe.«

Dem Unterschied zwischen dem unrechtmäßigen Beschaffen von vertraulichen Daten und ihrer journalistischen Publikation kommt im Hinblick auf Assanges Arbeit mit WikiLeaks entscheidende Bedeutung zu. Das gilt auch für die sogenannten »DNC-Leaks«. Im Jahr 2016, mitten im US-amerikanischen Präsidentschaftswahlkampf, veröffentlicht WikiLeaks rund 20 000 interne Mails von Hillary Clintons Wahlkampfleiter John Podesta – pikanterweise unmittelbar vor dem Parteitag der Demokraten in Philadelphia, auf dem Clinton zur Präsidentschaftskandidatin gekürt werden soll. Die Mails aus den Computern des Democratic National Committee (DNC) zeichnen ein verheerendes Bild des Umgangs der Partei mit Clintons schärfstem Konkurrenten Bernie Sanders. Offensichtlich sollte Sanders um jeden Preis verhindert werden, unter anderem auch durch gezielte Diffamierung. Auch die klare Parteilichkeit von Debbie Wasserman Schultz, der Vorsitzenden des eigentlich zur Neutralität verpflichteten DNC, wird enthüllt. Wasserman Schultz muss deshalb noch vor dem Parteitag von ihrem Amt zurücktreten. Das zweite Leak erfolgt am 6. November, zwei Tage vor der Präsidentschaftswahl, die Clinton knapp verlieren wird.

Keine andere Enthüllung hat Assange in den USA so viel Goodwill gekostet wie die DNC-Leaks. Das linksliberale Establishment, darunter zahlreiche Politiker, Prominente, und Hollywoodstars, konnte sich offenbar nicht damit abfinden, dass es die ehrwürdige demokratische Partei selbst mit einer so prominenten Kandidatin wie Hillary Clinton nicht schaffte, sich gegen den ungeschliffenen, selbstverliebten und weithin verachteten Donald Trump durchzusetzen. Natürlich waren die kompromittierenden Mails allesamt von Clinton und ihren Mitarbeitern und Unterstützern geschrieben worden – und nicht etwa von Assange. Natürlich war es die Korruption innerhalb der Demokratischen Partei, welche Clinton den Wahlsieg gekostet hatte – und nicht etwa unwahre Behauptungen von Assange. Natürlich ist es in jeder Demokratie die Aufgabe des Journalismus, die schmutzigen Geheimnisse von politischen Kandidaten zu enthüllen. Natürlich hat auch das politische und finanzielle Establishment keinen Anspruch auf einen Wahlsieg, sondern muss sich diesen selbst verdienen. Und natürlich hatte nicht WikiLeaks Donald Trump zum Präsidenten gemacht, sondern einzig und allein das amerikanische Volk in einer amerikanischen Wahl, gestützt auf die amerikanische Verfassung. All das drängte an die Oberfläche des öffentlichen Bewusstseins und musste offenbar sofort wieder ins Unterbewusste verbannt werden. Es galt wieder einmal Christian Morgensterns legendäres Diktum, »dass nicht sein kann, was nicht sein darf«. Man brauchte einen Sündenbock. Und so warf man also Assange vor, die Wahlen von 2016 manipuliert, Hillary Clinton als Präsidentin verhindert und Donald Trump ins Amt geholfen zu haben.

Um wirklich von den jahrelangen Verfehlungen des politischen Establishments ablenken zu können, welche wahrscheinlich die eigentliche Ursache für den kolossalen Vertrauensverlust beider etablierter Parteien in der amerikanischen Bevölkerung gewesen sein dürften, brauchte man jedoch nicht nur einen Sündenbock. Man brauchte einen äußeren Feind. Wenig überraschend berichteten die etablierten Zeitungen denn auch schon bald das von den US-Geheimdiensten routinemäßig verbreitete Narrativ von russischen Hackerangriffen. Die Demokratische Partei, dankbar für die dringend benötigte Ablenkung der öffentlichen Aufmerksamkeit, wirft nun also Russland vor, die Mails gestohlen und bei ihrer Veröffentlichung sowohl mit Donald Trump und seinem Team als auch mit WikiLeaks, namentlich Assange, gemeinsame Sache gemacht zu haben. Im Jahr 2018 reicht sie vor dem Bezirksgericht des Southern District of New York gegen alle Genannten Klage ein. Doch das am 31. Juli 2019 eröffnete Urteil von Bundesrichter John G. Koeltl fällt anders aus, als es sich die Demokraten vorgestellt haben. Zwar hinterfragt auch Koeltl nicht, dass Russland hinter dem Datendiebstahl steckt, doch es sei wegen der Staatenimmunität nicht möglich, die russische Föderation vor einem amerikanischen Gericht einzuklagen. Auch die Vorwürfe gegen Trump, sein Wahlkampfteam, WikiLeaks und Assange werden abgewiesen – und zwar gestützt auf die vom ersten Zusatzartikel der amerikanischen Verfassung geschützte Pressefreiheit.

Vermutlich zum Entsetzen des politischen Establishments bezeichnet Koeltl in seiner Begründung Assange gleich mehrfach als »Journalisten«. Die Publikationstätigkeit von WikiLeaks sieht er von der Pressefreiheit geschützt: Es spiele keine Rolle, ob ein Journalist davon Kenntnis habe, dass das ihm zur Verfügung gestellte Material unrechtmäßig beschafft worden sei. Solange er selbst nicht in irgendeiner Form in den Diebstahl der Dokumente verwickelt sei, begehe er keine Straftat, denn »Journalisten dürfen gestohlene Dokumente anfordern und diese veröffentlichen«. Ohne es zu beabsichtigen, haben die Demokraten mit ihrer Klage also eine Art WikiLeaks-Grundsatzurteil veranlasst – aus politischer Sicht ein spektakuläres Eigentor.

Seinen Prinzipien getreu hat Assange seine Quelle für die DNC-Leaks bis heute nicht bekannt gegeben. Am 15. August 2017 besuchte der Ex-Kongressabgeordnete Dana Rohrabacher zusammen mit einem Assistenten namens Charles Johnson die ecuadorianische Botschaft in London und schlug Assange einen Deal vor. Laut Zeugenaussage von Assanges langjähriger Anwältin Jennifer Robinson, die ebenfalls zugegen war, ließen die Besucher durchblicken, mit Wissen und Einverständnis von Präsident Trump zu handeln. Rohrabacher zufolge wollten sie die Möglichkeiten für einen *win-win-deal* ausloten, welcher es Assange erlauben würde, die Botschaft zu verlassen und sein Leben ohne Angst vor einer Auslieferung in die USA weiterzuführen. Konkret solle Assange helfen, die damals von Sonderstaatsanwalt Robert Mueller untersuchten Vorwürfe an Trump zu entkräften, er habe bei den DNC-Leaks mit den Russen paktiert und damit Landesverrat begangen. Wenn Assange die Beweise dafür liefere, dass WikiLeaks das Material *nicht* von russischer Seite erhalten habe, würde sich Rohrabacher bei Trump für eine präsidentielle Begnadigung in Bezug auf die Spionagevorwürfe gegen Assange einsetzen. Assange lehnte den Vorschlag ab. Der Zorn aus Washington sollte nicht lange auf sich warten lassen. Bereits ein halbes Jahr später, am 6. März 2018, erhoben die USA gegen Assange eine geheime Anklage, und seine Lebensumstände in der ecuadorianischen Botschaft begannen sich drastisch zu verschlechtern. Doch dazu musste sich zuerst noch dort die Haltung gegenüber Assange ändern, wo ihm Schutz gewährt wurde: in Ecuador.

Machtwechsel in Ecuador

Im Mai 2017 löst in Ecuador Lenín Moreno den bisherigen Präsidenten Rafael Correa an der Spitze der Regierung ab. Die ecuadorianische Bevölkerung, welche mit der Wahl des früheren Vizepräsidenten Moreno wohl die bisherige links-progressive Politik Correas bestätigt zu haben glaubt, ahnt nicht, dass dies nicht einfach ein gewöhnlicher Machtwechsel zwischen Politikern derselben Tradition sein wird. Die Moreno-Regierung beugt sich dem Druck vermeintlicher ökonomischer und politischer Sachzwänge und vollzieht innerhalb weniger Monate eine neoliberale Kehrtwende. Plötzlich steht die Normalisierung des Verhältnisses zu den USA ganz oben auf der Agenda. Assanges Aufenthalt in der ecuadorianischen Botschaft wird zum Hindernis auf dem Weg zur erhofften Wiederannäherung. Verschiedene Optionen werden geprüft. Wie die *New York Times* im Dezember 2018 enthüllt, wird der frisch gewählte Moreno bereits Mitte Mai 2017, also noch vor seiner Amtsübernahme, von Präsident Trumps früherem Wahlkampagnenleiter Paul Manafort in Quito besucht. Moreno ergreift die Gelegenheit und bietet Manafort die Überstellung Assanges an die USA an, im Gegenzug für einen amerikanischen Schuldenerlass und andere finanzielle Konzessionen. Doch Manafort wird kurz darauf von den »Russiagate«-Untersuchungen des Sonderstaatsanwaltes Mueller in die Enge getrieben, sodass er als Mittelmann ausfällt. In den Monaten nach seinem Amtsantritt versucht Moreno dann offenbar, Assange loszuwerden, indem er ihm im Dezember 2017 zuerst die ecuadorianische Staatsbürgerschaft verleiht und ihn dann zum Botschafter in Moskau ernennt. Doch auch dieser Plan scheitert, diesmal am Widerstand der britischen Behörden, die angekündigt hatten, Assange beim Verlassen der Botschaft zu verhaften. Kurz nach der geheim gehaltenen Anklage Assanges durch die USA im März 2018 werden dann offenbar Nägel mit Köpfen gemacht. Ende Juni besucht US-Vizepräsident Mike Pence Ecuador und führt mit Moreno »konstruktive Gespräche« über Assange. Deren Inhalt wird zwar unter Verschluss gehalten, doch die parallelen Entwicklungen innerhalb der Londoner Botschaft Ecuadors sprechen für sich.

Fidel Narváez, bis Sommer 2018 Generalkonsul der ecuadorianischen Botschaft in London, zeichnet ein nüchternes, unaufgeregtes, doch überwiegend positives Bild von Assanges ersten Jahren im Asyl. Man habe sich mit der für alle Beteiligten nicht gerade leichten Situation arrangiert, sagt Narváez, man habe sich aneinander gewöhnt, trotz gelegentlicher Stresssituationen, die überall entstehen, wo Menschen auf engem Raum zusammenleben müssen, sagt er. Hinzu kamen die ständige Polizeiüberwachung, die Medienaufmerksamkeit, der politische Druck, die externen Besucher, logistische Schwierigkeiten bei der Sicherstellung von Nahrung, Hygiene und medizinischer Versorgung sowie die unabsehbare Dauer von Assanges Aufenthalt in Büroräumlichkeiten, die nicht aufs Wohnen ausgerichtet waren. In Anbetracht all dieser Umstände sei es eigentlich erstaunlich, dass der Umgang miteinander fünf Jahre lang im Großen und Ganzen von Freundlichkeit und gegenseitiger Wertschätzung geprägt gewesen sei. Eine kurze Ausnahme waren die DNC-Leaks gewesen, deren politische Wogen die ecuadorianische Regierung im Oktober 2016 dadurch zu glätten versuchte, dass sie Assanges Zugang zum Internet während der amerikanischen Präsidentschaftswahlen vorübergehend suspendierte, gleichzeitig aber ihre Absicht bekräftigte, Assanges Leben und Integrität weiterhin zu schützen, bis er einen sicheren Aufenthaltsort erreicht habe.

Aus meiner Sicht hat das kleine, militärisch und wirtschaftlich verletzliche Ecuador große Anerkennung verdient für die gegen internationalen Druck getroffene Entscheidung, Assange Asyl zu gewähren und ihn so vor der Auslieferung in die USA zu schützen. Die Verantwortlichen haben damit in mutiger Weise an fundamentalen völkerrechtlichen Grundsätzen festgehalten, zu denen nicht zuletzt das universelle Folterverbot sowie das »Refoulement«-Verbot zählen.

Zu dem bis 2017 vorwiegend unproblematischen Alltag in der Botschaft trug sicherlich auch eine Charaktereigenschaft Assanges bei, die man in Ermangelung eines besseren Worts vielleicht »Resilienz« nennen könnte. Er war es gewohnt, ein genügsames Leben zu führen. Schon seit Jahren hatte er aus dem Koffer gelebt und seine Zelte überall da aufgeschlagen, wo eine Couch für ihn bereitstand, das Internet funktionierte und man etwas für WikiLeaks zu tun bereit war. Dazu kam die starke Fokussierung auf die eigene Arbeit, die eigene Person, die eigenen

Gedanken. Dass er in der Lage ist, die Außenwelt ein Stück weit von sich fernzuhalten, hat Assange mit Sicherheit dabei geholfen, einigermaßen unbeschadet durch die ersten Jahre dieses neuen, äußerlich stillstehenden Lebens zu kommen. Ein Leben ohne natürliches Tageslicht und ohne Aussicht darauf, dass sich die Dinge in absehbarer Zukunft zum Besseren wenden könnten. Über ihm hing das Damoklesschwert einer Zukunft, über die irgendwann andere bestimmen würden.

Die Zuflucht wird zur Falle

Der Machtwechsel in Ecuador wird zu einem weiteren Wendepunkt in Assanges Verfolgungsgeschichte. Es dauert einige Monate, bis die Ausläufer dieses Ereignisses auch die Botschaft in London erreichen, doch dann ändert sich Assanges Alltag auf drastische Weise. Nach und nach werden jene Mitarbeiter, die als Assange-freundlich gelten, abgezogen und durch solche ersetzt, die bereit sind, die neue Linie der Moreno-Regierung kritiklos mitzutragen. Auch Fidel Narváez trifft es. Nach acht Jahren wird er im Sommer 2018 entlassen. Spät genug immerhin, um hinterher aus erster Hand Auskunft geben zu können über die für Assange immer schwieriger werdenden Lebensbedingungen in der Botschaft.

Die Instruktionen aus Quito deuteten auf ein klares Ziel hin: Man wollte Assange loswerden. Dabei wurde offenbar eine doppelte Strategie verfolgt. Idealerweise sollte Assange durch ein immer strengeres und willkürlicheres Regime dazu gebracht werden, die Botschaft aus eigenem Antrieb zu verlassen. Oder, zweite Möglichkeit, es sollte durch den sukzessiv erhöhten Leidensdruck eine medizinische Krise ausgelöst werden, die Assanges Überführung in ein Londoner Krankenhaus erforderlich machen würde, wo er dann von der britischen Polizei festgenommen werden konnte. Es war klar, dass die geplante Eskalation nicht von heute auf morgen wirken würde, und angesichts der starken Widerstandskraft Assanges blieb der Erfolg dieser

Strategie ungewiss. Daher mussten gleichzeitig Gründe gefunden werden, mit denen sich später vor der Öffentlichkeit die Beendigung seines Asyls rechtfertigen ließ.

Beginnend mit einer erneuten Sperrung seines Internet- und Telefonzugangs, diesmal auf unbestimmte Zeit, wird Assange ab dem 28. März 2018 zunehmend von der Außenwelt abgeschirmt. Der Zeitpunkt dieser Entscheidung ist kaum ein Zufall. Sie kommt keine drei Wochen nach der geheimen Anklageerhebung gegen Assange durch das US-Justizministerium – ein Schritt, den die US-Regierung ganze acht Jahre lang bewusst vermieden hatte. Bis zum 31. Oktober desselben Jahres wird Assanges Recht auf privaten Besuch – also solchen abseits der Treffen mit Anwälten oder Ärzten – stark eingeschränkt. Gerade einmal sechs Besuche lassen sich für diesen Zeitraum feststellen – nicht einmal einer pro Monat. Assange wird es fortan auch verwehrt, Besucher in seinen Privaträumen zu empfangen. Treffen sind nur noch in einem kameraüberwachten und abgehörten Konferenzraum der Botschaft gestattet. Dort müssen von nun an nicht nur die Unterredungen mit Anwälten, Politikern oder Journalisten stattfinden, sondern auch medizinische Untersuchungen sowie Gespräche mit Psychotherapeuten. Assange ist es nicht länger erlaubt, online zu gehen. Die Installation von Störsendern verhindert auch jede telefonische Kontaktaufnahme. Das Botschaftspersonal ist unterdessen angehalten, alles, was auf ein Fehlverhalten Assanges hindeuten könnte, penibel festzuhalten. Da der Sicherheitsdienst offenbar nichts Ernsthafteres feststellen kann, muss er sich dann allerdings damit begnügen, Assanges Alltag gewissermaßen unter dem Mikroskop auf Ungereimtheiten hin zu analysieren, von den Fütterungszeiten seiner Katze über die Reinlichkeit der Toilette bis hin zum ungewaschenen Essgeschirr in der gemeinsamen Küche.

Diese Restriktionen werden im Oktober 2018 teilweise gelockert, aber mit dem bereits im August angekündigten »Special Protocol of Visits, Communications and Medical Attention for Mr. Julian Paul Assange« so engmaschig formalisiert, dass es Assange beinahe unmöglich gemacht wird, die für sein Botschaftsasyl geltenden Regeln nicht zu verletzen. Gemäß Aussage von Narváez hatte das Protokoll den Zweck, »überall auf dem Boden Bananenschalen auszulegen«: Assange sollte darauf ausrutschen, damit man seine Ausweisung aus der Botschaft rechtfertigen konnte.

Insbesondere das Verfahren für die Zulassung externer Besucher verkompliziert sich. Teilweise verstreichen zwei Wochen, bis die notwendige Bewilligung erteilt wird. Jeder Besuch muss schriftlich gerechtfertigt werden, mit exakten Auskünften über Sinn und Zweck des Besuchs, über die gegenwärtige Beschäftigungssituation des Besuchers und über voraussichtlich mitgeführte elektronische Geräte. Jeder Besucher muss sein Mobiltelefon für die Dauer des Aufenthalts in der Botschaft abgeben.

Auch bei jenen Punkten des Protokolls, die Assanges medizinische Versorgung, seinen Gebrauch von Kommunikationsmitteln oder Fragen der Hygiene betreffen, zeigt sich eine deutliche Tendenz zur Überregulierung. Es werden so viele Verbotslinien gezogen, dass ihre Übertretung über kurz oder lang fast zwangsläufig erfolgen muss. Das Protokoll ist schon darauf vorbereitet: »Das Nichteinhalten der in diesem *Special Protocol* festgehaltenen Verpflichtungen kann zur Beendigung des vom ecuadorianischen Staat gewährten diplomatischen Asyls gemäß den einschlägigen internationalen Instrumenten führen.« Die Isolation eines Häftlings von der Außenwelt und von positiven Sozialkontakten sowie die Überregulierung seines Alltags mit komplexen, sinnlosen und willkürlich interpretierten Anweisungen, Verboten und Verfahren sind übrigens zwei Schlüsselelemente, die von Folterern weltweit routinemäßig eingesetzt werden, um die Orientierung, das Selbstvertrauen und die Widerstandskraft ihrer Opfers zu untergraben. Doch dabei sollte es nicht bleiben.

Permanente Überwachung

Schon 2017 werden die Überwachungsmaßnahmen innerhalb der Botschaft verstärkt. Der Kontrollraum im Eingangsbereich, in dem sich das Sicherheitspersonal aufhält und sich die Überwachungsmonitore befinden, verschwindet neu hinter undurchsichtigem, sogenanntem »Spionglas«. Von außen lässt sich nun nicht mehr erkennen, ob und in welcher Form eine Beobachtung stattfindet. Die vorhandenen Kameras in den Botschaftsräumen werden durch neuere, hochauflösende Modelle ersetzt. Offiziell liefern sie keine Tonaufnahmen, offiziell sind auch Assanges Schlaf- und Arbeitszimmer von jeglicher Überwachung ausgenommen. Doch Assange bleibt misstrauisch. Vertrauliche Unterhaltungen im Konferenzraum führt er nur noch bei lauter Radiomusik oder nach Einschalten eines Störsignals. Kameras werden mit hellem Licht geblendet. Mit seinen Anwälten bespricht er sich auf der Damentoilette, nicht ohne vorher den Wasserhahn aufzudrehen. Dokumente schirmt er beim Lesen oder Verfassen mit der Hand ab.

Diese Vorsicht ist kein Zeichen von Paranoia, sondern wohlbegründet. Assanges Überwachung in der Botschaft, das wird sich später zeigen, ist sogar noch umfassender, als er selbst es sich vorstellen kann. Alles wird festgehalten, dokumentiert, ausspioniert: ärztliche Untersuchungen, Strategiebesprechungen mit Anwälten, Treffen mit privaten Besuchern. Das Sicherheitspersonal interessiert sich für seinen Gesundheitszustand und seinen Schlafrhythmus ebenso wie für seine persönlichen Notizen oder die SIM-Karten in den Mobiltelefonen seiner Besucher. Dokumente verschwinden, ärztliche Notizen werden gestohlen, Mobiltelefone geöffnet. Abhörmikrofone befinden sich sogar im Feuerlöscher im Konferenzraum, in Steckdosen und, um auch diesen Rückzugsraum überwachen zu können, sogar in der Damentoilette.

Besonderes Interesse weckt Assanges Sohn Gabriel, der im Frühjahr 2017 geboren wird. Stella Moris und Assange haben alles dafür getan, ihre Beziehung geheim zu halten. Dass er

Vater wird, erfährt Assange von einem Zettel, den ihm Stella Moris zusteckt. Nach der Geburt wird niemals sie es sein, die den Säugling mit in die Botschaft bringt; ein Freund gibt Gabriel als seinen eigenen Sohn aus. Man erinnert sich in diesem Zusammenhang, dass Assange seine delikate Familiensituation im April 2017 der schwedischen Staatsanwaltschaft anvertraut hatte, in der vergeblichen Hoffnung auf die Erlaubnis, bei Gabriels Geburt dabei sein zu dürfen. Das war natürlich dieselbe Behörde, die sich bereits wiederholt dadurch ausgezeichnet hatte, dass sie alles, was Assange schaden konnte, durch die Massenmedien verbreiten ließ. Dieselbe Regierung, welche von den USA als »verlässlicher Partner« in der Geheimdienstkooperation bezeichnet wurde. Es überrascht daher kaum, dass das Sicherheitspersonal der ecuadorianischen Botschaft bald argwöhnisch wird und eine von Gabriels Windeln entwendet, um einen DNA-Test vorzunehmen.

Leon Panetta, Chef der CIA von 2009 bis 2011 und danach Verteidigungsminister bis 2013, zeigt sich anlässlich eines ARD-Interviews aufrichtig amüsiert über Assanges Überwachung in der Botschaft: »Das überrascht mich nicht. Ich meine, so läuft das eben. Im Geheimdienstgeschäft geht es nun mal darum, möglichst viele Informationen zu sammeln, egal wie. Und ich bin mir sicher, so lief das hier auch.« Es ist derselbe Panetta, der gleichzeitig Assange und WikiLeaks für das Sammeln »möglichst vieler Informationen« als kriminell verurteilt und verlangt, dass man »diese Leute« bestraft, um potenzielle Nachahmer abzuschrecken. Und das, obwohl WikiLeaks seine Informationen eben gerade nicht durch unrechtmäßige Methoden gesammelt hat. Keine Abhöraktionen, kein Datendiebstahl, kein Hacking und schon gar keine Folter. Ganz im Gegensatz zu den staatlichen Geheimdiensten, die für solche Rechtsbrüche routinemäßig straflos ausgehen. Panettas herzliches Lachen und die geradezu atemberaubende Selbstverständlichkeit seiner Aussagen lassen an seiner Ehrlichkeit keinen Zweifel aufkommen. Er ist die institutionalisierte Kriminalität schon so gewohnt, dass er sie gar nicht mehr als problematisch wahrnimmt. Ein weit verbreitetes Phänomen unter den Mächtigen und Privilegierten dieser Welt.

Hinter den Überwachungsmaßnahmen in der Botschaft steht bis 2018 die spanische Firma UC Global. Sie ist 2015 aufgrund persönlicher Kontakte zur Familie des ecuadorianischen Präsidenten Rafael Correa mit dem Auftrag betraut worden, die Sicherheit des Botschaftsgebäudes und des dort arbeitenden Personals zu garantieren. Eigentümer von UC Global ist David Morales, ein ehemaliger spanischer Marinesoldat. Er steckt hinter der massiven Ausweitung von Assanges Überwachung. Täglich lässt er sich das von seinen Mitarbeitern in der Botschaft gesammelte Material zuschicken. Oft erreichen ihn die Berichte in den USA. Seit einer Sicherheitsmesse in Las Vegas im Jahr 2016 haben Morales' Amerikareisen an Häufigkeit zugenommen. Er enthält Aufträge eines Casino-Imperiums, das, wie man mittlerweile zu wissen glaubt, engen Kontakt zu einem amerikanischen Nachrichtendienst pflegt. Nach seiner ersten Rückkehr von Las Vegas lässt sich Morales seinen Mitarbeitern gegenüber zu der kryptischen Bemerkung hinreißen, UC Global sei nun »in der ersten Liga« angekommen und werde künftig »auf der dunklen Seite« tätig sein. So steht es in späteren Gerichtsakten. Hat Morales also die Todsünde jeden Sicherheitsdienstleisters begangen und gegen die Interessen seines eigentlichen Auftraggebers verstoßen? Hat er seine Position ausgenutzt, um Assange zu überwachen und die Daten anschließend einem amerikanischen Nachrichtendienst zu übergeben? War er ein Doppelagent?

Ein Prozess vor dem Nationalen Gerichtshof in Spanien soll das klären. Assange und seine Anwälte werfen Morales und UC Global illegale Überwachung sowie unter anderem die Verletzung der vertraulichen Anwalt-Mandanten-Beziehung vor. Offenbar soll es sogar zu Erpressungsversuchen gekommen sein, sollen Mitarbeiter der Firma damit gedroht haben, Material, das Assange in intimen Situationen zeigt, zu veröffentlichen. Auch deutsche Journalisten des NDR, die Assange in der Botschaft besuchten, haben Strafanzeige gegen UC Global wegen

Verstößen gegen das Persönlichkeitsrecht beziehungsweise das Pressegeheimnis eingereicht.

Die ecuadorianische Regierung, der inzwischen Lenín Moreno vorsteht, kündigt UC Global 2018 den Dienst in der Botschaft. Damit endet jedoch nicht Assanges Überwachung. Insbesondere die Treffen mit seinen Anwälten werden auch von der neu angeheuerten, diesmal ecuadorianischen Sicherheitsfirma Promsecurity aufgezeichnet. In einem Fall fotografiert man sogar heimlich die von einem Anwalt mitgebrachten Unterlagen. Offiziell eingestanden werden diese gravierenden Eingriffe in Assanges Privatsphäre jedoch nie. Unter anderem in ihren offiziellen Antworten auf meine Interventionen wird die ecuadorianische Regierung das Ausspionieren von Assange stets bestreiten. So schrieb mir das Außenministerium am 4. Juli 2019: »Es gab keine übermäßige Regulierung und auch keine Aufzeichnung privater Treffen.« Diese Wirklichkeitsverweigerung ist bemerkenswert, denn einige der einschlägigen Videoaufzeichnungen sind von den Massenmedien bereits ausgiebig gezeigt und kommentiert worden und zirkulieren sogar auf YouTube. Und am 2. Dezember 2019 legte das Außenministerium nach: »Vergessen Sie nicht, dass die Überwachungskameras in der Botschaft nicht installiert wurden, um Herrn Assange aufzuzeichnen, sondern um das Gebäude zu überwachen und all die zu schützen, die sich in ihm befinden.« Man soll vermutungsweise davon ausgehen, dass dies auch für die Mikrofone auf der Damentoilette gilt. Stattdessen wird Assange vorgeworfen, seinerseits »nicht autorisierte Aufzeichnungen in der Botschaft« angefertigt zu haben. Und weiter: »Herr Assange sowie seine Anwälte und Mitarbeiter haben beleidigende Drohungen und Anschuldigungen gegen den ecuadorianischen Staat und seine Beamten im Vereinigten Königreich ausgesprochen, indem sie diese ohne Beweis denunzierten, Spione von Drittstaaten zu sein.« Auf der Grundlage einer derart verdrehten Wirklichkeitswahrnehmung ist ein konstruktiver Dialog natürlich kaum zu erreichen.

Aus rechtlicher Sicht muss festgehalten werden, dass die permanente Überwachung Assanges, vor allem aber das Ausspähen und Abhören seiner Anwaltsgespräche eine so schwere und kontinuierliche Verfahrensverletzung darstellt, dass sie eigentlich zwingend die Einstellung jeden Verfahrens zur Folge haben müsste, das sich auf die so gesammelten Informationen stützt. Denn unter diesen Umständen kann die gesetzlich verlangte Waffengleichheit schlicht nicht mehr gewährleistet werden. Geht man von der Zusammenarbeit von UC Global mit einem amerikanischen Nachrichtendienst aus, betrifft dies einerseits das angloamerikanische Auslieferungsverfahren, andererseits aber auch die Spionage-Anklage des US-Justizministeriums, welche dem Auslieferungsgesuch zugrunde liegt. Ein Strafverfahren, das sich auf heimlich abgehörte Gespräche des Angeklagten mit seinen Anwälten und Ärzten stützt, kann nur als unheilbar willkürlich bezeichnet werden und ist eines Rechtsstaates nicht würdig.

Ganz abgesehen davon, ist auch die permanente Überwachung und die damit verbundene, ständige Verletzung der Privatsphäre eines der kumulativen Standardelemente der psychischen Folter. Das Opfer wird bewusst seines Rückzugsraumes beraubt, welche für die Erhaltung der persönlichen Autonomie und einer stabilen Gefühlswelt und Identität unerlässlich ist. Das Ohnmachtsgefühl des Opfers wird dadurch noch verstärkt, dass ihm die Überwachung durch Kameras, versteckte Mikrofone oder Spionglas jede Möglichkeit des menschlichen Bezugs verweigert.

Verleumdung, Entwürdigung und Dämonisierung

Spätestens seit Mitte 2017 führt Assange ein Leben unter ständiger Beobachtung. Jede Einzelheit seines Alltags wird unter das Mikroskop gelegt, um sie in aller Ruhe ansehen und beurteilen zu können. Das Urteil hängt vor allem von der Einstellung des Betrachters ab. Es gibt gute Gründe, Assanges Durchhaltevermögen, sein stoisches Ertragen der schwierigen Situation als erstaunlichen Akt des Widerstands zu begreifen. Man kann den Fokus aber auch bewusst auf Details lenken, die alles völlig anders erscheinen lassen.

Das Menschsein hat nicht nur würdevolle Seiten. Unser menschliches Leben hat viele Aspekte, die wir für gewöhnlich vor anderen verbergen, weil sie intim oder peinlich oder ganz einfach nur banal sind. Im Fall von Assange wird seine Menschlichkeit ab 2018 zunehmend ein Thema öffentlicher Diskussion. Ecuadorianische Behördenvertreter, Politiker allen voran, benutzen sie, um ein neues, »schmutziges« Narrativ über Assange zu lancieren. Der Tonfall wird verschärft; die gewählte drastische Sprache dient der Schmähung und Herabwürdigung. Die Liste der gegen Assange erhobenen Vorwürfe wird länger, das vermeintlich Unappetitliche, Unpassende, Störende seines Verhaltens in extenso aufgelistet. Rhetorisch erfolgt das Ende des Asyls schon Monate bevor Assange tatsächlich von der britischen Polizei verhaftet wird. Die Ausweisung soll als logische Konsequenz eines langen Prozesses der Entfremdung erscheinen, für den angeblich allein Assange die Verantwortung trägt.

Die vorsätzliche Böswilligkeit dieses Narrativs ist leicht zu durchschauen. Was auf einmal gegen Assange vorgebracht wird, war jahrelang offenbar nicht der Rede wert. Plötzlich jedoch rückt es ins denkbar ungünstigste Licht. Alles, was sich auch nur entfernt gegen Assange verwenden lässt, wird hervorgekramt und als weiteres Beweisstück für ein nicht länger zu tolerierendes Fehlverhalten präsentiert. Selbst völlig absurde Vorwürfe werden gemacht, etwa dass Assange in der Botschaft Skateboard gefahren sei und Fußball gespielt haben soll. Man stellt sich Assange unwillkürlich als randalierenden Teenager vor, die Baseballkappe nach hinten verdreht, der im Büro des Botschafters Elfmeter schießt oder gerade das Konferenzzimmer zur »Halfpipe« umfunktioniert. Die Wahrheit ist viel trauriger. Anlässlich unserer ärztlichen Untersuchung mussten wir nämlich feststellen, dass Assange ähnliche Symptome zeigte wie auch andere Isolationshäftlinge, die jahrelang nicht genügend Bewegung bekommen. Feinmotorik, Gleichgewichtssinn und Koordinationsfähigkeit leiden unter mangelnder Stimulierung und führen zu einem regressiven Gesamtbild. In Wirklichkeit hatte sich Assanges Gesundheit bereits so weit verschlechtert, dass er zu den ihm vorgeworfenen Eskapaden gar nicht mehr in der Lage gewesen wäre. Tatsächlich zirkuliert auf YouTube bis heute ein Überwachungsvideo, in dem man Assange auf ein Skateboard steigen sieht. Von Skaten kann dabei allerdings keine Rede sein, denn er kann sich nicht einmal im Stand auf dem Brett halten und hat sichtbar Mühe, das Gleichgewicht zu halten.

Bei seinen Treffen mit Ärzten, Anwälten, Besuchern hat die Überwachung Assanges offenbar stets problemlos funktioniert. Doch seltsamerweise gibt es trotz ausgeklügelter Kameratechnik kein Beweismaterial, wenn es um die Assange zur Last gelegten Verhaltensweisen geht. Kein Video vom angeblichen Fußballspiel, keines von der angeblichen Quälerei seiner Katze; keines vom angeblichen Beschmieren der Toilettenwände mit Exkrementen. Und trotzdem werden diese Behauptungen von der Presse unkritisch verbreitet und endlos wiederholt, bis sie sich in den Köpfen der Öffentlichkeit festgesetzt haben und man beim Namen »Assange« nicht mehr an die enthüllten Kriegsverbrechen denkt, sondern nur noch an eine tragische Witzfigur. Die von den schwedischen Behörden im August 2010 losgetretene und konstant befeuerte Medienhetze, welche danach vor allem von der britischen und amerikanischen Presse ohne jeglichen Sinn für Assanges Menschenwürde und die eigene Berufsehre jahrelang auf die Spitze getrieben worden ist, erreicht nun ihr abstoßendes Finale. Wie Bluthunde auf ein verwundetes Tier stürzen sich die Medien nun auf Assange, verschlingen gierig die ihnen zugeworfenen Verleumdungsbrocken, auch wenn diese bis zum Himmel stinken, und setzen schonungslos zum Todesstoß an.

Ein Artikel in der *Daily Mail* vom 12. April 2019 liefert dafür ein besonders bizarres Beispiel. Es war der Tag nach Assanges Ausweisung und Verhaftung durch die britische Polizei – ein Schlüsselmoment für die Beeinflussung der öffentlichen Meinung. Bereits die Überschrift kündigt Haarsträubendes an: »Aufgedeckt: das schmutzige Grauen, das die Botschaftsmitarbeiter veranlasst hat, Assange endlich rauszuschmeißen«. Und weiter: »Exklusiv: Fotos von Julian Assanges ›schmutzigen Protesten‹. In einem Anfall von Wut ließ er verschmutzte Unterhosen in der Toilette der ecuadorianischen Botschaft zurück. Bei anderen Gelegenheiten beschmierte er Wände mit Exkrementen und ignorierte Warnungen, keine halb verzehrten Mahlzeiten in der Küche zurückzulassen.«

Die Fotos, die den Artikel flankieren, zeigen jedoch einen leeren, benutzten Teller sowie drei benutzte Tassen in der Spüle – keine Spur von »halb verzehrten Mahlzeiten«. Und sie zeigen eine völlig saubere Toilette – von Unterhosen oder gar Exkrementen keine Spur. So funktioniert nicht nur Boulevardjournalismus, sondern – und das ist eine der wichtigsten Erkenntnisse meines Berufslebens – auch die menschliche Wahrnehmung ganz allgemein. Die Ankündigung des Schrecklichen reicht aus, um beim Leser die gewünschten Ekelgefühle auszulösen. Er ergänzt im Geist die schmutzigen Details, weil ihm das der Text nahelegt. So wird das Foto einer sauberen Toilette zum Bild eines Tatorts, an dem sich Schreckliches zugetragen hat. Wer den Artikel nur überfliegt, bemerkt die Täuschung ohnehin nicht. Ihm genügt fürs Bescheidwissen die Überschrift, und ein weiteres Mal ist das Ziel, die Aufmerksamkeit auf Assanges Person und vermeintliche Schwächen zu lenken, erreicht. Assange ist es daher auch, den wir alle diskutieren. Die einen verachten ihn, die anderen verteidigen ihn. Und diese Meinungsvielfalt ist den Regierungen recht, denn die Meinungsäußerungsfreiheit ist ja schließlich garantiert. Zumindest solange wir nur das diskutieren, was uns aufgetischt wird. Erst wenn wir selbst wählen, was wir diskutieren wollen, und uns dabei in Themenbereiche verirren, die die Behörden angeblich aus guten Gründen als geheim erklärt haben, erst dann wird unser Dissens zur Verschwörungstheorie und unser Wissensdurst zu strafbarer Spionage.

Neben den erwähnten Trivia gibt es zugegebenermaßen auch Vorwürfe, die auf den ersten Blick schwerer zu wiegen scheinen. Fast wortgleich werden sie in allen drei offiziellen Schreiben, die ich von der ecuadorianischen Regierung erhalten habe, wiederholt. Zum einen ist da eine Szene ab der 58. Minute von Laura Poitras' Dokumentarfilm *Risk*. Diese Szene soll Assanges Versuch zeigen, mithilfe seines eigenen Rechners in das Computersystem der Botschaft einzudringen, um die Überwachungskameras zu manipulieren. Man halte einen Moment ein und überlege sich einmal, wie wahrscheinlich es ist, dass sich Assange wirklich beim Hacken des ecuadorianischen Computersystems in Nahaufnahme filmen lassen würde. Darüber hinaus stimmt die Szene auch inhaltlich nicht mit den Vorwürfen überein. Denn Assange schaut ganz offensichtlich auf einen Desktop-Bildschirm, der auf dem Fußboden steht, und eben nicht auf sein eigenes Notebook, der einige Minuten zuvor in einer anderen Szene sichtbar war. Gemäß separaten und voneinander unabhängigen Zeugenaussagen wurde die relevante Szene im Jahr 2012 kurz nach Assanges Ankunft in der Botschaft aufgezeichnet und zeigt ihn vor dem offiziellen Überwachungskameramonitor der Botschaft, und zwar in einem damals von Assange und dem Sicherheitspersonal gemeinsam benutzten Raum. Die Hacking-Vorwürfe der ecuadorianischen Regierung beruhen daher auf einer offensichtlichen – und somit wohl absichtlichen – Fehlinterpretation des relevanten Filmmaterials. Rechtlich gesehen, hat die ecuadorianische Regierung damit vermutungsweise bereits die Grenze zur vorsätzlichen Verleumdung überschritten.

Wenig überzeugend ist auch die offizielle Interpretation eines anderen Vorfalles, der sich im Dezember 2018 ereignet haben soll. Und zwar soll Assange während eines Gesprächs mit dem neuen Botschafter gesagt haben: »Wir sind hier in Alarmbereitschaft … Wir haben den Finger auf dem Knopf. Wir sind bereit, mehrere Knöpfe zu drücken. Die Entscheidung wird davon abhängen, ob wir glauben, dass einige der gegen mich ausgesprochenen Drohungen real sind.« Aus diesen Sätzen konstruiert die ecuadorianische Regierung einen weiteren Grund für Assanges Ausweisung aus der Botschaft: »Die erwähnte Drohung ist für den ecuadorianischen Staat von erheblicher Bedeutung, da sie auf einen Terroranschlag oder ein anderes gewalttätiges Ereignis hindeuten könnte, das das Leben von Beamten und Dritten im

Botschaftsgebäude gefährden könnte«, erklärt mir die Regierung. Auch diese Behauptung widerspricht jedoch dem gesunden Menschenverstand. Assange ist weder ein Waffenfreak, noch hat er Kontakte oder Sympathien zu Terroristengruppen oder eine Tendenz zu Gewaltverbrechen. Aufgrund seines Hintergrundes und seiner Tätigkeit für WikiLeaks konnte Assange mit den »Knöpfen« – wenn überhaupt – nur die Tasten eines Computers gemeint haben. Eine Auslegung im übertragenen Sinn ist jedoch wahrscheinlicher. Vielleicht hat er an mögliche Leaks gedacht. Aber ganz sicher nicht an das reale Zünden einer Bombe, wie es die ecuadorianische Regierung alle Welt glauben machen wollte. Hätte die Regierung selbst auch nur im Entferntesten an diesen Unsinn geglaubt, dann hätte sie mit der Ausweisung Assanges jedenfalls nicht noch vier Monate zugewartet. Vor diesem Hintergrund wird das Festhalten der ecuadorianischen Regierung an der Behauptung eines angedrohten Terroranschlags geradezu lächerlich.

Und noch etwas wird Assange zur Last gelegt: Er soll sich als Asylant mit politischen Äußerungen in die internen Angelegenheiten anderer Staaten eingemischt, dadurch den öffentlichen Frieden gestört und gegen internationale Vereinbarungen der Nichteinmischung verstoßen haben. Doch solche Staatsverträge gelten natürlich nur zwischen Staaten und können von Privatpersonen gar nicht verletzt werden. Zumal sich Assange zur US-amerikanischen Präsidentschaftswahl 2016, zu den katalanischen Unabhängigkeitsbestrebungen 2017 und vielen anderen Themen ja nicht im Namen der ecuadorianischen Botschaft geäußert hat, sondern als Publizist, Journalist und Kommentator. Er ist einfach nur weiter seiner Arbeit nachgegangen, im Einklang mit seinem Recht auf freie Meinungsäußerung und auf Pressefreiheit. Diejenige Arbeit natürlich, die ihn zum weltweit verfolgten Mann gemacht und die Ecuador mit seiner Asylgewährung als schutzwürdig anerkannt hat. Diese Tätigkeiten nun als Grund für Assanges Ausweisung heranzuziehen widerspricht nicht nur Treu und Glauben, sondern ist auch unvereinbar mit internationalen Menschenrechtsstandards.

Verleumdung, Entwürdigung und Dämonisierung sind wichtige Elemente der psychischen Folter. Ihr Zweck ist einerseits, die Selbstachtung des Opfers, sein Gerechtigkeitsgefühl und sein Vertrauen in die Behörden zu zerstören, ihm aber andererseits auch seinen sozialen Rückhalt in Familie, Gemeinschaft und der breiteren Öffentlichkeit zu nehmen und seine Misshandlung zu trivialisieren oder gar als moralisch gerechtfertigt erscheinen zu lassen. Ähnlich wie bei Mobbingopfern im privaten Umfeld führt dies beim Opfer auf die Dauer zu einer enormen Verstärkung von Gefühlen der Isolation, Demütigung, Verzweiflung und Hoffnungslosigkeit, nicht selten gefolgt von Selbstmordversuchen, Nervenzusammenbrüchen oder gar einem Kreislaufkollaps. Mobbing ist kein Kavaliersdelikt – es ist eine kollektive, kumulative Form gezielter Grausamkeit. Es ist auch nicht Folter »light« – es ist Folter.

Die USA manifestieren sich als Mastermind

Spätestens ab dem 16. Oktober 2018 lautet die Frage nicht mehr, *ob* Assange die Botschaft verlassen muss, sondern nur noch, *wann* das geschehen wird. Denn an diesem Tag erhält Lenín Moreno Post vom US House Committee of Foreign Affairs. Das Schreiben aus dem Repräsentantenhaus macht unmissverständlich klar, welches Vorgehen in der Causa Assange erwartet wird: »Viele von uns im Kongress der Vereinigten Staaten sind bestrebt, mit Ihrer Regierung auf verschiedenen Feldern zusammenzuarbeiten: von der wirtschaftlichen Zusammenarbeit über die Unterstützung bei der Drogenbekämpfung bis hin zur möglichen Rückkehr einer Mission der US-amerikanischen Agentur für Internationale Entwicklung nach Ecuador. Um in diesen entscheidenden Fragen voranzukommen, müssen wir jedoch zunächst eine signifikante, von Ihrem Vorgänger Rafael Correa geschaffene Herausforderung lösen – den Status von Julian Assange.«

Assange, ein »gefährlicher Krimineller und eine Bedrohung der globalen Sicherheit«, müsse endlich der »Gerechtigkeit zugeführt« werden. Daher winken die skizzierten Belohnungen nur bei entsprechender Willfährigkeit der Ecuadorianer: »Wir hoffen, engere Beziehungen zu Ihrer Regierung aufbauen zu können, sind jedoch gleichzeitig auch der Ansicht, dass es für die Vereinigten Staaten sehr schwierig ist, die bilateralen Beziehungen voranzutreiben, solange Herr Assange nicht den zuständigen Behörden übergeben wird.« Am 11. Dezember 2018 legen vier Senatoren und zwei Kongressabgeordnete in einem Brief an US-Außenminister Pompeo noch einmal nach. Auch sie mahnen eine »schnelle Lösung dieser Situation« an, gemeint ist abermals Assanges Aufenthalt in der Botschaft.

Die beiden Schreiben markieren so etwas wie die Formalisierung der US-amerikanischen Forderung an Ecuador, Assange auszuweisen. In den kommenden Monaten wird der Internationale Währungsfonds auch über von der ecuadorianischen Regierung dringend benötigte Kredite in der Höhe von 4,2 Milliarden Dollar entscheiden müssen – ein Gremium, in dem die USA über ein Vetorecht verfügen und dieses auch sehr wirkungsvoll für die Durchsetzung der eigenen Interessen einzusetzen wissen. Der Druck auf die Regierung Moreno nimmt damit noch einmal zu. Dass sie ihm nachgeben wird, steht außer Frage, und die Suche nach Gründen, mit denen sich dieser Schritt in der Öffentlichkeit rechtfertigen lässt, beginnt. In den Antworten, die ich 2019 von der ecuadorianischen Regierung erhalte, werden sie akribisch aufgelistet: Verstöße gegen das »Special Protocol« und sonstiges Fehlverhalten; Einmischung in die inneren Angelegenheiten anderer Staaten, Drohungen gegen Botschaftsvertreter. Jeder Punkt suggeriert die Unvermeidbarkeit des Ausweisungsentscheides, entpuppt sich bei näherem Hinsehen jedoch als wenig überzeugend, wenn nicht geradezu als absurd.

Dazu zählt auch die vorgeschobene Sorge der Regierung, Assanges Gesundheitszustand könne sich bei einem fortgesetzten Aufenthalt in der Botschaft verschlechtern. In meinem Schreiben vom 2. Oktober 2019 nahm ich darauf Bezug: »Es fällt schwer nachzuvollziehen, wie eine aufrichtige Sorge um die Gesundheit und Freiheit von Herrn Assange es rechtfertigen könnte, ihn gegen seinen Willen und ohne ordentliches Verfahren aus der ecuadorianischen Botschaft auszuweisen und ihn so voraussehbar dem realen Risiko einer lebenslangen willkürlichen Inhaftierung in den Vereinigten Staaten auszusetzen, inklusive grausamer, unmenschlicher oder erniedrigender Behandlung oder sogar Folter.«

Denn genau das geschah ja am 11. April 2019. Zugegebenermaßen mag es Situationen geben, in denen jemandem das Asyl rechtmäßig entzogen werden kann. Doch die Rechtsstaatlichkeit verlangt, dass eine solche Entscheidung in einem regulären Verfahren getroffen wird. Und das beinhaltet zwingend die vorherige Anhörung des Betroffenen, sein Recht auf anwaltlichen Beistand sowie die Möglichkeit, Berufung an eine gerichtliche Instanz einzulegen. Assange dagegen wird eines Morgens ohne weitere Formalitäten eröffnet, Ecuador habe ihm seine Staatsbürgerschaft aberkannt – oder wie es offiziell heißt: »suspendiert« – und sein Asyl beendet. Er werde daher gebeten, die Botschaft innerhalb einer Stunde zu verlassen. Als er sich weigert, wird die britische Polizei eingeladen, die Botschaft zu betreten und Assange dort zu verhaften. Ein klarer Bruch nicht nur des ecuadorianischen Verfassungsrechts, das die Auslieferung von Staatsbürgern verbietet, sondern auch des völkerrechtlichen »Refoulement«-Verbotes und der allen Rechtsordnungen gemeinsamen Verfahrensgarantien. Doch die juristischen Feinheiten – oder wohl besser: Grobheiten – von Assanges Ausweisung und Verhaftung scheinen schon kurze Zeit später niemanden mehr zu interessieren. Darin liegt für die Verantwortlichen der Vorteil eines solchen Husarenstücks. Bis die überrumpelte Öffentlichkeit reagieren kann, sind die Tatsachen längst geschaffen, und der Fokus ist anderswo.

Assange wird verhaftet, und im selben Moment geschieht genau das, was er immer befürchtet hat und wofür er jahrelang als paranoid verlacht worden ist: Die USA machen ihre bis dahin geheime Anklage gegen Assange publik und übergeben Großbritannien ihr Auslieferungsgesuch. Damit schickt Ecuadors

Regierung Assange ganz bewusst direkt in dieselbe Gefahr hinein, zu deren Verhinderung sie ihm einst Asyl gewährt hatte: seine Überstellung in die USA. Ecuador beteuert natürlich, nichts davon gewusst zu haben: »Ecuador wurde nie offiziell über ein Auslieferungsverfahren oder über ein offenes Verfahren gegen Herrn Assange in einer anderen Gerichtsbarkeit als der britischen oder der schwedischen informiert.« Vergessen sind die »konstruktiven Gespräche« mit Vizepräsident Pence, vergessen das Schreiben der US-Kongressabgeordneten an Präsident Moreno, vergessen der Grund, warum Ecuador Assange ursprünglich überhaupt diplomatisches Asyl erteilt hatte.

Nach sechs Jahren und zehn Monaten in der ecuadorianischen Botschaft werden Assange also innerhalb eines Tages die ecuadorianische Staatsbürgerschaft und der diplomatische Schutz aberkannt. Er wird ausgewiesen und der britischen Polizei zur Verhaftung übergeben. Seine Habseligkeiten, nicht zuletzt seine Dokumente und Computer, verbleiben in der ecuadorianischen Botschaft. Kurze Zeit später werden sie nicht etwa seinen Anwälten oder Familienmitgliedern übergeben, ja nicht einmal den britischen Behörden, die Assange verhaftet haben. Sondern, »in Entsprechung einer Bitte des US-Justizministeriums um strafrechtliche Unterstützung«, direkt den Amerikanern. Wiederum ohne jedes rechtsstaatliche Verfahren. So wie bei seinem Gepäck auf dem Stockholmer Flughafen im Jahre 2010. Hätte es noch eines Beweises bedurft, wer im Fall Assange über alle Länder und Jahre hinweg wirklich die Fäden zieht – hier ist er.

9

Blick über den Atlantik

Morddrohungen aus Amerika

Am 16. August 2012 wird Assanges Asylgesuch von der ecuadorianischen Regierung offiziell gutgeheißen. Er hatte es wie folgt begründet: »Dieses Gesuch wird in der Annahme gestellt, dass ich an die Vereinigten Staaten ausgeliefert werden soll, wo man mich aufgrund von mir unterstellten politischen Ansichten verfolgen wird. Diese Verfolgung wird stattfinden in Form einer Anklage aus politischen Gründen, exzessiver Bestrafung im Falle einer Verurteilung sowie unmenschlicher Behandlung.«

Dass die Strafverfolgung von Assange vor allem aus politischen Gründen erfolgen würde und nicht wegen wirklicher Straftaten, daran haben amerikanische Politiker und Journalisten nie einen Zweifel gelassen. Schon kurz nach den ersten, vor allem die USA betreffenden WikiLeaks-Enthüllungen von 2010 beginnen sie, Assanges öffentlicher Vorverurteilung den Boden zu bereiten. Assanges Asylgesuch listet einige der gegen ihn vorgebrachten Vorwürfe, Diffamierungen und Drohungen auf. Ein Auszug:

»Ich denke, dieser Mann ist ein Hightech-Terrorist. Er hat unserem Land enormen Schaden zugefügt, und er sollte mit der ganzen Härte des Gesetzes verfolgt werden. Und wenn das ein Problem darstellen sollte, müssen wir eben das Gesetz ändern.« (US-Senator Mitch McConnell, 5. Dezember 2010).

»Präsident Obama sollte […] vielleicht eine Drohne einsetzen. […] Ich denke, eigentlich sollte Assange ermordet werden. […] Ich wäre nicht unglücklich, wenn er verschwinden würde.« (Tom Flanagan, ehemaliger Stabschef des kanadischen Premierministers Stephen Harper, 30. November 2010).

»Um das klarzustellen: WikiLeaks ist keine Nachrichtenorganisation; es ist ein kriminelles Unternehmen, dessen Existenzgrundlage darin besteht, geheime Informationen zur nationalen Sicherheit zu bekommen und sie dann so vielen Menschen wie möglich zugänglich zu machen – inklusive den Feinden der Vereinigten Staaten. Derartige Handlungen fallen höchstwahrscheinlich nicht nur unter den *Espionage Act,* sie unterstützen wohl auch den Terrorismus.« (Marc Theissen, ehemaliger Redenschreiber für George W. Bush, 3. August 2010).

»Warum können wir nicht energisch gegen WikiLeaks vorgehen? Warum können wir nicht unsere verschiedenen Möglichkeiten einsetzen, um Julian Assange und seine Kollaborateure zu verfolgen, zu schnappen oder zu neutralisieren, wo auch immer sie sich aufhalten? Warum können wir WikiLeaks nicht sowohl im Cyberspace als auch in der Realität stören und zerstören, und zwar in dem Maße, wie es uns möglich ist?« (Bill Kristol, Journalist, 30. November 2010)

»Julian Assange stellt eine eindeutige und existierende Gefahr für die nationale Sicherheit Amerikas dar. Der WikiLeaks-Gründer ist mehr als nur ein leichtsinniger Provokateur. Er hilft Terroristen und befördert ihren Krieg gegen Amerika. Die Regierung muss sich dieses Problems annehmen – effektiv und dauerhaft.« (Jeffrey Kushner, Kolumnist für die *Washington Post,* 2. Dezember 2010).

»Julian Assange führt Krieg. Informations-Terrorismus, der dazu führt, dass Menschen umgebracht werden, ist Terrorismus. Und Julian Assange ist ein Terrorist. […] Er sollte behandelt werden wie ein feindlicher Kämpfer.« (Newt Gingrich, ehemaliger Sprecher des Repräsentantenhauses, 5. Dezember 2010).

»Ein Toter kann keine Dinge mehr leaken. Dieser Mann ist ein Verräter […], und er hat gegen jedes Gesetz in den Vereinigten Staaten verstoßen. Und ich bin eigentlich gar nicht für die Todesstrafe, und doch ... Es gibt nur einen Weg, das zu erledigen: diesen Hurensohn illegal erschießen.« (Robert Beckel, Journalist und ehemaliger Wahlkampfmanager des Präsidentschaftskandidaten Walter Mondale, 6. Dezember 2010).

[Auf die Frage, ob er Assange eher als Hightech-Terroristen oder als Whistleblower bezeichnen würde:] »Ich würde sagen, er ist ein Hightech-Terrorist. Dieser Mann hat [...] das Leben und die Arbeit von Menschen in anderen Teilen der Welt gefährdet. [...] Er hat es uns schwieriger gemacht, unseren Angelegenheiten zusammen mit unseren Verbündeten und Freunden nachzugehen. [...] Das hat Schaden verursacht.« (Joe Biden, Vizepräsident unter Barack Obama und 46. Präsident der USA, 19. Dezember 2010).

Es fällt auf, dass mit nationaler Sicherheit argumentiert wird, mit Verrat, Spionage, Terrorismus und Kriegsführung und dass der bevorzugte Lösungsansatz offenbar Assanges Ermordung oder Neutralisierung ist. Von *Fox News* auf die WikiLeaks-Enthüllungen angesprochen, sagt Donald Trump am 2. Dezember 2010: »Ich denke, es ist eine Schande, ich denke, das sollte die Todesstrafe geben oder so was.« Trump war es auch, der als 45. US-Präsident schließlich die Spionageanklage und Verhaftung Assanges erzwingen würde.

Von der Weltöffentlichkeit weitgehend unangefochten, hatten die Präsidenten Bush und Obama seit 9/11 mit systematischen Drohnenangriffen auf verdächtigte Terroristen eine Maschinerie staatlich sanktionierter Tötungen institutionalisiert, mit der langwierige Gerichtsprozesse und lästige Rechtsgrundsätze, wie etwa die Unschuldsvermutung, das Willkürverbot und die Öffentlichkeit des Verfahrens bequem vermieden werden konnten. Die Gleichsetzung von Assange mit einem »Terroristen« ist daher nicht einfach nur ein semantischer Ausrutscher. Auf ein entsprechendes Auskunftsbegehren unter dem Freedom of Information Act reagierte die CIA am 27. Oktober 2010 jedenfalls ausweichend: »Das Vorhandensein oder Nichtvorhandensein« von Plänen, Assange zu ermorden, könne »weder bestätigt noch dementiert« werden. Wie so oft bei der Beweiswürdigung kommt auch hier der richtigen Fragestellung entscheidende Bedeutung zu. Diese ist natürlich nicht, ob die Antwort der CIA einen Mordplan gegen Assange ausdrücklich bestätigt, sondern ob die Behörden dieselbe Antwort auch in Bezug auf jemanden gegeben hätten, bei dem eine gezielte Tötung nicht wenigstens als Option in Betracht gezogen worden wäre. Wohl kaum.

Geheimer Staatssicherheitsprozess

WikiLeaks hatte die Weltöffentlichkeit mit Wahrheiten konfrontiert, die schwer zu verdauen waren. Die enthüllten Kriegsverbrechen, Menschrechtsverletzungen und anderen Machenschaften waren massiv. Aus rechtsstaatlicher Sicht verlangten sie nach tief greifenden institutionellen Reformen, aber auch nach einer sorgfältigen Aufarbeitung im Sinne von Recht und Gerechtigkeit. Soldaten, Behördenvertreter und führende Politiker mussten zur Verantwortung gezogen und unzählige Opfer und deren Angehörige entschädigt werden. Aber auch die Bevölkerung westlicher Demokratien war gefordert, ihre eigene Wirklichkeitswahrnehmung zu hinterfragen, die Bequemlichkeit vermeintlicher Gewissheiten aufzugeben und politische Verantwortung zu übernehmen. Und wie immer, wenn Menschen ein schmerzhafter Prozess der Bewusstwerdung abverlangt wird, kommt es zunächst zu Vermeidungsstrategien. Eine psychologisch besonders wirkungsvolle Strategie ist natürlich, den Spieß kurzerhand umzudrehen und den Überbringer der Botschaft zu verteufeln. Es erstaunt daher nicht, dass Assange bald weltweit als Terrorist, Verräter, Spion und Vergewaltiger verschrien wurde – alles emotionale, stark vorverurteilende Etiketten, welche seine Verfolgung rechtfertigen und von seinen unbequemen Enthüllungen ablenken sollten.

Während die Dämonisierung Assanges sozialpsychologisch und neurobiologisch also durchaus nachvollziehbar ist, wirft sie aus menschenrechtlicher Sicht große Probleme auf. Denn einerseits können behördlich geäußerte oder demonstrativ tolerierte Drohungen, Demütigungen und Schmähungen durchaus die Menschenwürde verletzen und gegen das Verbot grausamer, unmenschlicher oder entwürdigender Behandlung verstoßen. Andererseits ist vor dem Hintergrund von Assanges öffentlicher Vorverurteilung durch Politiker, Massenmedien und Kommentatoren nur schwer vorstellbar, dass er in den USA überhaupt noch in den Genuss eines fairen Prozesses kommen könnte. Denn in jedem Strafprozess gilt der Angeklagte von Gesetzes wegen als unschuldig bis zum Beweis des Gegenteils, sodass ein Freispruch zumindest denkbar sein muss. Doch dass Assange von den USA und ihren »verlässlichen Partnern« ein Jahrzehnt lang unter enormem Aufwand verfolgt und verteufelt wird, nur um ihn danach in einem geheimen Spionageprozess von aller Schuld freizusprechen – das dürfte auch dem kühnsten Idealisten als vollkommen ausgeschlossen erscheinen.

Erschwerend kommen die systemischen Schlagseiten der amerikanischen Strafjustiz hinzu, die sich zur Erreichung ihrer Ziele sehr weitgehend auf Einschüchterung, Zwang und Gewalt verlässt. Ganz zentral ist dabei das Instrument des *Plea Bargaining*, mit welchem immerhin neun von zehn Strafverfahren in den USA erledigt werden. Ein *Plea Bargain* ist ein Deal zwischen Anklage und Verteidigung, der dann zustande kommt, wenn sich ein Verdächtigter von vornherein schuldig bekennt, meist für ein geringeres Delikt, oder sich bereit erklärt, gegen einen anderen Verdächtigten im Sinne der Anklage auszusagen. Zur Belohnung für diese Kooperationsbereitschaft – bei Zeugen kann man es auch Bestechung nennen – verlangt der Staatsanwalt dann ein geringeres Strafmaß oder lässt einen Teil der Anklage sogar ganz fallen. Der Staat sieht sich davon entlastet, die gegen den Angeklagten erhobenen Anschuldigungen rechtsgenügend beweisen zu müssen, und riskiert auch keine Schadenersatzforderungen für ungerechtfertigte Untersuchungshaft. Der Angeklagte wiederum läuft nicht Gefahr, dass eine Geschworenenjury über seine Schuld oder Unschuld entscheidet und das Gericht die Maximalstrafe verfügt.

Damit ein *Plea Bargain* überhaupt funktionieren kann, muss zunächst natürlich eine entsprechende Drohkulisse errichtet werden. Das erklärt die Forderung nach oftmals absurd hohen Gefängnisstrafen von bis zu mehreren Jahrhunderten oder gar nach der Todesstrafe. Dies soll gewährleisten, dass der Angeklagte so stark eingeschüchtert wird, dass er nicht mehr auf die Unschuldsvermutung pocht, sondern sich sicherheitshalber auf einen Deal einlässt – selbst wenn er dafür ein falsches Geständnis oder eine falsche Zeugenaussage abgeben muss. Doch er weiß, dass er im Gegenzug vielleicht mit drei statt mit dreißig Jahren Gefängnis davonkommt, zudem unter besseren Haftbedingungen, oder dass er in schweren Fällen wenigstens die Todesstrafe vermeiden kann. Dies erscheint offenbar praktisch allen Angeklagten die attraktivere Variante zu sein, als jahrelange Prozesse zu führen, sich für die Anwaltskosten zu verschulden, dabei ohnehin die ganze Zeit im Gefängnis zu sitzen und am Ende womöglich noch von einer unberechenbaren Jury für schuldig befunden zu werden. Dass dieses System nicht auf Recht und Gerechtigkeit abzielt, sondern vor allem auf die Erzwingung einer Verfahrenserledigung im Sinne der Anklage ist offensichtlich. Dass es nichts zur Entwicklung professioneller Untersuchungsmethoden, zur Verbrechensbekämpfung sowie zur Vermeidung von Justizirrtümern und von überfüllten Gefängnissen beiträgt, ebenso.

Auch in Prozessen, die die nationale Sicherheit betreffen – und ein solcher würde auf Assange nach seiner Auslieferung in die USA zukommen –, wird mit der Androhung drakonischer Strafen Druck auf die Angeklagten aufgebaut. So lautete etwa das für den Whistleblower und ehemaligen CIA-Agenten John Kiriakou verlangte Strafmaß 45 Jahre Haft. Kiriakou hatte 2007 in einem Fernsehinterview detailliert über Foltermethoden der CIA Auskunft gegeben, unter anderem auch über das berüchtigte »Waterboarding«. Dabei wird das Folteropfer einer simulierten Ertränkung unterzogen, welche jeweils erst nach Eintritt der Bewusstlosigkeit und kurz vor dem Erstickungstod unterbrochen und nach der ärztlichen Wiederbelebung schonungslos wiederholt wird – 30, 50, 100, ja, mindestens in einem Fall sogar 183-mal. Weil Kiriakou den Medien darüber hinaus auch die Identifikation von einigen der Verantwortlichen ermöglicht haben soll, warf man ihm vor, Geheimhaltungspflichten verletzt zu haben. Er – und nicht die von ihm identifizierten Folterer – wurde festgenommen und am berüchtigten Espionage Court im Eastern District of Virginia angeklagt.

Wer in den USA vor einem Geschworenengericht angeklagt wird und es sich leisten kann, heuert einen Jury Consultant an. Er hat die Aufgabe, die Liste der möglichen Geschworenen durchzugehen und anhand der Namen auf die einzelnen Jurymitglieder zugeschnittene Strategien der Verteidigung zu entwickeln. Kiriakous Consultant hatte schon O. J. Simpson unterstützt und dem Vernehmen nach in seiner Karriere noch keinen einzigen Fall verloren. Doch als er diesmal die Liste der potenziellen Geschworenen durchging, hatte er für Kiriakou nur einen Rat: »Machen Sie einen *Plea Bargain,* denn Sie werden keine Chance haben. Wie auch immer sich die Jury zusammensetzen wird, ihr Urteil wird stets regierungsfreundlich ausfallen. Wir befinden uns hier in Alexandria und damit in unmittelbarer Nähe zu Washington. Über Sie werden daher mehrheitlich Menschen urteilen, die entweder für die Regierung arbeiten oder die Freunde oder Verwandte bei der CIA haben, die in irgendeiner Form Beziehungen zum Pentagon unterhalten oder auf sonst eine Art mit Aufgaben der nationalen Sicherheit betraut sind. Auch wenn es letztlich der Zufall sein wird, der die Geschworenen auswählt: Die Durchschnittsbevölkerung im Eastern District of Virginia spiegelt ganz klar die Interessen der staatlichen Behörden wider, sodass jedes Geschworenengericht in Fragen der nationalen Sicherheit tendenziell stark voreingenommen sein wird. Das ist wohl auch der Grund, warum das Justizministerium offenbar sämtliche Anklagen wegen Verletzung der nationalen Sicherheit im bundesgerichtlichen Bezirk 4 in Alexandria anhängig macht, auch wenn landesweit theoretisch mehr als hundert solcher Bezirke zur Verfügung stünden.«

Kiriakou folgte dem Rat und entschied sich für den Deal. Er

bekannte sich teilweise für schuldig und ging statt für 45 Jahre für 30 Monate ins Gefängnis. Damit war er ein verurteilter Straftäter, und Präsident Obama hatte sein Ziel, die Illegalität des Whistleblowing zu konsolidieren, erreicht. Kein Präsident in der US-Geschichte hat so viele Whistleblowers verfolgen lassen wie Obama, und keiner hat die Bestrafung systematischer Folter genauso entschieden verhindert wie die Klärung der Frage, wie denn ein legaler Weg aussehen könnte, solche Kriegsverbrechen zu enthüllen. Japanische Soldaten, welche die Methode des *Waterboarding* im Zweiten Weltkrieg gegen amerikanische Kriegsgefangene angewandt hatten, wurden danach von den USA wegen Kriegsverbrechen zu mindestens 15 Jahren Haft verurteilt. Von den CIA-Agenten, welche dieselbe Methode gegen verdächtigte Terroristen angewandt hatten, wurde kein einziger zur Verantwortung gezogen. *Waterboarding* sei Folter und sei ein »Fehler« gewesen, gab Obama zu. Doch er wolle nun in die Zukunft blicken und nicht in die Vergangenheit. Er wolle keine »Hexenprozesse«, meinte der Friedensnobelpreisträger versöhnlich. Keine Hexenprozesse also für Folterer, Kriegsverbrecher und ihre Vorgesetzten, dafür aber umso mehr für diejenigen, welche diese Verbrechen öffentlich gemacht hatten. Nicht die Folterer und Kriegsverbrecher waren die Verräter amerikanischer Werte, fand Präsident Obama, sondern diejenigen Soldaten und Agenten, die – anders als der Präsident – diesen Kriegsverbrechern ihre Komplizenschaft verweigert hatten und zu Whistleblowern geworden waren.

Auch Julian Assanges Prozess würde, das steht seit Jahren schon fest, in Alexandria stattfinden. Vor einer ähnlich zusammengesetzten Jury, wie sie auch über Kiriakou zu Gericht gesessen hätte. Die Verhandlungen würden hinter verschlossener Tür stattfinden; ohne Presse, ohne Öffentlichkeit – und mit Beweismitteln, die weder dem Angeklagten noch seiner Verteidigung zugänglich sein würden – aus Gründen »nationaler Sicherheit« selbstverständlich. Ein ganz gewöhnlicher, geheimer Staatssicherheitsprozess also, wie man ihn sonst nur aus Diktaturen und anderen Unrechtsregimes kennt. Vor dem Espionage Court in Alexandria ist noch nie ein Angeklagter freigesprochen worden. Freisprüche gehören dort offenbar nicht ins Repertoire.

Der Fall von Chelsea Manning

Zu keinem *Plea Bargain* kam es hingegen im Fall von Chelsea Manning. Manning, die 2010 WikiLeaks das Material für die spektakulären Enthüllungen aus dem Irak- und aus dem Afghanistankrieg zugespielt hatte, bekannte sich in 10 von 22 Anklagepunkten schuldig, wohlgemerkt freiwillig und ohne »Belohnung« oder »Gegenleistung«. Sie erklärte ihre moralisch begründete Motivation: Sie habe versucht, eine dringend notwendige öffentliche Diskussion über das Missverhalten des US-Militärs auszulösen und damit zu einer positiven Veränderung beizutragen. Trotz ihres Teilgeständnisses wurde sie im Juli 2013 vom Militärgericht in Fort Meade im US-Bundesstaat Maryland in 19 von 22 Anklagepunkten schuldig gesprochen und unter anderem wegen Diebstahls von Regierungseigentum und Spionage zu 35 Jahren Haft verurteilt. Die Anklage hatte noch eine weitaus höhere Haftstrafe von 60 Jahren gefordert, doch vom Vorwurf der Feindeshilfe wurde sie freigesprochen. Sicher, Manning hatte als Soldatin ihre Geheimhaltungspflicht verletzt und sich somit strafbar gemacht. Andererseits hatte sie sich weder für ihre Leaks bezahlen lassen, noch wollte sie dem Feind helfen. Auch konnte bis heute nicht nachgewiesen werden, dass durch diese Veröffentlichungen irgendjemand ernstlich zu Schaden gekommen ist. Stattdessen wollte Manning die systematische Verletzung derjenigen Werte anprangern, welchen sie sich als Soldatin verpflichtet fühlte: Wahrheit, Recht und Gerechtigkeit. Nachdem sie auf dem ordentlichen Dienstweg nicht mehr weitergekommen war, wandte sie sich zuerst an die etablierte Presse, und als sie auch dort auf Desinteresse gestoßen war, schließlich an WikiLeaks. Sie hat Beweise für Kriegsverbrechen, Menschenrechtsverletzungen und Korruption geliefert, von denen die Öffentlichkeit ansonsten womöglich nie Kenntnis erlangt hätte. Doch der archaische *Espionage Act* erlaubt keine *public interest defence.* Das öffentliche Interesse an der Aufdeckung und Verfolgung von Kriegsverbrechen durfte daher bei der Urteilsfindung gegen Manning keine Rolle spielen, und dasselbe wäre auch im Spionageprozess gegen Assange der Fall.

Manning wurde noch vor ihrer Anklage im Juli 2010 in Haft genommen. Zuerst für zwei Monate in einem Militärgefängnis im Camp Arifjan in Kuwait, dann, nach ihrer Rückführung in die USA, ebenfalls in einem Militärgefängnis auf dem Marinestützpunkt Quantico in Virginia. In einem bedrückenden Artikel für den britischen *Guardian* blickte Manning 2016 auf diese Zeit zurück. Eine Zeit der Einzelhaft. Manning schilderte das Sitzen vor einer Spiegelwand, hinter der zwei Marinesoldaten jede ihrer Bewegungen beobachteten, siebzehn Stunden jeden Tag. Kein Schlaf erlaubt zwischen dem frühen Morgen und 20 Uhr am Abend, kein Hinlegen, kein Anlehnen an die Wand, keine Gymnastikübungen. Sodass nur gelegentliches Aufstehen blieb und das Herumgehen in der winzigen Zelle, die frei war von allen persönlichen Dingen. Und das Tanzen, denn das galt nicht als sportliche Betätigung. Gelegentlich führten sie drei Wärter ins Freie, zu einem eingezäunten Bereich von der Größe eines Basketballfelds, auf dem sie zwanzig Minuten herumgehen durfte. Blieb sie jedoch auch nur einmal stehen, endete der Ausgang sofort, und Manning wurde wieder zurück in die Zelle gebracht. Nur für ein paar Stunden im Monat war Besuch gestattet, von der Familie, von Freunden, den Anwälten. Manning begegnete ihnen hinter einer dicken Glasscheibe, gefesselt an Händen und Füßen, die Unterhaltungen wurden teilweise aufgezeichnet. Nicht einmal der Schlaf in der Nacht blieb ungestört. Das Wecken durch die Aufseher erfolgte, sobald Manning auch nur Anstalten machte, sich zur Wand zu drehen. Ende Dezember 2010 intervenierte schließlich mein Amtsvorgänger Juan Méndez formell gegen Mannings Haftbedingungen und beantragte im Mai 2011 die Bewilligung für einen persönlichen Gefängnisbesuch bei ihr. Doch entgegen den Standardbedingungen für Gefängnisbesuche eines UNO-Sonderberichterstatters verweigerten ihm die Amerikaner eine unüberwachte Unterredung mit Manning, was für eine objektive Evaluation der Haftbedingungen notwendig gewesen wäre. Daher blieb Mendez keine andere Wahl, als auf den Gefängnisbesuch zu verzichten. Genauso würde es voraussichtlich mir und meinen Nachfolgern ergehen, wenn wir versuchen würden, Julian Assange nach seiner Auslieferung an die USA in einem amerikanischen Hochsicherheitsgefängnis zu besuchen.

Oft wird gesagt, Präsident Obama habe Manning in einem Akt der Menschlichkeit begnadigt. Die Realität ist eine andere. Obama hat Mannings Strafe lediglich verkürzt, sodass sie im Mai 2017 als abgebüßt gelten und Manning aus dem Gefängnis entlassen werden konnte. Auch mit dieser Haftverkürzung musste Manning jedoch eine Gefängnisstrafe von fast sieben Jahren verbüßen, während Obamas Amtszeit, und zwar einzig dafür, dass sie die Öffentlichkeit auf Kriegsverbrechen der US-Streitkräfte aufmerksam gemacht hatte. Kriegsverbrechen, die unverjährbar sind und zu deren strafrechtlicher Verfolgung der US-Präsident als Oberkommandierender der Streitkräfte nach den Nürnberger Prinzipien völkerstrafrechtlich verpflichtet ist. Vor diesem Hintergrund wirkt Obamas Haftverkürzung für Manning nicht wie ein Akt menschlicher Großherzigkeit, sondern bestenfalls wie ein halbherziger Versuch zur Imagepflege und Gewissensberuhigung in letzter Minute, nachdem er gegen Ende seiner Amtszeit zunehmend wegen seines Feldzuges gegen Whistleblower kritisiert worden war.

Mannings Verfolgung war damit jedoch noch nicht zu Ende. Im März 2019 wurde sie vom geheimen Schwurgericht in Alexandria, Virginia – der Grand Jury – als Zeugin gegen Assange aufgeboten. Weil sich Manning jedoch weigerte, die verlangten Aussagen zu machen, wurde sie vom Richter wegen *civil contempt of the Court* für 60 Tage in Beugehaft genommen. Eine Woche nach ihrer Entlassung wurde Manning erneut zur

Zeugenaussage vorgeladen und, nachdem sie die Kooperation verweigerte, erneut in Beugehaft genommen. Sie würde so lange im Gefängnis bleiben, bis sie die verlangte Aussage mache oder das Mandat der Grand Jury abgelaufen sei, entschied der Richter. Dazu kam eine tägliche Geldstrafe von fünfhundert Dollar ab dem dreißigsten und von tausend Dollar ab dem sechzigsten Tag der Nichtkooperation.

Einige Monate später, am 1. November 2019, intervenierte ich wie folgt bei der amerikanischen Regierung gegen Mannings Beugehaft: »*Ich gelange zu dem Schluss, dass ein solcher Freiheitsentzug keine definierte Strafe für ein bestimmtes Vergehen, sondern eine unbefristete, sich zunehmend verschärfende Zwangsmaßnahme darstellt, die alle konstitutiven Elemente von Folter oder anderer grausamer, unmenschlicher oder erniedrigender Behandlung oder Bestrafung erfüllt.*« Jemanden wegen einer Aussageverweigerung mit einer zeitlich begrenzten Haftstrafe zu belegen ist eine Sache. Eine ganz andere Sache ist es jedoch, eine Zeugin einzusperren, um sie zur Zusammenarbeit zu zwingen, und dabei ihr Leiden so lange zu erhöhen, bis sie bricht – das ist die Logik der Folter. Aufgrund des reinen Nötigungscharakters der gegen sie ergriffenen Maßnahmen verlangte ich die sofortige Freilassung Mannings sowie die Rückerstattung unrechtmäßig bezogener Bußgelder. Trotz der Dringlichkeit meines Appells wartete ich vergeblich auf eine Reaktion der amerikanischen Behörden, und auch seine Veröffentlichung und Verbreitung durch die Weltpresse 60 Tage später bewirkte nichts.

Dann geschah, was ich am meisten befürchtet hatte: Am Mittwoch, dem 11. März 2020, kurz nach 12 Uhr mittags, versuchte Chelsea Manning, sich im Gefängnis das Leben zu nehmen. Der Leidensdruck der endlosen Beugehaft war letztlich einfach zu groß geworden. Sie wurde rechtzeitig gefunden und überlebte. Nur kurze Zeit später erkannte offenbar auch das Gericht das Menetekel und ordnete Mannings Freilassung an. Ihre Aussage vor der Grand Jury sei nicht länger nötig, hieß es zur Begründung. Eine Entschädigung wurde ihr nicht zugesprochen, und auch die Geldbuße von mittlerweile 256 000 Dollar wurde ihr nicht erlassen. Muss es bei Julian Assange wirklich auch noch zum Suizidversuch kommen, bis die Welt endlich die Augen öffnet?

»Spezielle Verwaltungsmaßnahmen«

In seinem Asylgesuch an die ecuadorianische Regierung vom Juni 2012 nahm Assange explizit Bezug auf Mannings Haftbedingungen: »Die wahrscheinlich gegen mich erfolgenden Anklagen, die Haltung der US-Regierung meiner Person gegenüber sowie die bekannten Umstände der Verwahrung von Menschen unter vergleichbaren Anklagen bedeuten, dass man mich mit ziemlicher Sicherheit unter Bedingungen inhaftieren wird, die jenen meines mutmaßlichen Mitangeklagten Bradley Manning entsprechen.«

Wie während der Auslieferungsverhandlung im September 2020 in London klar wurde, würde Assange bei einer Auslieferung an die USA tatsächlich nicht nur in Isolationshaft gehalten, sondern mit an Sicherheit grenzender Wahrscheinlichkeit zusätzlich sogenannten *Special Administrative Measures* (SAMs) – übersetzt: »Spezielle Verwaltungsmaßnahmen« – unterworfen. Hinter diesem Euphemismus verbirgt sich ein verschärftes Haftregime. Die Anordnung von SAMs vor, während oder nach dem Prozess obliegt dem *Attorney-General,* also dem amerikanischen Justizminister. Formell sind SAMs keine Strafe seitens der Justiz, sondern eine Sicherheitsmaßnahme seitens der Regierung. Eine gerichtliche Überprüfung erfolgt daher nicht, und eine Anfechtung durch den Häftling ist praktisch unmöglich. SAMs werden gegen Häftlinge eingesetzt, von denen aus der Sicht des US-Justizministers eine besondere Gefahr für die nationale Sicherheit ausgeht, ob Terroristen, Gewaltverbrecher, Spione oder Whistleblower. Ihre Kommunikation soll radikal unterbunden werden. Das heißt: extrem eingeschränkter oder sogar gar kein Kontakt zu Familienmitgliedern, Anwälten, Mithäftlingen. Nicht einmal mit den Wächtern darf gesprochen werden. Keine Zeitungen, kein Radio, kein Fernsehen. Verstöße werden sofort bestraft. Das kleinste Missverständnis etwa mit dem Gefängnispersonal kann dazu führen, dass ein Häftling eine Woche lang in seiner Zelle mit Handschellen gefesselt wird und die Zeit in vollkommener Dunkelheit absitzen muss, einen Sack über dem Kopf, die Augen verbunden. Das Kommunikationsverbot betrifft auch die Außenwelt. Briefe dürfen nur an bewilligte Adressaten geschrieben werden und können durch Zensurmaßnahmen monatelang verzögert werden. Ein SAMs-Häftling – Abu Hamza al-Masri – brach die Regeln, als er seinen Sohn in einem Brief bat, dem einjährigen Enkel mitzuteilen, dass er ihn liebe: Der Enkel befand sich nicht auf der Liste der bewilligten Adressaten. Anwälte oder sonstige Besucher können strafrechtlich belangt werden, wenn sie untereinander oder mit anderen über die beobachteten Haftbedingungen sprechen. Das SAMs-Regime macht den Missbrauch vollkommen, unkontrollierbar, grenzenlos. Manche Häftlinge sehen keinen anderen Ausweg, als in den Hungerstreik zu treten, um Hafterleichterungen zu erreichen: zweimal im Monat daheim anrufen oder gelegentlich eine Zeitung lesen zu dürfen. Doch auch Hungerstreiks werden rabiat unterbunden – durch Zwangsernährung, welche vorsätzlich auf besonders quälerische Weise durchgeführt wird.

SAMs können für eine Dauer von bis zu einem Jahr verhängt werden und sind unbeschränkt verlängerbar. Die Regierung kann jede Begründung verweigern, denn es geht ja – selbstverständlich – um die nationale Sicherheit. Es gibt Verurteilte, die zehn Jahre unter diesem menschenverachtenden Regime verbracht haben. Es ist klar, dass diese Haftbedingungen nicht nur unter das menschenrechtliche Folterverbot fallen, sondern auch unter das Verbot grausamer und ungewöhnlicher Bestrafungen im achten Zusatzartikel der amerikanischen Verfassung. Doch SAMs sind ja angeblich keine Strafe, sondern eben nur »Spezielle Verwaltungsmaßnahmen«. Ein Etikettenschwindel, welcher nicht nur die Häftlinge selbst entmenschlicht, sondern auch ihre Peiniger, die anordnende Behörde sowie letztlich das gesamte Staatswesen, welches solche Grausamkeiten im Namen von Recht und Gerechtigkeit toleriert.

Pressefreiheit oder Nationale Sicherheit?

Am 15. Oktober 2019 nahm ich an einer Podiumsdiskussion an der Columbia University in New York teil. Sie stand unter dem Motto »Press Freedom, National Security and Whistleblowers: From Julian Assange to the White House«. Der Saal war voll, einige Leute standen oder saßen auf dem Boden, und sogar James Goodale war unter den Zuhörern. Goodale hatte, wie erwähnt, zu Beginn der 1970er-Jahre die *New York Times* beim Rechtsstreit um die »Pentagon Papers« vertreten, dem großen Leak zum Vietnamkrieg, das unter anderem die vorsätzliche Täuschung der amerikanischen Öffentlichkeit durch die eigene Regierung enthüllte. Ich erinnerte mich, dass die Lektüre eines Interviews mit Goodale entscheidend dazu beigetragen hatte, dass ich mich überhaupt näher auf den Fall Assange einließ. Während der Diskussion stand der 86-Jährige auf und ergriff das Wort. »Hat Assange ein Anrecht auf den vollen Schutz der Pressefreiheit?« Goodale bejahte das leidenschaftlich. Wolle die US-Regierung Assange für seine Veröffentlichungen strafrechtlich verfolgen, dann müsse sie zuerst beweisen, dass er dadurch die nationale Sicherheit in eindeutiger und unmittelbarer Weise gefährdet habe. »Das Erfordernis dieses Beweises stellt für die Regierung eine hohe Hürde dar, zumal sie nie bewiesen hat, dass infolge von Assanges Veröffentlichungen tatsächlich jemand zu Schaden gekommen ist. [...] Die Regierung hatte zehn Jahre Zeit, Beweise für eine Gefährdung der nationalen Sicherheit vorzulegen, aber sie hat es nicht getan.«

Die Behauptung, Assange habe mit seinen Enthüllungen der nationalen Sicherheit der USA schweren Schaden zugefügt, amerikanische Soldaten gefährdet und lokale Informanten Racheakten des Feindes ausgesetzt, gehört tatsächlich zu den am wenigsten hinterfragten Mythen. »An seinen Händen könnte das Blut eines jungen Soldaten oder einer afghanischen Familie kleben«, behauptete etwa US-Generalstabschef Mike Mullen. Das Blut an den Händen seiner Soldaten, welche im Video *Collateral Murder* aus reiner Tötungslust Verwundete und Lebensretter massakrierten, schien den General hingegen nicht zu bedrücken. Dass solche Kriegsverbrechen unzählige Familien zerstörten, dass sie verbitterte Zivilisten in die Arme von Terrorgruppen trieben und Racheakte gegen eigene Soldaten und Zivilisten provozierten, kam ihm offensichtlich auch nicht in den Sinn. Die Kurzsichtigkeit der Selbstgerechten ist ihre größte Schwäche.

Inoffiziell kam US-Verteidigungsminister Robert Gates jedoch bereits 2010 zu einem ganz anderen Schluss. Nach Sichtung der veröffentlichten Dokumente teilte er dem demokratischen Senator Carl Levin brieflich mit: »Die bisherige Überprüfung [hat] nicht erbracht, dass sensible Geheimdienstquellen und -methoden durch die Enthüllungen gefährdet worden sind.« Das nahm die Erkenntnisse von Robert Carr um drei Jahre vorweg. Carr war ein ehemaliger Offizier der US-Spionageabwehr und Leiter einer Taskforce, die im Auftrag des Verteidigungsministeriums die Auswirkungen der WikiLeaks-Enthüllungen untersuchte. Im Juli 2013 gab er anlässlich des Prozesses gegen Manning zu Protokoll, er kenne »kein konkretes Beispiel« dafür, dass diese Veröffentlichungen Menschenleben aufs Spiel gesetzt hätten.

Vor Assange wurde noch nie jemand wegen der bloßen Publikation sensibler Dokumente unter dem *Espionage Act* angeklagt. Was würde eine Verurteilung Assanges also für die Zukunft des investigativen Journalismus bedeuten? Aus meiner Sicht besteht kein Zweifel, dass Journalisten, die ihre Arbeit der Sicherheits- oder der Militärpolitik widmen, künftig mit einer ähnlichen Verfolgung zu rechnen hätten, wenn sie geleaktes Material publizieren. Denn wenn es nicht um die Etablierung eines Präzedenzfalles zur strafrechtlichen Einschüchterung des Journalismus ginge, würde die verbissene Verfolgung von Assange jedenfalls keinerlei Sinn ergeben. Auf dem Spiel steht also nichts weniger als die demokratische Kontrolle der Regierungen durch eine unabhängige Presse.

In einem Interview mit dem *Spiegel* sprach WikiLeaks-Herausgeber Kristinn Hrafnsson daher nicht ohne Grund von einem »Krieg gegen den Journalismus«, und die »Reporter ohne Grenzen« bezeichneten die Anklage gegen Assange als »gefährlichen Präzedenzfall für Journalisten, Whistleblower und andere journalistische Quellen«. Sogar der ehemalige stellvertretende Justizminister für nationale Sicherheit, Kenneth Wainstein, sagte im Jahr 2010 bei einer Anhörung im US-Kongress: »Wenn WikiLeaks aufgrund dieser Leaks wegen Spionage strafrechtlich verfolgt werden kann, gibt es keinen rechtlichen oder logischen Grund, warum eine ähnliche Strafverfolgung nicht auch alle gängigen Nachrichtenorganisationen betreffen könnte, die regelmäßig geschützte Informationen zum Thema der nationalen Verteidigung empfangen und veröffentlichen.« Kein kleines Problem für diejenigen, die Assange anklagen und verurteilt sehen wollen. Ihnen muss daran gelegen sein, WikiLeaks klar von traditionellen Nachrichtenmedien abzugrenzen und Assanges Arbeit keinesfalls als Journalismus gelten zu lassen.

Tatsächlich steckt hinter der aggressiven Verfolgung von Assange jedoch immer derselbe Beweggrund: Angst. Angst vor der Methode WikiLeaks. Angst vor Transparenz. Angst vor demokratischer Kontrolle. Angst vor Verantwortlichkeit. Angst vor Machtverlust. Angst vor neuen Enthüllungen. Angst vor Nachahmern. In den Worten von Leon Panetta, ehemaliger CIA-Chef und US-Verteidigungsminister, in einem Interview mit der ARD: »Alles, was man tun kann, ist, zu hoffen, dass man letztendlich gegen diejenigen vorzugehen in der Lage ist, die an der Enthüllung dieser Informationen beteiligt waren, sodass man anderen eine Botschaft senden kann: Tut nicht dasselbe.«

Um dieses Ziel der Abschreckung zu erreichen, werden immer neue juristische Kapriolen versucht. So behauptete Mike Pompeo, damals CIA-Direktor, anlässlich einer Rede an der Denkfabrik »Center for Strategic and International Studies« (CSIS) am 13. April 2017, WikiLeaks sei ein »feindlicher, nicht staatlicher Geheimdienst«, und Assange habe als Ausländer keinen Anspruch auf die von der amerikanischen Verfassung garantierte Pressefreiheit. So einfach geht das offenbar in Mike Pompeos Welt. Rechtlich obliegt die Auslegung der amerikanischen Verfassung glücklicherweise zwar nicht dem CIA-Direktor, sondern dem Supreme Court, doch das scheint den amerikanischen Geheimdienst genauso wenig zu kümmern wie die internationalen Verpflichtungen der USA. Dazu gehört auch das völkerrechtlich geschützte Menschenrecht auf freie Meinungsäußerung, welches nur aus zwingenden Gründen gesetzlich eingeschränkt werden kann, insbesondere zum Schutz der nationalen Sicherheit. Wie Goodale richtig bemerkt hatte, hängt also alles davon ab, ob Assange mit den WikiLeaks-Veröffentlichungen tatsächlich die nationale Sicherheit der Vereinigten Staaten gefährdet hat und nicht bloß die Straflosigkeit der Mächtigen für Kriegsverbrechen und Korruption. Selbst die US-Behörden waren bisher nicht in der Lage, dafür einen konkreten Beweis vorzulegen. Denn nüchtern betrachtet sind Pressefreiheit und nationale Sicherheit nicht Widerspruch, sondern Symbiose und ist behördliche Geheimhaltung deren gemeinsamer Feind.

Teil III

Kampf um die Wahrheit

10

Staatliche Realitätsverweigerung

Über den Sommer 2019 trafen die Antworten der vier angeschriebenen Staaten auf meine Intervention von Ende Mai ein: Großbritannien, Schweden, USA und Ecuador. Auch Australien reagierte auf meine Schlussfolgerungen und etwas später auch Deutschland, obwohl ich mit diesen beiden Staaten im Zusammenhang mit dem Assange Fall selbst keinen Kontakt gesucht hatte. Der gemeinsame Nenner aller Reaktionen kann in einem Wort zusammengefasst werden: Realitätsverweigerung.

Großbritannien: Demonstrative Gleichgültigkeit

Schweden, Ecuador und die USA hatten alle innerhalb der protokollarischen Frist von sechzig Tagen geantwortet. Nur die britische Regierung, die Assange in ihrer Gewalt hatte und von der ich deshalb die dringendsten Maßnahmen gefordert hatte, ließen sich deutlich länger Zeit. Ihr Antwortschreiben kam erst am 7. Oktober, rund fünf Monate nach meinem Besuch bei Assange, und signalisierte damit überdeutlich die Gleichgültigkeit der indignierten Großmacht. Der britische Botschafter fasste sich besonders knapp und verzichtete demonstrativ auf sämtliche in der diplomatischen Korrespondenz üblichen Formen, Floskeln und Höflichkeiten. Ohne jede Einleitung begann das Schreiben direkt mit der Klarstellung, die Londoner Regierung weise jede Behauptung zurück, dass Assange aufgrund von Maßnahmen ihrerseits in irgendeiner Form der Folter oder einem willkürlichen Freiheitsentzug ausgesetzt worden sei. Es habe ihm freigestanden, die ecuadorianische Botschaft jederzeit zu verlassen. Im Übrigen sei Assange im Einklang mit englischem Recht unter Einhaltung aller Verfahrensgarantien verurteilt worden und habe dagegen keine Berufung eingereicht. Auf die konkreten Fragen, welche ich in meinem Schreiben gestellt hatte, ging die Regierung wohlweislich nicht ein. Keine Antwort auf meine dringenden Sorgen betreffend Assanges Gesundheitszustand. Keine Untersuchung der britischen Beteiligung an der jahrelangen Justizwillkür, Einschüchterung, Isolation und Entwürdigung. Keine Maßnahmen zur Sicherstellung eines adäquaten Zugangs von Assange zu seinen Anwälten und Gerichtsakten. Kein Wort über die Gefahr schwerer Menschenrechtsverletzungen im Falle einer Auslieferung an die USA.

Das Vereinigte Königreich hatte ganz offensichtlich nicht vor, sich gegenüber einem einfachen UNO-Sonderberichterstatter zu rechtfertigen. Das hatte nichts mit meiner Person zu tun, denn genauso pikiert reagiert London auch, wenn andere UNO-Experten kritische Schlussfolgerungen ziehen, die nicht mit dem Selbstbild der britischen Regierung übereinstimmen. Ob es um Raquel Rolniks Bericht aus dem Jahr 2013 zur britischen Umsetzung des Rechts auf angemessene Unterkunft geht, ob es um die Schlussfolgerungen der WGAD zum willkürlichen Freiheitsentzug von Assange von 2015 geht, Philip Alstons Bericht zum Thema extreme Armut in Großbritannien von 2019 oder nun meinen eigenen Protest gegen die Verletzung des Folter- und Misshandlungsverbotes: Jedes Mal hatte sich die britische Regierung zunächst freiwillig auf die Evaluation eingelassen, verwarf dann aber die unbequemen Resultate und unterstellte den unabhängigen Experten lauthals Parteilichkeit, »aufpeitschende« Wortwahl und politische Motivationen. Schwierige

Voraussetzungen für einen realitätsbezogenen und zielführenden Dialog.

Schweden: Bürokratisches Lavieren

Schweden gab sich zwar etwas mehr Mühe, die diplomatische Form zu wahren, konnte seine Entrüstung jedoch ebenfalls nur schwer verbergen. Mein Schreiben hatte der schwedischen Staatsanwaltschaft schwere Verfehlungen in der Verfahrensführung vorgeworfen, welche eigentlich von Amts wegen eine unabhängige Untersuchung hätten auslösen müssen. Doch darauf wollte sich die Regierung offensichtlich nicht einlassen. Um ihre Verweigerungshaltung zu kaschieren, unterstrich sie in ihrer Antwort daher, es sei ihr verfassungsrechtlich untersagt, in ein laufendes Verfahren der unabhängigen Staatsanwaltschaft einzugreifen. Der unterzeichnende Botschafter glaubte sich offensichtlich selbst nicht richtig, sonst hätte er es nicht für nötig befunden, dasselbe Argument auf drei Seiten nicht weniger als vier Mal zu wiederholen.

Die Behauptung, die Exekutive könne nicht in laufende Gerichtsverfahren eingreifen, ist eine der häufigsten Standardausreden, die ich von demokratischen Regierungen zu hören bekomme, wenn ich sie mit möglichen Verletzungen des Folterverbotes und den davon abgeleiteten Untersuchungs-, Bestrafungs- und Wiedergutmachungspflichten konfrontiere. Alle diese Pflichten sind natürlich für den jeweiligen Staat als Ganzes verbindlich und damit auch für *alle* Regierungsgewalten. Als Mandatsträger der UNO sind meine protokollarischen Gesprächspartner zwar immer die Außenminister, doch in der Praxis sind es eben nicht nur die der Exekutive unterstellten Sicherheitskräfte und Geheimdienste, sondern oft auch die Justizbehörden, die für Folter und Misshandlungen verantwortlich sind. Die Palette reicht von erzwungenen oder unterdrückten Aussagen über die Vollstreckung von Todes- und Körperstrafen bis hin zu gezielter Justizwillkür und Rechtsverweigerung, wie eben im Fall Assange. Es obliegt dann dem Außenministerium, meine Intervention an die zuständige Aufsichtsbehörde weiterzuleiten und dafür zu sorgen, dass die völkerrechtlich verlangten Untersuchungen durchgeführt und die gestellten Fragen beantwortet werden. Könnte ich mich mit Missbräuchen der Strafverfolgungsbehörden nicht befassen, wäre mein Mandat wirklich nur noch ein zahnloser Tiger mit sehr beschränkter Praxisrelevanz. Doch genau das käme offenbar auch vielen demokratischen Staaten nicht ganz ungelegen.

»Herr Assange stand es frei, die Botschaft jederzeit zu verlassen« – auch diese Plattitüde durfte in der schwedischen Antwort nicht fehlen. Der Gedanke, dass man mit einer gehörigen Portion Zynismus dasselbe natürlich für jeden politisch verfolgten Asylsuchenden sagen kann, scheint der Regierung nicht gekommen zu sein. Ob es jemandem »freisteht«, den Schutz seines politischen Asyls zu verlassen, hängt selbstverständlich nicht von der Freiwilligkeit seiner Flucht ab, sondern davon, ob ihm das freiwillige Verlassen seines Asyls mit Blick auf die ihn bedrohenden Menschenrechtsverletzungen zugemutet werden kann. Wie sich zeigen sollte und wie Assange auch richtig vorausgesagt hatte, war das für ihn nicht der Fall.

Die Frage einer Auslieferung Assanges von Schweden an die USA bezeichnete die Stockholmer Regierung in ihrer Antwort als rein »hypothetisch«. Ähnlich »hypothetisch« wohl, wie die britische Regierung in ihrem Schreiben an mich ein Auslieferungsgesuch der USA an Großbritannien bezeichnet hatte – nur einen Tag bevor Assange verhaftet und das amerikanische Auslieferungsgesuch offiziell übermittelt wurde. Ein genaueres Eingehen auf die von mir aufgelisteten Punkte wurde auch von Schweden nicht für nötig erachtet. Insgesamt blieb der Tenor derselbe wie in der britischen Antwort: kein Fehlverhalten, keine Versäumnisse, keine Ungereimtheiten – die totale Verdrängung einer äußerst unangenehmen Realität.

Ecuador: Nein, nein und nein!

Wie die britische, so hatte auch die ecuadorianische Regierung sichtlich Mühe, die diplomatische Form und Contenance zu bewahren – allerdings gewissermaßen mit »umgekehrtem Vorzeichen«. Die Antwort aus Quito übertraf im Umfang die der anderen Staaten um ein Vielfaches und kann nur als ein verbales Umsichschlagen beschrieben werden. Selbst da wurden Vorwürfe gewittert, wo ich sie gar nicht geäußert hatte: »Es ist bedauerlich, dass Sie das diplomatische Asyl, das Herrn Julian Assange gewährt wurde, als ›Haft‹ bezeichnen und damit mit einem Begriff, der den Aufenthalt einer Person in einer geschlossenen, sie ihrer Freiheit beraubenden Umgebung bezeichnet. In diesem Zusammenhang möchten wir Sie daran erinnern, dass Herr Assange am 19. Juni 2012 freiwillig und ohne dass ihn jemand dazu gezwungen hätte, die Botschaft von Ecuador in London betreten hat.«

Freilich hatte ich nie etwas anderes behauptet. Wiederum: Jeder politisch Verfolgte sucht »freiwillig« Asyl. Wenn der Ort seines Asyls jedoch nur wenige Quadratmeter umfasst, die er nicht verlassen kann, ohne sich der Gefahr schwerer Menschenrechtsverletzungen auszusetzen, muss man juristisch von Freiheitsentzug sprechen. Allerdings war Assange nicht von, sondern bei den Ecuadorianern festgehalten worden, und zwar durch ein Bedrohungsszenario, für welches die schwedischen, britischen und – im Hintergrund – amerikanischen Behörden verantwortlich waren. Was ich Ecuador vorgeworfen hatte, war nicht Assanges Belagerung durch die anderen Staaten, sondern seine gezielte Isolation, Verleumdung und Entwürdigung sowie den willkürlichen Entzug seiner Staatsbürgerschaft und seines Asyls unter Verletzung der Verfahrensrechte und des »Refoulement«-Verbotes.

Wie die Entgegnungen der Ecuadorianer auf die von mir aufgelisteten Punkte im Einzelnen ausfielen und vor allem, wie sie die Ausweisung Assanges rechtfertigten, davon war bereits ausführlich die Rede. Der dabei gewählte, mehr und mehr entgleisende Tonfall zeigte mir, dass ich offensichtlich einen Nerv getroffen hatte. Seite für Seite nahmen die persönlichen Anwürfe zu: »Es steht Ihnen, Herr Berichterstatter, sowie Ihren Assistenten frei, mit Herrn Assange zu sympathisieren. Allerdings verfälschen Ihre Meinungen zu diesem Fall die Tatsachen und befördern Werturteile, die Ihre Unabhängigkeit als Sonderberichterstatter gefährden.« Oder: »Ihre subjektive Sicht ist erstaunlich, Herr Berichterstatter.« Oder: »Null Folter, Herr Berichterstatter. All das wissen Sie aber längst schon, weil wir Sie darüber bereits informiert haben, Herr Sonderberichterstatter. Warum fragen Sie uns also noch einmal danach?« Oder: »Wir wiederholen es erneut, doch sind dabei entmutigt, da wir nicht wissen, ob wir diesmal das Glück haben, dass Sie lesen, was wir geschrieben haben.« Und schließlich: »Zwar finden sich in Ihrem Schreiben auch neue Inhalte, die Sie bisher noch nicht angesprochen haben, die aber dennoch ein offensichtliches Vorurteil gegen den ecuadorianischen Staat zum Ausdruck bringen, wenn Sie lediglich das wiederholen, was die Anwälte und Unterstützer von Herrn Assange sagen.«

Ich habe in meiner Mandatsarbeit selten so wortreiche Stellungnahmen bekommen, welche es schaffen, meine konkreten Fragen unbeantwortet zu lassen.

USA: Amerika foltert nicht!

Die Antwort der Amerikaner datierte vom 16. Juli 2019. Sie umfasste eine einzige Seite. In meinem Schreiben hatte ich von »öffentlichem Mobbing« gesprochen; von diffamierenden, vorverurteilenden oder gar unverhohlen drohenden Äußerungen hochrangiger amerikanischer Politiker, Geheimdienstmitarbeiter, Journalisten oder Kommentatoren in Bezug auf Assange. Dazu hieß es nun in der Antwort: »Die Vereinigten Staaten lehnen die Behauptung ab, wonach die in Ihrem Brief aufgeführten öffentlichen Äußerungen als grausame, unmenschliche oder entwürdigende Behandlung oder Bestrafung oder gar Folter anzusehen sind. Ferner sind die Vereinigten Staaten zutiefst über die Andeutung besorgt, unabhängige Berichterstattung oder andere Kommentare und Diskurse, die Persönlichkeiten des öffentlichen Lebens betreffen, könnten eine Form von Folter oder grausamer, unmenschlicher oder erniedrigender Behandlung oder Bestrafung darstellen. Eine solche Position des Sonderberichterstatters hat gefährliche Auswirkungen auf die Meinungsäußerungsfreiheit, auf die Demokratie und die Rechtsstaatlichkeit.«

Der Zynismus dieser Aussage ist frappant: Die hemmungslose Diffamierung, Demütigung und Bedrohung von Assange wird mit der Meinungsäußerungsfreiheit gerechtfertigt. Wenn Assange aber Beweise für Kriegsverbrechen, Folter und Korruption enthüllt, dann gilt die Meinungsäußerungsfreiheit plötzlich nicht mehr, sondern er wird mit 175 Jahren Haft bedroht. Auch die notorisch menschenunwürdigen Haftbedingungen in amerikanischen Hochsicherheitsgefängnissen haben in den Augen der US-Regierung rein gar nichts mit Folter zu tun: »Darüber hinaus lehnen die Vereinigten Staaten Ihre Behauptung kategorisch ab, wonach Herr Assange bei einer Auslieferung an die Vereinigten Staaten zum Zweck strafrechtlicher Verfolgung gefoltert oder in sonstiger Weise misshandelt würde.« Nicht nur Chelsea Manning hat da eine ganz andere Geschichte zu erzählen. Die Weigerung Amerikas, seine eigenen Folterer zu verfolgen und zu bestrafen, der exzessive Einsatz von Isolation, Fesselung und Gewalt gegenüber Häftlingen aller Art, die Erpressung von Geständnissen und Zeugenaussagen durch Beugehaft und drakonische Strafandrohungen sowie die notorische Überbevölkerung amerikanischer Haftanstalten markieren auch hier eine bemerkenswerte Diskrepanz zwischen Selbstwahrnehmung und Wirklichkeit.

Australien: Der große Abwesende

Meine Pressemitteilung vom 31. Mai 2019 schlug hohe Wellen. Die Interviews häuften sich. Sowohl *BBC World* als auch *Sky News,* die zwei mächtigsten britischen Nachrichtensender, wollten ein Liveinterview via Skype. Doch beide Sender nahmen das Interview nach der ersten Liveausstrahlung sofort wieder aus dem Programm und stellten sicher, dass es im Netz nicht mehr auffindbar war. Meine Schlussfolgerung, dass sowohl die britische Regierung als auch die Berichterstattung der Mainstream-Medien Mitverantwortung an Assanges Verfolgung und Misshandlung tragen, passte offensichtlich nicht ins bevorzugte Narrativ. Auch das öffentlich-rechtliche Fernsehen in Australien bat um ein Gespräch. Per Video wurde ich einer Nachrichtensendung auf *ABC* zugeschaltet. Der Moderator fragte mich nach der Rolle Australiens im Fall Assange. Ich hatte Australien bisher nicht in meine Interventionen einbezogen, denn ich hatte keine Hinweise dafür, dass die australische Regierung aktiv zu Assanges Verfolgung oder der Verschlechterung seines Gesundheitszustands beigetragen hätte.

Ich wusste natürlich, dass Assange sein Heimatland scharf kritisiert hatte. Unter anderem hatte er den australischen Sicherheitsbehörden vorgeworfen, die Untersuchungen des amerikanischen Geheimdienstes gegen WikiLeaks und ihn selbst zu unterstützen. Und er hatte sich auf Medienberichte bezogen, wonach die australische Regierung die Möglichkeit in Betracht gezogen habe, seinen Pass für ungültig erklären zu lassen, um den Amerikanern die Strafverfolgung zu erleichtern. Mit Blick auf die militärische Allianz zwischen Washington und Canberra sowie die langjährige Mitgliedschaft des Landes in der »Five-Eyes« genannten Geheimdienstkooperation zwischen USA, Großbritannien, Kanada, Australien und Neuseeland war auch kaum etwas anderes zu erwarten gewesen. Es erstaunte deshalb nicht, dass Assange seiner Regierung nicht traute und deren – wohl eher pro forma gemachten – Angebote, ihn während seiner Zeit in der ecuadorianischen Botschaft konsularisch zu betreuen, gleich mehrfach abgelehnt hatte. So fragwürdig die australische Haltung aus moralischer Sicht erscheinen mag, aus rechtlicher Sicht hatte ich keine genügende Beweisgrundlage dafür, von einer eigentlichen Mitverantwortung der Australier für die politische Verfolgung und Misshandlung Assanges zu sprechen.

In meinem Interview auf *ABC* nannte ich die australische Regierung daher die »große Abwesende«: »Sie ist einfach nicht da. So, als wäre Assange gar kein australischer Staatsbürger. Das ist nicht die richtige Art, mit diesem Fall umzugehen.« Das wurde mir auf der anderen Seite der Welt offenbar übel genommen. Noch am selben Tag titelte die Onlineredaktion des *Sydney Morning Herald:* »Folteropfer Assange – und Australien trifft Mitschuld, sagt ein UNO-Experte«. Das hatte ich zwar nicht gesagt, aber darauf kam es nun nicht mehr an. Ob sich die australische Regierung den Originalwortlaut des Interviews überhaupt anhörte, weiß ich nicht. Jedenfalls reagierte sie prompt und offensichtlich irritiert mit einer eigenen Pressemitteilung: »Wir lehnen jede Andeutung des UNO-Sonderberichterstatters für Folter ab, die australische Regierung sei an psychischer Folter beteiligt gewesen oder habe einen Mangel an konsularischer Unterstützung von Herrn Assange gezeigt. Der Sonderberichterstatter hat keinen Kontakt zur australischen Regierung aufgenommen, um seine Bedenken direkt zu äußern.«

Dass die australische Regierung nicht bereit war, ihr beträchtliches politisches Gewicht gegenüber den USA und Großbritannien für den Schutz von Assange einzusetzen, dass sie sich stattdessen demonstrativ in Zurückhaltung üben und auf das halbherzige Anbieten »konsularischer Dienste« beschränken würde, ging ja schon aus der im Zusammenhang mit der australischen »Declaration of Abandonment« besprochenen, internen Korrespondenz zwischen verschiedenen Regierungsstellen in Canberra hervor. Solange Assange selbst seinem Heimatstaat nicht einmal genügend vertrauen konnte, um dessen konsularische Dienste anzunehmen, fehlte aber auch die Grundlage für eine diplomatische Lösungssuche meinerseits. Was auch immer die australische Regierung zur Wahrung von Assanges Interessen gemacht haben will, zu einer wirklichen Verbesserung von Assanges Lage hat sie nicht das Geringste beigetragen. Auch wenn sich eine Gruppe von rund zwei Dutzend australischen Parlamentsabgeordneten vehement für Assanges Freilassung und Repatriierung einsetzten und zwei von ihnen – Andrew Wilkie und George Christensen – im Februar 2020 sogar nach London reisten, um ihn im Gefängnis zu besuchen, gelang es ihnen nicht, die Regierung zu einem Umdenken zu bewegen.

Während der mehrwöchigen Auslieferungsverhandlung vor dem Westminster Magistrates' Court im September 2020 hatten Assanges Anwälte für die australische diplomatische Vertretung nicht weniger als drei der wenigen verfügbaren Publikumssitze im Gerichtssaal reserviert. Während draußen seit dem frühen Morgengrauen unzählige Journalisten, ausländische Politiker, Vertreter von Amnesty International und andere unabhängige Beobachter vergeblich auf Einlass warteten, blieben die australischen Sitze leer. Jeden Tag. Ich denke daher nicht, dass es viel gebracht hätte, mit dieser Regierung überhaupt zum Fall Assange Kontakt aufzunehmen. Denn auch ihre Selbstwahrnehmung hat nur wenig mit der Realität zu tun.

Deutschland: Zwischen Appeasement und Komplizenschaft

Regierungen, die keinen direkten Bezug zur Verfolgung oder Person von Julian Assange haben, äußern sich in der Regel gar nicht oder nur sehr zurückhaltend zu seinem Fall. Bemerkenswerterweise gilt dies sogar über die sonst geltenden politischen Blöcke hinweg, sodass Assange auch von Ländern wie Russland, China, Iran oder Venezuela – die sonst keine Gelegenheit auslassen, den Westen zu kritisieren – kaum öffentlich Unterstützung erhält. Das hat natürlich nichts mit seiner Person zu tun, sondern damit, dass seine Organisation WikiLeaks von allen Regierungen gleichermaßen als systembedrohend wahrgenommen wird. Stellvertretend soll hier nur das Beispiel von

Deutschland besprochen werden – ein Land, das wirtschafts- und sicherheitspolitisch einflussreich genug wäre, um die involvierten Staaten direkt zu beeinflussen. Ein Land auch, welches mit dem Abgleiten einer hoch entwickelten Gesellschaft in Diktatur, Überwachungsstaat und Selbstzerstörung bereits einschlägige Erfahrungen gemacht hat und das die Konsequenzen dieses Systemversagens in weltweit einzigartiger Weise juristisch, moralisch und politisch aufgearbeitet hat. Tragischerweise aber auch ein Land, das dennoch außerstande ist, ähnlichen Entwicklungen in alliierten Partnerstaaten wirkungsvoll entgegenzutreten oder auch nur öffentlich eine klare Meinung dazu zu äußern.

Berlin, 7. Oktober 2020: Bei einer Regierungsbefragung im Bundestag droht der deutsche Außenminister Heiko Maas mit gezielten Sanktionen gegen Russland wegen der Vergiftung des Oppositionspolitikers Alexej Nawalny mit einem Nervenkampfstoff der Gruppe Nowitschok. Die Entwicklung, Herstellung und der Besitz chemischer Waffen sei ein »eklatanter Verstoß« gegen das Völkerrecht, meint der Minister. »Russland müsste selbst ein großes Interesse an der Aufklärung des Verbrechens haben.« Moskau sei jedoch bisher in keinem einzigen Fall den »Forderungen und Fragen« der Bundesregierung nachgekommen. Ohne Aufklärung durch Russland seien »zielgerichtete und verhältnismäßige Sanktionen gegen Verantwortliche unvermeidlich«. Begrüßenswert klare Töne aus Berlin, die aufhorchen lassen, denn selten findet eine Regierung den Mut zu einer so kompromisslosen Haltung.

Während derselben Befragung wird der Minister allerdings auch auf den Fall Julian Assange angesprochen und insbesondere auf meine Berichterstattung, wonach die Behandlung von Assange das universelle Folterverbot verletze – ebenfalls ein »eklatanter Verstoß« gegen das Völkerrecht. Doch hier gibt sich der Minister deutlich weniger kämpferisch. Der Bundesregierung lägen »keine Informationen« vor, aus denen hervorginge, »dass es sich um Verstöße gegen internationales Recht sowohl bei der Unterbringung als auch der Behandlung von Julian Assange handelt«, meint Maas. Er sei der Auffassung, »dass Assange ein rechtsstaatlich einwandfreies Verfahren verdient hat«, habe aber keinen Grund, »unseren britischen Partnern in diesem Fall Versagen oder was auch immer vorzuwerfen«. Anders als Russland wird Großbritannien von der Bundesregierung also weder mit »Fragen und Forderungen« konfrontiert noch mit Sanktionen im Falle fehlender Aufklärung.

Tatsache ist, dass ich dem Auswärtigen Amt die wichtigsten »Verstöße gegen internationales Recht« bereits ein Jahr früher, nämlich am 26. November 2019, anlässlich eines Besuchs in Berlin persönlich erläutert hatte. Die Menschenrechtsabteilung hatte mich um eine Unterredung zum Fall Assange gebeten. Wie mir schnell klar wurde, war das Anliegen meiner Gesprächspartner allerdings nicht, die von mir geltend gemachten Menschenrechtsverletzungen zu diskutieren und mögliche Maßnahmen zur Einflussnahme der Bundesregierung auf die britischen oder amerikanischen Behörden zu erörtern. Meine umfangreiche Berichterstattung dazu hatte jedenfalls niemand im Raum gelesen, und ganz offensichtlich hatte auch niemand die Absicht, sich näher damit zu befassen. Vielmehr machte man sich mit Blick auf mein Engagement im Fall Assange angeblich Sorgen um die Glaubwürdigkeit meines Mandates und den Fortbestand der UNO Menschenrechtsmechanismen. Dass Assange ohne Rechtsgrundlage seit Monaten in Isolationshaft gehalten und seiner Menschenwürde und Verteidigungsrechte beraubt wurde, ließ bei den deutschen Menschenrechtsbürokraten offenbar keine Zweifel an der Rechtsstaatlichkeit des britischen Verfahrens aufkommen. Stattdessen bedachten sie meine Einwände mit den gleichen leeren Blicken wie die Regierungssprecher, welche an der wöchentlichen Bundespressekonferenz jeweils jede Anfrage zum Fall Assange mit steinernen Gesichtern und gequälten Worthülsen abwimmeln – eine veritable Realityshow zum Thema Wirklichkeitsverdrängung.

Einer der vielen Zeugen, welche im September 2020 im amerikanischen Auslieferungsprozess zugunsten von Assange aussagten, war der deutsch-libanesische Staatsbürger Khaled El-Masri. Am 31. Dezember 2003 war er in Mazedonien von der

Polizei festgenommen und an die CIA übergeben worden. In Skopje und in einem *black site* in Afghanistan wurde er von den Amerikanern vier Monate lang erniedrigt und gefoltert, bis die CIA sich von seiner Unschuld überzeugt hatte und ihn irgendwo auf einer verlassenen Straße in Albanien aussetzte – ohne jede Entschuldigung, Entschädigung oder auch nur genügend Mittel für die Heimreise. Nach mehreren erfolglosen Verfahren gegen die mazedonischen Behörden stellte der Europäische Menschenrechtsgerichtshof im Jahr 2012 fest, dass El-Masri durch mazedonische und amerikanische Agenten gefoltert worden war, und verurteilte Mazedonien zur Zahlung von 60 000 Euro Entschädigung. Die deutsche Staatsanwaltschaft ihrerseits erließ dreizehn Haftbefehle gegen die involvierten CIA-Mitarbeiter, doch die Bundesregierung verweigerte die Stellung eines Auslieferungsgesuches an die USA – ein »nicht justiziabler« Ermessensentscheid der Exekutive, wie das Verwaltungsgericht befand. Aber auch ein klarer Verstoß gegen die Antifolterkonvention, welche den Staaten bei der Strafverfolgung von Folter ganz bewusst keinerlei Ermessensspielraum lässt, sondern sie zwingend dazu verpflichtet. Die weitere Aufklärung des Falles durch einen parlamentarischen Untersuchungsausschuss wurde von der Bundesregierung offenbar durch Zeugenaussageverbote und Beweismittelverweigerung verunmöglicht. Wie durch WikiLeaks veröffentlichte Depeschen der US-Botschaft in Berlin (Depesche 07BERLIN242) zeigen, wurde Deutschland durch die USA massiv unter Druck gesetzt, um das Auslieferungsgesuch zu verhindern. Auch hier stellte die Bundesregierung keine »Fragen und Forderungen«. Auch hier drohte sie den USA keine Sanktionen an. Trotz eines »eklatanten Verstoßes« gegen das Völkerrecht. Ein Verstoß, wohlgemerkt, der nicht nur einen unglücklichen Ausrutscher darstellt, sondern stellvertretend für Hunderte anderer Fälle steht. Für eine mittlerweile fest etablierte Politik schwerer Völkerrechtsverletzungen durch den transatlantischen Partner, von unrechtmäßigen Entführungen und systematischer Folter in weltweit verstreuten Geheimgefängnissen bis zu den von der deutschen Luftwaffenbasis Ramstein aus koordinierten Drohnenangriffen auf bloßen Verdacht hin – durchschnittlich zwei gezielte Tötungen pro Monat unter Präsident Bush, bereits fünf pro Woche unter Obama, und nun drei pro Tag unter Trump. Es gibt einen Punkt, an dem politisches Appeasement zur völkerrechtlichen Komplizenschaft wird.

Wie eng die deutsche Sicherheitspolitik hinter den Kulissen mit derjenigen ihrer westlichen Partner verstrickt ist, kann man nicht nur an solchen Einzelfällen sehen, sondern besonders deutlich auch an der Geschichte des NSA-Skandals. Nachdem die Snowden-Leaks im Jahr 2013 die gezielte Überwachung deutscher Spitzenpolitiker durch die NSA enthüllt hatten, wurde zunächst natürlich publikumswirksam protestiert, ein deutsch-amerikanisches »No-Spy«-Abkommen gefordert, ein Untersuchungsausschuss eingesetzt und sogar ein Strafverfahren wegen der Telefonüberwachung von Bundeskanzlerin Angela Merkel eingeleitet. Nachdem sich der öffentliche Sturm etwas gelegt und die Realpolitik wieder das Ruder übernommen hatte, wurde das Strafverfahren jedoch bald aus »Mangel an Beweisen« eingestellt, das »No-Spy«-Abkommen sang- und klanglos beerdigt und der Untersuchungsausschuss daran gehindert, den wichtigsten Zeugen, Edward Snowden, in Berlin zu vernehmen. Denn dazu hätte man ihm eine »Non-Refoulement«-Garantie gegen eine Auslieferung an die USA geben müssen, was die sensiblen transatlantischen Beziehungen der deutschen Regierung offenbar allzu sehr belastet hätte.

Daran änderten auch die WikiLeaks-Enthüllungen vom Sommer 2015 nichts, welche neue Beweise für die jahrzehntelange, systematische Überwachung zahlreicher deutscher Spitzenpolitiker durch die NSA lieferten, einschließlich wörtlicher Abschriften von abgehörten Gesprächen der Bundeskanzlerin. Lieber wischte man den größten Spionageskandal der Weltgeschichte und das Recht der eigenen Bevölkerung auf Wahrheit, Transparenz und Privatsphäre unter den Teppich und betonte die Unverzichtbarkeit der transatlantischen Partnerschaft. Eine Partnerschaft, die spätestens seit den »Crypto-Leaks«-Enthüllungen im Februar 2020 auch im geheimdienstlichen Bereich wohl besser als Komplizenschaft bezeichnet wird. Hinter den Kulissen hatten die CIA und der deutsche Bundesnachrichtendienst nämlich über die gemeinsam kontrollierte Schweizer Firma »Crypto AG« jahrzehntelang manipulierte Chiffriergeräte an über 100 Staaten verkauft und in der Folge die betroffenen Regierungen systematisch abgehört – also weit über die Hälfte aller Regierungen der Welt. Als der Schweizer Nachrichtendienst dem deutsch-amerikanischen Spionagekomplott nach mehr als zwanzig Jahren endlich auf die Spur kam, setzte er dem Spiel nicht etwa ein Ende, sondern verschaffte sich mit dem Einverständnis der Amerikaner gleich selbst Zugang zu den Geräten und spionierte eifrig mit – mit enormem Schaden für die Glaubwürdigkeit der Schweiz als neutrales, sicheres und vertrauenswürdiges Land.

Erst am 30. Dezember 2020, also am letzten Arbeitstag vor dem für den 4. Januar 2021 angesetzten, erstinstanzlichen Auslieferungsentscheid der britischen Justiz, ließ sich die Menschenrechtsbeauftragte der Bundesregierung, Bärbel Kofler, zu einer Pressemitteilung bewegen, gemäß der sie persönlich – also nicht die Bundesregierung oder das Auswärtige Amt – das Auslieferungsverfahren »mit Sorge« verfolge und Großbritannien an seine Verpflichtungen unter der Europäischen Menschenrechtskonvention erinnerte, »auch mit Blick auf das mögliche Strafmaß und die Haftbedingungen«. Eindeutig zu spät, um die Entscheidung noch beeinflussen zu wollen, und zu kryptisch, um von Großbritannien als ernsthafter Warnpfiff verstanden zu werden – meilenweit entfernt vom entschlossenen Klartext im Fall Nawalny.

Der gemeinsame Nenner

Mein Dialog mit den direkt an Assanges Verfolgung beteiligten Staaten – mit Großbritannien, Schweden, Ecuador und den USA – war mit dem Erhalt ihrer Antworten noch nicht beendet. Ich wollte unmissverständlich klarstellen, dass ich mich nicht mit ihren Ausflüchten zufriedengeben würde, und verfasste an jeden der vier Staaten je ein individuelles Folgeschreiben. Darin reagierte ich gewissenhaft auf die von den Regierungen vorgebrachten Argumente, insistierte auf der behördlichen Untersuchung des Falles und erläuterte meine Schlussfolgerungen, gestützt auf detaillierte rechtliche und faktenbezogene Recherchen. Die vier Schreiben wurden am 12. September an die USA und Schweden, am 2. Oktober an Ecuador, und am 29. Oktober an Großbritannien verschickt. Während Quito mit einem weiteren verbalen Rundumschlag antwortete, befand Stockholm, die Regierung habe »keine weiteren Bemerkungen« zu dem Fall, und London und Washington antworteten gar nicht mehr. Auf der Ebene des direkten diplomatischen Dialogs war offensichtlich nichts mehr zu erreichen. Die Staaten betrachteten den Fall damit als erledigt. Ich nicht.

Doch eines muss an dieser Stelle unmissverständlich klargestellt werden: Sowohl die direkte Beteiligung von Großbritannien, Schweden, Ecuador und der USA an der politischen Verfolgung und Misshandlung von Julian Assange als auch die peinlichen Ausflüchte Australiens und die menschenrechtspolitische Einäugigkeit der deutschen Bundesregierung sind weder einzigartig noch ein Beweis für eine kriminelle Verschwörung der involvierten Behördenvertreter. Die Politik der kleinen Kompromisse, in der jedes auftretende moralische Dilemma stets zugunsten vermeintlicher realpolitischer Sachzwänge entschieden wird und wo Menschenwürde, Transparenz und Verantwortlichkeit stets an zweiter (oder dritter) Stelle kommen, ist allgemeingültig. Es ist das weltweit vorherrschende »Betriebssystem« aller menschlichen Organisationsformen, seien dies nun Staaten, Organisationen oder Unternehmen. Und es ist auch der undramatische Stoff, aus dem die großen Tragödien der Menschheit gemacht sind, angefangen beim politischen Appeasement der Mächtigen über das Verdrängen passiver Mitverantwortung bis zur bürokratischen Komplizenschaft mit schlimmsten Verbrechen – die »Banalität des Bösen« im Sinne von Hannah Arendt eben.

So sehr wir also versucht sind, den moralischen Zeigefinger zu erheben: Die Ursache für das Systemversagen der Staatenwelt – ob im Fall Julian Assange oder in anderen Fällen – ist nicht moralischer Natur, sondern neurobiologisch und sozialpsychologisch verankert. Wie ich in meinem Bericht an die UNO-Generalversammlung im Oktober 2020 darlegte, werden auch komplexe politische Entscheidungsprozesse vorwiegend von unbewussten Emotionen gesteuert, welche in erster Linie auf die eigene Existenzsicherung und die Vermeidung von potenziell bedrohlichen Konflikten abzielen. Unbequeme Wahrheiten und moralische Dilemmata werden dabei mit verschiedenen Formen der Selbsttäuschung ausgeblendet, verdrängt oder schöngeredet. Das Resultat dieses (Selbst-)Täuschungsprozesses ist immer ein moralfreier Raum, in dem Unmenschlichkeit und Unredlichkeit praktiziert werden können, ohne als solche wahrgenommen zu werden.

Im Fall Julian Assange sind die unbequemen Wahrheiten natürlich die Veröffentlichungen von WikiLeaks. Sie richten das öffentliche Rampenlicht auf die beschämende Realität der internationalen Beziehungen, auf die Kriegsverbrechen und Menschenrechtsverletzungen, die Korruption, die faulen Kompromisse und Täuschungsmanöver. Die Glaubwürdigkeit der Leaks kann nicht bestritten werden, da die Dokumente ja von den Behörden selbst produziert worden sind. Anstatt sich dieser Realität zu stellen und die notwendigen Korrekturen vorzunehmen, möchten die exponierten Staaten aber lieber das Thema wechseln. Also tun sie sich zusammen, um den Scheinwerfer auf den Überbringer der unbequemen Nachrichten zu richten und diesen zu dämonisieren: Ein Vergewaltiger, ein Hacker, ein Spion, und ein Narzisst ist er! Gar kein richtiger Journalist! Ein Verräter, der Menschenleben riskiert hat! Die Öffentlichkeit und die Medienwelt sind dankbar, denn es ist bedeutend einfacher, sich über eine Einzelperson lustig zu machen oder zu entrüsten, als die Integrität der eigenen Behörden, ja des gesamten Regierungs- und Wirtschaftssystems infrage zu stellen, politische Verantwortung zu übernehmen und die notwendigen Reformen einzuleiten.

So wurde über Julian Assange ein offizielles Narrativ kreiert und jahrelang über die Massenmedien verbreitet, dem letztlich auch ich selbst zum Opfer gefallen war. Nachdem sich die Staatenwelt außerstande gezeigt hatte, das rechtsstaatliche Systemversagen im Fall Assange zu erkennen und zu korrigieren, musste ich nun versuchen, den Scheinwerfer wieder von Assange abzuwenden und auf die Staaten zu richten, wo er hingehörte. Doch dazu musste ich der breiten Öffentlichkeit ihre eigene Selbsttäuschung vor Augen führen, dieselbe Selbsttäuschung, der anfänglich auch ich selbst erlegen war. Das würde nicht einfach sein, denn einerseits war das Narrativ bereits seit einem Jahrzehnt tief in der öffentlichen Wahrnehmung verankert. Andererseits stützte es sich auf emotional stark besetzte Argumente und Tabus. Doch ein bestimmtes Ereignis würde mir dabei ganz entscheidend zu Hilfe kommen: der Kollaps des schwedischen Verfahrens im November 2019.

11 Kollaps des schwedischen Verfahrens

Gegenwind aus Amerika

Wir erinnern uns: Nur vier Tage, nachdem ich Assange in Belmarsh besucht hatte, am 13. Mai 2019, war das schwedische Verfahren gegen ihn wieder eröffnet worden, mittlerweile zum dritten Mal. Fast neun Jahre waren vergangen seit seinem Aufenthalt in Schweden, seit dem Erscheinen der beiden Frauen auf der Polizeiwache, seit die schwedischen Behörden Assange der Weltöffentlichkeit als mutmaßlichen Vergewaltiger präsentiert hatten. Fast neun Jahre, in denen Assange zweimal freiwillig verhört worden war, zahlreiche Zeugen vernommen und aufwendige DNA-Analysen erfolgt waren. Fast neun Jahre, in denen das Verfahren bereits zweimal eröffnet und wieder eingestellt worden war, ohne dass es die schwedische Staatsanwaltschaft geschafft hätte, ausreichende Beweise für eine Anklageerhebung vorzulegen. Nun bedurfte es also offenbar noch einer dritten Runde.

In all der Zeit war kein entscheidender Fortschritt erzielt worden, und das Verfahren befand sich wie eh und je in dem für die Behörden komfortablen Stadium der Voruntersuchung. Komfortabel, weil es den Behörden erlaubte, den Verdacht aufrechtzuerhalten, ohne ihre Beweise dafür offenlegen und gerichtlich überprüfen lassen zu müssen. Die Anschuldigungen im Fall A. waren inzwischen verjährt, und auch im Fall S. würde es in nicht allzu entfernter Zeit, im Sommer 2020, so weit sein. All die Verzögerung, all das Aufschieben seitens der schwedischen Staatsanwaltschaft würde in letzter Konsequenz nicht nur Assange, sondern auch den beiden Frauen jede Möglichkeit rauben, Gerechtigkeit oder gar Wiedergutmachung zu erfahren. Aber auch das konnte den schwedischen Behörden nur recht sein, denn es ging ihnen ja nicht wirklich um die strafrechtliche Verfolgung von Sexualdelikten, sondern um die politische Verfolgung von Assange – natürlich nicht offiziell, sondern in Rahmen ihrer »informellen«, »starken« und »verlässlichen« Kooperation mit amerikanischen Partnerbehörden. Aber das brauchten das schwedische Parlament und die schwedische Öffentlichkeit ja nicht zu wissen, denn deren Einmischung hätte diese »erfolgreichen« Arrangements der schwedischen Regierung nur gefährdet. Für die schwedischen Behörden war die Verfahrensbeendigung durch Verjährung besonders vorteilhaft, denn die Untersuchungsakten und Beweismittel werden dann endgültig archiviert, und der Verdacht bleibt öffentlichkeitswirksam bestehen, ohne dass es je zu einer gerichtlichen Beurteilung kommt. Die Schuld dafür konnte man bequem Assange in die Schuhe schieben, indem man ihm vorwarf, er habe sich Recht und Gerechtigkeit entzogen.

Noch bevor das Verfahren wieder aufgenommen wurde, wandten sich immerhin siebzig britische Parlamentarier in einem offenen Brief an Premierministerin Theresa May. Für den Fall der Konkurrenz zwischen einem möglichen schwedischen und dem bereits seit Assanges Verhaftung am 11. April 2019 existierenden amerikanischen Auslieferungsgesuch solle, so die Forderung der Parlamentarier, Assange nach Schweden und nicht in die USA ausgeliefert werden. Über die Gründe, die die Parlamentarier zu dem äußerst ungewöhnlichen Versuch veranlasst haben, Einfluss auf die Entscheidungen der Regierung zu nehmen, kann nur gemutmaßt werden. Doch der Gedanke liegt nahe, dass ihnen eine Überstellung von Assange nach Schweden als die elegantere Lösung erschien, die der Öffentlichkeit leichter zu verkaufen wäre. Denn im Dezember 2019 standen in Großbritannien die Parlamentswahlen an, und da wollte man sich die Gunst des Volkes natürlich nicht verspielen. Dieses Volk verabscheute das angloamerikanische Auslieferungsabkommen von 2003, einen einseitigen, für die Briten äußerst unvorteilhaften Staatsvertrag, den es Tony Blairs dienstfertiger Interpretation der *special relationship* zu den USA zu verdanken hatte. Eine Bevorzugung des schwedischen Gesuchs würde den Verdacht der Servilität gegenüber den USA entkräften. Gleichzeitig konnten die Parlamentarier publikumswirksam betonen, wie wichtig ihnen die Untersuchung und Verfolgung von Sexualdelikten sei. Um dies zu gewährleisten, müsse Assange eben nach Schweden und nicht in die USA ausgeliefert werden. Elegant. Doch wenn etwas als sicher gelten kann, dann, dass es keinem dieser Parlamentarier in erster Linie um die Rechte der betroffenen Frauen ging. Als im gleichen Jahr im Rahmen des Geoffrey-Epstein-Skandals gegen Prinz Andrew, den jüngsten Sohn von Queen Elizabeth II., in den USA Strafanzeige wegen wiederholten sexuellen Missbrauchs einer Minderjährigen eingereicht wurde, war denselben Parlamentariern die Untersuchung und Verfolgung von Sexualdelikten jedenfalls nicht wichtig genug, um in einem offenen Brief die Auslieferung des Prinzen nach Amerika zu verlangen, wo er durch den FBI hätte befragt werden können.

Doch wie bereits der Auslieferungsentscheid des Supreme Court von 2012 gezeigt hatte, wird die britische Realpolitik schon lange nicht mehr vom Parlament bestimmt. Jahrelang hatten die USA im schwedischen Vergewaltigungsverfahren gegen Assange eine willkommene Ablenkung von den durch WikiLeaks enthüllten Kriegsverbrechen gesehen. Doch nach den DNC-Leaks war es den Geheimdiensten gelungen, Assange – zusammen mit den bösen Russen – in der amerikanischen Öffentlichkeit als Sündenbock für die als traumatisch wahrgenommene Wahl Donald Trumps zum US-Präsidenten darzustellen. Das Vergewaltigungsnarrativ des verlässlichen Partners Schweden wurde nun nicht mehr gebraucht, denn es war nicht länger zu befürchten, dass die amerikanische Öffentlichkeit den wahren

Zweck der Verfolgung Assanges noch rechtzeitig durchschauen würde, um die Kriminalisierung des Journalismus zu verhindern. Zehn Tage nach der offiziellen Wiederaufnahme des schwedischen Verfahrens legten die Amerikaner daher nach. Mit dem *Superseding Indictment* vom 23. Mai erweiterten sie die ihrem Auslieferungsgesuch zugrunde liegende Hacking-Anklage um siebzehn weitere Anklagepunkte unter dem *Espionage Act* – und erhöhten die drohende Maximalstrafe auf 175 Jahre Haft. Gegenüber einem etwaigen konkurrierenden schwedischen Auslieferungsgesuch für eine mit maximal vier Jahren Haft bedrohte Vergewaltigung hätte das amerikanische Gesuch daher mit Sicherheit Vorrang.

Gegenwind aus London

Davon konnte die schwedische Staatsanwältin Eva-Marie Persson freilich noch nichts wissen, als sie drei Tage zuvor, also am 20. Mai, den britischen Behörden selbstbewusst ankündigte, beim schwedischen Gericht einen neuen Europäischen Haftbefehl für Assange erwirken zu wollen. Denn selbstverständlich sei es weiterhin notwendig, Assange in Schweden zu befragen. Persson hatte wohl erwartet, dass ihr im Austausch mit dem Crown Prosecution Service dieselbe bedingungslose Komplizenschaft zuteilwürde, die Marianne Ny jahrelang genossen hatte.

Doch der dort Verantwortliche Paul Close war mittlerweile genauso im Ruhestand wie Marianne Ny, und über den Atlantik wehte ein anderer Wind heran. Alison Riley, Specialist Extradition Prosecutor bei der britischen Staatsanwaltschaft, schrieb Persson zwar prompt zurück. Doch ihre Antwort fiel anders aus als in Göteborg erwartet: »Können Sie erläutern, warum Sie es immer noch für notwendig erachten, Julian Assange zu befragen? Sie werden sicher über den neuen Abschnitt 12A in unserem Gesetz unterrichtet sein, der eine Entscheidung zur Anklage der auszuliefernden Person in dem Staat, der die Auslieferung verlangt, zwingend voraussetzt, damit ein Europäischer Haftbefehl wirksam werden kann.« Kurz: Assange wird nicht an Schweden ausgeliefert, solange nicht feststeht, dass er dort formell angeklagt wird. Die Zeiten von 2012 – als das höchste britische Gericht noch französische Entwürfe zu EU-Beschlüssen studierte, um Assange in Umgehung des Parlamentswillens für eine bloße Vernehmung nach Schweden ausliefern zu können – waren definitiv vorbei.

Nach fast neun Jahren mit bequemem Rückenwind aus London wurde die schwedische Staatsanwaltschaft nun von der Wirklichkeit eingeholt und mit den Anforderungen eines rechtsstaatlichen Verfahrens konfrontiert. Eva-Marie Persson wusste natürlich, dass sie keine Chance hatte, Assange anzuklagen. Dazu fehlt es nach wie vor schlicht an Beweisen. Wie die interne Korrespondenz der Staatsanwaltschaft zeigt, suchte Persson deshalb nach Alternativen. Entweder könne Assange erneut in London einvernommen werden. Oder, und das war ihre bevorzugte Variante, der Europäische Haftbefehl, mit dessen Ausstellung sie fest rechnete, könne statt für eine formelle Auslieferung dazu verwendet werden, Assange über den Mechanismus des *temporary surrender* für eine Befragung vorübergehend von den Briten »auszuleihen«. Mit dem schriftlichen Vorschlag dieser Möglichkeit an die Briten am 20. Mai 2019 bestätigte die schwedische Staatsanwaltschaft also ausdrücklich die von Assange stets befürchtete und von der Regierung stets abgestrittene Bereitschaft Schwedens, die rechtlichen Hürden eines formellen Auslieferungsverfahrens mit dem Instrument des *temporary surrender* zu umgehen. Trotzdem haderte Persson mit dem britischen Widerspruch. Am 21. Mai 2019 schrieb sie einem unterstellten Mitarbeiter: »Wir haben versucht, für Großbritannien Wege zu finden, um sowohl die Wünsche der Vereinigten Staaten als auch diejenigen von Schweden zu erfüllen. Aber diese Korrespondenz [mit Alison Riley] scheint darauf hinzudeuten, dass in Großbritannien daran kein Interesse besteht.« Von welchen »Lösungswegen« spricht Persson hier? Von der nun unwahrscheinlich gewordenen »Ausleihe« Assanges in die USA via Schweden? Mit der Verlängerung der Anklageliste hatten die USA jedenfalls klargestellt, dass sie nicht mehr gewillt waren, den Umweg über Schweden zu nehmen. Sie wollten die Auslieferung Assanges auf direktem Weg.

Gegenwind aus Schweden

Doch unerwarteter Gegenwind kam für die schwedische Staatsanwaltschaft auch aus den eigenen Reihen. Der europäische Haftbefehl von 2010 war noch von Marianne Ny selbst erlassen worden. Das Verfahren hatte sich inzwischen geändert. Nun musste Persson zuerst die Bewilligung durch ein Gericht einholen. Am Dienstag, dem 28. Mai, zweieinhalb Wochen nach meinem Gefängnisbesuch in Belmarsh, hatte ich mein erstes offizielles Schreiben an Stockholm übermittelt und Schweden substanzielle Mitverantwortung an der Verfolgung und Misshandlung von Assange vorgeworfen. Am Freitag der gleichen Woche, dem 31. Mai, legte ich mit meiner Pressemitteilung nach und weckte damit sogar die Mainstream-Presse vorübergehend aus ihrer Lethargie gegenüber Assanges Menschenrechten. Am darauffolgenden Montag, dem 3. Juni, verweigerte dann das Bezirksgericht in Uppsala prompt die Ausstellung eines neuen europäischen Haftbefehls gegen Assange, und zwar aus Gründen der Verhältnismäßigkeit. Assange sei ja nun regulär in einem britischen Gefängnis inhaftiert, sodass es für die Staatsanwaltschaft zumutbar sei, ihn in London zu vernehmen. Denn das Rechtshilfeabkommen zwischen Großbritannien und Schweden machte dies bekanntlich möglich. Sollte man am Ende doch zu dem Schluss kommen, Anklage erheben zu wollen, könne man Assange zu diesem Zweck immer noch ausliefern lassen. Aber vorher nicht.

Ich glaube, es ist nicht zu weit hergeholt, einen kausalen Zusammenhang zwischen meiner offiziellen Stellungnahme und dem kurz darauf in Uppsala erfolgenden Urteil herzustellen. Mit der Entscheidung, den Haftbefehl nicht sofort zu erlassen und auf die Auslieferung erst einmal zu verzichten, gewann die schwedische Justiz Zeit – und konnte in Ruhe abwarten, ob der Lärm seitens des UNO-Sonderberichterstatters laut genug war, um eine parlamentarische Untersuchung auszulösen, oder ob er sich als Sturm im Wasserglas entpuppen würde. Man wollte sich wohl nicht unversehens auf der falschen Seite der Geschichte wiederfinden. Eine strategische Kompromisslösung, die zur Abwechslung einmal zugunsten Assanges ausschlug. Zumindest ein Stück weit. Denn das Strafverfahren selbst war ja nicht eingestellt worden. Dazu fehlte noch etwas.

Der Tag der Wahrheit

Als ich die schwedische Antwort auf mein erstes Schreiben von Ende Mai gelesen hatte, war mir sofort klar, dass ich mich damit nicht zufriedengeben würde. Zu viel Beweismaterial hatte sich inzwischen angesammelt, als dass das sich abzeichnende Bild massiver Justizwillkür sich noch unter den Teppich kehren ließ. Ich setzte mich also hin schrieb eine zweite Intervention, welche dem schwedischen Außenministerium am 12. September 2019 übermittelt wurde und deutlich zeigte: Ich würde mich nicht abwimmeln lassen. Hatte ich in meinem ersten Schreiben lediglich fünf Fragen gestellt, so waren es in meinem zweiten Schreiben bereits fünfzig. Ich konfrontierte die Regierung mit einem ausführlichen Katalog von Hinweisen auf Ungereimtheiten, Versäumnisse und Verfahrensfehler, nannte die wichtigsten Beweismittel und forderte sie auf, zu jedem einzelnen der aufgelisteten Punkte detailliert Stellung zu beziehen. Dafür hatten die schwedischen Behörden wie üblich sechzig Tage Zeit. Unmittelbar vor Ablauf der Frist, am 11. November, traf ihre Entgegnung ein: »Bezug nehmend auf Ihren Brief vom 12. September 2019 möchte ich auf die Antwort der Regierung vom 12. Juli 2019 verweisen. Die Regierung hat hierzu keine weiteren Bemerkungen.«

»Keine Bemerkungen« hatte sie natürlich auch schon im besagten Schreiben vom 12. Juli gehabt, damals einfach etwas wortreicher formuliert und mit vierfachem Verweis auf die

Unabhängigkeit der schwedischen Justiz. Dass meine Intervention hinter den Kulissen dennoch Wirkung entfaltet hatte, konnten die Behörden jedoch nicht verbergen. Denn nur acht Tage später, am 19. November 2019, wurde das schwedische Verfahren gegen Assange nach über neun Jahren Voruntersuchung zum dritten Mal eingestellt. Dieses Mal endgültig und mit bezeichnender Begründung. Zwar halte die verantwortliche Staatsanwältin, Eva-Marie Persson, die Aussagen von S. nach wie vor für glaubwürdig, doch die »Kraft der Beweislage« habe mit den Jahren abgenommen und sei nun nicht mehr stark genug, um Anklage gegen Assange erheben zu können. Dabei hatte es gar nie irgendein anderes Beweismittel als die Aussage von S. gegeben. Und wenn diese jetzt noch immer als glaubwürdig eingeschätzt wurde, wie konnte dann gleichzeitig von einem Abnehmen der Beweiskraft gesprochen werden? Wohl nur dann, wenn die Glaubwürdigkeit von S. nichts mit der mangelnden Beweiskraft der behördlichen Vergewaltigungsvorwürfe zu tun hatte. Wenn also Persson zum selben Schluss gekommen war wie schon Eva Finné neun Jahre früher: nämlich, dass die Aussage von S. zwar glaubwürdig sei, jedoch keine Hinweise auf strafbares Verhalten erkennen lasse. Oder wenn die unterschiedlichen Sachverhaltswahrnehmungen der Beteiligten letztlich als gleichermaßen glaubwürdig betrachtet werden mussten und daher im Zweifel zugunsten des Verdächtigten zu entscheiden war. Doch all das brachte die Staatsanwältin nicht über die Lippen. Kein Wort davon, dass Assange hiermit von Gesetzes wegen als unschuldig zu betrachten sei. Kein Wort des Bedauerns über die fast zehnjährige Justizwillkür zulasten aller drei Betroffenen: Assange und der beiden Frauen. Kein Wort von Wiedergutmachung für den ihnen allen mutwillig verursachten Reputationsschaden, die erlittenen Anfeindungen, Demütigungen und Misshandlungen. Keine Entschädigung für die fast zehnjährige, willkürliche Inhaftierung von Assange. Bei der Pressekonferenz wurde die Staatsanwältin Persson gefragt, ob sie die Art und Weise, wie das Verfahren geführt worden war, bereue. Ihre Antwort fiel kryptisch aus. Sie könne nur für die

Untersuchungsperiode der letzten 6 Monate Verantwortung übernehmen, und in dieser Zeit habe man versucht, das Verfahren so schnell und qualitätsorientiert wie möglich zu führen. Sie könne jedoch nicht Stellung nehmen zu dem, was unter der Verantwortung einer anderer Untersuchungsleiterin geschehen sei. Es sei aber möglich, dass die Staatsanwaltschaft nach Verfahrensabschluss »diese Frage« im Nachhinein aufarbeiten müsse. Näher ist die schwedische Staatsanwaltschaft einer kritischen Selbstbetrachtung bis heute nicht gekommen.

Auch wenn das schwedische Verfahren bereits durch das plötzliche Erfordernis rechtsstaatlicher Standards seitens der Briten und der eigenen Justiz weitgehend lahmgelegt worden war, so gab ihm mein zweites offizielles Schreiben wohl den Todesstoß. Ich hatte fünfzig Hinweise auf zum Teil schwere Verfahrensverletzungen aufgelistet, hatte fünfzig Fragen gestellt, die man lieber unbeantwortet lassen wollte. Fünfzig Fragen, die nach 60 Tagen veröffentlicht würden und damit auch der einheimischen Presse, dem Parlament und den Ombudsleuten zugänglich sein würden. Es wäre zwar eleganter gewesen, das Verfahren noch bis zur endgültigen Verjährung des Vergewaltigungsvorwurfs im August 2020 aufrechtzuerhalten und danach Assange die Schuld für alle Verzögerungen in die Schuhe zu schieben. Aber mit meinem akribisch recherchierten Fragenkatalog schien der schwedischen Staatsanwaltschaft das Risiko wohl zu groß, auf den letzten Metern vielleicht doch noch vom Parlament, einem Ombudsmann oder einem Gericht abgefangen zu werden, mit unbequemen Fragen zur rechtlichen Verantwortlichkeit der involvierten Behörden. Das Einstellen des Verfahrens war da die sicherste Lösung, denn damit war es für alle erledigt. Ein letzter Wink mit dem Zaunpfahl dafür, dass es der Staatsanwaltschaft nie wirklich um Recht und Gerechtigkeit gegangen war – weder mit Bezug auf Assange noch für die beiden Frauen. Alle drei waren von den Behörden zum Zweck der politischen Verfolgung und Abschreckung instrumentalisiert und missbraucht worden. Auch wenn der Kollaps dieses Verfahrens letztlich unabwendbar gewesen war, so hinterließ er doch einen bitteren Nachgeschmack.

12

Die öffentliche Meinung beginnt sich zu drehen

Konfrontation mit einem Tabu

Für die Weltöffentlichkeit war die Einstellung des schwedischen Verfahrens ein überraschender Wendepunkt. Hatte sich die schwedische Staatsanwaltschaft bis zu diesem Zeitpunkt bequem der Ausrede bedienen können, Assange entziehe sich mit seinem Botschaftsasyl Recht und Gerechtigkeit, drehte sich nach seiner Verhaftung der Spieß plötzlich um. Auf einmal stand Assange den Behörden zur Verfügung, und sie hatten bis zur endgültigen Verjährung des Vergewaltigungsvorwurfes sechzehn Monate Zeit, um die notwendige Befragung durchzuführen und Anklage zu erheben. Doch bereits nach sechs Monaten war der Spuk vorbei. Kein Haftbefehl, kein Auslieferungsgesuch, ja nicht einmal ein Verhör in London. Stattdessen das öffentliche Eingeständnis der Staatsanwältin, dass die Tathinweise für eine Anklageerhebung nicht ausreichten und das Verfahren deshalb endgültig eingestellt werde. Die Öffentlichkeit war perplex: neun Jahre aggressiver Verfolgung wegen Sexualdelikten und nun keine Anklage, keine konkreten Tatbeweise, ja nicht einmal eine Anhörung des Verdächtigten?

Seit meinen offiziellen Schlussfolgerungen im Fall Assange hatte ich mich bemüht, eine breitere Öffentlichkeit für seine enormen gesellschaftspolitischen Implikationen zu sensibilisieren – das Folter- und Misshandlungsverbot, die Presse- und Informationsfreiheit, die Rechtsstaatlichkeit. Doch immer wieder war ich über das schwedische Vergewaltigungsnarrativ gestolpert, rannte gegen Wände von Vorurteilen an. Dass ich mich als 50-jähriger, weißer Mann für einen etwa gleichaltrigen weißen Mann einsetzte und behauptete, die vom Gender-Modellstaat Schweden gegen ihn verbreiteten Vergewaltigungsvorwürfe seien missbräuchlich, war im Zeitalter von #MeToo eine denkbar schlechte Ausgangslage, die mich eigentlich hätte abschrecken müssen. Dass sich die schwedischen Behörden jedem konstruktiven Dialog verweigerten, erschwerte meine Untersuchung zusätzlich, sodass ich mich in den ersten Monaten immer wieder gezwungen sah, meine Schlussfolgerungen im Lichte neuer Beweismittel weiterzuentwickeln, zu präzisieren und zu ergänzen.

Ich wurde von vielen missverstanden, die aufrichtig um die Errungenschaften der Frauenrechtsbewegung bangten, wurde selbst von langjährigen Kollegen und Kolleginnen angefeindet, verlor kurzfristig eine Assistentin und erhielt offene und private Protestbriefe von Frauenrechtsorganisationen, Hunderten von Akademikerinnen und sogar von einer der beiden schwedischen Frauen. Ich bemühte mich nach bestem Wissen und Gewissen, diese legitimen Sorgen aufzufangen, die Missverständnisse aufzulösen und klarzustellen, dass ich nicht Feind, sondern Alliierter war, dass sich meine zum Teil scharfe Kritik nicht gegen die betroffenen Frauen und deren Rechte und Integrität richtete, sondern ausschließlich gegen die Behördenwillkür, und dass ich die beiden schwedischen Frauen genauso als Opfer staatlicher Instrumentalisierung betrachtete wie Assange selbst. Meine öffentliche Kommunikation war eine ständige Gratwanderung, eine ständige Tuchfühlung mit einem Tabu, ein veritables Minenfeld.

Und doch musste genau diese Diskussion stattfinden, denn in der öffentlichen Wahrnehmung war das Vergewaltigungsnarrativ gegen Assange auf der Ebene der millionenfachen, grausamen Verwundung und Entrechtung von Frauen und

Mädchen durch sexuelle Gewalt verankert. Es war die Macht dieser legitimen Emotionen von Wut und Enttäuschung, welche die Behörden ganz gezielt und sehr wirkungsvoll dazu ausnutzten, um Assange öffentlich zu dämonisieren, zu isolieren und zum Schweigen zu bringen. Dorthin, auf diese Ebene des kollektiven Schmerzes, des Gerechtigkeitsanspruchs und der berechtigten Militanz musste ich mich wagen, um aufzuzeigen, dass der Feind in diesem Fall nicht Assange war und auch nicht der UNO-Sonderberichterstatter, sondern die Behörden, welche sowohl Assange als auch die betroffenen Frauen zum Zweck der politischen Verfolgung vollkommen willkürlich und rücksichtslos auf Lebzeiten hinaus traumatisiert und geschädigt hatten.

Bemerkenswerterweise erhielt ich aber auch gerade von Frauenorganisationen und von Hunderten von Vergewaltigungsopfern und deren Angehörigen die entschlossenste öffentliche Unterstützung. Sie setzten sich ein für Gerechtigkeit und Wahrheit im Fall Assange. Sie wehrten sich gegen die behördliche Instrumentalisierung eines Vergewaltigungsnarrativs zum Zweck der politischen Verfolgung eines unbequemen Dissidenten, während sexuelle Gewalt durch die Armeen der betroffenen Staaten im Irak und anderswo systematisch totgeschwiegen wurde und straflos blieb. Sie zeigten auf, dass sich Opfer von häuslicher und sexueller Gewalt in der Regel eben gerade nicht auf den Schutz der Behörden verlassen können, sondern durch deren Verhalten oft gleich doppelt gedemütigt und traumatisiert werden. Ich selbst hatte zu diesem Zeitpunkt bereits ein gutes halbes Jahr an meinem Bericht über häusliche Gewalt aus der Sicht des Folter- und Misshandlungsverbotes gearbeitet, den ich an der Oktobersession 2019 unter der Referenznummer A/74/148 der UNO-Generalversammlung vorstellen würde. Das enorme Ausmaß der Grausamkeit, welcher weltweit hauptsächlich Frauen und Kinder in den eigenen vier Wänden ausgesetzt sind, aber auch die Nonchalance, mit der diese Form der Folter und Misshandlung von Regierungen immer wieder trivialisiert und ignoriert wird, musste dringend auf die Agenda der UNO gesetzt werden.

Ein erster Durchbruch

Der Kollaps des schwedischen Verfahrens und das behördliche Eingeständnis fehlender Beweise setzte dieser Diskussion ein abruptes Ende und beseitigte das wohl wichtigste Hindernis für meine Öffentlichkeitsarbeit. Plötzlich war der Weg wieder frei, Julian Assange als Mensch mit eigener Würde und Rechten wahrzunehmen, als Publizist, der Beweise für Kriegsverbrechen und Korruption veröffentlicht hatte, als mutigen Dissidenten, der es gewagt hatte, die mächtigsten Staaten der Welt bloßzustellen. Wenn sich die Vergewaltigungsvorwürfe nicht beweisen ließen, musste man dann nicht auch die anderen Anschuldigungen einmal gründlich hinterfragen? War Assange vielleicht doch kein Hacker, Spion, Verräter und Narzisst? Das öffentliche Interesse nahm zu und eröffnete neue Möglichkeiten, meine Schlussfolgerungen zum Fall Assange einer breiteren Öffentlichkeit zugänglich zu machen.

Ich sprach im Europäischen Parlament, im Deutschen Bundestag, an der parlamentarischen Versammlung des Europarates und im Schweizer Parlament. Ich sprach auf öffentlichen Veranstaltungen und gab Interviews. Der entscheidende Durchbruch kam mit einem langen und brillant konzipierten Interview des Journalisten Daniel Ryser in der schweizerischen Onlinezeitung *Republik*, das am 31. Januar 2020 veröffentlicht wurde und meine Untersuchungsergebnisse einem breiten Publikum zugänglich machte. Waren es – mit der löblichen Ausnahme des amerikanischen Wochenmagazins *Newsweek* – bisher vor allem die progressive Presse und die russischen Sender *RT* und *Ruptly* gewesen, welche mir großzügig und professionell ihre Publikationsplattformen und Sendezeit zur Verfügung gestellt hatten, so meldeten sich nun plötzlich auch die anderen staatlichen Sender und etablierten Medien, zumindest was den deutschen Sprachraum betraf.

Seit Beginn meiner Untersuchung war ich mit einer ständig wachsenden Zahl von individuellen Unterstützern im Kontakt gewesen, mit mutigen Prominenten wie Pamela Anderson,

Vivienne Westwood und Joe Corré, mit progressiven Politikern wie Yanis Varoufakis, Sevim Dağdelen und Tulsi Gabbard, mit Publizisten wie John Pilger, Stefania Maurizi und Craig Murray, aber auch mit Assanges Anwälten und Familienmitgliedern, WikiLeaks-Mitarbeitern sowie unzähligen Aktivisten, Journalisten, Fachpersonen und ehemaligen Behördenvertretern, die aus verschiedenen Gründen in der Lage waren, wichtige Puzzlestücke zu meiner Untersuchung beizutragen. Hier eine vollständige Liste ihrer Namen zu veröffentlichen wäre weder möglich noch klug oder angemessen. Waren diese Kontakte bis zum Ende des schwedischen Verfahrens noch sehr deutlich auf das Pro-Assange-Lager beschränkt gewesen, so dehnte sich mein Netzwerk nun plötzlich auf den politischen Mainstream aus. So führte ich unter anderem Gespräche mit dem früheren deutschen Vizekanzler Sigmar Gabriel, dem Enthüllungsautor Günter Wallraff, der Menschenrechtskommissarin des Europarates, Dunja Mijatović, und der Generalsekretärin des schwedischen Anwaltsverbandes, Anne Ramberg, was im Verlauf des Jahres 2020 zu viel beachteten Aufrufen von früheren Staatschefs und Ministern, Prominenten, Anwaltsverbänden, Ärztegruppen und Journalistenverbänden führte und eine weltweite Kettenreaktion der Solidarität und des Protestes auslöste. Ab Februar 2020 unterstützte ich hinter den Kulissen unter anderem auch eine Initiative der Regierung des Kantons Genf, um die Ausstellung eines humanitären Visums durch die Schweizer Regierung zu erreichen. Dieses sollte Assange einen Rehabilitationsaufenthalt in der Schweiz ermöglichen, falls die britischen und amerikanischen Behörden doch noch seiner Entlassung aus humanitären Gründen zustimmen würden, gewissermaßen als gesichtswahrenden Ausweg für alle Parteien, mit dem eine gerichtliche Entscheidung des Falles vermieden werden konnte. Bis Anfang März 2020 gab ich jeden Tag mehrere Interviews, hatte Journalisten und Filmemacher in meinem Büro, sprach auf Videokonferenzen und reiste mehrmals nach London für öffentliche Ansprachen und private Treffen mit australischen Parlamentariern, amerikanischen und britischen Dokumentarfilmern,

Anwälten und Prominenten, alles zusätzlich angetrieben durch den Beginn von Assanges Auslieferungsprozess am 24. Februar 2020. Dann kam die Pandemie und kurz darauf der globale Lockdown. Die Weltöffentlichkeit hatte nun andere Sorgen als das Schicksal von Julian Assange. Aber nicht nur das zerstörerische Virus, sondern auch der fruchtbare Same der Wahrheit war nun gepflanzt und hatte sich in Windeseile um die ganze Welt verbreitet. Es war nur eine Frage der Zeit, bis die für einen weltweiten Meinungsumschwung erforderliche kritische Masse erreicht sein würde – da war ich mir sicher.

Dissident wider Erwarten

Für mich persönlich waren 2019 und 2020 Jahre der Desillusionierung und der Entscheidung gewesen. Die Desillusionierung betraf die Glaubwürdigkeit westlicher Demokratien als Alliierte im Kampf für die Menschenrechte, die Verlässlichkeit unserer rechtsstaatlichen Institutionen bei der Überwachung staatlicher Machtausübung und die Funktionstüchtigkeit der UNO-Mechanismen zum Schutz der Menschenrechte. Aber all das führte mich auch zu der Entscheidung, mich zu exponieren und die Staatenwelt mit ihren faulen Kompromissen zu konfrontieren, diejenige Staatenwelt, die mich 2016, als ich selbst noch sicherheitspolitischer Berater der Schweizer Regierung war, zum UNO-Sonderberichterstatter ernannt hatte. Ich hatte mein Mandat wörtlich genommen, hatte Folter und Misshandlung überall dort aufgezeigt, wo ich in meiner Arbeit darauf gestoßen war. Doch mit meinem Einsatz im Fall Julian Assange war ich nun wider Erwarten selbst gewissermaßen zu einem Dissidenten innerhalb des Systems geworden.

Nichts führte mir diese Entwicklung klarer vor Augen als meine kurze öffentliche Ansprache vom 27. November 2019 am Brandenburger Tor in Berlin. Auf dem Pariser Platz stand eine Skulptur des italienischen Künstlers Davide Dormino. In Bronze gegossen standen Edward Snowden, Julian Assange und Chelsea Manning auf drei Stühlen, stumm und doch aufrecht. Ungebeugt. Neben ihnen ein vierter Stuhl, er war leer. Dormino hatte der Skulptur den Namen »Anything to say?« (»Gibt es etwas zu sagen?«) gegeben. Mehrere Politiker hatten an einem Rednerpult daneben bereits das Wort ergriffen. Doch als man mir das Mikrofon übergab, konnte ich nicht am Rednerpult stehen bleiben, sondern stieg spontan auf den vierten Stuhl der Skulptur. Ich blickte über den Platz, die riesige US-Botschaft zu meiner Rechten, und fühlte mich, als würde ich etwas Verbotenes tun. Es war mir bewusst, dass ich mit dieser symbolischen Geste, die mich physisch in eine Reihe mit den drei der meistverfolgten Dissidenten der westlichen Welt stellte, eine weitere Linie überschritten hatte. Angesichts der Verweigerungshaltung der Regierungen wusste ich gleichzeitig aber auch, dass dies der einzige Weg war, mein Mandat überhaupt noch unabhängig und wirkungsvoll auszuüben. Wenn ich etwas erreichen wollte, durfte ich mich nicht in erster Linie den Regierungen verpflichtet fühlen, welche gegenwärtig an der Macht waren, sondern musste den Staaten selbst und ihrer Bevölkerung dienen, die sich den Menschenrechten völkerrechtlich verpflichtet hatten. Wenn mein Mandat nicht zum Feigenblatt eines dysfunktionalen Systems der Selbsttäuschung verkommen sollte, durfte ich mich nicht einschüchtern lassen, sondern musste die Öffentlichkeit erreichen, nicht nur mit Worten, sondern auch mit Taten.

»Anything to say?«, fragte ich. Ich hatte Folgendes zu sagen: »Jahrzehntelang wurden im Westen politische Dissidenten mit offenen Armen aufgenommen, weil sie in ihrem Kampf für die Menschenrechte von diktatorischen Regimes verfolgt wurden. Heute aber sind es westliche Dissidenten, die um Asyl ersuchen müssen – so wie Edward Snowden in Russland. So wie, bis vor Kurzem, Julian Assange in der ecuadorianischen Botschaft in London. Denn der Westen hat nun selbst damit begonnen, seine Dissidenten zu verfolgen, sie in politischen Schauprozessen mit drakonischen Strafen zu belegen und wie gefährliche Terroristen in Hochsicherheitsgefängnisse einzusperren, unter Bedingungen, die man nur als unmenschlich und entwürdigend bezeichnen kann. Unsere Regierungen fühlen sich bedroht von Chelsea Manning, Edward Snowden und Julian Assange, denn sie sind Whistleblower, Journalisten und Menschenrechtsaktivisten, die uns handfeste Beweise geliefert haben für den Missbrauch, die Korruption und die Kriegsverbrechen der Mächtigen. Deshalb werden sie nun systematisch diffamiert und verfolgt. Ihre Verfolgung gleicht einer Hexenjagd. Sie sind die politischen Dissidenten des Westens, denn sie gefährden die Privilegien einer Staatsmacht, die außer Kontrolle geraten ist. Jeder einzelne der drei Fälle ist ein Testfall für die Glaubwürdigkeit der westlichen Rechtsstaatlichkeit und Demokratie, aber auch für unser Bekenntnis zu den Menschenrechten. In all diesen Fällen geht es nicht um die Person, den Charakter oder um ein mögliches Fehlverhalten, sondern darum, wie unsere Regierungen mit der Enthüllung ihrer eigenen Fehler umgehen. Wie viele Soldaten wurden zur Verantwortung gezogen für das Massaker an Zivilisten, das im Video *Collateral Murder* zu sehen ist? Wie viele Agenten für die systematische Folter von Terrorverdächtigten? Wie viele Politiker und CEOs für jene korrupten, menschenverachtenden Machenschaften, die durch unsere Dissidenten ans Licht gebracht wurden? Darum geht es. Um die Integrität unserer Rechtsstaatlichkeit. Um die Glaubwürdigkeit unserer Demokratie. Und letztendlich um unsere eigene Menschenwürde und die Zukunft unserer Kinder. Lasst uns das nie vergessen!«

13

Britische Folter durch Zermürbung

Quo vadis Britannia?

Am 11. April 2019 begrüßten britische Politiker lauthals Assanges Verhaftung, und Premierministerin May gab ihrer Befriedigung darüber Ausdruck, dass in Großbritannien eben »niemand über dem Recht stehe«. Niemand außer den britischen Behörden selbst, müsste man allerdings präzisieren. Tatsächlich zeichnet das Verhalten der britischen Behörden im Fall Assange ein sehr bedenkliches Bild von der Zuverlässigkeit der rechtsstaatlichen Institutionen des Landes. Doch der Fall Assange ist kein Einzelfall. Die britische Regierung befindet sich seit geraumer Zeit auf einem besorgniserregenden Pfad, der die internationale Glaubwürdigkeit des Landes bereits stark erodiert hat. Das vielleicht offensichtlichste Beispiel der letzten zwanzig Jahre ist die britische Beteiligung am völkerrechtswidrigen Angriffskrieg gegen den Irak, welcher ein ganzes Land zerstört und Millionen von Menschen getötet, vertrieben und traumatisiert hat. Trotz Tausenden von Anzeigen gegen britische Soldaten wegen Mord, Folter und Vergewaltigung, welche von der Chefanklägerin des Internationalen Strafgerichtshofs ausdrücklich als glaubwürdig eingeschätzt werden, wurde von den britischen Behörden in den letzten zwanzig Jahren aber nur ein einziger Soldat wegen Kriegsverbrechen zur Verantwortung gezogen, und zwar weil er selbst geständig war. Alle anderen Verfahren wurden von der britischen Justiz ausnahmslos eingestellt, und auch die politische Führung wurde nie zur Verantwortung gezogen.

Das Gleiche gilt für die britische Beteiligung an der völkerrechtswidrigen Folter- und Auslieferungspraxis der CIA im Rahmen des sogenannten »Kriegs gegen den Terror«. Obwohl ein Untersuchungsausschuss des britischen Parlaments im Sommer 2018 zu dem Schluss kam, dass britische Behörden substanziell an dieser Praxis beteiligt waren, und eine gerichtliche Untersuchung verlangte und obwohl zwingendes Völkerrecht diesbezüglich keinerlei Flexibilität erlaubt, weigert sich die britische Regierung bis heute standhaft, die Verantwortlichen strafrechtlich verfolgen zu lassen. Die politische Führung macht sich dadurch auch hier der Komplizenschaft mit Kriegsverbrechen schuldig, bei denen Menschen unrechtmäßig verschleppt und auf grausamste Weise gequält wurden.

Doch nun soll die Straflosigkeit britischer Behördenvertreter offenbar auch noch gesetzlich verankert werden. So hat das Kabinett von Premierminister Boris Johnson im Jahr 2020 gleich zwei Gesetzesvorlagen ins Parlament eingebracht, mit denen die Bestrafung von britischen Soldaten, Agenten und Behördenvertretern für Verbrechen wie Folter, Mord und Geiselnahme sowohl im Ausland als auch in Großbritannien extrem erschwert, wenn nicht gar unmöglich gemacht werden soll, nämlich die »Overseas Operations Bill« und die »Covert Human Intelligence Sources (Criminal Conduct) Bill«. Um das Bild abzurunden, wurde im gleichen Jahr auch noch eine Kommission damit beauftragt, den britischen »Human Rights Act« auf notwendige »Reformen« hin zu überprüfen, was zahlreiche Menschenrechtsorganisationen in Alarmbereitschaft versetzt hat.

Als Völkerrechtsprofessor an einer britischen Universität beobachte ich diesen Trend mit wachsender Sorge, und als UNO-Sonderberichterstatter für Folter muss ich gegenüber Großbritannien immer öfter zu immer schwerwiegenderen Verstößen und Problemen Stellung nehmen, die nur noch wenig mit dem Bild eines krisenfesten Rechtsstaates zu tun haben, das man sich gemeinhin vom Land der Magna Charta macht. Insofern ist das Versagen der britischen Justiz und Behörden im Umgang mit Assange symptomatisch für eine breitere und andauernde Entwicklung des sozialen Zerfalls und der Erosion rechtsstaatlicher Werte, und jede Ermahnung durch internationale Organisationen und andere Beobachter wird entweder ignoriert oder zurückgewiesen. Man kann daher nur noch hoffen, dass die britische Öffentlichkeit selbst die enormen Risiken dieses Trends noch rechtzeitig erkennt und ihm auf demokratischem Weg ein Ende bereitet, solange dies noch möglich ist.

Assange wusste natürlich, dass ihn Ecuador nicht einem neutralen und unparteiischen Richter ausgeliefert hatte, sondern einer Regierung, die ihn ein Jahrzehnt lang als Staatsfeind überwacht, gedemütigt und dämonisiert hatte und die nur darauf wartete, an ihm ein abschreckendes Exempel zu statuieren. Dieses Wissen hatte eine gefährliche, für Opfer psychischer Folter typische Abwärtsspirale ausgelöst, ein sich immer schneller drehendes Karussell von permanenten Angst- und Stresszuständen, Schlaf- und Hilflosigkeit, Verwirrung und Depression, das dringend mit Medikamenten stabilisiert werden musste. Bereits drei Wochen nach meinem Besuch in Belmarsh, am 30. Mai, war Assange nicht einmal mehr in der Lage, per Videokonferenz an einer gerichtlichen Anhörung teilzunehmen.

Willkürliche Isolation und Überwachung

Nach seiner Verlegung in die Krankenabteilung verbrachte Assange eine kurze Zeit in einer Gemeinschaftszelle mit drei anderen Insassen, wurde dann aber bald in eine Einzelzelle gesperrt und fast vollständig isoliert. Gemäß übereinstimmenden Berichten durfte er seine Zelle nur noch einmal am Tag verlassen, um fünfundvierzig Minuten im Innenhof an der frischen Luft zu verbringen – alleine. Kontakte zu anderen Gefangenen waren nicht mehr erlaubt. Wann auch immer Assange von den Wärtern durch die Gänge geführt wurde, wurden zuerst alle anderen Insassen weggesperrt. Innerhalb seiner Zelle wurde er rund um die Uhr überwacht. Alle diese Maßnahmen wurden angeblich aus »Sicherheitsgründen« verordnet, um Assange vor sich selbst und vor seinen Mithäftlingen zu schützen. Allerdings waren es gerade diese Mithäftlinge, die mit einer solidarischen Petition an den Gefängnisdirektor die Rückverlegung Assanges in die allgemeine Abteilung von Belmarsh verlangten. Denn Isolationshaft ist grausam, unmenschlich und entwürdigend. Die nicht zufällig nach Nelson Mandela benannten UNO-Mindeststandards für die Behandlung von Häftlingen stellen klar, dass Isolationshaft – also Einzelhaft mit weniger als zwei Stunden Sozialkontakt pro Tag – nur in Ausnahmefällen und für kurze Zeit zulässig ist. Isolationshaft von mehr als 15 Tagen fällt grundsätzlich unter das Folter- und Misshandlungsverbot. Auch die ständige Überwachung ist ein schwerer Eingriff in die Persönlichkeitsrechte, welcher nur für kurze Zeit gerechtfertigt werden kann, etwa um einen akut drohenden Selbstmord zu verhindern. Leider wird dieses sogenannte *suicide-watch*-Regime weltweit nicht nur im guten Glauben eingesetzt, sondern zunehmend auch zum verdeckten »Weichkochen« von Häftlingen. Mit der gleichen Begründung hatte man ja schon Chelsea Manning neun Monate lang mit ständiger Überwachung terrorisiert, eine Behandlung, die später nicht nur von meinem Amtsvorgänger Juan Mendez, sondern auch vom zuständigen US-Gericht als willkürlich und missbräuchlich verurteilt worden war.

Doch die britischen Behörden hatten stets eine Erklärung parat: Ging es Assange gerade schlecht, mussten seine Isolation und Überwachung zu seinem Schutz aufrechterhalten werden. Stabilisierte sich hingegen sein Gesundheitszustand, so war das der Beweis, dass ihm die Isolation guttat und fortgesetzt werden musste. Dass Assange, wenn überhaupt, nur ein Bagatellstraftäter war, der gar nicht in ein Hochsicherheitsgefängnis gehörte, wurde von den Behörden ebenso unter den Teppich gekehrt wie der Umstand, dass seine Gesundheitsverschlechterung ja gerade durch jene Isolation, Überwachung und Willkür verursacht worden war, welche nun angeblich zu seinem Schutz eingesetzt werden mussten. Ein Teufelskreis, der sich wiederum nur dadurch erklären lässt, dass die Behörden damit ganz andere Zwecke verfolgten als den Schutz von Assange.

Bezeichnenderweise änderte sich das auch nach dem 25. September 2019 nicht, als Assange die für seine Kautionsverletzung festgesetzte Strafe von fünfzig Wochen zur Hälfte abgesessen hatte und ihm der Rest der Strafe wegen guter Führung von Gesetzes wegen erlassen werden musste. Assange befand sich nun nicht mehr im Strafvollzug, sondern war theoretisch ein freier Mann, der ohne Einschränkungen seinem Berufs- und Familienleben nachgehen durfte, solange er sich für das amerikanische Auslieferungsverfahren zur Verfügung hielt. Wegen seiner Vorgeschichte der Flucht in die ecuadorianische Botschaft könne er jedoch nicht entlassen werden, sondern müsse sicherheitshalber für die gesamte Dauer des Auslieferungsverfahrens in Haft bleiben, entschied die Richterin. Spätestens jetzt hätte Assange jedoch in eine offenere Anstalt oder einen bewachten Hausarrest mit weitestgehend normalisiertem Zugang zu Familie, Anwälten und Außenwelt verlegt werden müssen, denn die harschen Bedingungen in Belmarsh waren für eine reine Präventivhaft offensichtlich weder notwendig noch verhältnismäßig – zwei zwingende Grundvoraussetzungen für jeden rechtmäßigen Eingriff in die Grundrechte. Doch das hätte natürlich den einzigen wahren Zweck der fortgesetzten Isolationshaft untergraben: Assange zum Schweigen zu bringen und die freie Presse einzuschüchtern.

Aushöhlung der Verteidigungsrechte

Neben der Knebelung, Einschüchterung und Terrorisierung Assanges hatte seine Isolation in einem Hochsicherheitsgefängnis noch einen zweiten, wohl ebenso gezielt herbeigeführten Effekt. Aufgrund der Gefahren, welche von Schwerverbrechern ausgehen, sind die Sicherheitsvorkehrungen in Belmarsh besonders streng. Das zeigt sich sowohl im bereits beschriebenen, extrem aufwendigen Sicherheitsprozedere für externe Besucher, es verlangsamt und verkompliziert aber auch alle anderen alltäglichen Vorgänge innerhalb des Gefängnisses: Sozialkontakte, Telefonanrufe, Postverteilung, Bibliotheksbesuche, Sport und Bewegung, Arbeit, Hygiene und Arztbesuche. Alles ist streng reglementiert, wird mit Bedacht und unter strikter Überwachung durchgeführt. Die in der Zelle zugelassenen Gegenstände sind beschränkt, die Besucherzahlen ebenso.

Externe Besucher müssen vorangemeldet werden, und ständig kommt es zu Verspätungen. Die Anwälte von Assange beklagten sich, die zugelassene Frequenz ihrer Besuche sei unzureichend. Zudem werde entweder Assange oder die Anwältin aus Mangel an Wachpersonal regelmäßig mit einer halben Stunde oder mehr Verspätung zum Besprechungszimmer gebracht oder zu früh wieder abgeholt, was die Besprechungszeit zusätzlich verkürze. So flog etwa Per Samuelson, Assanges schwedischer Anwalt, nach der Wiedereröffnung des dortigen Verfahrens nach London für ein zweistündiges Treffen mit Assange, um ihm Gerichtsakten erklären zu können, welche nur in schwedischer Sprache zur Verfügung standen. Doch Assange wurde mit einer Stunde und fünfundvierzig Minuten Verspätung zur Besprechung gebracht, sodass von den geplanten zwei Stunden nur noch fünfzehn Minuten übrig blieben. Die Dokumente selbst durften Assange auch nicht ausgehändigt werden, sodass Samuelson unverrichteter Dinge wieder abreisen musste. Laut der Gefängnisleitung ein bedauerliches Missverständnis. Ein Missverständnis, das sich jedoch routinemäßig wiederholte. Nicht nur Samuelson beschwerte sich darüber, sondern auch Assanges Londoner Anwaltsteam, allen voran Gareth Peirce und Jennifer Robinson, sowie die Ärztin Sondra Crosby und seine privaten Besucher. Selbst während meines eigenen Besuches hatte ich ja dieselbe Erfahrung gemacht. Ebenfalls ein »bedauerliches Missverständnis«.

Dazu kommt, dass externe Besucher Assange rein gar nichts aushändigen dürfen, auch keine medizinischen oder anwaltlichen Dokumente. Alles muss auf dem ordentlichen Korrespondenzweg zugestellt werden, was regelmäßig zu Verspätungen von bis zu zwei Monaten führt und offenbar sogar zur unerlaubten Öffnung vertraulicher Anwaltspost. Alles sicherlich ebenfalls nur bedauerliche Missverständnisse. Sofort nach seiner Inhaftierung hatte Assange die Zuteilung eines Laptops beantragt, damit er die Gerichtsakten in elektronischer Form lesen und Stellungnahmen zuhanden seiner Anwälte verfassen konnte. Auch hier gab es eine Reihe solcher bedauerlichen Missverständnisse, sodass dem Gesuch erst nach Beginn der Auslieferungsverhandlung im Februar 2020 entsprochen wurde. Doch als Assange der Laptop endlich ausgehändigt wurde, war die Tastatur mit Leim verklebt worden, damit er sie nicht zum Schreiben benutzen konnte. Bedauerlich? Ja. Ein Missverständnis? Kaum.

Nun war Assange ja von Anfang an kein Durchschnittshäftling, der in Belmarsh seine Strafe abzusitzen und allenfalls noch ein Berufungsverfahren zu durchlaufen hatte. In seinem Fall waren mehrere hochkomplexe Verfahren in verschiedenen Staaten im Gange. Einerseits musste er sich auf das amerikanische Auslieferungsverfahren vorbereiten, in welchem ihm der mächtigste Staat der Welt mit einem Heer von Anwälten und unbegrenzten finanziellen, politischen und militärischen Druckmitteln gegenüberstand. Andererseits ging es auch um die britische Kautionsverletzung, um das wieder eröffnete schwedische Verfahren, um den spanischen Prozess gegen UC Global wegen illegaler Überwachung in der Botschaft und um ein mögliches Verfahren gegen die ecuadorianischen Behörden, die Assanges Habseligkeiten nach seiner Ausweisung widerrechtlich einbehalten und direkt den Amerikanern übergeben hatten. Fünf Verfahren in drei verschiedenen Sprachen wären bereits unter idealen Umständen ein kaum zu bewältigendes Mammutprogramm. Unter den ihm in Belmarsh aufgezwungenen Isolationsbedingungen hatte Assange jedoch keine Chance, seine legitimen Interessen in den verschiedenen Verfahren wahrzunehmen, die umfangreichen Beweismittel zu studieren und seine Verteidigung vorzubereiten. Seine Verteidigung gegen eine Auslieferung, welche mit an Sicherheit grenzender Wahrscheinlichkeit in lebenslanger Isolationshaft unter menschenunwürdigen Bedingungen münden würde. Seine Verteidigung – das fundamentalste Menschenrecht jedes Angeklagten. Auch auf dieses Versagen hatte ich die britischen Behörden nach meinem Gefängnisbesuch bei Assange ausdrücklich hingewiesen und sofortige Maßnahmen verlangt. Ohne Erfolg.

Verantwortung für diese Verfahrensverletzungen wollte niemand übernehmen. Auch hier handelte es sich angeblich nicht um böse Absichten, sondern um reine Zuständigkeitsprobleme. Bei Beschwerden seitens der Anwälte fand sich die Gefängnisleitung nicht für die Verfahrensrechte zuständig und die Richterin nicht für die Haftbedingungen – denn Großbritannien ist ja bekanntlich ein Rechtsstaat, in dem die Gewaltenteilung herrscht und die Justiz und die Exekutive stets darauf bedacht sein müssen, sich nicht in die gegenseitigen Zuständigkeitsbereiche einzumischen. Außer natürlich dann, wenn es der Staatsräson gerade dienlich ist. Dass das gesamte Auslieferungsverfahren gegen Assange angesichts derart gravierender Verletzungen der Verteidigungsrechte aus rechtlicher Sicht als unheilbar willkürlich zu betrachten ist und damit für nicht durchführbar erklärt werden müsste, spielte offenbar keine Rolle.

Assange und Pinochet – ein lehrreicher Vergleich

Vor dem Gesetz sind alle gleich. In einem Rechtsstaat müssen vergleichbare Fälle also gleich behandelt werden. So wie heute Julian Assange befand sich der chilenische Ex-Diktator Augusto Pinochet vom 16. Oktober 1998 bis 2. März 2000 ebenfalls in britischer Auslieferungshaft. Spanien, die Schweiz, Frankreich und Belgien wollten ihn wegen Folter und anderer schwerer Menschenrechtsverletzungen strafrechtlich zur Verantwortung ziehen. Und wie heute Assange so bezeichnete sich damals auch Pinochet als »Englands einzigen politischen Gefangenen«. Allerdings wurde ein britischer Gerichtsentscheid, der Pinochets diplomatische Immunität aufhob, wegen möglicher Befangenheit eines Richters sofort wieder für ungültig erklärt. Der Richter war offenbar freiwilliger Helfer für die lokale Spendensammlung der Organisation Amnesty International, welche in dem Verfahren als Nebenklägerin auftrat. Nicht so im Fall Julian Assange. Hier durfte Richterin Arbuthnot, deren Ehemann mehrfach von WikiLeaks exponiert worden war, nicht nur Assanges Haftbefehl aufrechterhalten, sondern wurde auch noch gleich als verfahrensleitende Richterin für das amerikanische Auslieferungsverfahren eingesetzt.

Pinochet, der Zerstörung Zehntausender von Menschenleben verdächtigt, wurde von den britischen Behörden weder beschimpft noch in ein Hochsicherheitsgefängnis gesteckt oder in Isolationshaft gehalten. Es gab kein Frohlocken von Premierminister Blair, dass in Großbritannien »niemand über dem Recht stehe«, und keine offenen Briefe von Abgeordneten an die Regierung, die seine Überstellung an andere Länder forderten. Pinochet verbrachte seine Auslieferungshaft im Hausarrest in einer Londoner Villa, wo er unbegrenzt Besucher empfangen durfte, vom chilenischen Privatpriester zu Weihnachten bis zu der mit ihm befreundeten früheren Premierministerin Margaret Thatcher. Nicht so im Fall von Julian Assange. Der gewaltlose Überbringer unbequemer Wahrheiten wurde in Isolationshaft gesperrt und seiner Verteidigungsrechte beraubt, selbst nachdem er seine Strafe für die Kautionsverletzung abgesessen hatte und für den Rest des Auslieferungsverfahrens in einen Hausarrest hätte entlassen werden können.

Auch Pinochets Gesundheitszustand war beeinträchtigt. Zwar wies der General selbst die Idee einer Entlassung aus humanitären Gründen weit von sich. Doch dann schritt Innenminister Jack Straw persönlich ein und ordnete eine ärztliche Untersuchung an, welche dem früheren Militärputschisten und Diktator immerhin »Gedächtnisverlust« und »Konzentrationsschwierigkeiten« attestierte. Ein unabhängiges Zweitgutachten, das von mehreren Regierungen verlangt worden war, wurde von Großbritannien verweigert. Stattdessen entschied Straw gleich selbst, ohne richterliche Überprüfung der ärztlichen Befunde und ohne Berufungsmöglichkeit der Gegenparteien, dass Pinochet nicht verhandlungsfähig sei, und ordnete seine unverzügliche Freilassung an. Ganz anders im Fall von Julian Assange. Hier wurden mehrere unabhängige ärztliche Gutachten sowie mein eigener Befund als UNO-Sonderberichterstatter für Folter ignoriert, und das Verfahren wurde selbst dann noch ohne Rücksicht auf Assanges Gesundheit und Verhandlungsunfähigkeit weitergeführt, als er vor Gericht offensichtlich kaum mehr seinen eigenen Namen wiederholen konnte. Zwar wurde Assanges Auslieferung in die USA am 4. Januar 2021 ebenfalls aus medizinischen Gründen abgelehnt. Doch die britische Regierung ordnete keineswegs seine sofortige Freilassung an. Stattdessen durften die USA gegen dieses Urteil Berufung einlegen und wurde Assanges Entlassung auf Kaution weiterhin wegen Fluchtgefahr abgelehnt.

Der Vergleich der beiden Verfahren zeigt in aller Deutlichkeit das ungleiche Maß, mit dem hier gemessen wird. In Pinochets Fall ging es ganz offensichtlich darum, einem alliierten Diktator aus der Zeit des Kalten Krieges und – vor allem – des Falklandkrieges Straflosigkeit für die ihm vorgeworfenen Völkerrechtsverbrechen zu sichern. In Assanges Fall hingegen geht es darum, ein abschreckendes Exempel zu statuieren an einem unbequemen Dissidenten, der genau diese Straflosigkeit gefährdet. Mit Recht und Gerechtigkeit hat beides nichts zu tun.

Die Folter zeigt ihre Wirkung

Im Tonfall großer persönlicher Betroffenheit schildert der ehemalige britische Botschafter Craig Murray, ein persönlicher Freund von Assange, im Oktober 2019 seine Eindrücke als Zuschauer eines »Case Management Hearing« im Westminster Magistrates' Court. Diese Form der Anhörung soll im Vorfeld der eigentlichen Auslieferungsverhandlung allen Parteien Gelegenheit zur Klärung organisatorischer Fragen geben. Nachdem Assange bei früheren Case Management Hearings krankheitsbedingt gefehlt oder nur über Videoübertragung teilgenommen hatte, ist er am 21. Oktober 2019 wieder persönlich anwesend.

Murray ist geschockt, als sein Freund in den Gerichtssaal geführt wird. Assange hinkt, er hat extrem abgenommen, sein Haar ist dünn geworden. Er wirkt wie vor der Zeit gealtert. Erschreckender noch ist die Verschlechterung seines geistigen Zustandes. Assange hat sichtlich Mühe, der Anhörung zu folgen. Das Sprechen fällt ihm schwer, sogar als er nach seinem Namen und seinem Geburtsdatum gefragt wird, kommt die Antwort nur stockend.

Der Termin für den Beginn der eigentlichen Auslieferungsverhandlung wird bestätigt, es bleibt trotz der Einwände von Assanges Anwälten, die mehr Vorbereitungszeit verlangen, beim 24. Februar 2020. Schauplatz wird dann nicht mehr Westminster sein, sondern Woolwich Crown Court, ein ganz besonders restriktiv abgesichertes Gericht in unmittelbarer Nähe von Assanges Gefängnis Belmarsh. Dort werden normalerweise Prozesse gegen Terroristen verhandelt.

Am Ende der Anhörung wird Assange von der Richterin gefragt, ob er das Verfahren verstanden habe. Wieder wirkt Assange desorientiert, seine Ausführungen sind sprunghaft, erscheinen wirr. Doch einige Sätze bleiben Murray im Gedächtnis: »Ich verstehe nicht, wie dieser Prozess gerecht sein kann. Die Supermacht hatte zehn Jahre Zeit, sich auf den Fall vorzubereiten, während ich nicht einmal auf meine Aufzeichnungen zugreifen kann. Da, wo ich bin, ist es extrem schwierig, auch nur irgendetwas zu tun. Diese Leute dagegen haben unbegrenzte Möglichkeiten.« Die Richterin Vanessa Baraitser geht auf Assanges ganz offensichtlich bedenklichen Gesundheitszustand genauso wenig ein wie auf seine Einwände gegen die mangelnde Fairness des Verfahrens. Falls er etwas nicht verstanden habe, sagt sie, könne er es sich ja von seinen Anwälten erklären lassen. Damit ist die Anhörung beendet.

Assange in Lebensgefahr!

Tatsächlich verdichteten sich im Herbst 2019 die Zeichen, dass sich Assanges Gesundheitszustand weiter verschlechtert hatte. Es war nicht einfach, sich ein objektives Bild zu machen, doch die besorgniserregenden Informationen, die ich aus verschiedenen verlässlichen Quellen erhielt, bestätigten die Prognose, welche wir für den Fall ausbleibender Maßnahmen zu Assanges Schutz gemacht hatten. Wie Murray eindrücklich geschildert hatte, begannen die schonungslose Isolation, Überwachung und Willkür Assanges nun auch für den medizinischen Laien nach außen sichtbar Wirkung zu zeigen. Hatte Assange während meines Besuches im Mai noch einigermaßen resilient gewirkt, so fürchtete ich nun erstmals ernsthaft um sein Leben. Denn mit zunehmender Dauer beschleunigt sich die durch psychische Folter verursachte Destabilisierung der Persönlichkeit in einer regressiven Abwärtsspirale, an deren Ende irgendwann der totale psychische und physische Zusammenbruch erfolgt. Entweder gibt das Opfer dann jeden Widerstand auf und versinkt in totaler Verwirrung, Verwahrlosung und Apathie. Oder es kommt zu einem oft lebensgefährlichen Krisenereignis, einem Kreislaufkollaps, Schlaganfall oder Suizidversuch. Im Herbst 2019 häuften sich die Hinweise, dass Julian Assange immer schneller auf diesen Punkt zuschlitterte, an dem sein Leben akut gefährdet war. Für mich war klar, dass ich intervenieren musste, und zwar sofort.

Am 29. Oktober 2019 wandte ich mich mit einem dringlichen Appell an die britische Regierung, listete Verfahrensverletzungen auf, prangerte Assanges Haftbedingungen an und forderte seine unverzügliche Freilassung oder zumindest seine Verlegung in ein Umfeld, das den Schutz seiner Gesundheit und Menschenrechte ermöglichen würde. Das offizielle Schreiben wurde durch eine Pressemitteilung flankiert, welche ich dem britischen Botschafter gleichzeitig zukommen ließ, wie protokollarisch vorgesehen 48 Stunden vor der geplanten Veröffentlichung am 1. November. Der Zweck dieser Karenzfrist ist, der betroffenen

Regierung genügend Zeit zu lassen, um mein Büro für Ergänzungen oder Korrekturen zu kontaktieren.

Das taten die Briten allerdings nicht. Stattdessen beschwerte sich der britische Botschafter in Genf persönlich bei der Hochkommissarin für Menschenrechte, Michelle Bachelet. Der Botschafter habe beim Gespräch mit der Hochkommissarin seiner Sorge über die Wortwahl der geplanten Pressemitteilung Ausdruck verliehen, wurde mir mitgeteilt. Insbesondere mein Vorwurf »offensichtlicher und anhaltender Willkür seitens der Justiz und der Regierung« lasse die erforderliche Unparteilichkeit vermissen. In Wahrheit erhalte Assange ärztliche Pflege und habe Zugang zu seinen Anwälten. Darüber hinaus sei auch der »Verhaltenskodex der UNO-Sonderberichterstatter erörtert« worden, ließ man mich wohlweislich wissen. Eine nur sparsam geschminkte Warnung an meine Adresse, dass die Geduld Großbritanniens nicht endlos sein werde.

Natürlich wusste der Botschafter, dass er mit seinem Vorstelligwerden bei der Hochkommissarin nichts erreichen würde. Zwar stellt ihr Büro mein Sekretariat, die Hochkommissarin ist mir jedoch nicht vorgesetzt und damit auch nicht weisungsbefugt. Aber darauf kam es dem Botschafter ohnehin nicht an. Für ihn zählte die Geste – nicht *mit mir,* sondern *über mich* zu sprechen. So wurde die Sachfrage der Einhaltung des Folterverbotes durch Großbritannien plötzlich zur Personalfrage meiner Einhaltung des Verhaltenskodexes. Eine leicht durchschaubare, aber nicht ungefährliche Strategie, wie sie ja sehr wirkungsvoll auch gegen Assange eingesetzt worden war: Plötzlich diskutierte die ganze Welt nicht mehr über die von WikiLeaks enthüllten Kriegsverbrechen, sondern nur noch über die Person Assanges. Doch ich würde mich nicht einschüchtern lassen. Wie jeder Fachexperte oder Schiedsrichter muss ich meine Untersuchung zwar objektiv und unparteiisch durchführen. Doch wenn ich einmal zum Schluss gekommen bin, dass Folter stattgefunden hat, dann kann meine Aufgabe nicht Unparteilichkeit zwischen Folterer und Folteropfer sein. Dann muss ich »Foul« rufen und auf Recht, Gerechtigkeit und Wiedergutmachung bestehen. Wenn der betroffene Staat kooperiert, kann man das diskret und diplomatisch tun. Doch wenn eine Regierung den Dialog verweigert und ihre Verpflichtungen wiederholt in schwerer Weise verletzt, dann muss ich mich auch einmal unbeliebt machen und die Öffentlichkeit mobilisieren. Alles andere wäre ein Verrat an meiner Berufung. Gerade darum schreibe ich ja auch dieses Buch.

Die Ärzte der Welt machen mobil

Meine Pressemitteilung vom 1. November 2019 verfehlte ihre Wirkung nicht. Insbesondere nachdem sich die schwedische Staatsanwaltschaft gezwungen sah, ihre Vergewaltigungsvorwürfe aus Beweismangel vollständig zurückzuziehen, war der Weg frei, aus dem dämonisierten Monster wieder einen Menschen werden zu lassen, für dessen Schicksal man sich interessieren durfte. Es war, wie wenn ein Fluch aufgehoben worden wäre. Das Medieninteresse stieg kontinuierlich an, und immer breitere Kreise begannen das offizielle Narrativ zu durchschauen. Ein wichtiger Durchbruch gelang bereits am 22. November, als eine Gruppe von 60 Ärzten in einem offenen Brief an das britische Innenministerium appellierte, Assange von Belmarsh in eine Universitätsklinik verlegen zu lassen, wo man ihm die erforderliche Pflege zukommen lassen könne. Die britische Innenministerin Priti Patel antwortete zwar nicht direkt, veröffentlichte drei Tage später aber folgende Pressemitteilung: »Die Anschuldigungen, dass Herr Assange gefoltert wurde, sind unbegründet und völlig falsch. Großbritannien setzt sich für die Wahrung der Rechtsstaatlichkeit ein und stellt sicher, dass niemand jemals darübersteht.« Doch die öffentliche Wahrnehmung der britischen Glaubwürdigkeit hatte sich geändert, und die Ärzte ließen sich nicht mehr mit solchen Allgemeinplätzen abspeisen. Sie hakten am 4. Dezember mit einem zweiten Schreiben nach, und als dieses ohne Antwort blieb, publizierte die bereits auf 117 Ärzte aus 18 Ländern angewachsene Gruppe im

Februar 2020 einen öffentlichen Aufruf in *The Lancet,* einer der renommiertesten medizinischen Fachzeitschriften weltweit:

»Sollte Assange in einem britischen Gefängnis sterben, wovor der UNO-Sonderberichterstatter für Folter gewarnt hat, hätte man ihn tatsächlich zu Tode gefoltert. Geschehen wäre dies zum größten Teil auf der Krankenstation eines Gefängnisses und damit unter ärztlicher Beobachtung. Die Ärzteschaft kann es sich nicht erlauben, schweigend auf der Seite der Folterer und damit auf der falschen Seite der Geschichte zu verharren, während sich eine derartige Farce ereignet.«

In einem parallelen offenen Briefwechsel mit der australischen Regierung zwischen Dezember und März 2020 stellte die Ärztegruppe die formalistischen Ausflüchte der dortigen Behörden mit harten Fakten bloß und forderte sie unmissverständlich auf, sich endlich mit dem ganzen politischen Gewicht Australiens für den Schutz ihres Staatsbürgers einzusetzen. Auch die besondere Gefahr der damals gerade ausbrechenden Corona-Pandemie für Gefängnisinsassen wurde thematisiert. Doch sobald klar wurde, dass sich die Ärzte nicht mit halbherzigen Plattitüden aus Canberra abspeisen lassen würden, sondern Taten forderten, konnte sich auch die australische Regierung plötzlich nicht mehr zu einer Antwort durchringen.

Dennoch hatte die Ärztegruppe bereits sehr viel erreicht. Sie hatte die medizinische Fachwelt wachgerüttelt und dafür gesorgt, dass der Fall von Julian Assange nicht nur als Einzelschicksal wahrgenommen wurde, sondern als Symptom eines veritablen Systemversagens, in dem die Grundsätze der medizinischen Ethik genauso mit Füßen getreten wurden wie diejenigen der Rechtsstaatlichkeit. Ein zweiter Aufruf in *The Lancet,* zum Internationalen Tag der Folteropfer am 26. Juni 2020, zählte bereits über 250 Unterschriften von Medizinern aus 35 Ländern. Es war klar, dass nun eine kritische Masse erreicht war: Assanges Unterstützer ließen sich nicht mehr den Mund verbieten und beeinflussten auch zunehmend die Wahrnehmung in Politik und Medien.

14

Angloamerikanischer Schauprozess

Der Schauprozess beginnt

Es ist der 24. Februar 2020, der erste Verhandlungstag im Prozess um die Auslieferung Assanges an die USA. Die Zuschauertribüne des Belmarsh Magistrates' Court umfasst nur achtzehn Plätze – wer einen davon ergattern will, muss schon in den frühen Morgenstunden vor dem Gericht anstehen und anschließend mehrere Sicherheitsschleusen passieren. Doch selbst jenen, die rechtzeitig vor Ort sind, kann es passieren, dass ihnen der Zugang ohne Begründung verweigert wird. So ergeht es bereits am zweiten Verhandlungstag dem WikiLeaks-Chefredakteur Kristinn Hrafnsson. Erst als die Familie von Assange aus Protest den Gerichtssaal verlässt, wird Hrafnsson doch noch der Eintritt erlaubt. Die Pressevertreter sollen die Verhandlung dagegen in einem Nebenraum verfolgen. Doch die Qualität der Übertragung ist katastrophal. Der Prozessvertreter der USA James Lewis ist nur teilweise zu hören, Richterin Baraitser den ganzen Vormittag über gar nicht. Erste Hinweise, dass die Augen und Ohren der Öffentlichkeit in Baraitsers Gerichtssaal nicht willkommen waren.

Am liebsten hätte sie Assange selbst wohl ebenfalls vom Verfahren ausgeschlossen. Er sitzt getrennt von seinen Anwälten im hinteren Teil des Saals. Wie ein Gewaltverbrecher ist er untergebracht in einer Art Box aus schusssicherem Glas. Während der

Verhandlungen darf er keine Unterlagen von seinen Anwälten entgegennehmen. Deshalb ist es ihm auch verboten, ihnen durch den schmalen Schlitz in der Glasfront die Hand zu reichen. Von seinem Platz aus hat er Mühe, dem Geschehen akustisch zu folgen. Mehrfach gibt er der Richterin Zeichen, um sie darauf hinzuweisen. Vanessa Baraitser zieht es jedoch vor, die Rufe einiger Demonstranten vor dem Gebäude für die mangelnde Verständlichkeit verantwortlich zu machen, obwohl sie im Saal nur schwach zu vernehmen sind. Der Antrag des Anwalts Edward Fitzgerald, Assange zu gestatten, neben ihm und seinen Kollegen Platz zu nehmen, wird von Baraitser abgelehnt. Denn das, so die Richterin, käme einer Entlassung aus der Haft gleich. Und dafür müsse erst ein Antrag auf Kaution gestellt werden.

Am Tag des Verhandlungsbeginns muss sich Assange im Gefängnis zweimal nackt ausziehen. Anschließend wird er einer Leibesvisitation unterzogen. Insgesamt elf Mal werden ihm Handschellen angelegt, fünf Mal wird er in verschiedenen Zellen eingesperrt. Die Gefängnisdirektion sorgt ferner dafür, dass ihm sämtliche Gerichtsdokumente weggenommen werden, darunter auch vertrauliches Material seiner Anwälte. Eine angemessene Vorbereitung auf den Fortgang der Verhandlung wird damit unmöglich gemacht.

So erzählt es Edward Fitzgerald am zweiten Verhandlungstag, so hat es auch Craig Murray, der im Saal ist, aufgeschrieben. Und es war diese Behandlung Assanges, die nur wenig später das Human Rights Institute der International Bar Association, der internationalen Gilde von Anwälten und Anwaltskammern, auf den Plan rief und zu einem ungewöhnlich scharf formulierten Protest veranlasste: »Es ist zutiefst schockierend, dass die britische Regierung – als Regierung einer gereiften Demokratie, in der die Rechtsstaatlichkeit und die Rechte des Einzelnen gewahrt werden – zu all dem geschwiegen und nichts unternommen hat, um einem derartig rohen und unverhältnismäßigen Verhalten von Beamten des öffentlichen Dienstes Einhalt zu gebieten.« In der Folge ziehen die Autoren sogar Vergleiche zum Folterskandal von Abu Ghraib und verweisen auf meine Schlussfolgerungen gegenüber dem UNO-Menschenrechtsrat in Genf. Dort hatte ich am 28. Februar 2020 im Plenum der Mitgliedstaaten und Beobachter meinen jährlichen Bericht vorgestellt und Assanges jahrelange grausame, unmenschliche und erniedrigende Behandlung ausdrücklich als konkretes Beispiel von psychischer Folter angeführt.

Der erste Verhandlungstag sieht traditionell das Opening Statement der Verteidigung vor. Schnell wird deutlich, dass Assanges Anwälte vor allem vier Punkte geltend machen, die eine Auslieferung Assanges in die USA verhindern sollen. Erstens: Das geltende Auslieferungsabkommen zwischen Großbritannien und den USA verbietet eine Auslieferung aufgrund politischer Delikte. Das klassische Lehrbuchbeispiel eines politischen Deliktes ist jedoch Spionage – also genau das, was Assange in siebzehn der achtzehn amerikanischen Anklagepunkte vorgeworfen wird.

Zweitens: Das Überwachen eines Anklagten und vor allem das Überwachen und das Mithören seiner vertraulichen Anwaltsgespräche stellen eine so schwerwiegende Verletzung der Waffengleichheit dar, dass sie zwingend eine Einstellung des Verfahrens nach sich ziehen.

Drittens: Menschen dürfen nicht an Staaten ausgeliefert werden, in denen ihnen Folter oder andere grausame, unmenschliche oder entwürdigende Behandlung oder Bestrafung droht. Das exzessive Strafmaß von bis zu 175 Jahren Haft sowie die besonders grausamen und entwürdigenden Haftbedingungen, welche Assange in den USA erwarten, wurden im Beweisverfahren von Expertenaussagen mehrfach bestätigt.

Und viertens: Eine Auslieferung kann nur zulässig sein, wenn das Vergehen, für welches die USA die Auslieferung verlangen, sowohl in den USA als auch in Großbritannien unter Strafe steht. Dies wirft die Frage auf, ob die Assange vorgeworfene Tätigkeit – nämlich der Empfang und die Publikation geheimer Dokumente im Interesse der Öffentlichkeit – überhaupt eine Straftat darstellen kann, welche nicht durch die Meinungsäußerungs- und Pressefreiheit geschützt ist.

James Lewis QC, jener britische Anwalt, der im Gerichtssaal die Interessen der Amerikaner vertrat, bemühte sich denn auch, Assanges Vorgehen als das eines Spions darzustellen und nicht als das eines Journalisten oder sonstigen Publizisten, dessen Arbeit von Verfassung und Völkerrecht geschützt ist. Gleichzeitig bestritt er aber auch, dass es sich bei den WikiLeaks-Enthüllungen um ein politisches Vergehen handle. Aus zwei Gründen. Einmal, weil WikiLeaks nicht mit der Absicht gehandelt habe, die amerikanische Regierung zu stürzen oder zu einer Änderung ihrer Politik zu bewegen. Und zweitens, weil Assange sich nicht in den USA aufgehalten habe, als er die Dokumente aus dem Irak- und dem Afghanistankrieg sowie die Botschaftsdepeschen enthüllte. Was aber – und das macht die Absurdität dieses zweiten Arguments deutlich – die amerikanische Regierung in keiner Weise davon abgehalten hat, Assange anzuklagen.

Auffällig für die Prozessbeobachter im Saal war, dass sich Lewis mit seinem Opening Statement nicht in erster Linie der Richterin, sondern fast ausschließlich den Medienvertretern zuwandte. Einmal wiederholte er sogar einen Satz, um sicherzustellen, dass die Journalisten ihn auch verstanden hatten. Sogar Handouts waren vorbereitet worden und wurden den Journalisten in elektronischer Form zur Verfügung gestellt, um ihnen die Mühsal einer selbstständigen Analyse zu ersparen. Ein einfaches Copy-and-paste genügte, um die Positionen der USA in die eigenen Prozessberichte einzufügen. Lewis hatte offenbar erkannt, dass auch viele Journalisten den universellen Gesetzen menschlicher Trägheit gehorchen und den Weg des geringsten Widerstandes wählen. Dass er es aber offensichtlich nicht für nötig hielt, die Richterin von seiner Sichtweise zu überzeugen, war ein deutlicher Hinweis dafür, dass deren Entscheidung hinter den Kulissen bereits festgelegt worden war und dass es nun nur noch darum ging, der Weltöffentlichkeit einen Schauprozess als rechtsstaatliches Verfahren zu verkaufen. Die Mainstream-Medien machten folgsam mit. Keines der großen Medienhäuser, welche an den sensationellen WikiLeaks-Enthüllungen beteiligt gewesen waren, beobachtete den Prozess und protestierte gegen die offensichtliche Willkür, mit der Assange für die gemeinsam begangenen Sünden bestraft wurde. Selbst die altehrwürdige *BBC*, einst das Sprachrohr der freien Welt, schaute nach dem ersten Verhandlungstag bloß betreten weg und berichtete über das Wetter.

Bereits am Ende des zweiten Verhandlungstages skizzierte Richterin Baraitser die Linie der britischen Justiz. Zwar lasse das Auslieferungsabkommen zwischen Großbritannien und den USA eine Auslieferung wegen politischer Straftaten tatsächlich nicht zu. Aber eben nur das *Abkommen* und nicht das britische Auslieferungs*gesetz*, auf dessen Grundlage die Regierung das Abkommen einst abgeschlossen hatte. Dort sei der Ausschluss politischer Delikte nicht zu finden. Für einen Juristen ist dieses Argument ein leicht durchschaubarer Taschenspielertrick. Denn das britische Parlament hatte mit seinem Auslieferungsgesetz natürlich nur die rechtliche Grundlage dafür geschaffen, dass die britische Regierung mit anderen Ländern überhaupt Auslieferungsabkommen abschließen kann. Die besonderen Bestimmungen des auf dieser Grundlage abgeschlossenen angloamerikanischen Abkommens waren für das Gericht jedoch ohne jeden Zweifel verbindlich. Jede andere Behauptung wäre geradezu absurd. Bereits nach vier Verhandlungstagen wurde die Beweisverhandlung zunächst auf den 18. Mai vertagt. Kurz darauf brach die Covid-19-Pandemie über Europa herein und machte eine zweite Vertagung bis zum 7. September 2020 notwendig.

Pandemie und zweites *Superseding Indictment*

Im Mai 2020 sterben nur in den USA mehr Menschen an Covid-19 als in Großbritannien. Auch Mitarbeiter des Gesundheitssystems verlieren ihr Leben. Die jahrelange Austeritätspolitik der britischen Regierung und der damit einhergehende Raubbau an der öffentlichen Gesundheitsversorgung zeigt nun eines ihrer vielen hässlichen Gesichter. In den Kliniken und Heimen fehlt es an allem: Schutzkitteln, Masken, Handschuhen, Corona-Tests. Zu den vulnerabelsten Gruppen zählen neben alten Menschen solche mit Vorerkrankungen. Die Gefahr, an Covid-19 zu erkranken, steigt zudem überall da, wo Abstandsregeln nicht eingehalten werden können und eine adäquate medizinische Versorgung nicht gewährleistet ist. Das macht Wohnheime, Flüchtlingsunterkünfte, aber auch Gefängnisse wie Belmarsh zu Risiko-Orten.

In seinem zweiten Aufruf in der medizinischen Fachzeitschrift *The Lancet* vom 26. Juni 2019 schreibt der Ärzte-Verbund: »Julian Assange ist einem großen Risiko ausgesetzt, sich mit dem Coronavirus zu infizieren. Da er nicht gewalttätig ist, sich in Untersuchungshaft befindet und zudem, wie von der entsprechenden UNO-Arbeitsgruppe bestätigt, willkürlich inhaftiert ist, erfüllt er alle international empfohlenen Kriterien für eine Haftentlassung während der Corona-Pandemie. Ein Kautionsantrag, verbunden mit dem Plan für einen überwachten Hausarrest, wurde indes abgelehnt. Herr Assange befindet sich weiterhin für 23 Stunden pro Tag in Einzelhaft.«

Stella Moris, Assanges Partnerin und Mutter zweier gemeinsamer kleiner Söhne, wird später bestätigen, dass Assange während einer vorübergehenden Haftentlassung bei ihr und den Kindern untergebracht gewesen wäre. Daraus wird nichts. Mit dem Beginn der Corona-Zeit ist der Familie jeglicher Besuch im Gefängnis untersagt, es bleiben nur kurze, streng reglementierte und überwachte Telefonate.

Die Lockdown-Beschränkungen stellen auch für die Anwälte ein großes Problem dar, denn sie verhindern persönliche Besprechungen mit Assange im Hinblick auf die sehr umfangreichen Beweisverhandlungen vom September. Doch damit nicht genug: Am 24. Juni 2020 ersetzen die Amerikaner ihre Anklage gegen Assange überraschend durch eine neue. Zwar bleibt es bei den bereits bekannten 18 Anklagepunkten, doch der ihnen zugrunde liegende Sachverhalt wird nun signifikant ausgeweitet und anders akzentuiert. Der Schwerpunkt der neuen Anklage liegt nun nicht mehr so sehr auf der Veröffentlichung geleakten

Materials und damit auf einer genuin journalistischen Tätigkeit. Stattdessen werden nun auf vielen Seiten Assanges Kontakte zu bestimmten Hackergruppen hervorgehoben, die er zum Diebstahl und zur Lieferung geheimen Regierungsmaterials angestiftet haben soll. Die meisten dieser Kontakte datieren allerdings aus den Jahren nach 2010 und betreffen damit gar nicht jene Manning-Leaks, auf die sich die 18 Anklagepunkte beziehen. Es ist daher davon auszugehen, dass die USA vorhaben, die Anklagepunkte gegen Assange nach einer etwaigen Auslieferung auf Computerdelikte und damit verbundene Verschwörungs- und Anstiftungstatbestände auszuweiten, welche nicht von der Pressefreiheit geschützt sind. Denn immerhin hatte ja bereits im Juli 2019 ein US-Bundesgericht auf die Pressefreiheit verwiesen, um die Klage der Demokratischen Partei gegen Assange und andere wegen der DNC-Leaks abzuweisen. Nicht zuletzt sollte mit den neuen Hacking-Vorwürfen wohl aber auch die öffentliche Meinung beeinflusst werden, indem Assange in eine Art Schmuddelecke gedrängt wurde, in die sich ein »richtiger« Journalist nie begeben würde.

Das Timing der neuen Anklageschrift kann nur als absichtlich obstruktiv bezeichnet werden. Sie wird vorerst nur auf der Website des US Justizministeriums veröffentlicht und den britischen Behörden erst einen vollen Monat später, am 29. Juli 2020, zugestellt – nur fünf Wochen vor Beginn der Beweisverhandlung und bereits eine Woche nach Fristablauf für die Einreichung von Beweismitteln der Verteidigung. Das dazugehörige neue Auslieferungsgesuch erfolgt noch einmal zwei Wochen später, am 12. August, und wird am 21. August durch ein Addendum ergänzt, welches klarstellt, dass das britische Gericht auch die neu geltend gemachten Fakten als Grundlage für seinen Auslieferungsentscheid berücksichtigen solle.

Erwartungsgemäß protestieren Assanges Anwälte gegen dieses unfaire Vorgehen der Amerikaner, welches ihnen keine Zeit lässt, sich auf die Beweisverhandlung vorzubereiten. Eine erneute Vertagung der Beweisverhandlung um mehrere Monate lehnen die Anwälte vorerst jedoch ab, denn Assanges Gesundheit leidet zunehmend unter den extrem restriktiven Haftbedingungen. Stattdessen beantragen sie, dass Tatsachenbehauptungen, welche von der US-Regierung offensichtlich verspätet eingebracht worden sind, im Entscheid über das Auslieferungsgesuch nicht zu berücksichtigen seien. Dies wird von Richterin Baraitser jedoch am 7. September, dem ersten Verhandlungstag der Beweisverhandlung, abgelehnt. Beweismittel, die sich auf die neue amerikanische Anklageschrift beziehen, darf die Verteidigung jedoch trotzdem nicht mehr einreichen, da die Beweismittelfrist für diese Verhandlung bereits vor der offiziellen Übermittlung dieser Anklageschrift abgelaufen ist. Konfrontiert mit der Unmöglichkeit, die Beweisverhandlung auf der Basis der neuen Anklageschrift adäquat vorzubereiten, sehen sich Assanges Anwälte jetzt gezwungen, dennoch eine Verhandlungspause bis zum Januar 2021 zu beantragen. Doch Richterin Baraitser lehnt ab.

Der Schauprozess geht weiter

Und so nimmt der Schauprozess seinen Lauf. Dieses Mal finden die Anhörungen mitten in London statt, im zentralen Strafgerichtshof Old Bailey in der Nähe von St. Paul's. Aber das bedeutet nicht, dass die Öffentlichkeit mehr Zugang zum Gerichtssaal bekäme als in Belmarsh. Die Pandemie wird nun als willkommener Vorwand benutzt, das Verfahren faktisch unter Ausschluss der Öffentlichkeit stattfinden zu lassen. Aufgrund der pandemiebedingten Abstandsregeln werden in der Besuchergalerie des Saals nur fünf Personen zugelassen, die dann allerdings alle dicht nebeneinander in einer Sitzreihe platziert werden. Die zwei hinteren Sitzreihen bleiben leer. Drei weitere Sitze sind für Vertreter der australischen Botschaft – der sogenannten Australian High Commission – reserviert. Auch diese bleiben leer. Offenbar hatten die australischen Diplomaten Wichtigeres zu tun, als das Schicksal ihres Staatsangehörigen mitzuverfolgen.

Ausgewählte Journalisten, NGOs und andere Besucher sollen die Verhandlung in einem Nebenraum per Videoübertragung mitverfolgen, deren Ton- und Bildqualität jedoch einmal mehr zu wünschen übrig lässt. Man könnte glauben, man befinde sich in der technologisch rückständigen Provinz eines Entwicklungslandes und nicht im Herzen der britischen Hauptstadt. Doch damit nicht genug. Gleich am ersten Verhandlungstag entzieht Richterin Baraitser vierzig Prozessbeobachtern des Europäischen Parlaments und von Menschenrechtsorganisationen wie Amnesty International und Reporters without Borders kurzerhand die zuvor erteilte Genehmigung auf Zugang per Videolink. Aus nicht näher erläuterten Gründen sei dies nicht »im Interesse der Justiz«, findet sie. Wie die europäischen Parlamentarier, so interveniert auch Amnesty International in den folgenden Tagen wiederholt bei der Richterin und erinnert sie daran, dass unabhängige Prozessbeobachtung für die Rechtsstaatlichkeit eines Verfahrens unerlässlich sei. Baraitser weigert sich jedoch, auf ihren Entscheid zurückzukommen. Dass die britische Justiz damit in Sachen Verfahrenstransparenz hinter Guantanamo, Bahrain und die Türkei zurückfällt, wo Amnesty International gemäß eigenen Angaben zur Prozessbeobachtung zugelassen wurde, scheint sie nicht zu beunruhigen. Rechtsstaatlichkeit ist offenbar ohnehin nicht Teil des Plans.

Auch die Zuschaltung der von der Verteidigung benannten Zeugen, immerhin mehrere Dutzend, funktioniert nicht wie offiziell vorgesehen. Immer wieder fällt das Bild aus; die technisch unzulängliche Einspielung von Audiodateien führt zu chaotischen Szenen. Der Zeitplan gerät mehr und mehr aus den Fugen. Zusätzlich verfügt Baraitser, dass Zeugenaussagen, welche bereits schriftlich eingereicht wurden, in der mündlichen Verhandlung nicht zu wiederholen sind, was die öffentliche Berichterstattung über die eingereichten Beweise weitgehend verunmöglicht. Des Weiteren entscheidet die Richterin, dass die von der Verteidigung aufgerufenen Zeugen von der Anklage ins Kreuzverhör genommen werden dürfen, während Zeugen der Anklage, die Angestellte der US-Regierung sind, von den Verteidigungsanwälten nicht befragt werden dürfen. Überdies gibt sie dem Antrag der US-Regierung statt, dass Zeugenaussagen und Beweismittel, welche Folter und Kriegsverbrechen der USA im Detail beschreiben, einschließlich des berühmten *Collateral-Murder*-Videos, nicht als Beweismittel zugelassen sind. Wohl nicht ganz zufällig kommt es während der Zeugenaussage des deutsch-libanesischen Folteropfers Khaled El-Masri, welche die US-Regierung vehement zu verhindern versucht hatte, denn auch zu einem ominösen Zusammenbruch der Videoverbindung, welche offenbar nicht nur seine Vernehmung »technisch verunmöglicht«, sondern auch die bei anderen Aussagen praktizierte Verschiebung auf einen späteren Termin.

Auch wenn es in diesem Verfahren natürlich nicht in erster Linie um den Nachweis von Kriegsverbrechen geht, so stellen die Existenz und Straflosigkeit dieser Verbrechen eben doch eine entscheidende Rechtfertigung für deren Enthüllung durch WikiLeaks dar. Dass die britische Justiz Beweismittel von zentraler Bedeutung unterdrücken, die Waffengleichheit zwischen den Parteien so schwerwiegend missachten und die Öffentlichkeit fast vollständig vom Verfahren ausschließen kann, ohne dass die Verteidigung geschlossen den Saal verlässt und es in den Mainstream-Medien zu einem Aufschrei kommt, zeigt, wie weit in Großbritannien die allgemeine Desensibilisierung für grundlegende Prinzipien der Rechtsstaatlichkeit bereits fortgeschritten ist.

Assange selbst sitzt erneut hinter Panzerglas, weitab von seinen Anwälten. Baraitser bestimmt, dass er sich nicht persönlich äußern, sondern nur über seine Anwälte am Verfahren teilnehmen darf. Als er sich doch einmal einschaltet und eine Behauptung des Anklägers als »Nonsense« bezeichnet, droht ihm die Richterin, sie werde ihn des Saales verweisen, wenn er noch einmal das Wort ergreife. Ganz offensichtlich war sie sehr darauf bedacht, unvorhergesehene Einwände sofort abzuwürgen. Man sah Assange die Erschöpfung an, sagen Beobachter. Immer noch legt man ihm an jedem Verhandlungstag frühmorgens Handschellen an und führt ihn in eine Arrestzelle, wo er sich ausziehen muss und er geröntgt wird, bevor er in einem klaustrophobisch engen Gefängnistransporter zum Gericht verfrachtet wird. 90 Minuten in jede Richtung.

Die Beweisverhandlung

Eine zentrale Frage der Beweisverhandlung war der physische und psychische Gesundheitszustand von Assange. Zahlreiche Zeugen nahmen hierzu Stellung, einschließlich Dr. Sondra Crosby, die Assange sowohl in der ecuadorianischen Botschaft als auch in Belmarsh insgesamt fünf Mal untersucht hatte und deren Bericht an das Hochkommissariat für Menschenrechte zu meiner Entscheidung beigetragen hatte, mich überhaupt auf diesen Fall einzulassen. Ebenfalls wichtig war die Aussage von Professor Michael Kopelman, einem erfahrenen Psychiater, der Assange insgesamt 19 Mal in Belmarsh besucht und seine Krankengeschichte bis in seine Jugend in Australien zurückverfolgt hatte. Kopelman sprach von schweren Depressionszuständen und akuter Suizidgefährdung, sollte es zu einer Auslieferung in die USA kommen: »Ich bin so sicher, wie man als Psychiater nur sein kann, dass Herr Assange im Falle einer bevorstehenden Auslieferung einen Weg finden wird, Selbstmord zu begehen.« Andere attestierten ihm das Asperger-Syndrom, eine milde Variante von Autismus. Insgesamt ergab sich das Gesamtbild eines Menschen, dessen Gesundheit trotz aller Widerstandskraft massiv unter seiner bisherigen Verfolgung und Isolation gelitten hatte und der eine Auslieferung in die USA höchstwahrscheinlich durch Suizid verhindern würde. Daran änderten auch die Versuche der Anklage nichts, den besorgniserregenden Gesundheitszustand Assanges herunterzuspielen, ihm Simulation zu unterstellen und die Glaubwürdigkeit der Zeugen und Beweismittel zu untergraben. Sogar mein eigenes Schreiben an die britische Regierung vom 27. Mai 2019 wurde von James Lewis gleich seitenweise vorgelesen und ohne Weiteres sofort als »offensichtlicher, greifbarer Unsinn« verworfen – wohlweislich in meiner Abwesenheit, ohne mir die Möglichkeit zu geben, meine unbequemen Schlussfolgerungen im Kreuzverhör zu belegen.

Mehrere Experten bestätigten, dass Assanges Befürchtung keineswegs irrational war, im Falle einer Auslieferung bis zu seinem Tod in einem amerikanischen Hochsicherheitsgefängnis zu verschwinden. Selbst die Anklage erkannte das »Risiko« an, dass Assange in den USA sowohl die Untersuchungshaft als auch den Strafvollzug unter »Speziellen Verwaltungsmaßnahmen« verbringen würde, also in lebenslanger Isolation von jedem zwischenmenschlichen Kontakt. In diesem Zusammenhang konzentrierte sich die Diskussion vor allem darauf, ob diese Haftbedingungen mit Blick auf Assanges Gesundheitszustand notwendigerweise oder nur möglicherweise als Verstoß gegen das Folter- und Misshandlungsverbot zu betrachten seien. Denn einerseits könne man ja nicht mit Sicherheit voraussagen, ob Assange überhaupt »Speziellen Verwaltungsmaßnahmen« unterstellt würde, und andererseits könne die verfügende Behörde ja auch periodisch die Möglichkeit einer Abmilderung der Isolationsmaßnahmen prüfen. Vor diesem Hintergrund könne aber auch die Unmenschlichkeit seiner Behandlung und das Risiko eines Suizides im Falle seiner Auslieferung nicht verlässlich vorausgesagt werden.

Während der Beweisverhandlung kam überdies nicht nur das Ausmaß des Überwachungsregimes in der ecuadorianischen Botschaft ans Licht, sondern auch die Tatsache, dass die mit der Bewachung der Botschaft beauftragte Sicherheitsfirma UC Global hinter dem Rücken ihrer ecuadorianischen Auftraggeber offenbar für den amerikanischen Geheimdienst gearbeitet hatte. Diese Kooperation beschränkte sich nicht auf die umfassende Audio- und Videoüberwachung von Assanges Besprechungen mit Anwälten, Ärzten und privaten Besuchern, sondern ging offenbar noch deutlich weiter. In schriftlichen Statements von früheren Mitarbeitern von UC Global heißt es unter anderem, es habe die Überlegung gegeben, dass die Tür der Botschaft offen bleiben sollte, damit Leute von außen eindringen könnten, um Assange zu entführen oder zu vergiften. Ankläger Lewis bezeichnet diese und andere Aussagen von UC-Global-Leuten zwar als »völlig irrelevant«. Aus rechtlicher Sicht sind sie jedoch sehr wohl bedeutsam. Abgesehen von der offensichtlichen Kriminalität einer Entführung oder Ermordung Assanges, stellt seine geheime Überwachung durch die USA eine derart schwerwiegende Verletzung des Verfahrensgrundsatzes der Waffengleichheit der Gerichtsparteien dar, dass der davon betroffene Strafprozess als unheilbar willkürlich eingestellt werden muss.

Das zentrale Hauptargument der Verteidigung gegen die Auslieferung und Strafverfolgung von Assange wegen Spionage und Hacking bleibt natürlich der Schutz der Meinungsäußerungs- und Pressefreiheit. So verweist beispielsweise der Gründer der Freedom of the Press Foundation Trevor Timm auf den Watergate-Skandal. Nur weil Bob Woodward und Carl Bernstein Anfang der 1970er-Jahre als Journalisten bei der *Washington Post* ihrer Arbeit nachgehen konnten, ohne wie Assange befürchten zu müssen, für ihre Enthüllungen wegen Spionage belangt zu werden, sei der Machtmissbrauch in der Regierung Nixon überhaupt ans Tageslicht gekommen. Ein weiterer Zeuge, der Anwalt und Aktivist Carey Shenkman, betont die Häufigkeit, mit der in den USA als geheim klassifiziertes Material von Regierungsstellen selbst geleakt wird, um Einfluss auf die öffentliche Meinung zu nehmen. Freilich ohne dass dies jemals strafrechtliche Konsequenzen nach sich gezogen hätte. Auch der fast neunzigjährige Aktivist und Ex-Whistleblower Daniel Ellsberg, der einst die »Pentagon Papers« zur Veröffentlichung weitergegeben hat und deswegen selbst wegen Spionage angeklagt war, legt sich fest: Die WikiLeaks-Publikationen genießen den Schutz der amerikanischen Verfassung. Schließlich habe ein Grundsatzurteil des Obersten Gerichtshofs der USA bereits 1971 die Pressefreiheit und das Recht der Öffentlichkeit auf Information entscheidend gestärkt. Dieses Dilemma wurde von der Regierung Obama als das »*New-York-Times*-Problem« bezeichnet, welches sie letztlich davon abhielt, Assange strafrechtlich zu verfolgen. Denn wenn

Assange wegen der Veröffentlichung von geheimen Dokumenten der Spionage angeklagt werden konnte, dann musste dies gleichermaßen auch für die Medienpartner von WikiLeaks gelten, allen voran die *New York Times,* den *Guardian,* den *Spiegel, El País* und *Le Monde.*

Gestützt auf eine Vielzahl von Expertengutachten, unterstreicht Assanges Verteidigung, dass es zur alltäglichen Arbeit aller Journalisten gehöre, nach Informationen zu fragen und ihre Quellen zur Übermittlung von Beweismitteln zu ermutigen, auch wenn diese als geheim klassifiziert seien. Dazu gehörten auch aktive Maßnahmen zum Quellenschutz, welche die Identifikation des Whistleblowers erschweren oder verunmöglichen. Der Schritt in die Unrechtmäßigkeit werde erst dann vollzogen, wenn der Journalist selbst sich am Akt des Datendiebstahls beteilige, also etwa unrechtmäßig in ein geschütztes Computersystem eindringe, um an geheime Informationen zu gelangen. Das werde Assange aber ja gerade nicht vorgeworfen, denn seine Quelle, Chelsea Manning, hatte bereits vollen Zugang zu allen geleakten Informationen. Stattdessen solle er – erfolglos, wohlgemerkt – versucht haben, Manning beim Knacken eines Passwortes zu unterstützen, welches ihr erlaubt hätte, sich unter einem anderen Namen einzuloggen und so ihre Spuren im System zu verwischen. Dies sei aber eine reine Quellenschutzmaßnahme und keine Anstiftung oder Beihilfe zum Datendiebstahl. Dem Vorwurf der kriminellen »Verschwörung« von Assange mit Chelsea Manning fehle daher jede Rechtsgrundlage.

Ganz abgesehen davon, gelte die Meinungsäußerungs- und Pressefreiheit nicht nur für Journalisten, sondern für alle Menschen, sodass die Diskussion, ob Assange ein »richtiger« Journalist sei, von vornherein irrelevant sei. Das Argument der USA, Assange habe als Ausländer für sein Verhalten außerhalb der USA einerseits keinen Anspruch auf den Schutz der in der amerikanischen Verfassung festgeschriebenen Meinungsäußerungs- und Pressefreiheit, falle andererseits aber für das gleiche Verhalten dennoch unter die Strafbestimmungen des amerikanischen *Espionage Act,* sei hingegen »überraschend« und demonstriere, dass der Menschenrechtsschutz im Fall Assange auch aus diesem Grund nicht gewährleistet sei.

Zahlreiche Zeugen entkräfteten auch den Vorwurf, Assange habe mit seinen Veröffentlichungen vorsätzlich Menschenleben gefährdet, weil die Namen von lokalen Kollaborateuren enthüllt und diese damit Racheaktionen der Kriegsgegner ausgesetzt worden seien. Dieses »Gefährdungsnarrativ« ist so alt wie die WikiLeaks-Enthüllungen selbst. Die Vorfrage, warum irgendeine Kriegspartei gegenüber der unabhängigen ausländischen Presse überhaupt einen strafrechtlich geschützten Anspruch auf die Verheimlichung der Identität ihrer Spione, Agenten und Kollaborateure haben soll, wird nicht diskutiert, wäre aber sicher einen Gedanken wert. Doch ganz abgesehen davon, ist es den USA ohnehin nicht gelungen, verlässliche Hinweise für eine tatsächliche Gefährdung zu produzieren. Bereits im Prozess gegen Chelsea Manning musste das US-Verteidigungsministerium ausdrücklich anerkennen, dass es »kein konkretes Beispiel« für eine solche Gefährdung hatte, und auch im Londoner Auslieferungsverfahren gegen Assange blieben die USA diesen Beweis schuldig.

Hingegen bekräftigten zahlreiche Journalisten und andere Zeugen Assanges verantwortungsvollen Umgang mit sensiblen Daten. Unter anderem sind das John Sloboda vom »Iraq Body Count«-Projekt und der ehemalige *Spiegel*-Journalist John Goetz. Beide waren 2010 an der Publikation der Logbücher aus dem Irakkrieg beteiligt. Nun erinnern sie an die ungehaltenen Reaktionen der WikiLeaks-Medienpartner, wenn auf Assanges Betreiben irakische Namen aus den Dokumenten herausgefiltert und geschwärzt werden mussten. Der australische Journalist Nicky Hager ergänzt: Dass überhaupt unbearbeitete, Klarnamen enthaltende Dokumente in Umlauf gekommen sind, habe nicht an Assange, sondern an zwei *Guardian*-Mitarbeitern gelegen. Man kennt die Geschichte. Luke Harding und David Leigh veröffentlichten 2011 in ihrem Buch *WikiLeaks: Inside Julian Assange's War on Secrecy* ein Passwort, das einem findigen Redakteur der deutschen Wochenzeitung *der Freitag* den Zugang zum ungeschwärzten Originalmaterial ermöglichte.

Freitag-Chefredakteur Jakob Augstein, auch er Zeuge der Verteidigung, bestätigt die damaligen Ereignisse. Die Chronologie der ungeschwärzten Cablegate-Veröffentlichungen wird im Auftrag der Verteidigung von Christian Grothoff, Professor für Computerwissenschaft, im Rahmen eines Expertengutachtens rekonstruiert. Gestützt auf akribische Recherchen, weist er nach, dass Assange auf der systematischen Zensierung sensibler Daten bestand und das ungeschwärzte Originalmaterial erst veröffentlichte, nachdem es Leigh und Harding gegen seinen Willen bereits öffentlich zugänglich gemacht hatten. Sollte die ungeschwärzte Veröffentlichung von Personennamen also tatsächlich zu einer konkreten Gefährdung geführt haben, dann läge die rechtliche Verantwortung hierfür demnach nicht bei Assange, sondern bei den zwei *Guardian*-Journalisten. Dass diese strafrechtlich nie zur Verantwortung gezogen wurden, ist ein weiterer Hinweis darauf, dass das »Gefährdungsnarrativ« lediglich als ein weiteres Instrument missbraucht wurde, um Assange öffentlichkeitswirksam zu dämonisieren und vom unbequemen Inhalt der geleakten Dokumente abzulenken.

Das unüberhörbare Schweigen der Presse

Von der dezidierten Unterstützung und Solidarität durch Journalisten, welche Assange *innerhalb* der Gerichtssaals erhält, ist in der Außenwelt erst wenig zu spüren. Eine erfreuliche Ausnahme sind die deutschsprachigen Medien, welche auf die Wiederaufnahme der Anhörungen mit ausführlichen Hintergrundberichten, Features und täglichen Reportagen aus London reagieren. Hier hat die Öffentlichkeitsarbeit unzähliger engagierter Organisationen und Persönlichkeiten in den letzten Monaten eindeutig ein Umdenken bewirkt. Anders als noch bei Assanges Verhaftung im April 2019 schleicht sich kein Tonfall von Häme oder Distanzierung mehr in die Beiträge. Verbundenheit und Sorge überwiegen. Es ist, als würden die Medien erst jetzt realisieren, was für sie auf dem Spiel steht: »In London erreicht der

Feldzug der Vereinigten Staaten gegen Whistleblower und ihre Helfer seinen bisherigen Höhepunkt. Ein Feldzug, in dem auch die Grenzen der Pressefreiheit neu ausgelotet werden. Hier wird unter anderem verhandelt, was Journalisten künftig noch veröffentlichen können – ohne Angst vor einer Anklage in den Vereinigten Staaten haben zu müssen«, schreiben Alexander Mühlauer und Jannis Brühl in der *Süddeutschen Zeitung*. Die Vereinigung »Reporter ohne Grenzen« fordert in einem von 80 000 Unterzeichnern bekräftigten Appell die britische Regierung zur Freilassung von Assange auf. Die Übergabe der Petition findet direkt in der Downing Street Nummer 10 statt.

Die britischen, amerikanischen und australischen Medien hingegen scheinen die existenzielle Gefahr, welche von diesem Verfahren ausgeht, nach wie vor nicht zu erfassen: die Gefahr für die Pressefreiheit, für die Verfahrensgarantien und für die Glaubwürdigkeit von Demokratie und Rechtsstaatlichkeit. Die Berichterstattung pendelt zwischen zahm und lahm hin und her, und man kann sich des Eindrucks eines bewussten Wegsehens kaum erwehren. Dabei wäre dem Spuk um Assanges Schauprozess schnell ein Ende gesetzt. Als Schulbeispiel mag der Fall von Ivan Golunov dienen, dem russischen Investigativjournalisten, der sich auf die Enthüllung von Behördenkorruption spezialisiert hat. Als Golunov im Sommer 2019 in Russland plötzlich wegen angeblicher Drogendelikte verhaftet wird, durchschaut die russische Mainstream-Presse das Spiel sofort. »Wir sind Ivan Golunov« titeln unisono die Frontseiten der drei führenden russischen Tageszeitungen *Vedomosti, RBC* und *Kommersant*. Die Blätter hinterfragen offen die Rechtmäßigkeit von Golunovs Verhaftung, äußern den Verdacht, dass er wegen seiner journalistischen Tätigkeit verfolgt werde und verlangen eine gründliche Untersuchung. »In flagranti« ertappt und vom Scheinwerferlicht der Massenmedien bloßgestellt, rudern die russischen Behörden wenige Tage später zurück. Präsident Putin ordnet sogar persönlich die Freilassung Golunovs und die Entlassung zweier hochrangiger Vertreter des Innenministeriums an – ganz offensichtlich war Golunovs Verhaftung also kein Versehen inkompetenter

Polizeibeamter gewesen, sondern war auf höchster Ebene orchestriert worden.

Genauso machtvoll könnte natürlich eine gemeinsame, solidarische Aktion von *Guardian, BBC* und *New York Times* dem entwürdigenden Schauprozess gegen Julian Assange ein Ende bereiten. Denn wenn Regierungen eines fürchten, dann sind es das gebündelte Scheinwerferlicht und die kritischen Fragen der Massenmedien. Doch in der angelsächsischen Presse geschieht wenig. Ein paar Meinungsbeiträge im *Guardian* und der *New York Times,* welche eine mögliche Auslieferung Assanges ablehnen, sind zu wenig mutig und vermögen daher nicht zu überzeugen. Zwar wird klargestellt, dass die Verurteilung Assanges wegen Spionage die Pressefreiheit gefährden würde, doch kein einziges Medienhaus protestiert gegen die den ganzen Fall durchziehende Justizwillkür. Wenn man den Prozess nicht täglich beobachtet, muss man auch keine kritischen Fragen stellen. Denn die britische Justiz ist ja über alle Zweifel erhaben. Jeder andere Schluss wäre höchst unbequem. In der Tat!

Meine letzten Appelle

In den folgenden Wochen bis Ende November 2020 reichten Anklage und Verteidigung ihre schriftlichen Schlusserklärungen ein. Assange blieb weiterhin in Belmarsh in Isolationshaft. Am 7. Dezember 2020 jährte sich zum zehnten Mal Assanges erste Verhaftung durch die britische Polizei. An diesem Tag schickte ich einen dringenden Appell an die britische Regierung, welcher am nächsten Morgen veröffentlicht wurde: »UNO-Experte fordert sofortige Freilassung von Assange nach 10 Jahren willkürlicher Inhaftierung«. Denn unterdessen war in Belmarsh die Covid-19-Pandemie ausgebrochen. Für Assange stellte dies eine akute Gefährdung dar, denn er litt an einer chronischen Atemwegserkrankung, und seine Widerstandskraft war seit Jahren geschwächt. »Herr Assange ist keiner Straftat verurteilt und stellt für niemanden eine Bedrohung dar. Daher ist seine Isolationshaft in einem Hochsicherheitsgefängnis weder notwendig noch verhältnismäßig und entbehrt jeder Rechtsgrundlage«, schrieb ich und stellte klar, dass dieses Haftregime mit Blick auf seine lange Dauer auch gegen das Folter- und Misshandlungsverbot verstößt. Ich rief die britische Regierung daher dazu auf, Assange unverzüglich freizulassen oder in einen bewachten Hausarrest zu verlegen, wo er ein normales Familien-, Sozial- und Berufsleben führen, sich gesundheitlich erholen und seine Verteidigung im US-Auslieferungsverfahren vorbereiten könne. Ich schloss mit dem dringenden Appell an die britischen Behörden, Assange aus Gründen des Menschenrechtsschutzes keinesfalls an die USA auszuliefern. Die britische Regierung reagierte auch diesmal nicht.

Hingegen gewährte mir eine Gruppe von 15 Abgeordneten des britischen Parlaments unter der Führung von Richard Burgon und Jeremy Corbyn am Abend des 8. Dezember eine Onlineanhörung zum Fall Assange. Gestützt auf meine Schlussfolgerungen, dass Assanges Menschenrechte von den britischen Behörden verletzt würden, sandten die Abgeordneten eine Woche später ein besorgtes Schreiben an Justizminister Buckland, um noch vor dem Auslieferungsentscheid eine persönliche Anhörung von Assange im britischen Parlament zu erwirken, damit er zu seiner Behandlung direkt befragt werden konnte. Doch auch dies geschah nicht.

Richterin Baraitser hatte ihre Entscheidung über die Auslieferung Assanges an die USA für den 4. Januar 2021 angekündigt. Ich gehe davon aus, dass das Datum ganz bewusst so spät angesetzt worden war, damit die britischen Behörden den Ausgang der amerikanischen Präsidentschaftswahlen vom 3. November abwarten und den Auslieferungsentscheid auf die Wünsche des Wahlsiegers abstimmen konnten. Darüber machte ich mir keine Illusionen. Denn nach dem für das Jahresende angekündigten Brexit – dem britischen Ausscheiden aus der Europäischen Union – war Großbritannien wirtschaftlich dringend auf die *special relationship* zu den USA angewiesen und konnte sich keine außenpolitischen Unstimmigkeiten erlauben. Mit dem Sieg von Joe Biden über Donald Trump stellte sich natürlich die

Frage, wie sich Biden nach seiner Amtseinführung am 20. Januar 2021 zur Auslieferung von Assange stellen würde.

Doch zunächst kam mit der Abwahl von Donald Trump noch eine weitere Möglichkeit ins Spiel: die präsidiale Begnadigung. Die amerikanische Verfassung gibt dem Präsidenten die Macht, Angeklagten oder Verurteilten auf Bundesebene ein »Pardon« zu erteilen und damit eine drohende oder ausgesprochene Strafe zu verkürzen oder zu erlassen. Dieses Vorrecht kann während der ganzen Amtsdauer ausgeübt werden, doch konzentrieren sich die Gnadenerlasse traditionell in den letzten Amtswochen eines abtretenden Präsidenten. Ab Ende November begannen sich viele Prominente öffentlich zu Wort zu melden, um Präsident Trump zu einem Pardon für Assange zu bewegen, und ich beschloss, auch meinerseits einen Appell zu verfassen. Es war einen Versuch wert und würde mir gleichzeitig erlauben, die amerikanische Öffentlichkeit mit einer Botschaft zu erreichen, die das vorherrschende Narrativ über Assange infrage stellte. Ich schrieb meinen offenen Brief an Präsident Trump am 21. Dezember 2020, auf den Tag genau zwei Jahre nachdem ich mich wegen meiner eigenen Vorurteile geweigert hatte, einen Aufruf meiner UNO-Kollegen zur Freilassung von Assange mit zu unterzeichnen. Doch ironischerweise waren es diesmal die anderen Mandatsinhaber, die allesamt ablehnten. Und so kam es, dass mein Appell an Präsident Trump letztlich von mir allein unterschrieben wurde:

»Sehr geehrter Herr Präsident,

Heute wende ich mich an Sie mit der respektvollen Bitte um die Begnadigung von Herrn Julian Assange. Herr Assange wird seit zehn Jahren willkürlich inhaftiert. Dies ist ein hoher Preis für den Mut, wahre Informationen über das Fehlverhalten von Regierungen weltweit zu veröffentlichen. Ich habe Herrn Assange zusammen mit zwei unabhängigen Ärzten im Hochsicherheitsgefängnis Belmarsh in London besucht, und ich kann bestätigen, dass sich sein Gesundheitszustand ernsthaft verschlechtert hat, sodass sein Leben heute in Gefahr ist. Insbesondere leidet er an einer doku-

mentierten Atemwegserkrankung, die ihn extrem anfällig für die Covid-19-Pandemie macht, die mittlerweile auch dort ausgebrochen ist, wo er festgehalten wird.

Ich bitte Sie darum, Herrn Assange zu begnadigen, weil er kein Feind des amerikanischen Volkes ist und es auch nie war. Seine Organisation, WikiLeaks, bekämpft Geheimhaltung und Korruption in der ganzen Welt und handelt daher im öffentlichen Interesse sowohl des amerikanischen Volkes als auch der Menschheit als Ganzes. Ich bitte Sie darum, weil Herr Assange niemals falsche Informationen veröffentlicht hat. Die Ursache für jegliche Rufschädigung, die durch seine Veröffentlichungen entstanden sein mag, ist nicht in einem Fehlverhalten seinerseits zu suchen, sondern ausschließlich in dem Fehlverhalten, das er aufgedeckt hat. Ich bitte Sie darum, weil Herr Assange keine der Informationen, die er veröffentlicht hat, gehackt oder gestohlen hat. Er hat sie aus authentischen Dokumenten und Quellen auf die gleiche Weise erhalten, wie jeder andere seriöse und unabhängige investigative Journalist seine Arbeit ausführt. Persönlich mögen wir mit solchen Veröffentlichungen einverstanden sein oder nicht, doch sie können nicht als Verbrechen angesehen werden. Ich bitte Sie darum, weil die strafrechtliche Verfolgung von Herrn Assange wegen der Veröffentlichung wahrer Informationen über schwerwiegendes behördliches Fehlverhalten, sei es in Amerika oder anderswo, darauf hinauslaufen würde, »den Boten zu erschießen«, statt das von ihm aufgedeckte Problem zu korrigieren. Dies aber wäre unvereinbar mit den Grundwerten der Gerechtigkeit, der Rechtsstaatlichkeit und der Pressefreiheit, wie sie in der amerikanischen Verfassung und den von den Vereinigten Staaten ratifizierten internationalen Menschenrechtsverträgen zum Ausdruck kommen. Ich bitte Sie darum, weil Sie, Herr Präsident, versprochen haben, Korruption und Fehlverhalten der Regierenden zu bekämpfen, und weil die Fortsetzung von Herrn Assanges Strafverfolgung bedeuten würde, dass es unter Ihrer Ägide zu einem Verbrechen geworden ist, die Wahrheit zu sagen.

Indem Sie Herrn Assange begnadigen, sehr geehrter Herr Präsident, würden Sie eine klare Botschaft der Gerechtigkeit, Wahr-

heit und Menschlichkeit an das amerikanische Volk und die Welt senden. Sie würden einen mutigen Mann rehabilitieren, der mehr als ein Jahrzehnt lang Ungerechtigkeit, Verfolgung und Demütigung erlitten hat, nur weil er die Wahrheit gesagt hat. Nicht zuletzt aber würden Sie den beiden jungen Söhnen von Herrn Assange den liebevollen Vater zurückgeben, den sie brauchen und zu dem sie aufschauen. Sie würden diesen Kindern, und durch sie allen Kindern dieser Welt, die Gewissheit geben, dass es nichts Böses ist, die Wahrheit zu sagen, sondern dass es das Richtige ist; dass es ehrenhaft ist, für Gerechtigkeit zu kämpfen, und dass genau dies die Werte sind, für die Amerika und die Welt stehen.

Aus diesen Gründen appelliere ich respektvoll an Sie, Julian Assange zu begnadigen. Was auch immer unsere persönlichen Ansichten und Sympathien sein mögen, ich glaube, dass nach einem Jahrzehnt der Verfolgung das ungerechte Leiden dieses Mannes jetzt ein Ende haben muss. Bitte nutzen Sie Ihr Begnadigungsrecht, um das Julian Assange zugefügte Unrecht wiedergutzumachen, um sein ungerechtfertigtes Leiden zu beenden und ihn wieder mit seiner Familie zu vereinen! Ich bedanke mich respektvoll, dass Sie diesen Appell mit Weitsicht, Großzügigkeit und Menschlichkeit in Betracht ziehen!«

Und schließlich, am Sonntag, dem 3. Januar 2021, dem Vorabend des angekündigten erstinstanzlichen Urteils im angloamerikanischen Auslieferungsverfahren, veröffentlichte ich noch einen kurzen persönlichen Appel an Bezirksrichterin Vanessa Baraitser, diesmal mangels offizieller Kanäle auf Twitter:

»Morgen werden Sie die Auslieferung von Julian Assange beurteilen. Heute möchte ich darum – unter Juristen – ein Zitat von Thomas Franck mit Ihnen teilen, das mich während meines ganzen Berufslebens inspiriert und geleitet hat. Möge Justitia mit Ihnen sein!

›Was ist nun die angemessene Rolle für einen Juristen? Sicherlich muss er für die Rechtsstaatlichkeit eintreten. Was dies bedeutet, ist offensichtlich:

Wenn politische Entscheidungsträger glauben, dass es zum unmittelbaren Vorteil der Gesellschaft ist, das Gesetz zu umgehen, muss der Jurist von den längerfristigen Kosten sprechen. Wenn die Politiker versuchen, das Gesetz zu verbiegen, muss der Jurist darauf bestehen, dass sie es gebrochen haben. Wenn eine Fraktion versucht, die Rechtsstaatlichkeit durch Macht zu untergraben, muss der Jurist sie verteidigen und dafür auch ein gewisses Risiko für die persönliche Laufbahn und Sicherheit eingehen. Wenn die Mächtigen versucht sind, das Gesetz zu verwerfen, muss der Jurist fragen, ob wir eines Tages, wenn unsere Allmacht nachlässt, das Gesetz nicht brauchen werden.

Juristen, die das tun, mögen gar als Verräter bezeichnet werden. Aber diejenigen, die es nicht tun, sind Verräter an ihrer Berufung.‹«

Das Präzedenzurteil vom 4. Januar 2021

Endlich war er da, der 4. Januar 2021. Ein kalter Morgen am ersten Montag im neuen Jahr, das in Großbritannien mit Pandemie-Rekordzahlen begonnen hatte, mit ständig zunehmenden Coronainfektionen und immer mehr Toten. Trotzdem hatten sich auch diesmal vor Old Bailey, dem Bezirksgericht in der Londoner Innenstadt, bereits vor Sonnenaufgang Assanges Unterstützer versammelt, um das Urteil in seinem Auslieferungsprozess zu erwarten.

Wieder fand die Gerichtsverhandlung weitgehend unter Ausschluss der Öffentlichkeit statt. Die wenigen Journalisten, die Zutritt zu einem Nebenraum mit Videoübertragung aus dem Gerichtssaal erhalten hatten, hielten die Außenwelt via Twitter auf dem Laufenden. Wie immer beklagten sie sich über schlechte Audioqualität. Das Problem war mittlerweile sattsam bekannt, eine Lösung aber ganz offensichtlich nicht gewollt. Trotzdem kamen immer wieder bruchstückhafte Zwischenmeldungen durch, alle paar Minuten ein neues Element, und konsolidierten sich im Verlauf einer Stunde zum üblichen Bild britischer

Willfährigkeit gegenüber der amerikanischen Anklage. Schritt für Schritt wurden auch die abwegigsten Argumente der USA kritiklos bestätigt. Gleichzeitig, fast wie im Vorbeigehen, wischte Bezirksrichterin Baraitser sowohl die rechtlichen Einwände als auch die entlastenden Gutachten und Zeugenaussagen der Verteidigung ohne viel Federlesens vom Tisch.

Das von den USA angestrengte Auslieferungsverfahren: nicht politisch motiviert. Das Verbot von Auslieferungen für politische Delikte im angloamerikanischen Auslieferungsabkommen: nicht anwendbar. Die Überwachung von Assange in der ecuadorianischen Botschaft und das Abhören seiner Arzt- und Anwaltsgespräche: nicht zu beanstanden. Die Auswirkungen der drohenden Auslieferung auf Assanges Partnerin und die beiden gemeinsamen Kinder: nichts Ungewöhnliches. Der ihn in Virginia erwartende Spionageprozess: fair. Die Geschworenen, die dort über ihn urteilen würden: unvoreingenommen. Und Assange? Eine Bedrohung für die nationale Sicherheit der USA. Keineswegs sei Assanges Tätigkeit bei WikiLeaks, das Publizieren von brisantem Material, von der Pressefreiheit gedeckt gewesen. Vielmehr habe er Chelsea Manning aktiv dabei unterstützt, an geheime Dokumente zu gelangen, und sei dadurch weit über die Grenzen des investigativen Journalismus hinausgegangen. Zudem habe er Menschen gefährdet, weil ihre Namen in den publizierten Dokumenten nicht geschwärzt worden seien. Assange sei daher nicht als Journalist zu bezeichnen, sondern schlicht als Datendieb. Als Hacker. Sein Verhalten sei überdies nicht nur in Amerika unter dem *Espionage Act* strafbar, sondern gleichermaßen auch in Großbritannien unter dem »Official Secrets Act«, womit auch diese Voraussetzung für die Auslieferung gegeben sei. Dass die von ihr behaupteten Fakten im Beweisverfahren zweifelsfrei widerlegt worden waren, schien die Richterin komplett verdrängt zu haben.

Die Twitter-Meldungen klangen immer resignierter. »It's bad«, schrieb mir auch jemand aus seinem Anwaltsteam. Ich schaute schon gar nicht mehr richtig hin, als mir plötzlich ein Satz in Großbuchstaben vom Bildschirm entgegensprang: »OH

MY GOD!!!« In den nächsten Minuten überstürzten sich die Meldungen, Wortfetzen ergänzten und widersprachen sich, schienen keinen Sinn zu ergeben. Ich klickte hastig von einem Twitter-Feed zum anderen und ließ schließlich fünf Kanäle gleichzeitig über den Bildschirm laufen, bis endlich Klarheit bestand: »Auslieferung abgelehnt!«

Ich traute meinen Augen nicht. Was war geschehen? Einige Augenblicke lang geschah gar nichts. Es war, wie wenn ein Meteorit eingeschlagen hätte. Dann brach draußen vor dem Gerichtsgebäude Jubel aus, erste Erklärungen machten die Runde, und bald darauf wurde auch das schriftliche Urteil veröffentlicht. Bezirksrichterin Baraitser hatte den Auslieferungsantrag der USA abgelehnt, aus medizinischen Gründen. Die Haftbedingungen, denen Assange in einem amerikanischen Hochsicherheitsgefängnis ausgesetzt würde, seien derart harsch, dass er angesichts seiner labilen psychischen Gesundheit mit großer Wahrscheinlichkeit in den Selbstmord getrieben würde. Psychiatrische Gutachter hatten die Suizidgefahr als sehr hoch eingeschätzt. Mit Blick auf Assanges Entschlossenheit und Intelligenz sei daher davon auszugehen, dass er auch mit höchsten Sicherheitsvorkehrungen nicht daran gehindert werden könne, sich das Leben zu nehmen. Seine Auslieferung in die USA müsse daher abgelehnt werden.

Sofort erinnerte ich mich daran, wie mir Assange während meines Besuchs von der Rasierklinge erzählt hatte, die zwei Tage zuvor in seiner Zelle gefunden worden war, und wie er mit großer Bestimmtheit klargestellt hatte, dass er es nicht zulassen werde, lebend an die USA ausgeliefert zu werden. Sein letzter Appell an mich »Please, save my life!« bekam dadurch eine sehr reale, unmittelbare Bedeutung. Doch bevor sich seine Anwälte im Herbst 2020 dazu entschlossen, das Suizidrisiko offen vor Gericht zu thematisieren, hatte ich es stets vermieden, allzu deutlich darüber zu sprechen. Seinem Leben selbst ein Ende zu setzen war Assanges einzige Möglichkeit, sich im Extremfall ein Mindestmaß an Kontrolle über sein eigenes Schicksal zu erhalten und seiner vollkommenen Entmenschlichung in amerikanischer Hochsicherheitshaft zu entkommen. Ich achtete seine Menschenwürde zu sehr, um ihm diese letzte Zuflucht mit unbedachten Äußerungen zu erschweren.

Mit ihrem Urteil hatte die Richterin meine eigenen Schlussfolgerungen in zweierlei Hinsicht bestätigt: Zum einen bekräftigte sie Assanges besorgniserregenden Gesundheitszustand, den wir bereits anlässlich unseres Besuchs in Belmarsh festgestellt hatten und der sich nach weiteren 18 Monaten der Willkür und Isolation noch einmal dramatisch verschlechtert hatte. Dabei unterschlug Baraitser allerdings geflissentlich, dass Assanges gegenwärtige Gebrechlichkeit nicht naturgegeben war, sondern eine direkte Konsequenz von zehn Jahren schonungsloser Verfolgung und Misshandlung durch Schweden, Großbritannien, Ecuador und die USA. Zum anderen bestätigte die Richterin auch die inhärente Unmenschlichkeit der Haftbedingungen, denen Hochsicherheitshäftlinge in den USA unterworfen sind. Sie sprach ausdrücklich von »Isolationshaft«, »Käfighaltung« und »extremen Einschränkungen«, insbesondere im Zusammenhang mit den sogenannten »speziellen Verwaltungsmaßnahmen«. Damit hatte die Richterin zumindest implizit auch bekräftigt, dass Assanges jahrelange Furcht vor einer Auslieferung an die USA, sein Botschaftsasyl und seine Weigerung, ohne »Non-Refoulement«-Garantie nach Schweden zu reisen, berechtigt gewesen waren. Aus der Sicht meines UNO-Mandates war das natürlich eine willkommene und richtige Entscheidung. Dennoch machte ich mir keine Illusionen: Großbritannien, Schweden, Ecuador und die USA hatten Assange nicht ein Jahrzehnt lang unter Einsatz von Millionenbeträgen überwacht, in die Enge getrieben und zermürbt, nur um ihn nun aus humanitären Beweggründen in die Freiheit zu entlassen. Ich befürchtete daher, dass dieses Urteil nicht so sehr Ausdruck von Rechtsstaatlichkeit, Menschlichkeit oder gar Gerechtigkeit war, sondern eher eine brillant konzipierte Falle.

Der eigentliche Zweck der Verfolgung von Assange ist nicht in erster Linie die persönliche Bestrafung von Assange, sondern die Etablierung eines Präzedenzfalles mit globaler

Abschreckungswirkung für andere Journalisten, Publizisten und Aktivisten. Und dieser Zweck wurde in Baraitsers Urteil mit geradezu Furcht einflößender Effizienz umgesetzt. So bestätigte ihr Entscheid nicht nur die gesamte rechtliche Logik der USA, welche letztlich auf eine Kriminalisierung des Investigativjournalismus als Spionage hinausläuft, sondern dehnte den Geltungsbereich dieser Logik auch noch auf den britischen »Official Secrets Act« aus, welcher über Großbritannien hinaus weltweit vielen Ländern des britischen Commonwealth für ihre Geheimhaltungsgesetzgebung Modell gestanden hat. Damit war das rechtliche Fundament gelegt, um zukünftig weltweit jeden strafrechtlich verfolgen zu können, der es wagen sollte, die schmutzigen Geheimnisse der Regierungen ans Licht der Öffentlichkeit zu ziehen. Den Angeklagten ist damit überdies jede Möglichkeit verwehrt, sich vor Gericht mit Verweis auf das öffentliche Interesse zu rechtfertigen.

Damit hatte Baraitser im Grunde bereits die gesamte Wunschliste der Amerikaner erfüllt. Hätte sie nun zusätzlich auch noch die Auslieferung von Assange bestätigt, hätte sie damit mit Sicherheit eine Berufung seinerseits an die nächsthöhere Instanz ausgelöst, den British High Court. Dort sitzt ein ungleich erfahreneres und kompetenteres Richtergremium, welches der Regierung in der Vergangenheit immer wieder Hindernisse in den Weg gelegt hat. Indem die Auslieferung von Baraitser abgelehnt wurde, sollte wohl eine Berufung Assanges und damit auch eine rechtliche Überprüfung von Baraitsers Präzedenzfall vermieden werden. Das erstinstanzliche Urteil sollte unwidersprochen in Kraft treten und damit gewissermaßen »unter dem Radar« der höheren Gerichtsbarkeit und der Öffentlichkeit rechtliche Tatsachen schaffen, durch welche unliebsame Journalisten weltweit der Spionage angeklagt werden könnten und die Pressefreiheit de facto abgeschafft würde.

Sollten die USA auf eine Berufung gegen Baraitsers Urteil verzichten oder sollte diese letztlich bei den höheren Instanzen scheitern, würde Assange zwar nicht ausgeliefert und müsste in Großbritannien freigelassen werden. Aber die amerikanische

Anklage gegen ihn würde weiter bestehen, sodass jederzeit ein neues Auslieferungsgesuch gestellt werden könnte, sobald sich sein Gesundheitszustand verbessert oder er in ein anderes Land reist, in welchem das britische Urteil keine Geltung hat. In diesem Fall müsste Assange also selbst nach seiner Freilassung dauerhaft unter dem Damoklesschwert eines erneuten Auslieferungsgesuches leben, mit Gerichtsverfahren, Auslieferungshaft und der ständigen Angst, letztlich doch noch für den Rest seines Lebens in einem amerikanischen Hochsicherheitsgefängniss zu verschwinden. Ein Bedrohungsszenario mit dem nur dürftig verschleierten Zweck, Assanges »Wohlverhalten« auch in Zukunft sicherzustellen. Darüber hinaus könnte Großbritannien, gestützt auf Baraitsers Urteil und den »Official Secrets Act«, nun jederzeit auch selbst ein Strafverfahren gegen Assange einleiten und so anstelle der USA seine politische Verfolgung weiterführen.

Sollten sich die Amerikaner hingegen dazu entscheiden, gegen Baraitsers Urteil Berufung einzulegen, würde grundsätzlich nur derjenige Aspekt des Urteils angefochten, mit dem die USA nicht einverstanden sind, nämlich der Befund, dass die amerikanischen Haftbedingungen unmenschlich seien und Assange einem unakzeptablen Suizidrisiko aussetzten. Falls die USA im Berufungsverfahren also glaubwürdige Garantien zur menschlichen Behandlung Assanges abgeben würden, könnte der High Court leicht zum Schluss kommen, dass das Auslieferungshindernis damit beseitigt worden sei, und seine Überstellung an die USA anordnen. Mit den von Baraitser bereits verworfenen, rechtlich fundamentalen Einwänden Assanges würde sich das Berufungsgericht gar nicht erst befassen müssen, weil das erstinstanzliche Urteil in dieser Hinsicht unangefochten geblieben ist. Die einzige Möglichkeit, dies zu verhindern, wäre, dass Assanges Anwälte vorausschauend genug sind, gegen Baraitsers Urteil ebenfalls Berufung einzulegen und die Überprüfung aller anderen Rechtsfragen zu verlangen. Doch dazu sind Instruktionen von Assange und lange Besprechungen nötig, welche wegen des Covid-Lockdowns und seiner Isolation in Belmarsh nahezu unmöglich sind.

Nicht überraschend ließ sich das US-Justizministerium daher bereits kurz nach der Verkündung des Urteils mit den Worten zitieren, man sei zwar »extrem enttäuscht« über den Entscheid und werde sich weiterhin um die Auslieferung von Assange bemühen. Gleichzeitig begrüße man aber, dass alle rechtlichen Argumente der USA ausdrücklich bestätigt und die Gegenargumente von Assanges Verteidigung verworfen worden seien. Tatsächlich waren die USA an diesem Tag ihrem Ziel, dem Investigativjournalismus seine letzten Zähne zu ziehen, einen großen Schritt näher gekommen. Gleichzeitig lag Assange nach wie vor gefesselt in der Höhle des Löwen. Seine Freilassung auf Kaution war nämlich von Baraitser am 6. Januar wegen Fluchtgefahr abgelehnt worden. Wenn Assanges Anwälte jetzt nicht vorausschauend handeln, könnte sich die amerikanische Scheinniederlage vom 4. Januar daher schon bald in einen rauschenden Sieg verwandeln.

Wie geht es nun weiter? Welche der hier skizzierten Optionen wird sich verwirklichen? Oder kommt es vielleicht auch ganz anders? Präsident Trump hat Assange letztlich nicht begnadigt, und sowohl sein Justizministerium als auch Assanges Anwälte haben beim High Court Berufung gegen Baraitsers Urteil eingelegt. Aus verfahrensrechtlicher Sicht könnte nach dessen Urteil noch das höchste britische Gericht, der Supreme Court, angerufen werden und, bei einer Bestätigung der Auslieferung, als letzte Instanz der Europäische Gerichtshof für Menschenrechte in Straßburg – insgesamt wohl mindestens drei weitere Jahre in diesem kräftezehrenden, ungleichen Zweikampf zwischen Assange und der Weltmacht USA.

Aber vergessen wir nicht, dass rechtliche Argumente in diesem Fall bisher nie bestimmend gewesen sind, sondern immer nur politische Interessen. Tatsächlich wird das Schicksal von Julian Assange daher weitgehend vom neuen amerikanischen Präsidenten Joe Biden abhängen. Als Vizepräsident war er acht Jahre lang Teil der Obama-Administration, welche bekanntlich wegen des »*New-York-Times*-Problems« keinen Spionageprozess gegen Assange führen wollte, ihm aber dennoch nie ausdrücklich Straffreiheit zugesichert hat. Stattdessen zog es Obama vor, Assange jahrelang quälender Ungewissheit auszusetzen und in der ecuadorianischen Botschaft in London gewissermaßen »ruhigzustellen«. Die schwedischen Vergewaltigungsvorwürfe kamen ihm dabei sehr gelegen. Erst die Trump-Regierung entschied sich im Frühjahr 2018 zur Anklage und erzwang ein Jahr später Assanges Verhaftung – nachdem dieser im Sommer 2017 Trumps Angebot der Begnadigung als Gegenleistung für die Preisgabe der Quellen der DNC-Leaks ausgeschlagen hatte.

Biden könnte sich als Repräsentant der »alten Schule« nun dazu entschließen, auf die Berufung zu verzichten, und damit das oben zuerst skizzierte Szenario realisieren. Er könnte aber auch einfach die Anklage anpassen, die Veröffentlichungstatbestände fallen lassen und sich verstärkt auf angebliche Computerdelikte stützen. Damit könnte er das Problem der Pressefreiheit und eine Konfrontation seiner Regierung mit den großen amerikanischen Medienhäusern und Menschenrechtsorganisationen vermeiden und dennoch alle Instanzen gegen Assange durchspielen lassen, über viele weitere Monate oder gar Jahre hinweg. Ganz so, wie es Stratfor bereits 2010 empfohlen hatte, um Assange dauerhaft zum Schweigen zu bringen.

Es ist aber zu hoffen, dass Biden letztlich mehr zu bieten hat als die Wiederholung von Obamas Fehlern. Heute stehen Amerika und die Welt vor ungleich dringenderen Herausforderungen und können sich Selbsttäuschung, Kurzsichtigkeit und faule Kompromisse nicht mehr leisten. Was nun gefragt ist, sind mutige, glaubwürdige und zukunftsfähige Lösungen. Im Jahr 2010 hatte Vizepräsident Biden Assange noch ausdrücklich mit einem »Hightech-Terroristen« gleichgesetzt, stützte sich dabei aber auf Annahmen, welche inzwischen zweifelsfrei als falsch widerlegt worden sind. Heute ist klar, dass Assange kein Feind Amerikas und der Welt ist, wohl aber ein Überbringer unbequemer Nachrichten, der uns allen einen Spiegel vorhält und den Scheinwerfer auf unsere gesellschaftlichen Unzulänglichkeiten richtet. Wenn wir nun wütend den Spiegel zerschlagen, dann ist das unbequeme Spiegelbild zwar verschwunden, doch die Unzulänglichkeiten sind damit nicht aus der Welt geschafft. Die einzige ehrliche Antwort wäre es daher, den Spiegel stehen zu lassen und sogar noch aufzupolieren, damit wir unsere Unzulänglichkeiten besser sehen und korrigieren zu können. Alles andere ist Augenwischerei und hat einen Preis, den sich die Menschheit bald nicht mehr leisten kann. Ob sich Biden als neuer Präsident der USA zu einer Begnadigung Assanges durchringen können wird, bleibt offen, denn dazu braucht er eine große Portion Einsicht, Weitsicht und Mut – genau diejenigen Qualitäten also, welche einen großen Staatsmann ausmachen und ohne die keine einzige der großen Herausforderungen unserer Zeit in den Griff zu bekommen sein wird.

Epilog

Wie ich mit diesem Buch gezeigt habe, ist der Fall Assange in erster Linie die Geschichte einer Verfolgung – der Verfolgung eines unbequemen Dissidenten, der die schmutzigen Geheimnisse der Mächtigen ans Licht der Öffentlichkeit gezogen hat. Durch die Offenlegung dieser Verfolgung weist dieses Buch aber auch weit über den Einzelfall von Assange hinaus und legt den Blick frei auf ein viel breiteres Systemversagen. Es geht um das Versagen von rechtsstaatlich-demokratischen Institutionen, deren Funktionstüchtigkeit und Vertrauenswürdigkeit vom Durchschnittsbürger in der Regel nie infrage gestellt werden.

Damit stellen sich uns aber auch Fragen über Lüge und Wahrheit, über Selbsttäuschung, Bequemlichkeit und passive Mitverantwortung. Dieses Buch beginnt ja nicht zufällig mit meinen eigenen Schwierigkeiten, meine persönlichen Vorurteile zu erkennen und zu überwinden. Über den Fall Assange hinaus ist dies somit ein Buch, das jeden Einzelnen etwas angeht, das jeden von uns mit den blinden Flecken der eigenen Realitätswahrnehmung konfrontiert und uns dazu auffordert, in aller Ehrlichkeit in den Spiegel zu schauen und sowohl persönliche als auch politische Verantwortung zu übernehmen. Die Menschheit ist heute mit Herausforderungen konfrontiert, welche unser kollektives Überleben innerhalb weniger Jahrzehnte ernsthaft gefährden werden und die mit Leugnung, Selbsttäuschung und Beschönigung nicht zu überwinden oder aus der Welt zu schaffen sind. Selbsterkenntnis, Ehrlichkeit und Verantwortungsbewusstsein sind daher längst nicht mehr einfach eine Frage der persönlichen Moral, des Glaubens oder des Lebensstils, sondern des nackten Überlebens unserer Spezies.

Bei meiner Untersuchung des Falles Assange hatte ich immer wieder den Eindruck, als erlebte ich eine moderne Inszenierung des Märchens von »Des Kaisers neue Kleider«. Man kennt die Geschichte: Dem Kaiser werden von Betrügern neue Kleider aufgeschwatzt, welche angeblich nur von »Dummen« und »Unfähigen« nicht gesehen werden können. In Wirklichkeit sind die dem Kaiser teuer verkauften Kleider natürlich nicht nur unsichtbar, sondern existieren gar nicht. Doch da weder der Kaiser noch seine Untergebenen als dumm oder unfähig gelten wollen, tun sie alle so, als ob sie die neuen Kleider sehen könnten, und bei einer öffentlichen Parade applaudiert sogar das ganze Volk der neuen Kleiderpracht des Herrschers. Bis plötzlich ein aufmerksames Kind den ganzen Spuk zum Platzen bringt, indem es dazwischenruft: »Aber schaut doch hin, der Kaiser ist ja nackt!«

So ist es auch im Fall Assange. Obwohl die Missbräuche der involvierten Behörden in den letzten zehn Jahren immer offensichtlicher geworden sind, wurde dies sowohl von den führenden Medien als auch von anderen Regierungen und der breiten Öffentlichkeit bisher fast vollständig ausgeblendet. Stattdessen wurde stets gehorsam das offizielle Narrativ wiederholt von Assange, dem Vergewaltiger, Hacker, Spion und Narzissten, an dessen Händen das Blut Unschuldiger klebt und der endlich seiner gerechten Strafe zugeführt werden muss. Auch hier muss irgendwann jemand kommen, der unbefangen hinsieht und dem ganzen Spuk ein Ende macht, indem er sagt: »Aber schaut doch hin, der Kaiser ist ja nackt!« Das, liebe Leserin, lieber Leser, ist das Ziel dieses Buches.

Wir dürfen nicht zulassen, dass der Fall Assange immer nur aus der verkehrten Perspektive erzählt wird und sich die Wahrheit in einem diffusen Nebel von Vorurteilen, Lügen und Selbsttäuschungen verliert. Wir müssen immer wieder zum Anfang zurückkehren und darauf bestehen, dass der Lichtkegel dorthin gerichtet wird, wo unsere Aufmerksamkeit hingehört: auf

Assanges Verfolger. Denn am Anfang dieser Geschichte steht nicht Assange. Am Anfang stehen die Verbrechen der Mächtigen. Darum geht es im Fall Assange. Die Mächtigen – ob Regierungen, Unternehmen oder Organisationen – sind es, die unsere rechtsstaatlichen Institutionen aushebeln; die sich weigern, Folter, Kriegsverbrechen und Korruption zu verfolgen; die unsere Rechtsordnungen und Wertegemeinschaften verraten, um ihren Eigeninteressen zu dienen. Sie statuieren an jedem ein abschreckendes Exempel, der die Öffentlichkeit über die tatsächlichen Ausmaße dieser Missbräuche informiert. Mit der Verfolgung von Assange soll ein Präzedenzfall etabliert werden, der es den Mächtigen künftig nicht nur erlaubt, ihre Verbrechen geheim zu halten, sondern der die Enthüllung solcher Verbrechen sogar strafbar macht. Wir alle dürfen uns keine Illusionen machen: Wenn sich dies erst einmal durchgesetzt hat, ist der Schritt vom Rechtsstaat in die Tyrannei im Grundsatz bereits vollzogen.

Hätten die betroffenen Regierungen im Fall Julian Assange im guten Glauben gehandelt, dann hätten sie die von WikiLeaks enthüllten Verbrechen nach Recht und Gesetz verfolgt. Wir sprechen immerhin von Angriffskriegen, Folter, Mord und Korruption. Dass es dennoch in keinem einzigen Fall zu einem Strafverfahren gekommen ist, dass auch kein einziger Politiker für Amtsmissbrauch, absichtliche Täuschung oder Korruption zur Verantwortung gezogen wurde, spottet jeder rechtsstaatlichen und moralischen Legitimation und sollte uns einen kalten Schrecken einjagen. Wie bereits zu Beginn dieses Buches angedeutet: Das Problem ist nicht, dass wir Menschen die Wahrheit nicht kennen, sondern dass wir sie nicht kennen wollen. Das Problem ist, dass wir den Mächtigen wider besseres Wissen erlauben, Recht und Gerechtigkeit zu missachten, und dass wir sie dafür weder rechtlich noch politisch zur Verantwortung ziehen, sondern sie als große Staatsmänner verehren und womöglich gar mit Friedensnobelpreisen ehren. Das Problem ist, dass wir Konzernbossen die rücksichtslose Zerstörung unserer Lebensgrundlagen und die schamlose Ausbeutung der großen

Mehrheit der Weltbevölkerung erlauben und sie als Wohltäter und Philanthropen verehren, wenn sie aus ihrem geraubten Wohlstand einige Milliarden für die Abmilderung von humanitären Katastrophen spenden, welche sie mitverursachen. Wir wollen nicht sehen, dass die Medienkonzerne, von welchen wir unser vermeintliches Verständnis der Weltpolitik und unserer Lebensumstände beziehen, denselben Menschen gehören, die auch die Wahlkampagnen und Karrieren unserer Politiker finanzieren, welche dann wiederum diejenigen Gesetze erlassen und jene Milliardeninvestitionen tätigen, die es stets denselben Kreisen erlauben, sich auf Kosten der Allgemeinheit immer weiter zu bereichern.

All dies wird uns im Namen des Rechtsstaates, der Demokratie, der nationalen Sicherheit und der freien Marktwirtschaft verkauft. Und wer das offizielle Narrativ nicht glaubt, der wird den »Dummen« oder »Unfähigen« zugeordnet, ganz so wie schon in unserem Märchen von des Kaisers neuen Kleidern. Und da auch wir alle nicht zu den »Dummen« oder »Unfähigen« gehören wollen, wagen wir es in der Regel nicht, den Unsinn, mit dem man uns abspeisen will, zu hinterfragen und mit dem Finger darauf zu zeigen. Die meisten von uns werden durch den Alltagsstress auch derart auf Trab gehalten, dass wir es uns gar nicht leisten können, systemische Grundsatzfragen zu stellen und eine öffentliche Debatte dazu zu erzwingen. Und so werden sowohl die Märchengeschichten der Mächtigen als auch die Verschwörungstheorien der Skeptiker immer absurder, bis niemand mehr weiß, was eigentlich die Wirklichkeit ist – wir sind im Zeitalter des »Postfaktischen« angekommen.

Nach mehr als zwanzig Jahren Erfahrung im internationalen System bin ich heute weder Idealist noch Verschwörungstheoretiker – ich weiß für beides zu viel. Ich kenne die politischen Mühlen der UNO genauso wie die vermeintlichen Sachzwänge der nationalen Wirtschafts-, Außen- und Sicherheitspolitik; kenne Gesetz, Staatsverträge und Rechtsprechung ebenso wie die Welt diplomatischer Verhandlungen und die brutale Wirklichkeit in Kriegs- und Krisengebieten. Tatsächlich nehmen weltweit die Bemühungen von Regierungen zu, die Aufmerksamkeit der Öffentlichkeit von Kriegsverbrechen, Missbräuchen und Korruption abzulenken. Immer stärker vergiften Geheimhaltung, Straflosigkeit und Willkür unsere rechtsstaatlichen Institutionen und berauben sie ihrer Integrität. Interventionen mandatierter UNO-Mechanismen werden immer häufiger ignoriert oder gar als Einmischung in innere Angelegenheiten verurteilt. Pressefreiheit, Transparenz und Verantwortlichkeit – unerlässliche Voraussetzungen für die demokratische Überwachung jeder Staatsgewalt – sind heute bedrohter denn je.

Wenn die Wahrheit nicht mehr aufgearbeitet werden kann, weil grassierende Geheimhaltung und Zensur an der Tagesordnung sind; wenn Kriegsverbrecher und Ausbeuter keine Konsequenzen mehr zu befürchten haben und ihren Taten nicht nachgegangen wird; wenn Untersuchungsberichte zu staatlich sanktionierter Folter als geheim klassifiziert werden; wenn Dokumente, welche von Behörden unter Informationsfreiheitsgesetzen herausgegeben werden, fast nur noch aus geschwärzten Zeilen bestehen; wenn die etablierte Presse ihre Rolle als »vierte Macht« im Staat nicht mehr ausübt, sondern sich selbst zensiert – dann wissen wir tatsächlich nicht mehr, was unsere Regierungen mit der Macht und den Steuergeldern tun, die wir ihnen anvertraut haben. Und dann brauchen wir undichte Stellen im System, Risse, durch die das Licht dringt, die Leaks, die uns mit Wissen versorgen.

Denn sobald Regierungen ihre wirtschaftlichen und sicherheitspolitischen Interessen bedroht sehen, nehmen sie es mit der Rechtsstaatlichkeit nicht mehr so genau. Nicht weil wir allesamt in autoritären Schurkenstaaten leben würden oder weil sich die Mächtigen böswillig gegen uns verschworen hätten. Sondern weil sich Menschen immer schon so verhalten haben. Wenn die soziale Kontrolle fehlt, tendiert der Mensch zu kurzsichtigem Eigennutz, und die langfristige Sozialschädlichkeit des eigenen Verhaltens wird ausgeblendet. Das Problem sind nicht die Mächtigen, sondern ist unser System, das ihnen ungezügelte Macht verleiht und ihre Missbräuche durch Geheimhaltung und Straflosigkeit schützt. Mit einem solchen System werden wir die gewaltigen Probleme, vor denen wir als Weltgemeinschaft stehen, nicht lösen können. Ob im Klimaschutz, in der Wirtschaftspolitik oder bei den Menschenrechten: Wir brauchen ein System, das transparent, gerecht und nachhaltig ist. Dafür müssen wir die Augen öffnen und erkennen, wer wir sind und wie wir funktionieren. Nur dann können wir auch die politische Verantwortung übernehmen und die notwendigen systemischen Anpassungen vornehmen, können Machtstrukturen offenlegen und Entscheidungsträger zur Verantwortung ziehen.

Auch im dunkelsten Raum genügt das Licht einer einzelnen Kerze, um alles für alle sichtbar zu machen. Julian Assange hat mit seiner Arbeit eine solche Kerze angezündet. Er hat Dinge sichtbar gemacht, die man unseren Blicken entzogen hatte. Es war nur ein kurzer Blick hinter den Vorhang, doch manchmal genügt ein Blick, um eine ganze Weltsicht zu verändern. Wir wissen nun alle, dass dieser Vorhang besteht und dass sich dahinter haufenweise schmutzige Geheimnisse verbergen. Geheimnisse, von denen wir vielleicht lieber nichts wissen wollen, weil sie uns zum Aufwachen, Aufwachsen und Handeln zwingen. Geheimnisse aber auch, durch deren Kenntnis uns überhaupt erst die Mittel in die Hand gegeben werden, um diejenigen systemischen Reformen durchzuführen, welche uns vor der sicheren Selbstzerstörung bewahren werden. Genau wie Julian Assange kann jeder und jede von uns durch beherztes Handeln die Welt verändern. Um die Dunkelheit zum Verschwinden zu bringen, genügt es, dass wir unser eigenes Licht dort erscheinen lassen, wo wir gerade sind, und so, wie wir es gerade können. Alles, was wir dazu brauchen, ist Mut zur Ehrlichkeit mit uns selbst und mit der Welt.

Ausgewählte Dokumente

Pressemitteilungen

05.04.2019: »*UN expert on torture alarmed at reports Assange may soon be expelled from Ecuador embassy*« (https://www.ohchr.org/EN/NewsEvents/Pages/DisplayNews.aspx?NewsID=24454&LangID=E).

31.05.2019: »*UN expert says ›collective persecution‹ of Julian Assange must end now*« (https://www.ohchr.org/EN/NewsEvents/Pages/DisplayNews.aspx?NewsID=24665&LangID=E).

01.11.2019: »*UN expert on torture sounds alarm again that Julian Assange's life may be at risk*« (https://www.ohchr.org/EN/NewsEvents/Pages/DisplayNews.aspx?NewsID=25249).

08.12.2020: »*UN expert calls for immediate release of Assange after 10 years of arbitrary detention*« (https://www.ohchr.org/EN/NewsEvents/Pages/DisplayNews.aspx?NewsID=26574&LangID=E).

22.12.2020: »*UN expert asks U. S. President Donald Trump to pardon Julian Assange*« (https://www.ohchr.org/EN/NewsEvents/Pages/DisplayNews.aspx?NewsID=26625&LangID=E).

05.01.2021: »*UN expert cautiously welcomes refusal to extradite Assange*« (https://www.ohchr.org/EN/NewsEvents/Pages/DisplayNews.aspx?NewsID=26638&LangID=E).

Offizielle Interventionen

Ecuador:

18.04.2019: *Allegation Letter sent by the Special Rapporteur to His Excellency Mr. José Valencia, Minister of Foreign Affairs and Human Mobility, Ecuador (AL ECU 5/2019)* (https://spcommreports.ohchr.org/TMResultsBase/DownLoadPublicCommunicationFile?gId=24556).

17.06.2019: *Response from the Permanent Mission of Ecuador to the United Nations Office in Geneva* (https://spcommreports.ohchr.org/TMResultsBase/DownLoadFile?gId=34745).

28.05.2019: *Urgent Appeal sent by the Special Rapporteur to His Excellency Mr. José Valencia, Minister of Foreign Affairs and Human Mobility, Ecuador (UA ECU 10/2019)* (https://spcommreports.ohchr.org/TMResultsBase/DownLoadPublicCommunicationFile?gId=24643).

26.07.2019: *Response from the Permanent Mission of Ecuador to the United Nations Office in Geneva* (https://spcommreports.ohchr.org/TMResultsBase/DownLoadFile?gId=34799).

02.10.2019: *Allegation Letter sent by the Special Rapporteur to His Excellency Mr. José Valencia, Minister of Foreign Affairs and Human Mobility, Ecuador (AL ECU 15/2019)* (https://spcommreports.ohchr.org/TMResultsBase/DownLoadPublicCommunicationFile?gId=24861).

02.12. 2019: *Response from the Permanent Mission of Ecuador to the United Nations Office in Geneva* (https://spcommreports.ohchr.org/TMResultsBase/DownLoadFile?gId=35027).

Großbritannien:

27.05.2019: *Urgent Appeal sent by the Special Rapporteur to His Excellency Mr. Jeremy Hunt, Secretary of State for Foreign and Commonwealth Affairs, United Kingdom (UA GBR 3/2019)* (https://spcommreports.ohchr.org/TMResultsBase/DownLoadPublicCommunicationFile?gId=24631).

07.10.2019: *Response from Ambassador Julian Braithwaite, Permanent Mission of the United Kingdom of Great Britain and Northern Ireland to the United Nations Office in Geneva* (https://spcommreports.ohchr.org/TMResultsBase/DownLoadFile?gId=34906).

29.10.2019: *Urgent Appeal sent by the Special Rapporteur to His Excellency Mr. Dominic Raab, Secretary of State for Foreign and Commonwealth Affairs, United Kingdom (UA GBR 6/2019)* (https://spcommreports.ohchr.org/TMResultsBase/DownLoadPublicCommunicationFile?gId=24926).

Schweden:

28.05.2019: *Urgent Appeal sent by the Special Rapporteur to Her Excellency Ms. Margot Wallström, Minister for Foreign Affairs, Sweden (UA SWE 2/2019)* (https://spcommreports.ohchr.org/TMResultsBase/DownLoadPublicCommunicationFile?gId=24641).

12.07.2019: *Corrigendum sent by the Special Rapporteur to Her Excellency Ms. Margot Wallström, Minister for Foreign Affairs, Sweden (OL SWE 3/2019)* (https://spcommreports.ohchr.org/TMResultsBase/DownLoadPublicCommunicationFile?gId=24711).

12.07.2019: *Response from Ambassador Elinor Hammarskjöld, Director-General for Legal Affairs, Ministry for Foreign Affairs, Sweden* (https://spcommreports.ohchr.org/TMResultsBase/DownLoadFile?gId=34778).

12.09.2019: *Allegation Letter sent by the Special Rapporteur to Her Excellency Ms. Margot Wallström, Minister for Foreign Affairs, Sweden (AL SWE 4/2019)* (https://spcommreports.ohchr.org/TMResultsBase/DownLoadPublicCommunicationFile?gId=24838).

11.11.2019: *Response from Ambassador Carl-Magnus Nesser, Director-General for Legal Affairs, Ministry for Foreign Affairs, Sweden* (https://spcommreports.ohchr.org/TMResultsBase/DownLoadFile?gId=34953).

Vereinigte Staaten von Amerika:

28.05.2019: *Urgent Appeal sent by the Special Rapporteur to His Excellency Mr. Michael Richard Pompeo, Secretary of State, United States of America (UA USA 14/2019)* (https://spcommreports.ohchr.org/TMResultsBase/DownLoadPublicCommunicationFile?gId=24642).

16.07.2019: *Response from Mr. Sean M. Garcia, Acting Human Rights Counselor, Permanent Mission of the United States of America to the United Nations Office in Geneva* (https://spcommreports.ohchr.org/TMResultsBase/DownLoadFile?gId=34784).

12.09.2019: *Allegation Letter sent by the Special Rapporteur to His Excellency Mr. Michael Richard Pompeo, Secretary of State, United States of America (AL USA 17/2019)* (https://spcommreports.ohchr.org/TMResultsBase/DownLoadPublicCommunicationFile?gId=24839).